동시대인 총서11
반신학의 미소

동시대인 총서 11
반(反)신학의 미소

2001년 12월 30일 초판 1쇄 발행

펴낸곳 (주)도서출판 삼인

지은이 김진호
펴낸이 신길순
책임운영 홍승권
주간 문부식
편집장 이홍용
편집 변정수 박혜연 김현진
영업 이춘호
총무 서장현

등록 1996.9.16. 제 10-1338호
주소 121-210 서울시 마포구 서교동 339-4 가나빌딩 4층
전화 (02) 322-1845
팩스 (02) 322-1846
E-MAIL saminbooks@hananet.net

표지디자인 (주)끄레어소시에이츠
제판 문형사
인쇄 대정인쇄
제본 성문제책

ⓒ 김진호, 2001

ISBN 89-87519-60-0 04800

값 14,000원

동시대인 총서 11
반신학의 미소

김진호 지음

삼인

머리글

후배의 졸업 사진 속 어머니의 얼굴을 본다. 아들의 팔에 가볍게 안긴 채 학사모를 쓰고 자랑스레 웃는 표정이다. 사진 찍는 사람의 주문대로 카메라를 응시하고 있지만, 그녀의 눈에는 어느새 의젓하게 자란 아들이 들어 있다. 코흘리개 초등학교 1학년생이던 때가 엊그제 같은데, 벌써 군대와 대학을 나온, 20대 후반의 청년이다. 다 자란 막내둥이가 대견한 듯 가벼운 미소가 어머니의 얼굴에 피어 있다. 어머니는 정장 차림이 어색한 시골 여인이다. 아마도 일 년에 한두 번이나 입을 듯한 옷을 차려입은 모양이다. 그래서 그런가, 카메라 렌즈를 통해 재현된 미소 또한 어색하다. 졸업식 날 혼잡한 대학 캠퍼스의 도시적 풍경 속에서 절반쯤 넋이 나간 듯 어지러운 표정이 역력하다. 하지만 어설픈 미소에는 현대 도시 문명의 낯섦 속에서도 정신을 잃지 않으려 애쓰는, 저항하는 몸짓이 담겨 있다.

한편 어머니의 미소 속에는 보일 듯 말 듯한 수심이 엿보인다. 취직이 걱정되어서일까? 거의 백 퍼센트에 가깝던 나의 졸업 시절 구직 상황과는 달리, 심각한 경기 침체가 어두운 그림자를 드리우고 있다. 몇 년 지나면 결혼도 시켜야 하는데…… 어머니의 수심에 찬 안색 뒤에는 혼인 걱정도 한몫하고 있을 게다. 재산 없는 농사꾼 자식과 선뜻 결혼하겠다는 여인네가 어디 있겠나 하는 심사겠다.

　미소 짓는 표정 속에는 이렇게 많은 이야기가 들어 있었다. 적어도 그 사진을 보는 내게는 그렇다. 아마도 2000년대 첫 졸업식을, 시작을 위한 한 마침을 기념했던 이들의 부모들은 대개 이런 미소를 지었을 듯싶다.

　우리가 '반신학적(反神學的) 기획'으로서의 민중 신학을 하는 모습이 바로 이런 미소와 같다. 일찍이 서남동 선생은 민중 신학의 신학을 하는(doing Minjung-theology) 자세를 '반신학'으로 규정한 바 있다. 선생이 민중 신학을 개척하던 때는 말 자체만으로도 신변상의 위험을 감수해야 했다. 하지만 그런 만큼 급진 신학의 자리는 다른 이들에게는 존중의 대상이었다. 한국에서 신학을 하는 것이 국제적 주목을 끄는 계기도 바로 여기에 있었다. 그래서 무수한 한국 출신 신학도들이 이 '쓸 만한' 상품으로 학위를 받을 수 있었고 신학자의 대열에 당당히 낄 수 있었다. 또 민중 신학 저술은 꽤 많은 독자층을 가지고 있었다. 물론 이들 독자들은 단지 '읽고 있다'는 것 하나만으로도 신변상의 위험을 감수해야 했던 용기 있는 사람들이었다.

　한데 그로부터 20여 년이 지난 오늘 우리는 "아직도 그것이 살아 있어?"라는 말을 들으며 민중 신학을 붙잡고 있다. 아무도 민중 신학 때문에 정치적 위험을 감수할 필요가 없다. 이른바 국가 안보 담당자 가운데 민중 신학의 말을 주목하는 사람은 없을 것이기 때문이다. 거의 아무에게도 영향을 미치지 못하는 신학을 주목할 필요가 없을 테니 말이다. 또 그만큼 급진적 신학 담론으로서의 국제적 위상이 거의 없어졌다고 해도 과언이 아니다. 간혹 서양의 일부 학자들이 고고학 유물을 조사하듯 이곳을 찾아와서 '죽은 말'을 검토하다가, 아직도 그 문패를 붙잡고 있는 우리를 신기한 듯 쳐다보며 대견하다는 듯한 표정을 짓곤 한다.

1990년대에 그리고 2000년대에 민중 신학을 한다는 것이 바로 그렇다. 환대하는 이 없는 곳을 팔방으로 누비고 다니면서 반신학적 언사를 늘어놓아야 한다. 그렇다고 우리 자신이 말하는 것이 무슨 소린지 알고 있는 것도 아니다. 어떤 그럴싸한 비전을 제시할 묘수도 없다. 그냥 정처 없이 진리가 어딘가에 있으리라는 믿음만으로 담론의 공간을 헤맨다. 그러면서도 가는 곳마다 끊임없이 무언가를 말해야 한다.―청중이 있든 없든. 그래야만 사는 존재가, 아니 살 수 있는 존재가 바로 민중 신학자인 것이다. 적어도 내가 보기엔 그렇다. 거창하게 말하면 순례자요, 소박하게 말하면 신학자연 하는 떠돌이 궤변쟁이다.

새로운 천년대라는 상투적인 어휘를 빙자해 책을 묶어 냈다. 2년을 질질 끌다 겨우 한 권 분량의 글들을 엮을 수 있었다. 어떤 기획을 가지고 쓴 것도 아니고, 이미 씌어진 것에서 선별할 때도 어떤 확고한 기준을 가졌던 것이 아니어서, 글마다 제각각이고 또 어떤 것들은 다소 중복된다는 느낌도 있다. 하지만 나름대로 일관성을 찾자니 '반신학'이라는 주제어로 묶인다.

반신학이 도대체 뭐냐고 묻는 사람들이 많다. 부끄럽게도 20년이 넘는 기간 동안 후학들은 이것에 대해 변변한 이론을 제시하지 못했다. 물론 나도 예외가 아니다. 우리는 아직 이렇다 할 말을 늘어놓을 자신이 없다. 하지만 최근 몇 년 동안 다시 이 개념에 주목하면서, 우리의 여러 주장들을 포괄하는 가장 적절한 개념으로 이 어휘를 사용하게 되었다. 거칠게 말하면, 세계와 성서를 읽는 해석학적 준거로 '민중의 눈'을 제시했던 민중 신학의 작업은 '서양-백인-남성의 눈'을 통한 해석학으로서의 서구 주류 신학에 대한 해체적 문제 설정이라는 것이다. 그것은 이러한 서구 신학적 해석학의 거점인 교회의 '해체'이기도 하다. 이는 신학적/신앙적 도그마로부터 교회를 해방시키는 작업을 의미한다.

한 가지 부연할 것은 서남동 선생의 '반신학'(counter-theology) 개념을 나는 종종 '탈신학'(de-theology)이라는 용어로 다시 쓰기도 한다는 점이다. 물론 이때는 좁은 의미의 반신학이요 탈신학이다. 이렇게 굳이 구분하는 것은 선생의 반신학 개념이 '서양-백인' 대 '우리'라는 이분법 자체의 해체를 추구하도록 우리를 이끌지는 않는다는 문제 인식을 우리의 개념 속에 담아 보고자 함이다. 그러나 탈신학의 개념은 넓은 의미의 반신학의 기획의 연장선상에 있으며 그것을 보다 급진적으로 사유하려는 데 불과하다.

아무튼 이 책에 실린 글들은 모두 이러한 넓은 의미의 '반신학'이라는 과제를 향하고 있다. 한데 나는 그것을 '반신학의 미소'라고 이름 지었다. 앞에서 이야기한 어머니의 '그 미소'에서 착상한 것이다. 한편으론 나를 포함한 우리 자신의 작업에 대한 격려의 표현이며, 다른 한편으로는 우리의 이론적 방황에 대한 걱정스러움이기도 하다. 그리고 또 한편으로는 미래의 불안감에 빠진 우리를 유혹하는 문명의 손짓에 쉽사리 넘어가지 않으려는 저항의 표정이다. 연줄에 기대고 권력 게임에 몰두하게 하는 문명의 질서에서 잠시도 밖으로 나와 살아갈 수 없음에도 그 질서에 순순히 승복하지 않으려 애씀이다. 그 질서에 익숙하기 위한 노력을 덜 기울였기에, 문명의 이치에 낯선 자의 어설픈 미소가 반신학의 자세 속에 들어 있는 것이다.

독자들이 이 책에서 최소한 이 세 가지 미소를 읽어 주었으면 좋겠다.

이 책은 크게 네 단락으로 나뉜다. 제1부는 '반신학'이라는 주제로 말하고 싶었던, 가장 포괄적인 내용의 글들을 묶은 것이다. 다른 부분들에 비해서 비교적 손쉽게 읽혀질 수 있는 글들이 많은 탓에, 책의 첫 번째 단원으로 삼는 것이 독자를 향한 최소한의 배려라고 보았다. 그리고 제2부는 '교회와 신학', 제3부는 '세계', 그리고 마지막 제4부는 '섹슈얼리티'를 중심으로 반신학의 모색을 다루는 글들을 묶었다. 여기서 제2부와 제3부는 보다 전문적인 신학적 논의에 치중한 글들이므로, 신학을 전공하거나 관심이 각별한 이들은 다소 어렵더라도 이 부분을 읽는 데 좀더 많은 인내심을 기울여 주길 권하고 싶다. 제4부는 주로 단상 형태의 글들이 많다. 이 책에 이 주제를 따로 엮어 보고픈 생각에, 비록 다른 부분과 걸맞지 않게 짧고 가벼운 글들이 많더라도 그것을 감수하기로 했다.

본래는 올 초에 출간할 계획을 가지고 있었지만 이런저런 이유로 늦어졌고 책의 구성도 많이 달라졌다. 그리고 출판사도 바뀌었다. 서둘러 출간되게 하고 싶었던 글 몇 편이 속해 있었기에 안절부절하던 차에, '동시대인총서'로 책을 내자는 제안을 받았다. 앞서 나온 책들의 저자 면면을 볼 때 황송하기 그지없는 일이다. 다른 저서들에 걸맞은 글들을 새로 포함했고 시의성이 강한 글들은 제외했다. 아마도 원래 기획했던 것의 절반 이상이 새것으로 바뀐 것 같다. 그러니 출간 일정으로부터 어느 정도 자유로워졌고, 한 해가 끝날 무렵에야 책을 마무리짓게 되었다.

나의 신학의 기초는 스승 안병무 선생으로부터 왔다. 또 나의 신학의 주된 토양은 한백교회다. 그러니 이제까지 나의 모든 책에서 한 감사의 말을 여기서 다시 하지 않을 수 없다. 그리고 '동시대인총서'의 목록에 포함되는 영광을 선사해 준 문부식 주간에게도 고마움을 전한다. 물론 도서출판 삼인 식구들의 노고가 없었다면 이처럼 깔끔하고 아름다운 책을 어떻게 내 이름으로 낼 수 있으랴. 마지막으로 쑥스러워 이름을 일일이 말할 수 없는 여러 사람들에게도 나의 감사의 마음을 실어 본다.

망원동 골방에서
2001년 11월 22일 새벽
올빼미

차례

머리글   5

제1부 반신학의 신앙적 재구성을 위해

지식인이란 어떻게 사는 자인가   15
한 민중 신학자의 고백

재개발 지구   33
크리스마스에 관한 하나의 명상

'낯섦을 향한 욕망'으로서의 신앙   39

진리를 위해 죽을 수 있는 자를 조심하라   58

'태양의 제국'   69
교회의 권력 세습 욕망, 그리고 정복 지상주의자 종교

해체와 전복의 언어로서의 예수전 텍스트   76
「마르코복음서」의 예수 읽기

부활, 그리고 JOLA X   82

성령의 '해체주의 선언'   90

제2부 위기의 세계와 반신학

'말'이 통하는 세계를 향하여   99
지구화 시대의 정의 문제

신자유주의적 지구화 시대의 그리스도교 민중 운동 모색   113

'터미네이터'의 세계   135
지구적 자본의 위기 시대의 하나의 풍경화

자유를 향한 제도적 실천의 역사   142
IMF 시대에 읽는 성서의 정치경제적 실천

단(斷)과 공(公)의 변증법　　　　　　　　　　　　　161
지구적 자본 시대의 위기와 민중 신학적 실천 담론의 모색

분노의 정치를 넘어서　　　　　　　　　　　　　　185
「요나서」의 반냉전주의적 실천

제3부 교회의 위기와 반신학

탈정전적 성서 읽기의 모색　　　　　　　　　　　　195

'탈교회적 주체'의 신앙을 향해　　　　　　　　　　211
'역사의 예수' 담론의 정치성

교회의 해체와 민중 신학　　　　　　　　　　　　　232

'죄론'과 교회의 시선의 권력　　　　　　　　　　　　250

'한국의 근대'와 민중 신학, 회고와 전망　　　　　　270

제4부 성적 테러리즘을 넘어서

다말 강간 사건의 정치학　　　　　　　　　　　　　293
인물로 보는 성서—다말

주체 형성의 장치로서 가부장제적 민족주의　　　　　303
인물로 보는 성서—에스델

페베의 꿈　　　　　　　　　　　　　　　　　　　　314

동성애 문제를 보는 한 시각　　　　　　　　　　　　321
민주주의의 문제로서의 동성애 문제

찾아보기　　　　　　　　　　　　　　　　　　　　331

제1부
반신학의 신앙적 재구성을 위해

지식인이란 어떻게 사는 자인가
한 민중 신학자의 고백

 표구사에 부탁한 그림 액자가 배달됐다. 제법 커서, 그 무게를 감당할 만큼의 큰 못을 벽 속 깊이 박아야 했고 천장에서 패나 여유 있게 위치를 잡아야 했다. 다음 순서는 못을 박는 것. 펜치로 단단히 고정시킨 후 대가리를 망치로 내려친다. 그런데 벽에 약간 흠집을 냈을 뿐 못은 아직 자리를 잡지 못했다. 조금 강도를 높이면서 수 차례를 반복한다. 하지만 정확한 조준이 안 된 탓에 구멍은 깊어지기보다는 커지기만 했다. 아무튼 어찌어찌 해서 기어이 못을 박는 데 성공한다. 한데 문제가 생겼다. 액자 뒤편에 달린 걸게줄이 생각보다 너무 짧았다. 좀더 아래편에 못을 박아야 제격이다. 나름대로 크기를 재면서 했는데, 미처 걸게줄을 확인하는 걸 잊었던 게다. 처음부터 다시 하려니 걱정이 앞선다. 또 실패하면 어쩌나, 벽에 금이 가지는 않을까…… 갖가지 걱정이 떠오른다.
 그가 나타난 것은 그때였다. 흔히 말하는 '블루 칼라'의 손 노동자. 20년 경력으로 빛나는 손 마디마디엔 얼른 보아도 쉽게 알 만한 베테랑 숙련공의 훈장이 여러 곳 보인다. 그만큼 그의 풍모는 믿음직스럽다.
 역시, 그는 아무런 망설임도 없이 순식간에 모든 것을 끝내 버렸다. 단 네

번의 망치질로 못은 적당한 위치에 단단하게 고정되어 있는 게다. 한눈에 액자와 벽의 상황을 꿰뚫어보는 안목, 정확하게 못의 머리를 치는 기술, 그리고 적절한 힘의 배분, 내 눈엔 신기 그 자체였다.

그 얼마 전에도 커다란 책장을 비좁은 문 사이로 절묘하게 집어넣는 1센티미터의 묘기에 나는 경탄을 금치 못했었다. 천장에서 물이 샐 때도, 보일러가 고장났을 때도 그는 언제나처럼 나의 감사의 주인공이었다. 그의 몸에 새겨진 지식의 깊이와 폭은 나로선 좀처럼 헤아려지지 않는다.

간혹 내가 그보다 더 많이 아는 경우도 있다. 그것은 거의 예외 없이 책으로 얻는 지식에 관한 것들이다. 비율로 따지자면 일 대 오 정도나 될까?

그런데 그와 나와의 관계는 이 비율과는 반비례적이다. 그는 나보다 1년 연장자이지만 항상 나를 공경하는 태도로 대하고, 반면 나는 뭔가 가르치는 사람처럼 거만하게 대한다. '다섯 배' 나 더 많은 지식을 가진 그는 항상 노동자에 불과했지만, '5분의 1' 의 지식을 가진 나는 선생이요 목사(목자)인 것이다. 이때 그가 가진 모든 지식 가운데 생업이라고 할 만한 한 부문(노동자)이 그를 대표하고 있고, 또 나도 '목사/신학자' 라는 단지 하나의 영역으로 나의 존재가 표상되고 있다. 지식의 편식이 심한 편인 나는 살아가는 데 필요한 여러 부문의 지식이 부족해서 종종 그에게 의존해야 하지만, 그는 언제나 나보다 하위의 사람처럼 사는 것이다.

(그 동안 당연한 듯 생각해 왔는데) 문득 참 이상한 일이라는 생각이 든다. 지식이란 삶을 보다 윤택하게 하는, 그리고 다른 이에게도 호혜적인 '무엇' 이어야 할 텐데, 그럴 것 같은데―지식이란 놈은 언제나 자신의 속성이 그렇다고 주장해 왔지 않은가―실제로는 가치 증식에 소용되는 직업적 지식만이 우리의 존재를 일방적으로 규정 짓는 기준이 되고 있으니 말이다. 그러니 우리가 무의식적으로 동의해 왔던 '지식' 이라는 관념은 삶 전체에

관계된 것이 아니었던 모양이다.

한편, 여기서 또 하나의 의문이 연이어 생긴다. 직업으로서의 지식에 있어, 그의 것은 나보다 족히 세 배 이상 되는 화폐로 환산되는 가치로 평가받고 있음에도 그는 항상 자신이 지식이 없는 자임을 자인하고 살고 있지만, 지식을 열심히 팔고 다녀봐야 최저 생계비 수준에도 미달하는 벌이로 만족해야 하는 나는 '당당히' 지식인으로 산다. 그건 아마도, 그의 것을 저평가하고 나의 것은 과도하게 높게 평가하는 '이상한' 기준을 사회가 마련해 준 덕택일 게다. 그리고 그와 내가 이 기준에 무의식적으로 공조함으로써 그러한 서열 의식이 자리잡게 되었을 게다. 그렇다면 우리의 지식은 '권력의 효과'에 둘러싸여 있는 꼴이 아닌가?

아무튼, 그 탓인가, 확실히 그보다 내가 오만한 품성을 더 많이 가졌다. 어머니 표현대로는 "쥐뿔도 없는 놈이 자존심만 센 꼴"이다. 그래서 간혹 스스로에게 부끄럽다. '민중' 입네, '해방' 입네 하면서, '나/우리'의 이해를 초월해서 고난받는 타자인 기층 대중을 위한다는 이른바 이타적 세계관을 떠벌리지만, 그런 말의 성찬 속엔 다른 '지식쟁이'들과 벌인 '나의 혹은 우리의' 자존심 싸움의 흔적이 도처에 있기에 말이다.

살아가는 데 있어 별로 아는 지식이 없어도 '지식인'으로, '지식을 가진 자'로 살게 하는, 그래서 그것을 자랑으로 간직하고 그것에 도취되어 '뻐기게 하는' 사회적 기준이란 구체적으로 무엇일까? 필시 그것은 '언어'와 관련되었을 게다.

인류가 의미를 생산하는 주된 매체는 언어다. 존재하는 모든 것, 경험하는 일체의 것은 언어를 통해서 우리에게 인식되고, 언어를 통해서 우리에게서 표현된다. 더욱이 사회 관계가 복잡해지고 고도화될수록 존재를 표상하는 언어의 지위는 더욱 절대화되게 마련이다. 그러기에, 특히 오늘날, 인간에게 있어 언어 없이는 아무것도 존재하지 않는다고 해도 과언이 아니다. 가히 언어는 '존재의 집'인 셈이다.

내가 보기에 20년 경력의 숙련 기술자의 지식보다 망치질도 제대로 못하는 나를 그보다 우월한 사람처럼 여기게 하는 것은, 나 자신 스스로에게조차 그런 생각/착각에 빠지게 하는 것은, 나의 지식이 언어를 활용하는 데 있어, 즉 의미의 생산 및 유통 메커니즘을 관계하는 데 있어 그의 것보다 깊이 관여되어 있는 탓이 아닐까? 그렇다면 '지식인'이란―이 허울 좋은 고평가가 인류의 비뚤어진 문명사의 흔적을 내포하고 있다는 생각을 지울 순 없지만 아무튼―'담론에 관한 전문가'라고 정의해도 될지 모르겠다. 그래서, 대중은 의미의 세계인 언어를 활용하는 데 있어 어떤 방식으로든 이 의미의 전문가들에게 의지해야 하기에, 지식인을 우대하는 문명이 존재하게 된 것이 아닐까? 실제로 우리가 일상에서 접하는 옳고 그르고, 좋고 나쁘고, 예쁘고 밉고, 건강하고 부실하고…… 등등의 숱한 가치 판단들은 이미 우리의 경험 밖에서 선험적으로 결정되어 있지 않은가? 사회학자 폴 스타(Paul Starr)의 개념을 빌어 말하면, 이러한 가치는 강제를 통한 합의를 이끌어 내는 사회 제도적 장치인 '사회적 권위'(social authority)의 결과가 아니라, 의미에 관한 지적 활동의 소산인 '문화적 권위'(cultural authority)의 결과인 것이다.

사회 속엔 무수한 의미들이 공존한다. 그렇지만 그것이 각기 따로 존재하는 게 아니라, 서로 얽혀 있는 관계의 망을 이루고 있다. 그리고 이 각각의 의미들의 연결망은 수평적이라기보다는 수직적인 위계적 구성을 하고 있다. 그리하여 무수한 소의미들을 통합하고 서열화하는 대주체로서의 거대 의미가 존재한다. 그리하여 점차 소의미들은 거대 의미와의 관계에 의해서만 존재의 의의를 갖게 된다. 또한 그리하여 사회는 소의미들간의 불일치와 갈등에도 불구하고 거대 의미를 통해 통합되고 갈등이 해소되는 서사 구조를 미덕으로 여기게 된다.

이것을 사회의 '의미 체계'라고 한다면, 지식인은 의미 체계 형성의 생산자/기술자쯤 되지 않을까? 이런 방식으로 지식인은 사회의 지배적인 담론을 구성하는 데 관여하며 체제의 재생산에 복무한다. 그런 점에서 지식은 권력과 연계되어 있고, 지식인은 권력의 재생산에 봉사하는 매우 유용한 존재라고 할 수 있다. 그리고 그러한 유용성으로 말미암아 지식인은 '문화적 권위'의 담지자로서 지위를 얻게 된다.

이러한 전문적 지식인은 역사적으로 17세기 이후의 자본제적 유럽의 배경에서 탄생했다고 한다. 그것은 관료제라는 자본주의적 엘리트 시스템 및 그 충원 기구로서의 대학이라는 제도적 장치를 통해 수행됐다는 것이다. 이른바 전근대적 관료 유형인 '박학다식한 지식인'이 아니라 특정 영역으로 전문화된 지식인에 의해 의미가 구성되는 사회가 바로 근대 자본제 사회라는 얘기다. 이것은 근대 사회의 비약적 발전이 전문적 지식인의 존재와 깊이 결부되어 있다는 것을 함축한다.

더욱이 '신자유주의적 세계'라는 이데올로기로 포장된 최근의 지구적인 변동 양상은, 드러커(P.F. Druker) 류의 이른바 지식 기반 사회론에 의하면, 지식이 향후 사회에서 전지전능한 신의 위격을 갖추고 있음을 보여준다. 그래서 지식은 미래의 유일한 희망이요, 지식인은 그것을 실현할 유일한 메시아라는 것이다.

한국의 현 정부는 최근의 심각한 발전 위기의 원인을 이러한 지식 사회로의 이행 실패에서 찾고 있다. 그리하여 곧 도래할지도 모를 파국적/종말적 심판을 모면하기 위한 대안으로 지식 기반 사회론의 열렬한 포교 사업에 착수하고 있다. 이에 현재 한국은 지식 기반 사회론이라는 메시아주의로 달아 올라 있다.

한데, 지난 세기 초에 이미 막스 베버(Max Weber)가 관료제를 근대 자본제 사회 발전의 핵심 동력이었음을 인정하면서도, 그것이 인류가 선택한 메피스토텔레스와의 암울한 계약이라는 데 절망했던 것처럼, 전문적인 관료적 지식인은 또한 근대의 '반인간적' 사회상의 장본인이라는 점을 간과해서는 안 된다. 베버의 표현대로, 이른바 "정신이 부재한 전문가들"에 의해 도래할 세계의 위기성은 피할 수 없는 신의 저주인 것이다. 특히 최근 신자유주의 이데올로기에 대한 많은 비판적 견해들에서 볼 수 있듯이, 자본제 사회의 지구화가 현재와 같은 방향으로 치달을 때, 그 반인간성의 가장 첨예한 희생자가 '지식 소외 대중'이라는 점을 우리는 유념하지 않을 수 없다.

그런 점에서, 지식인 가운데는 소의미들의 갈등을 봉합하기보다는 그것을 증폭시키고, 범사회적인 총화를 이룩하기보다는 그것의 균열을 꾀하는 이들도 있어야 한다는 점에 우리는 주목하게 된다. 지배적인 의미 체계가 모든 이에게 호혜적인 것이 아니라 편중된 이해 관계의 담론이라는 것을 분석해 내고, 그것을 효과적으로 대중 사회에 폭로/증언하는 기예를 가진 존재로서의 지식인이 그들이다. 그리하여 그들은 반체제 담론의 주역들이다. 동시에 그들은 대개 대안적인 의미 체계를 생산하는 주역이기도 하다. 세계의 수많은 역사적 경험을 통해 입증된 바, 의미 체계의 탈구축과 구축의 전문가인 지식인은 대중적 사회 운동과 긴밀히 연루되어 있으며, 특히 유력한 역사의 족적을 남긴 경우는 대개 지식인과 대중의 결합을 통해 이루어지곤 했다.

이쯤에서 나도 지식인 그룹에 속한 양 잘난 체 좀 해야겠다. 물론 성서학자가 뻐길 수 있는 부문이란 성서 얘기일 터. 다음에 이야기할 내용은 위에서 말한 바 두 유형의 지식인의 갈등에 관한 얘기다.

구약 성서에 「아모스서」라는 짤막한 예언 텍스트가 있다. 예언자 아모스의 신탁 모음이다. 그런데 이 예언자는 야훼 신앙사에서 그리 두드러진 기억의 대상은 아니다. 신탁집의 분량에서도 그렇거니와, 성서의 다른 데서 인용된 경우도 거의 없다. 그러나 신학사에선 상황이 다르다. 다른 것을 압도하는 무수히 많은 주석서와 연구서의 양이 그것을 단적으로 보여주는 것처럼, 그는 신학자들에겐 매우 유명한 예언자에 속한다. 왜냐면 그의 사회비판이 성서의 다른 예언자에 비해 도드라지도록 날카롭고 격렬하기 때문이다. 성서에 나오는 예언자들이 대개 그러한 경향이 있지만, 누구도 아모스만큼의 뚜렷한 인상을 남기지는 않았던 것이다. 물론 이런 연구를 이끌어간 것은 비판적 신학자들이었다. 한편 이런 현상은 한국에서도 마찬가지다. 척박한 한국의 신학 풍토에서, 성서 텍스트들에 관한 변변한 학술적 주석서가 거의 전무한 상황에서 저술된 주목할 만한 몇 안 되는 저작 가운데 두 권이 「아모스서」에 관한 것이다. 그리고 이 책들은, 내가 보기엔, 민중 신학이 당당히 내놓을 만한 한국 신학의 지성사적 성과에 속한다. 역시 그것은 신학계의 몇몇 지식인들이 체제에 대한 예언자의 비판에 주목한 결과라 할 수 있다.

아모스 예언자는 다윗-솔로몬 왕국이 분열된 이후의 민족사에서 남쪽 유대 왕국 출신의 일개 소목장주였다.(기원전 8세기 경) 그런데 그가 하느님의 명령을 받고 예언자가 된다. 그리고 그가 예언 활동을 벌인 곳은 당시 시리아-팔레스틴 일대의 최강국으로 부상하고 있는 북왕국 이스라엘이었다. 그는 이스라엘의 성지, 아니 정확히 말하면 왕의 성지인 베델에서 하느님의 신탁을 선포한다. 고성장 시대를 맞고 있는 여로보암 2세의 정부를 향해,

발전 일로에 있는 이스라엘의 정치권을 향해 아모스는 대중의 꿈을 배신한 정치를 고발한다. 정의를 팔아먹은 대신 얻은 발전을 저주한다. 그런 점에서 유신 체제의 성장주의 정책을 비판하던 몇몇 민중 신학자들이 아모스 예언자의 텍스트를 특별히 주목한 것은 결코 우연이 아니었다.

그러자 이스라엘의 번영을 미화하던 지식인들이 반격을 가한다. 그들은 국가적 발전을 위해서는 범사회적인 총화가 이룩되어야 하고, 그것은 현 체제의 정당화를 통해 가능하다고 믿는 자들이다. 그들이 보기에 국가적 번영이 이룩되면, 사회의 전 구성원이 그 혜택을 볼 것이다. 그리하여 그들은 체제의 안전한 구축을 혼란케 하는 그를 기소한다. 그는 모반을 획책하는 자라고 말이다. 그는 체제의 안보를 위협하는 자라고 말이다. 그리하여 그는 거짓 신탁을 증언하는 가증스런 거짓 예언자라고 말이다.

그런 반격을 퍼붓던 대표적 지식인의 한 사람으로 아마지야라는 예언자가 있다. 그는 왕실에 고용되어 왕을 위해 신탁을 말하는 것을 업으로 삼는 그런 자다. 요컨대 여로보암의 의미화를 통해 기존 체제의 정당화를 위해 일하는 지식인인 게다. 그가 아모스를 향해 안보 논리를 내세우며 말하기를, 너는 네 나라로 가서 거기서나 예언을 하라고 한다. 말인즉, 네 조국 남왕국 유대에서 왕실의 안보를 위해 일하는 지식인이 되라는 권고다. 왜 남의 나라에 와서 "감 놓아라, 대추 놓아라" 하느냐는 것이다. 아마도 그는 모름지기 지식인이란 지배 체제의 재생산을 위해, 그리하여 조국의 부국강병을 위해 봉사해야 한다고 믿었던 것이리라. 그리하여 그는 이렇게 충고한다. 다시는 이곳에서 말하지 말라, 이곳은 유대가 아닌 이스라엘 왕의 성소다라고.

하지만 아모스의 입장에서 이 말은 어폐가 있다. 왜냐면 이스라엘 왕 여로보암은 웃찌야 치하의 남왕국을 예속화시키고 있었기 때문이다. 그리하여 남왕국의 정책에 영향을 미치고 있었기 때문이다. 여로보암은 팔레스틴 인근 지역의 성장주의적 안보 체제의 핵이었던 것이다. 그로 인해 남왕국 유대뿐 아니라, 북왕국 이스라엘에서도 대중의 빈곤화가 심화되고 있다는 걸 그는 문제시했다. 빈부 격차가 심화되고, 부자인 권력자들은 경쟁적으로 더욱 많은 부의 축적을 위해 권력형 비리를 일삼는 현상을 그는 문제시하고 있다. 하느님 제의가 여전히 존속하고 있음에도, 민중적인 하느님의 규율이 여전히 주류 담론 속에 살아 있음에도 그 의미를 국가의 번영이라는 데로만 일방적으로 해석하는 제의 현상을 그는 문제시하고 있다. 번영이라는 미사여구 속에 은폐된 대중의 고통을 그는 증거하고 있다.

확실히 이것은 아마지야 같은 체제 지향적/수구적 지식인은 미처 보지 못한 부분일 게다. 여기서 국가적 필요에 의해, 대를 위해 소의 희생은 불가피할 수밖에 없다는 명분으로 인원 감축 얼마 얼마를 발표하는 정부 관료의 담담한 얼굴이 겹쳐진다. 뼈 속 깊은 곳이 저려 오는 아픔을 가지고 말하는 게 아니라, 효율성이라는 잣대에 의해서만 움직이는 마른 가슴의 이른바 관료적 엘리트의 모습이 중첩된다. 성서 시대인 고대 이스라엘 시대에도 그랬지만, 위에서 보았듯이 특히 근대의 전문직 중심의 분과 학문적 체계는 바로 이러한 도구적 기술 지배의 메커니즘에 의해 작동되는 사회와 연동되어 서로를 규정 짓고 강화하면서 현대(contemporary) 사회의 특성을 이루고 있다고 해도 과언이 아니다.

바로 그렇기에 옛날이나 지금이나 아모스 같은 반체제 지식인의 증언/고발이 필요하다. 민중 신학이 지식인의 과제를 '증언' 이라고 외치는 심정은 주류 (신)학계, 주류의 지식 사회의 담론 속에 바로 '고통의 수사학' 이 부재했기 때문이다. 그래서 민중 신학자들, 나아가 민중론을 주장하는 이 땅의 많은 지식인들은, 아모스의 입을 빌어 이렇게 하느님의 심판을 선언하고 있다.

> 네 아내는 이 고을에서 창녀가 되고
> 네 아들, 딸들은 칼맞아 쓰러지며
> 네 땅은 남이 측량하여 나누어 가지고
> 너는 더러운 땅에서 죽게 되리라.
> 그리고 이스라엘 백성도 사로잡혀
> 조국을 떠나게 되리라.
>
> —「아모스서」 7장 17절

아모스가 보기에 이스라엘 국가는 하느님의 정의를 배신했다. 그것은 여로보암 정부의 총체적 실패를 의미했고, 따라서 하느님의 결정적인 심판의 칼날을 벗어날 길이 전혀 없다는 것을 뜻한다. 어떠한 자비의 대상도 될 수 없다는 것이다. 오직 "잔인하게, 잔인하게 저주를 받는 일만 남아 있을 뿐!"

이것은 '선동의 정치 담론'이다. 기억이 희미하지만, 몇 년 전 읽은 베링톤 무어(Barrington Moore, Jr.)의 책에서, 민중 혁명이 급진화되고 범사회적인 규모의 체제 비판으로 전개되는 것은 역사적으로 볼 때 대개 지식인의 선동의 정치의 소산이라고 한다. 아모스의 이 극언은 바로 이러한 정치적 효과를 기대한 언술 전략의 흔적이 아닐까? 아무튼, 그가 의도했건 아니건, 그의 고발/증언의 정치는 선동의 정치와 결합되어 있다. 요컨대 이것은 한 고고한 지식인의 고독한 외침이 아니라, 어떤 형태로든 대중적 반향을 야기할 충분한 요소를 담고 있다.

그런 점에서 민중 신학/론이 설정하는 지식의 과제를 민중적 사회 운동을 지원하고 정당화하는 데 두는 형태의 담론으로 전개되는 것은 당연한 수

순일지 모른다. 하여, 민중 신학/론은 이제 '운동의 지식' 또는 '변혁의 지식'이라는 별명을 갖게 된다. 칼 마르크스의 말처럼, 세계를 해석하는 지식이 아니라, 세계를 변혁하는 지식으로의 전개. 이런 맥락에서 고난의 수사학은 동시에 해방의 수사학이 되며, 지식인은 이러한 두 유형의 수사학을 결합시키는 비판적이고 대안적인 담론 체계를 구성하는 과제를 짊어진 담론의 전문가가 된다.

20년 수련한 손 노동자에 비해 20년 '수련한'(?) 지식분자인 나는 세상 살아가는 지혜에 대해 아는 게 별로 없지만, 그 수련 과정에서 만난 여러 '아모스들'의 모습에서 많은 감동을 받았다. 그리고 나의 갈 길의 좌표로 삼았다.

그런데, 다른 한편으로, 인생의 좌표에 따라 그리 충실하게 살지 못했으면서도, 앞서도 고백했거니와, 다른 이와의 자존심 대결을 위해 아모스의 얼굴을 도용한 적이 한두 번이 아닌 부끄러운 경력으로 점철되었을지라도, 세월의 흐름 속에, 시간의 변화무쌍함 속에 나름대로 얻은 반성적 성찰이 조금은 있다.

기왕 나온 김에 아모스와 관련된 성서 이야기를 좀더 논하면서 그 얘기를 해야겠다.

성서에 예후라는 사람이 나온다. 아모스 시대 통치권자인 여로보암 2세의 증조부로, 북왕국 이스라엘에서 오므리 왕조를 쿠데타로 몰아내고 대략 한 세기 동안 지속된 예후 왕조를 창건한 자다. 정변을 일으킬 당시 군부의 총사령관이던 그는 엘리사 예언자의 사주/조언을 받아 민중적 개혁의 기치를 부르짖으며 분연히 일어섰다. 그리하여 정권을 장악한 직후 개혁이라는 명분으로 구세력에 대한 대대적인 피의 숙청을 감행했고, 한동안 공포 정치를 이끌어갔다.

  민중 신학자 서남동이 김지하의 노트 『장일담』을 보면서 '한(恨)과 단(斷)의 변증법'을 말하고, 그것으로 폭력의 악순환의 고리를 넘어설 것을 주장한 것은, 그리하여 '신과 혁명의 통일'을 주장한 것은, 어떤 이데올로기가 국가 권력의 중심에 서느냐를 주목하기보다는, 지배 권력의 제도와 행태를 닮지 않는 민중의 새로운 세상에 대한 신화적 꿈의 표현이다. 그것은 '선과 악의 이분법'으로 구축되는 세상이 아닌, 선이라는 것을 대표하는 존재가 악을 상징하는 존재를 배제/청산하는 것으로 점철된 세상이 아닌, 그러한 악순환의 고리가 끊긴 해방의 공간에 대한 묵시적 염원이다. 하지만 그것은 동시에 인민이 혁명이라는 이름으로 자신들을 압제해 온 권력자들의 제도의 논리 속에 흡인·동화되는 비극적 결과를 우려한 것이기도 하다.

  아모스는 예후의 전례를 알았을까? 아무튼 예후의 청산주의적 공포 정치는 불과 반세기 후의 자손인 여로보암 2세에 와서 그 자신이 청산하고자 했던 오므리 왕조의 발전주의를 그대로 빼닮은 국가를 탄생시켰다. 아니 그렇게까지 길게 보지 않아도, 예후 자신의 정치도 오므리 왕조의 배제주의적 정치와 대동소이했다. 그의 정치 개혁의 결과는 대중에게 분배되지 않았고, 또 하나의 전제적 군주제를 보다 견고하게 구축하는 데 전적으로 쓰여졌던 것이다. 결국, 하나는 '전제 군주를 자임한 왕의 이름으로', 다른 하나는 '인민의 대변자를 자처한 왕의 이름으로'라는 기치만 달랐을 뿐, 양자는 동일한 얼굴의 쌍둥이였던 것이다.

  여기서 우리는 성서 전승에서 엘리사와, 그의 전임자로 기억되는 엘리야를 비교하게 된다. 이 두 인물에 관한 전승은 너무나 유사해서 명실상부 짝패로서 기억되었을 법하다. 하지만 평생 반체제 인사로서 도망자의 신세를 벗어나지 못했던 엘리야에 비해, 엘리사는 생전에 왕의 국사로서 최고의 명

예와 권위를 얻는다. 그런데 무덤도 없이 죽어간 인물 엘리야는 야훼 신앙사에서 두고두고 기억되며, 심지어 그로부터 900년이나 후대 인물인 세례자 요한이나 예수가 그의 분신이었다고 여겨지기까지 했다. 반면 엘리사는 그의 당대 이외에는 더 이상 아무런 기억의 대상이 아니었다. 이것은 아마도 예후의 실패의 대한 역사의 냉정한 평가를 그도 함께 짊어지지 않을 수 없었기 때문일 것이다.

아무튼 아모스가 어떤 민중 운동을 주도했다는 보도는 없다. 사실 우리는 그것에 대해 전혀 아는 바 없다. 그랬을 수도 있고 그렇지 않을 수도 있다. 그러나 아모스의 말이라고 기억된 어떤 신탁이 존재한다는 것은, 더구나 앞서 보았듯이, 그에 관한 기억 가운데 선동의 언술이 도처에 있다는 것은, 그의 신탁이 민중 운동에 어떠한 영향을 미치고 있었음을 시사한다. 그런데 이러한 아모스의 말에 관한 기억 가운데, 예후 시대 민중적 지식인이던 엘리사의 실패에 대한 반성의 흔적은 전무하다. 예후 류의 청산주의적 정치에 제동을 걸 만한 담론적 반성의 요소가 아모스에게서, 혹은 아모스에 영향받은 민중 운동 진영에서는 거의 발견되지 않는다는 것이다. 다행히도 그는 엘리사와 같은 정치적 승리를 이룩하지 못했기에, 엘리사처럼 역사의 심판대에 오르지는 않았다고 할 수 있지만 말이다.

마르크스주의 문예 이론가의 한 사람인 페터 뷔르거(Peter Bürger)는, 예술가가 자신이 추구했던 어떤 정치적 실천에 완전히 자신을 동일화시키고 있다면 그는 자신의 이념과 실천을 비판할 위치를 상실한 것이라고 말했다고 한다. 내가 보기엔, 지식인도 그런 점에선 예외가 아니다. 그가 자신의 지식을 도구삼아 어떤 이념을 지지했다고 하더라도, 다른 한편으로 그것에서 의도적으로 거리를 두지 않고, 그 실천에 절대적이고 보편적인 진리의 위상을 부여하려 하는 한, 그는 자기 자신과 그 이념 및 그 이념에 기초한 정치적 실천에 대해서는 성찰적으로 되돌아볼 입지를 잃어버리게 되는 것이다. 왜냐면 그는 이미 자신이 속한 권력 도전 집단의 이해 관계 속에 포섭되어 있기 때문이다. 그래서 그는, 의도한 것이든 아니든, 자신이 속한 집단의 '습성'을 공유하며, 그런 시선으로 타자를 보고 규정 지으려 하기 때문이다.

딜레마다. 자신의 지식과 실천을 동일화하지 않는 자가 어떻게 그 실천의 이념을 위해 자신의 전부인 지식을 헌납할 수 있겠는가? 그런데 그렇게 전적인 헌신을 하는 한, 그는 자신에 대한, 자신이 속한 집단에 대한 반성적 성찰의 자리를 잃어버린다. 바로 그런 점에서 나는 또 다른 류의 지식인이 그들을 비판하는 소임을 맡아 주어야 한다는 생각에 이르게 되었다.

몇 년 전 관람했던 흥미로운 영화 한 편이 있다. 홍콩의 '오우삼'이 할리우드에 가서 만든 영화인 「페이스 오프」가 그것이다. 감독이 의도한 것인지 아닌지는 몰라도, 나는 그것을 보면서 평소 생각하던 것을 멋들어지게 표현한 상상력의 한 극점을 읽을 수 있었다.

테러리스트와 그를 쫓는 미 연방수사국(FBI) 요원간의 '선악 대결'. 할리우드식 액션 영화는 대개 이런 상투적인 인물적 전형성을 띠고 스토리가 펼쳐진다. 선과 악으로 단순 분화된 세상에서 양자간에 갈등이 일어나고, 악이 상당한 능력을 발휘해서 선이 어려운 지경에 빠지지만, 그러나 최종적으로 그러한 갈등은 선에 의해 해소된다는 식의 이분법의 단순 이데올로기적 서사 구조가, 잘 알려진 바, 할리우드식 액션 영화의 문법이다. 그것이 이런 류의 영화의 대중적 성공 비법이기도 하다. 반대로 '낯설게 하기' 기법을 통해 드라마의 감정 이입을 방해하는 '장 뤽 고다르'의 「네 멋대로 해라」같은 영화는 그렇게 난해하지 않은 구도에도 불구하고 재미없는 영화에 속하지 않던가.

 그런데 이런 단순 이분법적 인물을 주인공으로 하고 있는 영화 「페이스 오프」는 어느 순간 이런 일반적 스토리의 규칙을 벗어나 버린다. 이야기 전개 과정에서 선악을 상징하는 두 사람의 얼굴이 뒤바뀌는 것이다. 연방수사국 요원이 체포된 테러리스트의 안면 피부를 이식받아 위장함으로써 테러단이 숨겨둔 치명적인 폭탄을 찾아 해체시키려는 계획에서 이러한 기괴한 현상이 비롯된다.

 얼굴은 그 사람의 신원을 나타내는 첫 번째 단서다. 우리는 어떤 사람을 알아볼 때 가장 먼저 그의 얼굴을 본다. 요컨대 얼굴은 그 사람의 정체성을 상징한다. 그런데 영화의 스토리는 두 주인공을, 선과 악을 각각 대표하는 두 주인공의 얼굴을 뒤바꿔 놓은 것이다. 비슷한 류의 사람이면 모르되, 정반대의 이미지를 상징하는 인물들의 얼굴이 서로 바뀐 것이다. 여기서 결코 혼동되어서는 안 되는, 결코 혼동될 수 없다고 우리가 생각하는 두 인물이 뒤섞여 버린다.

 이 영화의 가장 압권은 쫓고 쫓기는 과정에서 그들이 서로에게 권총을 겨누게 되는 장면이다. 이상한 일이다. 그 순간 쫓기는 자와 쫓는 자라는 정상적 위치는 온데 간데 없다. 쫓는 자는 쫓기는 자의 얼굴을 하고 있고, 쫓기는 자는 쫓는 자의 얼굴을 하고 있으며, 그들은 서로를 겨누고 있다. 마치 거울을 쳐다보듯 그들은 서로를 보면서, 아니 저편의 또 다른 '자기'를 보면서 그 자기를 향해 총을 겨눈다. 이 순간 쫓는 자가 따로 있고 쫓기는 자가 따로 있다는 우리의 상식적 관념은 농락당한다. 이 순간 선을 대표하는 자와 악을 대표하는 자가 각기 따로 존재한다는 우리의 일상적 인식은 여지 없이 무너져 버리고 만다. 이 순간 서로에게 권총을 겨누고 있는 것은 상대를 겨누는 것인 동시에 바로 자기 자신을 겨누는 것이다.

나는 여기서 지식인의 또 한 부류에 대해 생각했다. 그들은 영원한 '보헤미안'이다. 어떠한 사상에도, 어떠한 조직에도, 어떠한 제도에도 영원히 안착할 수 없는 존재다. 오직 그들이 추구하는 것은 '파괴'일 뿐이다. 부수고 또 부수고, 끝없이 기성의 것을 일탈해야만, 기존의 것을 파괴해야만 하는 존재다. 그러고도 모자라서 자기 자신을 부순다. 한 다다주의 예술가는 이렇게 말했다고 한다. 진정한 다다주의자는 다다를 반대한다고. 부처를 만나면 부처를 죽여야 한다느니, 신은 죽었다느니, 하는 종교계의 성찰적 담론들도 바로 그것을 반영한다. 스스로를 유배자처럼 여기면서 항상 제도 밖으로 이탈하는 지식인이다.

바로 이런 유배자적 지식은 '선과 악의 이데올로기'가 담고 있는 역사의 닮은꼴을 찾아낸다. 가장 증오하는 이의 얼굴이 바로 자기의 얼굴일 수 있다는 가능성, 그 끔찍한 악몽에서 우리 자신이 헤어나올 수 없다는 사실에 절망하면서, 자기 자신에게 관대했던, 마치 존재론적 특권을 지닌 양 떠벌렸던 스스로를 배제시키기 위해 자학한다. 그리스도교의 출발점이자 핵심 사상인 신의 '육화'가 의미하는 바도 바로 그렇다. 신의 자기 모멸, 그 참을 수 없는 신의 마조히즘(피학성). 신조차도 그런 자기 살해를 하지 않을 수 없었다는 고백을 다시금 부각시킨 「요한복음서」 저자는 바로 그런 문제 의식, 세계에 대한 그러한 절망적 인식에서 신학을 출발한다. 그래서 그는 유배자다. 그의 출발점은 니힐리즘인 것이다.

허나, 그렇다고 그것이 그의 종착지는 아니다. 그는 끊임없이 파괴하면서 동시에 끊임없이 추구한다. 그 목적지 아니 임시적인 정박지라도 찾아 헤맨다. 물론 그는 그곳이 어디에 있는지 모른다. 그곳이 하나뿐인지 여럿인지에 대해서도 그는 알지 못한다. 그렇다고 포기하지도 않는다. 알 수 없는 그곳을 향해 단지 끊임없이 갈 뿐이다. 그래서 그는 유배자인 동시에 '순례자' 다. 정처 없이 진리(들)을 발견하기 위해, 어떻게 생겼는지, 어떤 모습으로 다가올지 예측조차 못하면서 그는 하염없이 길을 간다.

지식인은 누구인가? 내가 잠정적으로 정의했던 '담론 해석의 기술자' 라는 규정 속에는, 지식인들이 역사적으로 누려 온 특혜를 염두에 두고 있다. 언어를 통해 모든 것의 의미를 표현하는 인류 문명이 담론 해석의 기술자를 지식인으로 규정하면서 모종의 특권을 부여했다는 것이다.

서두에 말한 20년짜리 '블루 칼라' 에 비해 20년짜리 '지식쟁이' 는 사실 세상에 대해 터득한 것이 별로 없다. 단지 그보다 화려한 언술을 펼 줄 알며, 자기 행위를 미화할 수 있는 능력을 좀더 많이 가지고 있을 뿐이다. 하지만 끊임없이 그의 신세를 지며, 그의 '지혜' 에 기대어 살아간다. 그 없이는 문화 향유의 표현인 멋진 그림 액자를 집에 걸 줄도 모르며, 언어의 화려한 수사의 상징인 책장을 배치할 줄도 모른다. 더더구나 고장난 보일러를 조작할 수 없어, 품위 없이 이불 뒤집어쓴 채 하루를 보내야 한다. 그러면서도 그 블루 칼라 노동자의 선생이자 목사로서 행세한다. 이러한 이상한 관계를 느끼면서 나는 지식쟁이로서의 자신의 지위에 대해 반성적으로 성찰할 기회를 얻게 되었다.

민중 신학의 개척자인 안병무나 서남동의 고백에 의하면, 그들이 민중적 증언자로서의 지식인이라는 소명 의식을 갖게 된 것은 비지식인, 아니 지식 소외 계층인 전태일의 호명에 의해서였다고 한다. 박사이자 교수라는 최고 품격의 지식인이라는 그 오만한 자의식에서 해방되기 위해서 한 노동자가 대신 목숨을 바쳐야 했다. 그래서 그들은 전태일이 자기들을 구원했다고 고백한다. 1세기 팔레스틴의 기층 대중의 한 사람인 예수가 자기 목숨을 바침으로써 많은 열매를 맺고, 또 그것이 많은 지식인의 거듭남의 계기가 된 것처럼, 전태일로 인해, 이들 신학자들은 지식인이라는 금관을 벗음으로써, 그것을 민중 예수 전태일에게 돌려 줌으로써, 아니 고난당하는 대중에게 메시아적 지위를 부여함으로써(민중 메시아론) 지식으로 인해 대학의 강단 속에 박제화된 자신의 몸뚱어리를 비로소 움직일 수 있게 되는 구원 체험을 한 것이다.

지식인은 지식 소외 대중이 부당하게 주변화되는 체제의 재생산에 공모함을 통해 권위적 보상을 수혜받았다. 그러므로 그들은 주변화된 대중의 희생을 깨달아야만 자신들의 중심적 지위가 악마적 굴레임을 인식할 수 있는 것이다. 그런 점에서 대중의 희생이 지식인에게 있어서 메시아적 희생임을 그는 알아야 한다는 것이다.

아무튼 내가 분류한 유형의 지식인들은— 이것이 제대로 분류한 것인지는 차치하고— 세계의 해석을 두고 때로 갈등하고, 심하게는 생사를 건 쟁투를 벌이기도 한다. 그 뒤에는 누구나 '대중을 위한, 대중에 의한, 대중의 세상'에 대한 비전이 전제되어 있다. 이러한 비전이 지식인의 진실한 마음의 표현인 한, 그들이 어느 편에 있든 이 싸움은 숭고하다.

한데, 후배인 민중 교회의 목사 한 사람이 어느 포럼에서 민중 해방에 대해 이야기하는 내 글에 대해서 이런 논평을 가한 적이 있다. 대중을 이용하지 말라, 당신의 주장을 위해 대중을 사지로 몰아가려 하지 말라고. 물론 이 말은 너 홀로 그렇게 말하라, 선동하지 말라는 주장은 아니다. 오히려 그것은 그 '숭고한' 주장을 위해 너부터 희생할 각오를 하라는 충고다.

재개발 지구
크리스마스에 관한 하나의 명상

30대 전반인 시인의 한 후배가 위암 중기 판정을 받고 절개 수술을 했다. 시인은 후배의 절반이나 잘린 위를 떠올리며 이렇게 노래한다.

우리가 잘라내려고 했던 것들이
도리어 우리를 잘라내고 있어[1]

어느덧 후배의 위는 시인의 몸의 일부로, 아니 자기 시대의 사람들의 휑하니 뚫린 가슴으로 돌변해 있다. 가히 '혁명의 시대'라 부를 만한 격동의 1980년대 중후반을 대학에서 보냈던 시인은 1990년대 중반을 넘겨 보내며 '시대의 배반'에 씁쓸한 표정을 짓는다. 그래서 그는 이렇게 노래한다.

벽화를 그리고 싶은데 내 몸에는
그릴 벽이 없다[2]

---

1) 손현철, 「수술」, 『문학동네』 9 (1996년 겨울), 364쪽.
2) 손현철, 「1990년대. 서시」, 같은 책, 363쪽.

그는 바로 자신에게서조차 배반의 표식을 읽고 있는 것이다. 1990년대, 과거의 투사들에게 무장 해제를 강요하는 이른바 탈이데올로기 시대의 도래. 무기를 회수해 간 '시간(시대)의 영주'는 그들에게 대가로 '암세포'를 선사해 준다. 그것은 몸 속의 '희망의 원리'를 잠식해 가는 역할을 맡고 파견된 사자들이다. 그래서 시인은 이렇게 노래를 마친다.

나는 더 이상, 결정적인 것을 기다리지 않는다[3]

라고. 희망을 상실하자 모두들 '베를린 장벽 이후'의 변화에 적응하는 데만 몰두하게 된 것이다. 그러자 과거의 검열관들은 마치 암세포를 색출하듯 사람들을, 시인의 후배를, 그리고 시인 자신을 절개한다.

예수는 요원의 불길처럼 타올랐던 혁명의 봉화가 꺼져 버린 잔해더미 한 가운데서 출생한다. 한 고대의 역사가는 당시 로마 황제 티베리우스(주후 14~37년) 치하에선 온통 '조용한 일뿐'이었음을 암시하고 있다.(타키투스) 마치 덧없는 일에 너무 큰 것을 제물로 바쳤다는 듯, 조소의 눈길을 던지며 배반의 시대는 다가왔고, '결정적인 것'을 선사해 주리라던 메시아 대망은 해방 투사들과 더불어 예루살렘 도상의 수천의 십자가 위의 썩은 고깃덩어리로 변질되어 버렸다. 희망 포기를 수락 조건으로 내세우며 배반의 시대는 도래했고, 예수는 시간의 복수전이 가장 가혹하게 벌어지던 지역(세포리스 근처의 나자렛)에서 성장기를 보낸다. 주검들이 즐비했던 고을에서 죽은 듯한 여인의 몸을 통해 한 소년이 성장해 간다.

---

3) 손현철, 「1990년대. 서시」, 같은 책, 같은 쪽.

시인은 도심 재개발 지구의 남루한 빈집들을 본다. 그곳에는 지난 시절의 희망을 반납한 채 '오늘'을 살아가겠노라고 서약한 뒤 아둥바둥 세월에 구속되어 살아가는 그 자신이 서 있다.

> 무엇이 두려운지 이 오래 된 건조물은
> 학질에 걸린 듯 떨고 있다 [4]

IMF의 으름장에 간이 녹듯 서명해야 했던 정리 해고의 위협 아래 아무 말 못하고 쓸쓸히 서 있는 이 세대의 군상들처럼. 필시 그들 중 많은 이들은 시인처럼 혁명의 시대의 불꽃들이었을 텐데…… 오히려 청산됐어야 할 자들이 잔인한 가위 소리를 내며 떨고 있는 사람들을 잘라내려 달려들고 있다.

결국 불꽃 같던 과거를, 그 꿈을 잊은 채 살아가는 일은 불가능했다. "그냥 사는 거지"라며 지나쳐 버렸던 시인에게, 시인의 시대 사람들에게 시간의 보복은 점차 자라 어느덧 참을 수 없을 만큼 가혹해졌던 것이다. 그나마 다행인 것은 '검열관'들에게 절반이나 잘려졌어도 시인은 스스로는 결코 떼어 버릴 수 없는 나머지 절반의 자신을 갖고 있었다는 것이다. 그래서 시인은 이야기한다.

> 너를 잃고 나는
> 내 인생의 개정판을 다시 찍지 못할 것 [5]

다시 꿈을 얘기해야겠다는 절제된 맹세 같은 것이리라.

---

4) 손현철, 「재개발의 추억」, 같은 책, 365쪽.
5) 손현철, 「재개발의 추억」, 같은 책, 같은 쪽.

슬금슬금 되살아나기 시작한 사람들의 꿈은 다시 메시아를 부르기 시작한다. 그러자 세례자 요한을 경유하여 예수가 등장한다. "내가 바로 그 메시아다"라며.

그는 사람들의 되살아난 꿈으로 말미암아, 바로 그 꿈과 더불어 환생하게 된 것이다. 그러자 그는 사람들에게 잃어버린 나머지 절반을 그 대가로 선사한다. 그는 '꿈의 창조자요 꿈의 생산자며, 꿈의 재건자'인 것이다.

재개발 지구의 폐허 위에 검열관들의 웅대한 성이 세워진다. 거기에는 권력과 부가 집중되어 있고, 그곳을 권력과 돈의 수호신이 지키고 있다. 어떤 이들은 그 신을 '하느/나님'이라고 부르기도 한다.

그런데 그 신이 성을 지키는 방법은 개미떼같이 성을 갉아먹는 이들을 압도하는 힘을 통해서다. 마치 이 세상 무엇보다 더 큰 힘으로 이른바 '악'을 응징하는 슈퍼맨식의 정의 수호처럼 말이다. 마치 최고 성능의 무기로 지구상의 악을 응징하는 할리우드식 미국의 정의처럼 말이다. 여기에는 늘 '최고의 능력, 최고의 권력'이 따라다닌다. 그리고 그 최고의 능력/권력의 담지자는 언제나 정의의 편에 서 있다.

사람들은 자신들의 신이 이 정의의 편에 서리라는 것을 의심하지 않는다. 그래서 이것은 신화다. 왜냐하면 사람들이 이렇게 생각하고 있음에도 불구하고 그들은 무수히 많은 경험 속에서 '신 부재'의 상황을 만나야 하기 때문이다. 그들이 느낄 수 있는 한 최고의 권력이 언제나 정의의 편에 서 있지는 않았기 때문이다. 아니 오히려 대부분은 그렇지 않기 때문이다.

제자 한 사람이 예루살렘 성(전)을 보고 그 웅장함에 경탄해 마지않았다. 그러자 예수는, 필시 쓸쓸한 표정으로 그를 보며, 이렇게 말한다. "저 돌들

이 어느 하나도 제자리에 그대로 있지 못하고 다 무너지고 말 것이다."(「마르」13 : 2)

이 말을 사람들은 흔히 이렇게 생각했다. '성막이나 성소들의 폐허 위에, 그것들이 재개발 지구의 잔해들로 전락해 버렸을 때, 그 자리에 성전이 세워졌던 것처럼, 당시의 성전도 얼마 후엔 재개발 지구의 남루한 건조물에 불과하게 될 것'이라고. 그러니까 성전보다도 더욱 엄청난 능력을 가진 더욱 정의로운 이의 상징물이, 과거의 챔피언을 때려눕히듯, 옛 것을 대체하게 된다는 얘기다. 실제로 역사는 로마의 대성당이, 취리히의 대성당이, 그리고 뷔텐베르크 대학 성당이 그런 것이라 믿기도 했다.

그러나 천만에 말씀. 예수는 이런 뜻으로 말하지 않았다. 실제로 그가 무너뜨릴 것이라던 성전의, 그 권력자들의 가위 자락에 도리어 예수의 몸뚱어리가 난도질당하고 말았다. 반면 가장 최초의 그리스도인들은 예수의 이 말을 전혀 다르게 이해했다. 권력과 부가 집적됨으로써, 최신예 병기를 구축함으로써 존재하는 검열관들의 성이 무너져 버리는 것은 더욱 강한 힘에 의해서가 아니라, 권력의 완력에 의해 제압당한 이의 무력한 시신에 의해서였다고. 비천한 것에 고결한 것이, 약한 것에 강한 것이, 빈곤한 것에 부귀한 것이 무너져 버린다는 것이다. 요컨대 예수의 이 말은, 재개발 지구를 정복한 지배자의 성은 더 강한 지배자에 의해 정복되는 것이 아니라, 그 성이 말살시키려 했던 재개발 지구 거류민들의 근절된 희망이 재생하는 것으로 말미암아 정복된다는 것이다.

교회는 사람들의 되살아난 꿈을 증거하는 마당이다. 교회는 꿈의 소생으로 환생한 신의 이야기를 보존하는 창고다. 교회는 신의 꿈 창조 이야기, 꿈의 생산 이야기, 꿈의 재건 이야기를 선포하는 광장이다. 그것은 '힘에 의한 힘의 정의'라는 재개발 지구에서 유포되는 논리, 그 논리의 주인공(종종 어떤 이들에게 하느/나님이라고 불리기도 하는)을 해체하는 실천을 의미한다. '예수의 오심을 기리는 날'은 바로 이런 새로운 신에 관한 이야기를 새삼 기억하는 '제의' 자체인 것이다.

그런데 도대체 이런 교회가 어디에 있단 말인가?

'낯섦을 향한 욕망'으로서의 신앙

1

　존 스타인벡(John Steinbeck)의 동명 소설(1952)을 영상화한 엘리아 카잔(Elia Kazand) 감독의 「에덴의 동쪽」(East of Eden, 1955)은, 청교도적인 중산층 농민 아담이 전 아내였던 케이트를 너무나 빼닮은 작은아들 칼을 미워하고 자신을 닮은 큰아들 아론을 편애함으로써 일어나는 일련의 비극적 이야기를 소재로 하고 있다. 이들의 증오과 편견 배후에는 제1차 세계대전을 전후하여 미국에서 근대화가 급속히 진행되면서 사회의 전면적 재편이 이루어지는 과정의 역사가 복잡하게 얽혀 있다. 그런 점에서 이 영화/소설은 단순히 한 가정의 가족사에 그치지 않고, 한 편의 문명 비평사로 확대 해석할 여지를 보여준다. 비록 카잔이 매카시즘의 앞잡이 노릇을 하며 동료 8명을 광분한 이념의 희생자로 헌납한 추잡한 전력의 장본인임에도, 원작의 문제 의식을 압축적이고 한층 정돈된 모습으로 재현시킨 그의 탁월한 재능 덕분에 우리는 이 영화에서 동시대를 보다 첨예하게 읽으려 고뇌하는 한 소설가의, 지성의 얼굴을 훨씬 더 잘 발견할 수 있게 되었다. 나아가 이 영화/

소설은 「창세기」의 아담과 이브, 카인과 아벨 이야기를, 독서자의 시공간에서 재현해 내는 놀라운 상상력을 보여주고 있다. 그런 점에서 이 영화/소설을 독서자 자신이 속한 사회에 대한 '첨예한 시대 읽기'를 통한 고전(성서) 읽기'의 훌륭한 전범이라고 감히 평하고자 한다.[1]

그런데 아담과 이브 이야기가 인간 비극의 원형성을 문제시하고 있다면, 이 영화는 '친숙함'을 추구하는 인간 욕구에서 비극의 원형을 보고 있는 게 아닌가 하는 생각을 하게 된다. 사람은 자신과 닮은 것에 친숙함을 느낀다. 그런데 닮음에 대한 느낌은 사실 대단히 모호한 판단이다. 가령 어떤 이는 그와 입이 더 닮았고, 다른 이는 코가 더 닮았으며, 또 다른 이는 말투가 닮았고, 또 어떤 이는 체격이 닮았다면, 이 네 사람 중 그와 가장 닮은 이는 누구인가? 이처럼 닮음이라는 판단에 관여된 비교 대상은 너무 많고 다양하다. 그럼에도 우리가 어떤 사람 혹은 어떤 것이 그(것)와 닮았다고 생각하는 것은, 그 많은 '비교 대상' 가운데 특정한 것에 의해 우리의 판단이 과잉 결정된 결과다. 한편 이러한 닮음에 대한 사람들 각자의 선택과 판단이 순수히 자율적 판단에 기초하지는 않는다는 것이다. 여기에는 집단적인 공명 현상이 동반된다.[2] 심지어 인간 사회를, 닮은 사람들과 닮지 않은 사람들로 구분해 내는 무수한 제도들의 네트워크라고 규정한다 해도 지나친 말이 아니다. 곧 사회 제도란 무수한 '우리'[3]와 '타인'을 생산하는 기제다. 여기서 제도라 함은, 친숙함에 대한 편견과 편애의 메커니즘이 단지 존재 외부에서

---

1) 성서 읽기의 대안적인 한 방법으로서 최근 '상호 텍스트적 읽기'(intertextual reading)가 제기되고 있는데, 나는 존 스타인벡의 『에덴의 동쪽』이나 『분노의 포도』에서 더없이 훌륭한 실례를 발견하였다.
2) 민족의 동족 의식이나 가족주의 등이 그 대표적인 예라 할 수 있다. 이러한 집단적 이해는 '이데올로기'의 효과라 할 수 있다.
3) 이하에서 '타인'에 대응하는 집합적 존재로서의 '우리'는 작은 따옴표를 붙여 표기할 것이며, 작은 따옴표 없이 사용된 경우는 1인칭 복수의 표현이 담을 수 있는 일반적인 함의를 나타낸다.

강제되는 것만이 아니라, 존재 내부로부터 작동되어 인간의 사고와 행동을 규격화한다는 것을 의미한다. 그리하여 이러한 규격화를 무의식적으로 체득한 인간으로 하여금 이 타자에 대한 배제주의적 제도의 자발적 공모자가 되게 하는 것이다.

  이런 제도 속의 사람들은 자신과 관계 맺음 안으로 들어온 사람을 자신의 모사형으로 만들려 한다. 아담은 케이트를 사랑했으나, 그가 진정 사랑한 대상은 케이트가 아니라 아담 자신이 상상하는 현숙한 여인상이었다. 그는 이 여인상과 케이트를 동일시하려 했고, 그녀가 그런 여성이 될 것을 강요했다. 그리고 이런 친숙함에 대한 욕구를 사랑이라는 이름으로 정당화한다. 그러나 그녀는 그렇게 순종적인 전통적 여성이 아니었다. 전통적 가치로는 도무지 바람직하게 볼 구석이라곤 없는 여인이었다. 하지만 다른 관점에선, 근대 도시의 진취성과 도구주의적 냉혹함을 동시에 갖춘, 그리하여 근대 사회의 '성공' 해법을 본능적으로 아는 지혜로운 인물이기도 했다. 근대화라는 사회의 시대적 변모는 인간 가치에 대한 판단 기준을 한결 복잡화시켰던 것이다. 결국 닮음에 집착하는 전통적 인간 아담과 시대의 변화를 체화함으로써 '차이'를 존재 속에 실현하고자 했던 케이트는 파경에 이르렀고, 이후 그들간의 증오는 그들의 경험과는 무관한 자식들에게까지 이어진다. 그리하여 편견과 증오는 세대를 관통하며 전이된다.

  이러한 제도 속의 사람들은 자신과 관계 맺음 밖의 사람들, 즉 타인을 자신과 무관한 존재, 별개의 운명을 타고난 존재로 여기려 한다. 그런데 사회 속에서 타인은 대개 자신보다 약한 존재를 겨냥하게 마련이다. 여기서 '우리'의 무관심의 대상인 타인은 바로 이 무관심으로 말미암아 또 한 번 능욕당하고 수탈당하는 존재가 된다. 요컨대 배제와 박탈은 대체로 한 쌍을 이루게 된다.[4]

그러므로 친숙함에의 욕구를 통한 '우리됨'을 정체성이라고 부른다면,[5] 타인에 대해 배타적인 '우리'의 정체성은 동시에 가학적 세계의 형성 원리라고 할 수 있다. 산업화를 동반하며 발전한 근대 사회는 지금 우리가 살고 있는 가학적 세계 및 그 세계의 제도를 가리키는 포괄적인 명칭이다. 요컨대 근대 사회는 산업화된 우리 시대로 재현된 '친숙함의 욕구 체제'라고 할 수 있다.

2

미국에서 근대화가 급진전된 시기가 영화 「에덴의 동쪽」의 시간적 배경이던 제1차 세계대전 어간이라면, 한국에서 이러한 사회적 변화의 계기는 1960~1970년대. 이 시기 이래 최근까지 한국 사회는 급속도의 압축적인 성장(condensed growth)을 향한 질주를 거듭해 왔다. 이러한 한국적 근대화 과정을 개념화하는 데 '돌진적 성장'(rush-to growth)이라는 용어가 최근 널리 사용되고 있다.[6] 이는 균형 있는 발전을 도모하기보다는 모든 가용한 사회적 자원을 동원하여 총량적 경제 성장에 투입하는 방식의 성장주의를 가리키는 개념으로, 이 과정에서 인간에 대한, 그리고 자연 환경에 대

---

4) 이마무라 히토시는 근대성의 중요한 특징의 하나로 '인간 중심주의'를 든다. 여기서 인간은 주체의 동일자적 존재, 곧 '우리'를 가리킨다. 그렇다면 타자는 비인간이 된다. 가령 나치 시대 독일인에게 있어서 유대인이나, 반공주의가 전일화된 한국전쟁 이후 남한 사회에서 공산주의자는 비인간적 존재로 여겨졌다. 그러므로 이러한 타자에 대한 배제와 박탈의 메커니즘을 히토시는 '식인주의'라고 부른다. 이마무라 히토시, 『근대성의 구조』, 이수정 옮김 (민음사, 1999), 제5장 참조.
5) 정체성은 자아가 '영구불변'한 것인 양 착각하게 한다. 하지만 밀란 쿤데라가 소설 『정체성』에서 냉소하고 있듯이, 자아의 정체성은 사랑하는 아리따운 여인과 늙고 추한 여인을 혼돈하는 것처럼 전혀 확실한 것이 못 된다. 영화 감독 루이 브니엘은 '욕망의 모호한 대상'의 여주인공을 전혀 닮지 않은 두 여자로 캐스팅했다. '2인 1역'의 상황이 영화 속에서 원칙 없이 뒤바뀌면서 연출된다. 그런데 그는 한 인터뷰에서 두 여인이 계속 바뀌는데도 관객이 전혀 혼돈을 일으키지 않는다는 사실에 놀랐다고 한다. 이것은 자아가 통일적이라기보다는 오히려 비조화적 상황에 더 익숙하다는 사실을 시사한다. 그럼에도 근대에 와서 더욱 기승을 부린 정체성 담론은 고정된 영구불변한 자아를 주장한다.

한 성찰적 가치(reflexive value)는 거의 고려되지 않는다. 이 말은 '우리' 라는 집단적 정체성에서 '외부'로 규정된 다른 인간(타인)이나 자연 세계를 주변화시킨다는 말이다. 우리 외부의 '타자'(the others)를 우리 자신의 이익을 위해서 단지 '수단'으로서만 취급하는 태도다. 돌진적 성장 과정은 타자적 존재에 대한 '우리'의 도덕적 책임감 자체를 문제시할 여유를 주지 않았던 것이다. 그래서 이 시기 한국의 근대화는— 20세기 초 미국이 그랬던 것처럼—매우 파행적으로 전개되었다. 이것은 근대화/산업화의 부작용을 완충시켜 보려 했던 유럽의 국가 복지적 실험이 우리에게 전무하게 된 결과이기도 하다.

스타인벡의 또 다른 소설 『분노의 포도』(The Grapes of Wrath, 1939)가 묘사하고 있는 것처럼, 급속히 추진된 압축적 산업화는, 이 근대화의 달콤하고 풍성한 '포도 열매'에도 불구하고, 그 열매로부터 철저히 배제된, 밀려난 자들의 절망과 분노를 가중시킨다. 무수한 사람들이 자신들의 생존의 터전이자 조상의 숨결이 살아 숨쉬던, 존재의 전통적 안착지였던 땅을 버리고 유랑의 길을 떠나야 했다. 전통적인 존재의 근거로부터 뿌리 뽑힌 사람들의 광범위한 사회적 이동, 그 대대적인 사회적 동원 과정이 질풍노도처럼 급속도로 전개된 나머지 사람들은 대안적 가치를 형성할 만한, 아니 그러한 가치를 위해 현재를 성찰적으로 되돌아볼 만한 여유를 누릴 수 없었다.

근대화/산업화 사회의 냉혹한 생존 경쟁의 정글 속에서, 급속한 사회적 이행기의 사람들은 잃어버린 전통적 안착지를 대신할 대안적 공간을 만들

---

6) 한국 사회의 파행적 근대화가 담고 있는 독특한 위험 사회적 성격을 설명하기 위해 '돌진적 근대화/산업화'(rush-to modernization/industrialization)(한상진) 또는 '돌진적 성장'(김대환)이라는 개념이 활용된다. (한상진, 「왜 위험사회인가? 한국사회의 자기반성」, 『계간 사상』, 1998년 가을; 김대환, 「돌진적 성장이 낳은 이중 위험사회」, 같은 책 참조) 이것은 울리히 벡(Ulich Beck)이 이론화한 서구 근대화에 따른 위험 사회론을 한국적으로 변형하여 재개념화한 것이다. 울리히 벡, 『위험사회』, 홍성태 옮김 (새물결, 1997) 참조.

어 가게 된다. 급속한 돌진적 성장 속에서 불균등성의 심화로 인한 불협화음을 흡수할 만한 사회적 안전망이 효과적으로 구축되지 못했기에, 사람들은 사적 영역에서 대안 공간을 추구하지 않을 수 없게 된 것이다.[7] 문제는 오늘날 파행성을 여실히 드러내고 있는 지연 혈연 학연 등등의 집단화가 바로 이런 사적인 대안적 안착의 공간을 추구한 하나의 실례라는 사실이다. 생존의 불안감을 불식시키기 위해 공공성이 결여된 사적 집단주의가 사회 곳곳에서 만연하게 된 것이다. 자신과 닮은 사람들을 억지로 만들어 내고 이러한 닮음의 체계를 통해서 사회적 이익의 분점 구조를 형성한 것이다. 그리고 파행적인 돌진적 성장으로 인한 존재의 뿌리 뽑힘에서 오는 불안과 좌절 그리고 분노를 경계 밖 사람들(타자)을 향해 터뜨린다. 이러한 과정을 무수히 반복하면서, 타자에 대해 폭력적이고 가학적이며 무배려한 태도는 이제 우리 모두의 습성화된 얼굴로 정착하고 말았다. 요컨대 너나 할 것 없이 이러한 배제주의적 담론의 공모자가 되었던 것이다.

근대 사회는 지난 시대의 어떤 역사보다도 더욱 파괴적인 가학성을 발현시키고 있다.[8] 「로마서」에서 바울이 지적했듯이, 인간의 죄성으로 말미암아 온 세계가 다 고통의 신음 소리를 내며, 형제에 의해 죽임당한 아벨처럼 하늘을 향해 절규하고 있다.(「로마」 8: 18~25 참조) 그것은 우리 인간이 타자를 관계 속의 공동 운명체로 보지 못해 왔던 오랜 모반의 역사와 관련되며, 그 정점에는 분명 근대 산업 사회가 있다. 그것은 전쟁 같은 공공연한 파괴

---

7) "국가나 법 등 공적 제도가 거래 비용을 줄이는 역할을 다하지 못했기 때문에, 그 대응으로서 사적 제도로서의 연결망이 발달하고 지속한다." 김용학, 「연결망와 거래비용」, 『사회비평』 14 (1996).
8) 가령 근대 사회는 '신뢰의 비가시성'에 의존하고 있다. 예컨대 화폐 거래는 거래 상대자에 대한 인지도와는 관계없이 일정한 규칙에 따라 이루어진다. 이때 규칙의 신뢰성은 개인의 품성보다도 초개인적 사회적 품성과 더욱 관계된다. 더 근대화된 사회일수록 규칙의 엄정성이 개개인에게 내면화되어 비가시적 신뢰도를 높이는 것이다. 그런데 Y2K의 위험처럼 전산망의 혼란은 금융 거래에 있어서 대규모 재앙을 낳을 수 있다. 이때 이 재앙의 원인은 신뢰의 과잉과 관계된다. 이런 점에서 가장 우려되는 것의 하나는 핵무기와 핵 발전소다. '체르노빌'처럼 신뢰의 과잉은 광범위한 위험 가능성을 담지한다.

의 역사뿐 아니라, 창조와 재건의 순간에조차 타자를 도무지 배려하지 않는 이른바 '도덕적 해이'를 전제하는 역사다. 곧 울리히 벡이 입론화한 '위험 사회'(risk society)란 바로 이러한 죄성으로 인한 배제주의적 가학성과 근대성간의 상관 관계를 말한다.[9] 그럼에도 더욱 근대화된 선진 산업 사회는 위험의 완충 장치를 갖고 있다. 그리고 이러한 완충 장치의 이면에는 분명 제국주의적 지배-종속의 국제적 관계가 있다. 요컨대 '더 근대화된' 사회의 충격 흡수를 위해 '덜 근대화된' 사회의 파행적 발전이 구조화된 것이다.[10] 그런 점에서 한국 사회의 돌진적 성장은 이중의 위험 사회(dual-risk society)적 요소를 담고 있다.[11] 즉 보다 많은 근대화로 인한 위험과 보다 적은 근대화로 인한 위험의 복합 구조.

여기서 그리스도인으로서 우리가 특히 기억해야 할 것은, 이러한 돌진적 성장과 그로 인한 무수한 사람들의 존재로부터의 뿌리 뽑힘이 광범위하게 확산되던 바로 그 시기에, 한국 교회 또한 폭발적으로 성장했다는 사실이다. 한국 그리스도교는 이러한 사회적 위기와 아노미 현상으로 인해 막대한 반사 이익을 얻은 것이다.[12] 교회와 그리스도교가 전통적 존재 가치의 근절로 인한 심리적 불안을 충족시켜 주는 유력한 대안 공간이 될 수 있었던 것

---

9) 「창세기」 2~11장의 일련의 이야기는, 바로 이러한 문명의 발전 과정이 폭력성과 파괴의 잠재성을 더욱 심화시키는 과정과 맞물려 있음을 풍자하고 있다. 앞의 주6)에서 소개한 울리히 벡은 현대 서구 선진국들의 근대화를 문명시적으로 검토하면서 근대화의 진전과 위험성의 심화가 구조적으로 맞물려 있는, 이른바 '위험 사회론'을 제기하였는데, 성서의 J 문서 저자는 바로 그러한 사상을 이미 주전 10세기 경에 내놓고 있다. 이 책에 실린 나의 글 「'말'이 통하는 세계를 향하여: 지구화 시대의 정의 문제」를 참조하라.
10) 근년에 한국 사회의 근대성과 식민성을 둘러싼 일련의 역사학계의 논쟁은 한국 사회의 발전을 내재적 가능성의 발현으로 볼 것인가 아니면 제국주의적 식민주의의 '의도하지 않은 결과'로 볼 것인가에 관한 것이다. 이 논쟁에서 분명해진 것은 식민지적 수탈 체제가 근대화의 주요 요소의 하나이며, 식민지적 근대성이 향후 우리 사회의 파행적 발전의 유제로 남게 되었다는 것이다. 정연태, '식민지근대화론' 논쟁의 비판과 신근대사론의 모색」, 『창작과 비평』 103, 1999년 봄호 참조.
11) 김대환, 앞의 글 참조.
12) 1970년대 이른바 '순복음 열풍'으로 상징되는 한국 교회의 급속한 양적 팽창은 박정희 정부의 근대화 정책에 따른 광범위한 이농 현상과 불가분 연관되어 있다.

이다.

그런데 우리는 여기서, 교세에 있어서 고속 성장을 거듭해 온 교회가 또 하나의 '우리 중심주의'의 본거지에 불과했다는 지성계 일각의 비판을 겸허하게 듣지 않을 수 없다. 요컨대 공공성을 상실한 사적 집단주의의 종교적 발현을 한국 근대사의 그리스도 교회에서 가장 명료하게 발견할 수 있다는 것이다. 구원의 방주로서의 교회의 안과 밖, 신앙과 비신앙, 구원/축복과 심판 등 동어 반복에 불과한 무수한 경계화(boundarization)를 내포하고 있는 교리는 '우리'와 타자간의 간극을 신의 이름으로 조장, 절대화했다. 때로 이러한 교리는 각종 분노의 생산 공정의 알고리즘 역할을 담보해 왔다. 한국 그리스도교의 과잉의 '레드 콤플렉스'는 바로 그 단적인 예다. 교회는 한국 사회에서 공세적인 냉전적 반공 이데올로기의 생산 공장이요, '적'에 대한 분노를 생생하게 재생해 내는 가공 처리 공장의 역할을 해왔다. 이러한 과도한 반공주의는 돌진적 성장이 낳은 파행성으로 인한 사회적 불협화음을 공산주의에 대한 적개심으로 변조시켰다. 그리하여 교회와 그리스도교는 돌진적 성장이 야기한 고통의 질서를 성찰적으로 반성하고 개혁하게 하는 영성(spirituality)을 간직할 수 없었다. 아니 오히려 21세기를 맞기까지의 한국 근대화 과정에서 교회의 사회적 위상은 단적으로 말해, 제거하는 편이 훨씬 낳은 '암세포'에 불과했다.

3

1995년 출범한 WTO(World Trade Organization, 세계무역기구) 체제는 '맘몬의 질서'에 더욱 순종적인 지구촌적 질서 구축을 목표로 하고 있다. 1997년 말 갑자기 몰락해 버린 한국 자본주의는—근대화의 실패로 말미암은 것이라기보다는—돌진적 근대화의 성공 바로 그것으로 비롯된 결과다. 파행적 성장의 이면인 위험 요소가 폭발적으로 분출한 것이다.[13] 그런데 바로 그 결과는 WTO로 표상되는 '지구적 맘몬 군(軍)'의 진주에 불안해 하면서도—무장 해제된 상태에서—환영의 깃발을 흔들어야 하는 이율배반적 비극을 낳았다. IMF(International Monetary Fund, 국제통화기금) 관리 체제를 경유한 지금 지구화(Globalization)라는 거대한 파도에 휘말린 한국의 선택 여지는 매우 제한적이다. 그러므로 이제 새로운 천년대를 맞이하면서 구체적 사실로 체감되고 있고 향후 한참 동안 우리의 경험을 지배할 것으로 예상되는, 신자유주의적 기조의 지구화라는 근대화의 현재 이후 양상[14]에 대해 묻지 않을 수 없다.

지구화는 전자 통신 기술상의 급속한 발전으로 인해 전지구적인 공간적 거리가 축소되고, 이에 따라 인간의 경험이 지구적 공간 속으로 포섭되는 정도가 비약적으로 증대되는 사회적·문화적·정치적·경제적 제 현상을 포괄적으로 가리킨다. 하지만 현재 이러한 지구화 현상을 추동하는 것은 자본의 운동이다. 그리하여 '시장의 외연적인 확대'와 '시장 논리의 심화'가 동시적으로 관철되는 신자유주의적인 지구적 경제 체제가 형성되어 가고 있다. WTO는 이러한 지구적 경제 체제를 추동하기 위한 국제 정치적 장치이며, 신자유주의는 이러한 전망을 미화하는 이데올로기적 장치라 할 수 있다.

이러한 지구적 경제 체제에서 금융 시장은—지구화라는 말이 함축하는 바—이미 '지리의 종말'(end of geography)을 구현하였다고 해도 과언이 아니다.[15] 근대적 경계화의 전통적인 정치적 기초였던 국가의 특권적 지위[16]

---

13) 김대환, 「세계화를 넘어서: 세계화와 국민경제, 그리고 한국경제」, 『계간 사상』(1998년 겨울), 120~121쪽.
14) 나는 지구화를 근대성의 급진화(radical modernity)로 보는 기든스의 견해에 동의한다.(안토니 기든스, 『포스트모더니티』, 민영사, 1991 참조).

는 금융 시장의 탈지리성에 의해 격하되었으며, 이에 따라 국가와 자본간의 갈등적 연계의 양상이 변모되고 있다. 가령 선진적 근대화를 이룩한 사회에서 갈등의 완충 장치로서 성립되었던 국가 복지나 민주주의 제도는 오늘날 일반적인 위기를 맞고 있으며, 향후 위기는 더욱 심화될 것으로 예측된다.

한편 인터넷 등을 매개로 하는 사이버 소통 현상 또한 지구적 경제 체제의 확고한 구축을 뒷받침하는 주요 부문으로 이미 그 지위를 인정받고 있다. 이들 사이버 매체는 국가라는 장소적 매개가 미처 통제할 수 없는 엄청난 정보를 개개인에게 쏟아붓고 있으며, 이러한 접촉 과정에서 개개인의 무의식까지도 시장 전략의 동원 대상으로 노출된다. 여기서 자본의 공략을 받은 개인의 욕망은 근대적 계몽성을 교란시키며, 이로 인해 개개인은 탈가치화와 정체성 혼란을 체험하게 된다. 결국 이러한 지구적 전자 통신 기술을 매개로 공간 정복을 더욱 첨예하게 실현할 지구적 자본은 장차 무소부재의 권력을 더욱 완전하게 실현할 것이고, 그런 점에서 그 능력의 무한한 가능성은 가히 전지전능하다고 해도 과언이 아닐 것이다.[17]

1980년대 이후 이미 세계의 많은 국가들에서 고용의 유연화 정책이나 복지 제도의 후퇴 등을 전제로 하는 지구적 자본의 유치 경쟁이 치열하게 벌

---

15) Richard O'Brien, *Global Financial Integration: The End of Geography* (London: Pinter Publishers, 1992) 참조. 기든스의 '장소 귀속성 탈피'(disembedding)도 오브라이언의 '지리의 종말'과 동일한 현상을 개념화한 것이다.(안토니 기든스, 앞의 책 참조).

16) 근대 사회는 기술사회학적으로 육지와 해양 교통 능력의 발전과 깊이 연루되어 있다. 그리하여 인간의 체험 공간을 근대 이전 사회에 비해 훨씬 원거리적으로 확대시키는 결과를 가져왔다. 이 과정에서 숱한 지리적 재영역화(reterritorization)가 이루어지는데, 영토 국가는 바로 이러한 재영역화의 가장 중요한 승자였다. 그리하여 '우리'와 타자를 가르는 가장 결정적인 범주는 국가가 되었다. 시민이 국민권 개념으로 확대된 것은 그것을 시사한다.

17) 1999년 개봉된 영화 「매트릭스」는 인공 지능화된 기계적 체계에서 무소부재의 전능성이 구현된 암울한 미래 사회를 상상하고 있다. 그런데 스스로 진화하는 기계의 인간 정복을 소재로 하는 이런 류의 SFX 영화들은 권력을 지배의 욕망으로서만 다루고 있다. 요컨대 기계는 인간을 단지 지배하기 위한 욕망에 의해서 통제할 뿐이다. 하지만 인류 문명사에서 권력을 둘러싼 투쟁에는 자원의 전유를 향한 욕망이 지배 욕망과 결합되어 나타난다. 자본은 바로 이러한 인간의 전유 욕망의 물신적 허구가 사이버 리얼리티를 획득하며 의인화된 것이라 할 수 있다.

어지고 있다. 이러한 국가들/도시들간의 '바닥을 향한 경쟁'(race to the bottom)은 국가가 자본에 굴복하는 시대의 사회적 추세를 나타내며, 이것은 국가의 보호막을 상실한, 존재로부터 뿌리 뽑힌 대중의 유랑 현상을 동반한다. 한편 '바닥을 향한 경쟁'에서 낙오된/될 집단 사이에서 지구적 통합에 반동적인 혈연적 · 지연적 · 종교적 결속이 형성되고 있는데, 이러한 집단화는 자본의 광풍으로 인한 존재의 뿌리 뽑힘을 방어하기 위해 광적인 자폐적 정체성을 추구한다. 이른바 '신부족주의'(neotribalism)라고 하는 고강도 공동체주의적 정치의 출현은 과도한 배제주의적 이데올로기에 기초하고 있다. 그렇기 때문에 신부족주의 정치는 타자적 대상에 대한 피비린내 나는 제노사이드(zenocide)를 연출하고 있다.[18] 바로 이것이 신자유주의적 지구화 시대 유랑 현상의 또 다른 맥락이다. 더 나아가 지진, 기근, 기상 이변(엘니뇨, 라니냐 같은) 등 자연 환경의 반란으로 인해 존재의 뿌리 뽑힘은 더욱 증폭된 현상으로 구조화된다. 그 밖에 사이버 시장에 세뇌된 대중의 정체성 상실로 인한 가치의 유민화 현상도 간과해서는 안 된다.

선사 시대 기근과 질병과 전쟁 등 각양의 생존의 위기 속에서 아버지의 집을 떠나 알 수 없는 희망의 땅을 찾아 기나긴 유랑 길에 올랐던 아브라함 일가처럼, 근대화 초기 미국에서 도시화와 산업화의 거센 물결에 밀려 존재의 얼이 깃든 본향을 떠나 트랙터를 타고 정처없는 유랑의 길에 올랐던 조드 일가처럼(『분노의 포도』), 지구화 시대 또한 유랑이라는 저주받을 운명에 세례받은 존재들을 탄생시키고 있다. 실은 지구화 시대의 존재의 뿌리 뽑힘은 이제까지의 어떤 체제보다 더욱 광범하며 더욱 내면화된 현상이다.

이제 한국도 지구적 자본이라는 전능자와 정면으로 대면하지 않을 수 없게 되었다. 그 존재는 국경을 넘어 지구적 범주의 체제를 구축해 가고 있으

---

18) 임혁백, 「세계화시대의 민주주의: 현실적 위협과 미래의 대안」, 『계간 사상』(1998년 겨울) 참조.

며, 심지어 우리의 무의식까지도 지배하려 달려들고 있다. 마치 점점 더 강해지는 악의 힘으로 똘똘 뭉쳐서 혜성처럼 돌진해와 파괴의 잔해만을 남기고 떠나 버리기라도 할 양.[19] 벌써 우리는 저 전능한 악의 화신의 규칙대로 타자를 배제하고 증오하는 체제의 건설에 돌입하고 있기도 하다. 1999년부터 본격화된 경제 회복기 및 도약기를 맞이한 한국의 사회 경제적 재건의 방향과 지배적인 담론 지형은 그러한 징후를 여실히 보여주는 듯하다. 신자유주의적인 안팎의 자본의 대공세 아래서 민중적 개혁의 가능성과 비전은 극도로 위축되어 있다.

과연 우리에게 미래는 있을까? 언제나 그랬시만 오늘날 담론 지형에서 지구적 자본과 쌍생아적인 모습을 한 신이 우리 그리스도교적 신앙의 언술 속에서 살아 숨쉬고 있다. 그는 승리의 신이며, 승리를 위해 수단 방법을 가리지 않는 존재이며, (만만한 대상들만 골라서 선정한) 타자에 대해 배제와 폭력을 자제하지 않는 존재이다. 과연 이런 종교의 제자들에게 미래는 있는가?

그런데 미래에 대해 결코 낙관할 수 없었던 나는 『분노의 포도』에서 하나의 대안적 희망을 발견했다. 조드 일가는 고향과 존재의 본향을 상실한 뒤 산업화의 황폐함 속에서 불모처럼 보였던 삶을 연명해 나아가야 했다. 그런데 그들에게 새로운 생명력이 회복된다. 스타인벡은 이 생명력의 회복 과정을 조드 일가가 자본가적 심성으로 무장한 존재로 적응해 가는 과정으로 그리지 않는다. 오히려 그는 비자발적 유랑의 현실을 자발적 유랑으로 전위해

---

[19] 나는 여기서 '뤽 베송'이 감독한 영화 「제5원소」를 떠올리고 있다. 이 영화는 한편에서는 절대악과 절대선의 대립이라는 할리우드의 통속적 액션 영화의 법칙을 따르고 있지만, 다른 한편으로는 악의 세력이 자신의 파괴력의 강도와 세기를 진화시켜 세력을 확장해 간다는 과정론적 사유가 함축되어 있으며, 이러한 악의 진화가 인간의 악마성의 발현인 폭력적 대응과 맞물려 있다는 점에서 관계론적 관점이 게재되어 있다. 나는 이와 같이 인식론적으로 동요하고 있는 이 영화를 후자의 관점에서 읽고자 하였다.

가는 존재론적 선택을 통해 그것을 본다. 구체적으로 그것은 유랑의 노정 속에서 우연히 마주친 낯선 타인들에 대한 이타성의 회복을 통해서 구현된다. 그들은 유랑의 길에서 친밀함에 대한 욕망을 극복하고, 그 자리에 낯선 타인을 포용하는 자기 초월의 영을 소유할 수 있게 된 것이다.

이것은 사실 스타인벡 자신의 상호 텍스트적 성서 읽기의 한 예다. 그는 여기서 광야 유랑기의 이스라엘에 관한 성서를 읽고 있다. 정처없이 광야를 유랑해야 했던 이스라엘의 유랑은, 전능자처럼 보였던 에집트의 풍요의 신상과 같은 야훼상을 구축함으로써가 아니라, 바로 민중의 신 야훼의 백성으로 새로 태어나는 경험을 통해서 종결된다. 가나안의 이스라엘 사회는 평등 공동체적 이타성을 신앙적으로 체현한 사회였다. 그것은 유랑의 끝, 즉 '젖과 꿀'이 넘치는 새로운 유토피아일지언정, 결코 풍요로운 사회는 아니었다. 즉 이스라엘의 탈에집트는 에집트의 풍요를 넘어선 더 큰 풍요에 초점이 있는 것이 아니라 그러한 풍요로의 길, 즉 전제 군주적 국가로의 길과는 '다른 길'을 의미한다. 전자가 안착지를 향한 정착의 길이라면, 정착자의 우두머리인 신/파라오의 권력을 정점에 두고 펼쳐지는 독점과 착취의 길이라면, 이스라엘의 길은 그 정반대의 길, 자발적 유랑의 노정, 이타주의적 사회 체제 혹은 존재로의 끝없는 자기 갱신의 길[20]을 의미한다.

4

최근 코스보에서 펼쳐졌던 제노사이드는, 사회주의 국가가 몰락하고 서유럽과 북아메리카 자본주의의 동진(東進)이 일으키고 있는 회오리 광풍에

---

20) '끝없는 자기 갱신'이라는 표현은 '성찰적'(reflexible)이라는 개념을 달리 쓴 것이다. 왜냐하면 reflexible이란 '재귀적'이라는 의미를 갖는데, 그것은 끝없이 자기 자신에게로 다시 돌아가 스스로를 수정하는 사유의 과정을 함축하기 때문이다.

대응하려는 수구적 국지주의와 종족주의의 파괴적 발흥과 무관하지 않다. 소종족들은 지난날의 느슨한 정치 제도적 연대로는 이 무시무시한 바람을 감당할 수 없다고 생각하고 있다. 그보다는 종족 내부의 결속이 훨씬 중요하며, 이는 해묵은 종족간 적대감을 한껏 발기시키는 과정과 맞물려 있다. 이때 이 해묵은 적대감, 세르비아 족속과 알바니아 족속간의 반목과 편견의 역사는 무려 600년이나 된 것이다.

아버지의 축복을 도적질당한 에사오의 분노를 삭히려고 어머니 리브가는 '시간 지연' 전략을 편다. 대개의 사람이라면 시간이 흐르면 자연 분이 삭게 마련이고, 이때 성찰적 태도로 스스로를 되돌아볼 기회를 얻을 수 있다. 그러나 성서는 리브가의 화해 기도가 실패하였음을 시사하고 있다. 야곱과 에사오의 반목이 이스라엘과 에돔 족속간의 적대감으로 자손 대대로 이어졌음을 고백하지 않을 수 없었던 탓이리라. 마찬가지로 600년이나 지연된 시간에도 불구하고 세르비아와 알바니아 족속간의 적대감은 삭기는커녕 더욱 증폭되었다. 그런데 이 친숙함을 추구하는 욕구 체계인 자종족중심주의에 오래 전의 악연을 생생하게 보존하고 증폭시키는 역할을 한 것이 바로 종교다. 그리스도교와 이슬람교라는 종교간의 기억술은 분노의 '시간 저장고' 역할을 해왔던 것이다. 한 정치인이 자신의 권력 장악을 위해 기억의 타임 캡슐을 개봉하자, 이 '판도라의 상자'에서 탈출한 분노의 악귀가 종족간의 제노사이드를 야기시키고 말았던 것이다.

종교의 기억술이 이렇게 놀라운가? 그 긴 기간 동안, 분노를 삭힐 만한 숱한 계기들이 있었을 텐데, 어쩌면 다른 대상으로 분노가 전가될 만한 계기들도 많았을 텐데, 우리의 종교는 오직 한 대상을 향해 불타오를 증오만을 기억해 왔다. 그 불꽃이 활활 타오를 '그때'를 염원하면서. 그리하여 마치 메시아의 때가 도래하는 것처럼 '불의 때'가 당도하자 그리스도교는 '우리' 중심적 정체성에 광적으로 집착하는 신부족주의 현상의 견인차 역할을 했고, 그만큼 '우리' 외부의 타자를 극렬하게 배제하고 '우리'의 공간에서 추방시키는 가학성, 말하자면 '인종 청소'라는 흉물스런 잔혹극을 또 한 번 저지르고 말았다.—인류 역사상 제노사이드를 이처럼 많이 자행한 종교는 일찍이 없었고, 아마 앞으로도 없을 것이다. 이렇게 죽임당한 이가 하늘을 향해 절규할 때 과연 그리스도교는 뭐라고 기도해야 할지……

  서로 아버지의 축복을 독차지하려고, 형제를 타인으로 삼고 그를 짓밟음으로써 자신의 욕구를 충족하고자 했던 야곱과 에사오의 분노의 정치는, 자손 대대로 이어진 적대의 씨앗이 되었고, 그 후손들도 선조가 남긴 유산을 아낌없이 승계하여 적대를 더욱 증폭시키는 냉혹함의 정치의 공모자가 되어 왔다. 그리고 그리스도교는 이런 분노의 정치를 매우 효과적으로 승계한 종교의 입지를 구축해 왔다. 그런데 이상한 것은, 그런 종교의 정전인 성서는 이러한 '우리 중심주의'의 물결에 저항한 반항적 예언자들의 이야기를 숱하게 남기고 있다는 사실이다. 가령 예언자 아모스는 이스라엘과 유대와 인근의 여러 종족들을 향한 심판의 신탁을 선포하는 중에, 에돔과 이스라엘 간의 '형제다운 화합 정신'의 회복을 갈구하는 심정을 내지르고 있다.

    나 야훼가 선고한다.
    에돔이 지은 죄,
    그 쌓이고 쌓인 죄 때문에
    나는 에돔을 벌하고야 말리라.
    동기간의 정을 끊고
    칼로 겨누며 달려들었다.
    사뭇 증오심에 불타올라

끝내 앙심을 풀지 않은 죄 때문이다.

―「아모스서」 1장 11절~12절

나아가 절망이 가장 깊은 현실에서 희망이 물결치듯 솟구치는 메시지를 내뿜고 있는「제3이사야서」(「이사」 55~66장)는 메시아가 바로 원수 종족 에돔에서 온다는 깜짝 놀랄 선언을 하고 있다는 것을 아는가?

에돔에서 온 이분은 누구신가?
……
'나는 구원을 약속하는 자,
도울 힘이 많은 자이다.'

―「이사야서」 63장 1절

신약 성서의「히브리서」를 보면 유랑하고 박탈당하는 자들, 권력이 자행하는 폭력에 노출되어 온갖 고초를 당하는 자들의 고난의 역사에 가슴 아파하며, 이러한 고난의 역사의 종식, 즉 구원을 상징하는 그리스도의 사건이 '단 한 번' 임을 여러 차례 언급하고 있다. 그것은 이제 희생은 끝나야 한다는 강한 염원의 표현이리라. 그런데 그 대안적 실천을「히브리서」는 "그리스도처럼 영문 밖으로 나가라" 고 말하고 있다.(13: 13) 이것은 '영문 밖' 이 고난의 담지자들이 있는 현장이라는 것을 말하고 있는 동시에, 그러한 고난의 담지자인「히브리서」의 그리스도인들 자신도 또한 '영문 안' 에 있다는 것을 암시한다. 여기서 영문 밖으로 가라는 것은 이중의 경계를 넘는 실천을 시사하고 있음을 알 수 있다. 하나는 지배 권력이 설정한 특권과 비특권의 경계요, 다른 하나는 그것에 저항하는 '우리' 가 만들어 놓은 또 하나의 특권 구조의 경계다. 전자가 권력에 대한 비판의 차원이라면, 후자는 '비판의 비판'이라는 함의를 갖는다.

  무엇보다도 우리는 예수에게서 이러한 문제 의식의 가장 철저한 흔적을 만날 수 있다. 예수에 관한 그리스도교의 가장 원론적인 신조에 따르면, 예수는 '신의 자기 중심주의의 해체'로서 강령화된 존재라는 것이다. 이 고전적 강령에 의하면, 그는 본래 하느님이었으나, 인간을 구원하기 위해 자신의 신성을 절멸시켰다는 것이다. 전능자가 구원할 능력이 부족해서 변신했다는 뜻이 아니다. '전능자'와 '부족'이라는 말은 이율배반이 아닌가? 다시 말하면 전능자는 구원을 위한 방법의 하나로 전능자적 존재인 자신을 해체했다는 것이다. 여기서 나는 최근의 시 한 편을 떠올린다.

    내가 퇴행을 각오하면서까지
    너의 네 줄 가로무늬를 주술처럼
    지니고 있는 이유를 나는 모른다
    내 몸 속의 또 하나의 나인 너를
    철갑으로 껴안고 있는 이 고집도 알 수 없다

    오직 너의 예민한 촉각에 굴종하기 위하여
    빛깔 없는 나의 노래는
    허공을 흔들고, 단 한순간
    천년을 떨게 하는 오르가즘을 위해
    그 황홀 같은 기적을 위하여
    음지를 기어가며 너와 나의 살점을 뜯는다

그것이 사랑이 아니라 하든

그것이 소통이 아니라 하든

아, 그것이 소멸이고 폐허라 하든

운명처럼 너 있는 곳에 내가 있고

내가 토하는 모든 슬픔이 네 안에 고임에야

하여, 장마철 나의 힘겨운 산란은

너를 위한 아름다운 퇴화가 되고

너의 네 줄 무늬는

치욕으로 잉태한 나의 기적이 된다

— 김철식, 「달팽이」

   시인은 세기말의 인류의 위기를 말하면서 원시적 생명체인 달팽이가 되겠다고 자신의 '퇴행'을 술회하고 있다. 바로 그것처럼 신은 모멸적 존재의 상징인 인간으로 스스로를 퇴행시킴으로써 그 인간의 구원자가 되겠노라고 이야기하고 있는 것이다.

   나는 이상에서 친숙함을 추구하는 '우리 중심주의'의 욕구에 대한 발본적인 비판에서 그리스도교 신앙의 기본적 문제 설정이 있음을 말하고 있다. 그런데 최근 우리가 맞이하고 있는 한국적 근대화의 위기는 우리를 지구적 자본주의 앞에 적나라하게 노출시키는 계기가 되었고, 이 속에서 우리는 뿌리 뽑힘의 심각한 위협 아래 직면하게 되었다. 나아가 이러한 조건은 신자유주의적으로 지구화된 사회의 암울한 미래를 걱정하지 않을 수 없게 하였다. 아마도 위기는 더욱 증폭될 것이고 훨씬 가중될 것이다. 이 가운데서 우리는 또 한 번 '친숙함'을 향한 욕구에 집착하는 유혹에 흔들리고 있다. 여기서 친숙함의 욕구는 친숙하지 아니한 자, 즉 만만한 타자를 경원시하고 적대하는 과정과 맞물려 있다. 요컨대 '우리'의 정당성을 위해 누군가 '적'이 되어 줘야 한다. '우리'의 분노의 대상이 되어 줘야 한다.

어떤 소경을 보고서 제자들이 예수에게 묻는다. "저이는 누구 때문에 저런 모습을 하고 있나요?" 예수가 대답하였다. "그 때문도, 그의 부모 때문도 아니다. 단지 하느님의 깊은 뜻을 (너희들에게) 전하기 위해서다"라고.(「요한」 9: 1~3) 오늘 우리가 겪고 있는, 그리고 향후 한참 동안 계속될 것으로 예상되는 지구적 자본이 야기한/할 악취 나는 위기를 통해 이야기하는 하느님의 본 뜻은, 우리 '외부'의 존재들을 향한 사회의 배제를 재생산하는 제도 및 그것에 공조하는 우리를 정당화시켜 주지 않는다. 도리어 이 체제가 배제하고 격리시키고자 하는 존재들, 즉 '우리'에게 낯선 이들의 얼굴에서 신의 자취를 찾아내려는 자세 속에 하느님의 진리가 있다. 이것은 굶주린 얼굴, 알코올 중독자의 얼굴, 마약 중독자의 얼굴, 가출 청소년의 얼굴, 동성애자의 얼굴, 범죄자의 얼굴, 공산주의자의 얼굴 등, 우리의 주류 담론에서 배제된 이의 얼굴로 신이 지금 우리에게 말하고 있다는 것을, 또 내/우리가 가장 미워하는 혹은 무시하는 이의 얼굴로 현현한다는 것을 의미한다. 그 속에서 진리를 발견하려는 우리의 태도가 필요하다는 것이다. 요컨대 그리스도인은 (교리를 내면화함으로써 혹은 교회 성장을 추구함으로써가 아니라) 낯섦을 향한 욕망으로 사는 자'인 것이다.

진리를 위해 죽을 수 있는 자를 조심하라 [1]

　20세기의 한국을 '격동의 세기'라고 부르는 것을 과장된 표현이라고 할 이는 아마 없을 거다. 일제 식민지 시대, 1945년 이후의 해방 정국, 1950년 한국전쟁, 그리고 그 이후 오늘날까지 계속되는 극렬한 냉전의 시대, 1960년대 초부터 시작된 군부 정권의 개발 독재 시대, 1980년대와 1990년대의 군부 및 민간인 출신 협잡꾼의 시대, 그리고 IMF '식민 통치' 시대 등 큼직큼직하게만 봐도 숨가쁜 격란을 겪은 민족임을 알 수 있다. 대동아 공영 대 민족 해방, 좌우 이데올로기와 민족주의, 민주와 개발 등 돌이켜보면 거대한 진리들간의 쟁투의 시대라고 불러도 과언이 아니다. 그리고 이 진리들은 자신의 정당성을 입증하기 위해 무수한 희생자의 피를 빨아들이는 엄청난 식욕의 흡혈귀였다.
　움베르트 에코의 소설 『장미의 이름』은 중세 후기의 거대한 진리들간의 쟁투를 다루고 있는 한 편의 역사 소설이라고 할 수 있다. 동시에 이 소설 속의 진리는 희생자를 찾아 헤매는 흡혈귀적 얼굴을 하고 있다. 그러므로

---

[1] 이 글은 서영채의 「이성 중심주의와 장미—에코의 '장미의 이름' 읽기」, 『소설의 운명. 서영채 평론집』(문학동네, 1996)와 성염의 「움베르트 에코의 '장미의 이름으로' : 매조키즘의 희열」(http://www.sogang.ac.kr/~donbosco/)에 크게 빚을 지고 있다.

이 책은 내게서 20세기 한국을 성찰하기 위한 하나의 텍스트다.

중세 최대의 도서관을 갖고 있다던 북부 이탈리아의 베네딕토회 소속의 (가상) 수도원을 무대로 하여 펼쳐진 『장미의 이름』은 서양 중세 후기 전체사[2]를 함축하는 갈등을 한 수도원에서 일어난 연쇄 살인 사건에 얽힌 이야기 속에 응축시켜 놓고 있다. 요컨대 이 수도원에서 벌어진 일련의 우울한 이야기는 서양 중세 후기의 진리들간의 쟁투의 축약판이라 할 수 있다. 소설의 화자인 아드소 수사는 자신의 청년기(18세)에 겪었던 한 사건을 인생의 종착지에 거의 다 온 노인네(80세)로서 회상하면서 지난 시대의 그 거센 풍파를, 그 풍파의 핵심이던 진리들을 '장미'에 비유하고 있다.[3] 한창 시절 꽃 중에서 가장 아름다운 자태를 뽐내던 그 장미로 말이다. 그는 이 모든 이야기를 마치면서 씁쓸하게 마지막 말을 독자에게 건넨다. "지난날의 장미는 이제 그 이름뿐, 우리에게 남은 것은 그 덧없는 이름뿐"(『장미의 이름』, 776쪽; 이하 쪽수만 표기)이라고.

이로써 중세기의 그 모든 갈등은 '덧없음의 시간의 바다' 속으로 사라져 버렸다.[4] 그와 함께 그 시절의 서슬 퍼런 진리의 수문장들, 그리고 그 진리의 순교자들도 모두 사라져 갔다. 위대함과 왜소함, 아름다움과 추함, 진리

---

[2] 이 소설의 연대기적 배경은 1327년 11월 말이다. 그 시기의 의미에 관하여는 움베르트 에코, 『'장미의 이름' 창작 노트』(열린책들, 1995), 45~46쪽(이하『창작 노트』) 참조.
[3] 『창작 노트』, 11~20에서, 에코는 '장미' 또는 '장미의 이름'에서 독자들의 자유로운 상상력을 부추기고자 했다고 말한다. 그런데 앞서 말했듯이 이 책을 보는 나의 관점은 20세기 한국의 진리들간의 쟁투를 성찰하기 위한 텍스트에 관한 것으로 한정되고 있다. 그런 점에서 나는 '장미'의 의미를 이렇게 읽고자 하는 것이다.
[4] 이 소설의 형식상의 갈등은 교황 요한 22세와 신성로마제국의 황제 루드비히간의 중세기 유럽의 패권을 둘러싼 정치적 분쟁과 관련되어 있다. 그리고 그 분쟁의 명분은 프란치스코회 수사들에 의해 야기된 청빈 문제였다. 이 분쟁의 조정지로 선택된 곳이 소설의 무대인 베네딕토회 수도원이며, 황제편의 밀사로 파견된 자가 윌리엄 수사인 것이다. 한데 이것은 단지 갈등의 한 배경일 뿐이다. 그 속에는 무수한 진리들을 둘러싼 갈등이 뒤섞여 있으며 또 서로 얽혀 있다.

와 거짓, 정통과 이단…… 이 모든 가치들 또한 깊은 망각의 수렁 속으로 사라져 버렸다.

지난 시대의 극복이 이렇게 오는 거라면, 새 시대의 도래가 이런 극복과 더불어 비로소 나타나는 거라면, 에코의 말은, 지난 격동의 한 세기를 회고한다고 할 때, 도대체 어떻게 재현하라는 충고일까? 다음 세기를 준비하면서 새 세대에게 새로운 미래가 가치 있게 구성되려면 어찌해야 할지를 가르쳐 주어야 할(그것이 가능하다면, 그리고 필요하다면) 우리에게 어떤 지혜를 그는 남겨 주는 것일까?

연쇄 살인 사건에 대한 탐정 소설 형식으로 구성된 이 소설은 7일간의 베네딕토회 특유의 시간 전례를 따라 전개되어, 마침내 제7일에는 모든 것이 일언지하에 드러나게 된다. 수도원 원장으로부터 살인 사건 수사를 의뢰받은 윌리엄은 점차로 도서관 속에 수수께끼가 들어 있다는 사실을 발견하게 되며, 은밀히 그 속을 헤매면서 진실에 조금씩 접근해 간다. 이렇게 윌리엄 수사의 예리한 분석과 추리에 의해 범인이 도서관 사서인 노수사 호르헤였으며, 도서관 속에 '은폐된' 아르스토텔레스의 『시학』 제2권인(이 책은 실제로 현존하지 않은, 이름으로만 존재하는 책이다) '웃음'에 관한 책을 감추려는 것이 그 살해의 동기였음이 밝혀지게 된다.

이 소설에서 암시되는 아리스토텔레스의 『시학』 제2권이 묘사하는 '웃음'은 진리를 포착하게 해주는 계몽극으로서의 코미디의 효과를 가리킨다. 그것은 주로 반전에 의해 예기치 못했던 진리라는 비밀이 들추어짐에 따른 열락(悅樂)을 말한다.(734쪽) 한데 호르헤는 그 책의 웃음이 "인간으로 하여금 악마에 대한 두려움에서 벗어나게" 함으로써(738쪽), "인간이 이 땅의 환락경만으로도 천국을 누릴 수 있다는…… 사상을 고취"시키게 하는 효과를 가지고 있다고 믿는다.(739쪽) 그런 점에서 아리스토텔레스의 진리는 호르헤에게서는 감추어져야 하는 것이 된다. 요컨대 그 은폐 자체가 호르헤의 진리가 되는 것이다. 바로 그런 이유로 이 책을 몰래 보는 자는 죽어 마땅한 자이며, 호르헤는 자신이 단지 신의 도구로 정당한 살인을 했을 뿐이라고 믿는다.(733쪽) 희생자에 대한 가해자의 가학성의 미학은 이렇게 해서 성립된다. 이데올로기의 희생자들을 향한 가해자들의 잔인한 미소가 언제나 그렇듯이.

그런데 실은 이러한 호르헤적 진리관은 그만의 것은 아니다. 실제로는 이 수도원의 도서관 자체가 그러한 존재다. 이 도서관의 사서가 소경인 호르헤 수사였다는 점은 아르헨티나의 맹인 소설가 호르헤 루이스 보르헤스를 떠올리게 한다.[5] 그의 단편 소설 「바벨의 도서관」은 세상의 온갖 지식의 창고인 도서관을 숨막히게 꽉 짜인 질서정연한 거대 공간으로 묘사하고 있다.[6] 여기서는 그 질서의 장소를 언어의 혼돈이 비롯된 '바벨(론)'으로 묘사하는데, 에코는 이것을 (다음 쪽의 그림과 같은) '미궁'으로 재현하고 있다.(72쪽) 그것이 미궁이어야 하는 것은 도서관은 진리를 (공개하기 위한 곳이 아니라) 은밀하게 '보관'하는 곳이어야 한다고 생각하기 때문이다.[7] 그곳은 관리자들만의 비밀스러운 곳이며, 외부로부터 차단된 공간인 것이다.(70쪽)

안토니 기든스(Anthony Giddens)는 이에 대해 좀더 진지한 사고의 지평을 열어 준다. 그는 권력 생산의 기본 요소는 자원을 저장하는 능력이며, 이 중 가장 중요한 것으로 정보의 저장 능력을 든다.[8] 즉 권력과 정보의 저장 능력은 서로 긴밀히 연동되어 있다는 것이다. 이 주장 속에는 텍스트를 생

---

5) 엄청난 백과사전적 지식의 소유자인 보르헤스도 맹인으로서, 실제로 아르헨티나 국립 도서관장을 역임했으며, 나아가 평생을 도서관 속에 묻혀 살았던 사람이라고 해도 과언이 아닌 인물이다.
6) 보르헤스, 『픽션들. 보르헤스 전집 2』(민음사, 1997).
7) 성염, 「움베르트 에코의 '장미의 이름으로' : 매조키즘의 희열」 참조.
8) 기든스, 『사적 유물론의 현대적 비판』(나남, 1991) 참조.

『장미의 이름』에 나오는 미궁으로서의 도서관 단면도

산·보전할 뿐 아니라, 그것을 얼마나 공개할지 혹은 얼마나 은폐할지 등을 규정하는, 나아가 정보를 표현하는 형식에 있어서까지 규제하는 장치가 권력에 있어서 필수적임을 시사한다. 이 점에서 도서관은 그러한 정보의 저장소이자 정보 규율의 장소를 상징한다. 요컨대 도서관은 세상의 온갖 정보를 집적하고 있을 뿐 아니라, 그것을 분류하고 배치하는 지식의 저장소를 시사한다. 이러한 배치 양식 아래서 사람들은 진리에 대해 생각하고 실천하게 되는 것이다.

『르피가로』(*Le Figaro*, 1909)에 실린, 제1차 미래주의 선언문의 "도서관 서가에 불을 지르고, 운하의 수로를 돌려 박물관을 홍수로 범람시키자"는 구절[9]에는 바로 이러한 문제 의식이 담겨 있다. 도서관(이나 박물관)은 과거를 회상하는 기억의 방향을 체계화함으로써, 다른 방향의 사고를 허용치 않는 통념적 억견으로서의 진리(doxa)를 사람들의 일상적 실천 원리로 자리 잡게 하는 것이다. 결국 도서관이 상징하는 진리의 관리 방식이 호르헤를 낳았으며 살인 사건의 비극을 야기했다는 것이다.

---

9) 김욱동, 『모더니즘과 포스트모더니즘』(현암사, 1997), 14쪽에서 재인용.

소설 말미, 풀릴 것 같지 않던 미스테리 연쇄 살인 사건의 진범이 확인되는 순간, 그리고 그 동기가 들추어지는 순간, 호르헤는 도서관에 불을 지르며, 그와 더불어 그 자신 또한 산화하고 만다. 이로써 중세기 최대의 도서관과 그 속의 방대한 지식은 한갓 잿더미로 되어 버리고, 중세적 지식의 수호자 호르헤 또한 역사로부터 퇴장해 버린다. 이 광경을 씁쓸히 지켜보던 윌리엄 수사는 제자 아드소에게 이렇게 말한다.

"가짜 그리스도는 지나친 믿음에서 나올 수도 있고, 하느님이나 진리에 대한 지나친 사랑에서 나올 수도 있는 것이다.…… 아드소, 선지자를 두렵게 여겨라. 그리고 진리를 위해서 죽을 수 있는 자를 경계하여라. 진리를 위해 죽을 수 있는 자는 대체로 많은 사람을 저와 함께 죽게 하거나, 때로는 저보다 먼저, 때로는 저 대신 죽게 하는 법이다." (762쪽, 고딕 강조는 인용자)

이 말 속에는 범상치 않은 비밀들이 담겨 있다. 비밀 하나는 진리관에 관한 것이다. 우리가 흔히 생각하는 진리관에 따르면, 진리란 스스로 존재하는 것이며, 따라서 누군가가 '이것이 진리요'라고 외쳐야만 비로소 진리가 되는 것이 아니다. 진리란 사람의 지지 여부와는 상관없이 확고부동한 것이며, 그런 점에서 영원하다는 것이다.

그런데 윌리엄 수사는 이런 진리관과는 다른 견해를 피력하고 있지 않은가. 진리는 자기를 위해 죽어 줄 누군가를 필요로 한다는 것이다. 진리란 그 순교자들의 목숨을 건 투쟁의 전리품이며, 그런 점에서 진리란 그것을 만들고 운위하는 자들의 실천 과정 자체라는 것이다. 요컨대 진리의 내용이 문제가 아니라, 진리 담지자의 태도가 문제라는 '니체적 진리관'과 유사한 태도가 윌리엄 수사의 입을 통해 발설되고 있는 게다.[10]

둘째 비밀. 진리란 내용에 의해 담보되는 게 아니라, 그 담지자들의 실천 과정의 소산이라고 본다면, 진리를 위해 목숨을 거는 사람을 조심하라는 말은 곧 진리 자체를 경계하라는 말이리라. 다시 말하면 진리에 대한 '부정의 진리관'이 여기서 제시되는 것이다.

내가 보기에는 사실 이 두 비밀은 결국 하나의 얘기를 나누어서 한 데 불과하다. 진리란 기존의 진리가 이미 굳어 버린 사실로서 실천되고 있을 때 등장한다. 다시 말하면 진리가 그 수호자들의 실천 과정 자체라고 한다면, 기존의 진리가 자신을 지키기 위해 광분하는 진리 수호자들의 통념적 주장(doxa)에 불과하다면, 예언자가 등장하여 이 진리는 거짓이라고 주장하면서 새로운 진리를 주장하게 된다는 것이다. 즉 새로운 진리는 옛 진리와는 전혀 새로운 내용의 진리라기보다는 옛 진리 옹위자들의 통념적 주장에 대한 저항에서 비롯된 '부정의 실천'이라는 것이다. 그렇다면 진리의 수호자들, 진리를 위해 목숨을 바치는 자들은 결국 진리를 거짓 진리로서 만드는 장본인이 되고 만다. 오히려 순교자들은 진리를 죽이기 위해 죽음을 선택하는 존재라는 것이다.

이쯤에서 성서에 묘사된 바 바울의 말을 인용해 보자. 그가 여기서 진리에 관한 이야기를 하고 있기에 말이다.

"그러나 때가 이르자 하느님께서 당신의 분신을(원문은 '아들을') 보내시어

---

10) 서영채의 흥미로운 논문에 의하면, 중세의 스콜라 신학/철학에 대한 세 유형의 사유를, 『장미의 이름』에서 중세와 근대, 그리고 '새로운 중세'(에코의 표현에 따르면)로서의 포스트 근대를 아우르는 세 가지 '장미'로서 제시한다. 즉 루터의 장미와 헤겔의 장미, 그리고 니체의 장미가 그것이다. 여기서 서영채에 의하면 윌리엄 수사의 사유 방식은 헤겔의 장미에 비유할 수 있다고 본다. 나는 그의 이러한 유형화가 매우 탁월한 분석의 결과라는 데 이견이 없지만, 인용한 텍스트의 윌리엄의 말에는 니체적 진리관이 은연중 깔려 있다고 보는 것이다. 서영채, 「이성중심주의와 장미—에코의 '장미의 이름' 읽기」참조.

여자의 몸에서 나게 하시고 율법의 지배를 받게 하셨습니다. 이는 율법의 지배를 받고 사는 사람을 해방하셔서 우리에게 당신의 자식(원문은 '아들들')이 되는 자격을 얻게 하셨습니다."

―「갈라디아서」 4장 4절~5절

이 텍스트에서 보듯이 바울이 말하고 있는 진리란, 단적으로 표현하면, 그리스도가 우리의 구원자라는 것이다. 율법의 지배를 받고 사는 우리에게 "당신의 자녀가 되게 하는 자격을 얻게 하셨다"는 것이다. 한데, 바울에게서 정작 중요한 것은 이 주장 자체가 아니라(그리스도가 구원자라는 점은 바울과 그 서신의 수신자들 모두의 신념 속에서 공지의 사실이요 따라서 전제 사항일 뿐이다), 이 말 바로 앞의 구절임을 유념하자. 곧 "하느님이 당신의 분신을 여자의 몸에서 나게 하셔서 스스로 율법 아래 놓이게 했다"는 것.

여기서 '율법'이란 명문으로 된 법률이 아니다. 이스라엘에서 율법은 그네들의 전통, 그네들의 삶의 방식에 관한 진리다. 바울은 이것을 보다 확장하여 사람의 '양심'을 가리키는 데 사용하고 있다. 요컨대 이스라엘의 진리라고 하든 (바울처럼) 인간 일반의 진리하고 하든, 율법이란 그렇게 살면 의로워진다는 내면의 소리라고 할 수 있는 것이다. 물론 여기에는 그런 내면의 소리에 의해 참과 거짓을 나누고, 의로움과 부정함을 나누는 진리의 실천이 포함된다. 즉 율법은 의로워지는 어떤 내용에 한정된 것이 아니라, 그러한 내용에 준하는 삶만이 정당하며, 그러므로 다른 것은 징벌받아 마땅하다는 배제주의적 실천을 내포하는 것이다.

그렇다면 그리스도의 진리란 무엇일까? 성서는 율법과는 그 내용이 다른 것을 말하고 있는 게 아니라 그로부터의 '해방'을 말하고 있다는 사실에 놀라지 말기를 바란다. 즉 기존의 것과는 다른 '내용'의 어떤 것을 말하는 게 아니라, 기존의 진리에 의해, 그 독선적 주장에 의해 눌리는 자들을 해방시키는 '일'/실천이 그리스도의 진리라는 것이다. 그리스도는 그런 점에서 옛 진리를 부정하는 실천을 행한 선구자인 셈이다.

그리스도의 죽음은 진리를 〈존속시키기〉 위한 죽음이 아니라 진리의 부정을 위한 죽음을 뜻한다. 왜냐하면 그리스도는 다른 율법을, 어떤 '내용'의 대안적 진리들을 주장한 것이 아니기 때문이다. 흔히 '믿음'을 율법과는 다른 내용을 가진 무엇, 마치 또 하나의 율법으로 얘기하곤 한다. 그러나 성서에서 믿음은 율법에 대응하는 다른 내용의 진리가 아니라, 어떻게 살면 의로워진다는 내용을 알려 주는 게 아니라, 그리스도가 그런 진리를 부정하면서 죽임당했다는 사건을 공지시키는 것이다. 그래서 믿음의 내용은 비워진 것, 부재하는 것이다. 믿음은 진리를 존속시키기 위해 목숨을 바치는 자가 아니라, 진리를 죽이기 위해 목숨을 바치는 이의 실천을 잊지 말라는 종교적 기억의 장치인 것이다.

그렇다면 율법의 내용과 그리스도의 진리는 어떤 관계에 있을까? 바울은, 위에서 인용한 바, 이에 대해 분명하게 말하고 있다. 하느님 자신이 여자의 몸에서 태어남으로써 스스로가 율법에 매이는 존재가 되었다고 말이다. 이것은 율법을 안 지킬 수도 있다는 걸 말하는 게 아니다. 어쩔 수 없이 율법이라는 양심의 장치 속에 구속되어 사는 존재가 되었다는 것이다.

본문은 그분이 "여자에게서 나셨다"($\gamma\epsilon\nu o\mu\epsilon\nu o\nu\ \epsilon\kappa\ \gamma\nu\nu\alpha\iota\kappa o\varsigma$)고 되어 있다. 여기서 '여자'는 사실 '여자의 태'라고 하는 게 보다 정확한 표현일 거다. '태'($\iota\sigma\tau\epsilon\rho\alpha$)라는 뜻의 그리스어는 '히스테리'의 어원이 되는 단어다. 즉 갈등과 분노와 발광적 반응을 함축하고 있는 단어다. 그런 세상 속으로 신이 들어왔다는 것이다. 신 자신이 그런 속성을 가진 세상의 일원으로 살아간다는 것이다. 민족주의적 혹은 계급적 갈등의 한가운데서 이데올로기적 투쟁에 개입한 사람으로서 당신은 태어났고, 그러한 투쟁 속에서 격동의 삶을 살다 간 것이다. 이 속에서 당신은 옳고 그름의 준거인 율법 아래 살았던 존재다.

그러나 예수의 위대한 점은 그 율법을 본인 스스로 넘어서고자 하였다는 것이다. 율법을 위해서, 이데올로기를 위해서, 진리를 위해서 죽을 수 있는 자가 되기보다는, 율법조차도 해체하기 위해 죽은 이가 되고자 한 것이다.

'지난날의 장미들'을 위해 죽어간 많은 사람들의 이야기를 우리는 알고 있다. 그들은 때로 우리의 혈족이기도 하고, 때로 우리가 존경했던 사람들이기도 하다. 그래서 우리는 우리의 진리에 따라서 그들을 우리의 새로운 진리의 가족의 일원으로, 어버이로 누이로 자매로 형제로 받아들인다. 또 진리를 공유하지 않는 누군가를 적으로 여긴다. 이것이 지난 세기를, 특히 해방의 시각에서 기억하고 재현해 보려는 우리의 일반적인 기억술이었다.

그런데 우리는 또한, 가령 한국전쟁을 거친 많은 이들의 전쟁에 대한 기억술이 전쟁을 겪지 않은 많은 사람에게 얼마나 폭력이 되었는지를 알고 있다. 한국전쟁을 거치면서 형성된 진리가 남과 북의 무수한 사람에게 얼마나 폭력을 가했으며 얼마나 무시무시한 권력을 휘둘러 왔는지를 알고 있다. 또한 타종교 혹은 세속적 일상의 관행에 대해 배타주의적인 우리의 신앙이 얼마나 냉담한 종교심을 우리 자신에게 부추겨 왔는지를 너무 잘 알고 있다.

이제 우리는 반독재니 민주주의니 하는 지난날의 장미를 알지 못하는 많은 사람들을 만나고 이야기하며 살아간다. 어쩌면 우리의 진리는 지난날의 장미, 이름만 남은 장미가 되었는지도 모른다. 그리고 그 속에서 우리는 진리를 위해 죽을 각오를 하며 사는 자인지도 모른다.

그렇다면 이제 우리의 진리를 죽일 때가 되었다. 그것은 우리가 적대하는 다른 진리를 포용하자는 게 아니다. 진리를 살리려는 자들의 일체의 억견에 대항하자는 것이다. 우리 자신에게까지도 말이다. 우리의 진리는 부정의 진리다. 죽기 위해 존재하는 진리다. 우리의 이데올로기를 죽일 수도 있고, 우리의 신을 죽일 수도 있고, 우리의 구세주/그리스도를 죽일 수도 있어야 한다. 그리고 성서와 교회를 죽일 수도 있어야 한다. 우리가 우리의 적의 진리를 죽이려는 것처럼. 그리하여 진리를 위해 죽을 각오를 하며 사는 게 아니라, 진리를 부정하기 위해 죽을 각오를 하는 신앙적 자세가 필요한 것이다.

'태양의 제국'
교회의 권력 세습 욕망, 그리고 정복 지상주의자 종교

그가 박사 학위를 논문만 남겨둔 채 시골로 내려간 지 이제 10년쯤 된다. 그곳에서 그는 목회를 하는 게 아니라 농사를 짓는다. 하지만 그는 자신을 항상 '농부 목사'라고 칭한다. 이 말 속에는 아마도 교회를 운영하는 것이 아닌, 땅과 만나고 대화하고 돌보는 데서 목회의 새로운 의미를 발견했던 그의 성찰이 들어 있을 게다.

> "이를 통해 나는 농사에 대한 또 한 가지의 새로운 깨달음을 얻게 되었다. 땅은 그것 자체만으로서는 생명이 싱싱하고 활기 있게 자라갈 수 있는 곳이 아님을! 그리고 참으로 생명이 생명답게 자라가게 하기 위해서는 땅이 필요로 하는 것들을 사람이 도와 주지 않으면 안 된다는 것을!"[1]

과연 나는 교회 안에서 '생명을 생명답게 자라게 하는' 소임을 다하고 있을까? 아니 그렇게 하지는 못하더라도 그런 소명 의식만이라도 간직하면서 목사직을 수행하고 있을까? 내가 부끄러워하는 만큼 그의 글은 감동

---

1) 정호진, 「땅은 우리네 터전」, 『시대와 민중신학』 6 (2000), 166쪽.

스럽다.

한데 그를 아는 사람들의 소식에 따르면, 그의 이야기는 대개 성공담이라 기보다는 실패담에 가깝다. 하지만 바로 그렇기 때문에 그의 글 속에서 전해지는 삶의 성찰들은 더욱 깊은 경외감을 준다. 과거 도회지에서 변두리를 배회하던 '얼치기 지식인'이었던 것처럼, 10년간의 농사꾼살이로도 부족해서 아직도 '얼치기 농부'의 티를 벗지 못한 채 살아가고 있는 모습은 두 세계 사이의 가느다란 줄 위를 아슬아슬하게 오가는 어릿광대를 연상케 한다. 그만큼 그의 시간들은 치열함의 연속이다. 그만큼 그 치열함 속에서 얻은 성찰들은 전율스런 감동을 불러일으킨다.

그는 자신의 목회터인 땅에서 땀을 뻘뻘 흘리며 노동한다. 그리고 그 땅에서 나무가 열매를 맺고 채소가 자라난다. 이 과수 열매와 채소를 보며 그는 기쁨에 넘친다. 그러면서 「창세기」 1장의 창조 이야기를 상상한다. 하느님이 생명이 된 모든 것을 보며 즐거워했다는 이야기가 새삼 실감난다. 한데, 그는 의문이 생겼다. 하느님이 남녀 한 쌍의 인간을 당신의 모습대로 창조한 뒤 그들에게 세상을 다스리고 정복하라는 위탁 명령을 내렸다고…… 도대체 그로선 이것이 이해할 수 없었다.

하느님이 남자와 여자를 만든 것처럼, 그에게도 아들과 딸이 있다. 하나는 도회지에서 낳은 아이고, 다른 하나는 농촌에 내려가자마자 낳은 아이다. 벌써 두 아이가 열 살이 넘었다. 세월이 흐를수록 아이들이 자신과 아내를 닮아 가는 것을 보면서 그는 창조의 경이로움에 감동하고, 또 한없는 기쁨에 사로잡힌다. 너무 소중한 아이들, 너무 사랑스런 아이들, 이들은 그의 분신이요 삶의 의미요 존재 자체다.

그는 이 아이들을 데리고 자신의 소중한 땀방울이 자라고 있는 밭에 나가길 좋아한다고 한다. 아이들도 생명에 대한 사랑을 배우게 하고 싶었기 때문이다. 그가 땅에서 배운 가장 소중한 그것을 말이다. 그런데 그들에게 "이 땅을 소유하고 정복하고 다스리라"고? 그는 이해할 수 없는 성서 본문을 향해 도전장을 내민다.

그의 탐구 방식은 히브리 성서가 표현하는 말이 우리가 읽는 것과 과연 일치하는가를 따지는 것이다. 사전을 뒤져 보면서, 그는 문제가 된 히브리 어휘들이 이중적 의미로 사용된 것을 발견한다. 우리말 성서의 번역처럼 '정복하다, 지배하다' 라는 뜻도 있지만, '봉사하다, 돌봐 주다' 라는 의미로도 사용될 수 있다는 것이다. 그러고는 그는 이렇게 답을 내린다. 문제는 성서 번역자들에게 있었다고. 번역자들이 자신들의 문명사적 관심에 따라 이 본문을 자의적으로 해석한 결과, 자연을 '정복/지배' 하라는 하느님의 위탁 명령을 우리는 성서에서 보게 되었다는 것이다.

물론 이런 식의 탐구는, 형식상으로만 보면, 지나치게 문제를 단순화시킨 결과다. 만약 도회지의 지식인이 단지 구약학 연구자이자 목사로서 이런 식으로 텍스트를 해석했더라면, 그 도를 넘어선 아마추어적 단순성에 많은 사람들의 조소거리가 되었을 것이다. 하지만 서로 이질화된 지식과 체험의 칼날 같은 접경 위를 달리는 치열한 삶의 여정에서 진리를 갈구해 본 자라면, 그의 단순한 성서 읽기는 오히려 지식 체계라는 복잡한 외모의 유령에 휘둘려 있는 '먹물' 의 가슴을 요동치게 한다.

나는 마치 효능 있는 술사의 주문에 걸려든 사람처럼, 그의 글을 읽으면서 지식 언어의 감옥으로부터 탈출하려는 욕망을 곤추세우게 된다. 그리고 이 지식 언어의 모체인 도회지로 상징되는 근대적 문명, 그 자본제적 이성주의의 복잡성의 미학에 대한 근원적 문제 의식에 사로잡힌다.

농사꾼인 그와는 달리, 주로 대도시에 위치한 대교회의 몇몇 목사들은 자신을 닮은 소중한 '아들' 에게 교회를 정복하고 지배할 것을 가르치고 있다고 한다. 이른바 '목사직 세습'이라는 군주제적 상상력이 그들을 사로잡고 있는 것이다. 그런데 얼마 전 그것을 문제삼던 단체들이 주도한 포럼이 난장판이 되고 말았다고 한다. 군주-목사를 신봉하던 '열혈 십자군'들이 단상을 점거해 버린 것이다.

이쯤 되면, 이러한 군주제적 상상력이 일부 목사들만의 소망만은 아니라는 게 분명해진다. 백성 없는 군주가 없듯이, 군주-목사는 자신을 위해 충성을 다하는 무수한 백성-신도들을 거느리고 있었던 것이다. 실은 '세습'이라는 황당한 의제만 아니라면, 목사직이라는 '성역'에 기꺼이 경의를 표할 준비가 되어 있는 신도는 얼마든지 있다. 오히려 교회는 그 반대의 소리가 나오는 게 이상한 형국이라고 하는 게 적절한 지적일 것이다.

사실 교회를 매개로 하는 이러한 공모는 신앙의 이상한 형태와 맞물려 있다. 교회에서 일반적으로 수용되는 신앙이란 이질적인 것에 지나치게 과민한 자폐성을 특징으로 한다. 그리하여 전도는 타인을 교회적 인간으로 복제하는 과정에 다름 아니다. 성서 읽기는 이질적인 것을 배타시하고, 심지어는 그 대상을 정복하거나 아니면 몰살시켜야 한다는 공격성을 내면화시키는 의례에 다름 아니다. 그리고 그 결과는 실패를 모르는, 실패를 참을 수 없어 하는 '그리스도교의 역사'를 구축했다. 이는 지지 않는 '태양의 제국'이라는 신화의 역사다. 끝없는 생성만을 추구하는 역사, 실패를 받아들이지 않는 역사, 이른바 끝없는 진보만의 역사라는 신화말이다.

한데, 이것은 교회만의 사정이 아니다. 인류의 역사는, 특히 서양이 추동해 온 근대의 역사는 바로 그러한 정복의 역사요 지배의 역사였다. 실패를 모르는 전진만을 욕망하는 역사다. 그리고 이 역사는 이질적인 세계를 정복하여 자신을 닮은 땅으로 재현해 내려는 욕망의 역사이기도 하다. 요컨대 이것은 바로 '복제'라는 문명적 능력을 바탕으로 하고 있다.

복제란 닮은 것에 대한 추구의 결과다. 그리고 복제로 말미암아 닮은 것을 향한 욕망이 한결 부추겨진다. 그리하여 대량 복제의 시대를 맞이한 근대는 닮은 것, 획일적인 것에 대한 집착이 절정에 이른 역사를 보여주었다. 국가니 민족이니 인종이니 계층 의식이니 지연이니 학연이니 하는 것들은 모두 닮음에 대한 욕망의 결과들이고, 이것은 '이질적인 것들'을 향한 대대적인 제거의 전쟁을 야기하기에 이르렀다. 그리고 역사는 승자에 의해 항상 짜여졌고, 그것은 승자를 정당화하는 역사를 낳았다. 그러니 실패를 모르는 역사가 기술될 수밖에 없으며, 진보를 향한 욕망만이 되새김질되는 문명을 낳을 수밖에 없는 것이다.

반면 자연의 역사는 어떤가? 인류가, 특히 서양적 근대의 인류가 인위적으로 만들어 낸 역사가 아닌, 하느님의 창조 세계 자체의 역사말이다. 그것은 생성과 소멸의 원리에 의해 전개되는 역사다. 그래서 어찌 보면, 수많은 동서양의 사상가들이 그려 냈던 것처럼, '순환의 원환' 같은 것이라고 할 수도 있다. 그것은 목적지를 향한 끝없는 여정 같은 게 아니다. '순환/반복'이라는 말은 자연의 역사가 진보를 향해 달음질하는 것이 아님을 말하려는 데 초점이 있다.

야만의 시대로부터 엄청난 규모의 기술 문명을 이루기까지 인류가 걸어온 진보의 역사, 특히 그러한 진보에 로켓 엔진을 달고 엄청난 속도로 가속화하며 질주하는 서양적 근대의 역사, 그것은 로마제국 내의 팔레스틴이라는 자그마한 땅에서 일어난 보잘것없던 한 운동이 세계에서 가장 유력한 종교로 부상하기까지의 교회의 역사와 구조적 등가 형태를 지닌다. 그리고 이는 천막에서 시작해서 엄청난 규모의 건축물을 이루기까지 팽창을 거듭해 온 우리네 대교회의 역사와 마주하고 있다. 마찬가지로 세계를 지배하고 있는 헤게모니 세력이나 교권을 장악하고 있는 종교 권력, 그리고 대교회의 권력자인 군주-목사는 서로 닮은꼴이다.

그리하여 거대 교회를 구축하기까지 그 발전의 역사를 추동해 온, 승리를 향해 매진을 거듭한 장본인인 군주-목사가 아들에게 자신의 소유를 상속하고, 그것을 다스릴 권리를 전수시키고자 한 것은, 기실 세속 세계의 권력의 법칙에 순응한 것에 다름 아니다. 그는, 세상의 모든 권력자들이 자신의 통치의 정당성을 확보하기 위해 전통의 미덕을 자신의 것으로 전유하듯이, 「창세기」의 위탁 명령이 바로 자신들을 위한 것인 양, 그 의미를 장악한다. 그것은 지지 않는 태양의 제국을 건설하라는 신의 부름이었다고……

한편 자연과 더불어 삶을 살아가는 한 농부 목사는 경험 속에서 자녀들에게 말해야 하는 아비의 가르침이, 말할 수밖에 없는 아비의 진실이라는 게, 자연 세계를 돌보아 주고 삶을 나누라는 것이었다. 그래서 그는 「창세기」의 위탁 명령에 대한 상투적인 이해를 되짚어 보아야 했다. 농부 목사가 실패를 거듭하면서 얻은 작은 깨달음이다.

그것은 소년기적 상상력으로의 퇴행적 욕망인 태양의 제국 신화와 같은 것일 수 없다.[2] 오히려 그것은 달의 여신이 선포하는 담론이다. 달은 초승달로 태어났다가 반달이 되고 기어이는 만월이 되는, 그리고 그것을 기점으로 해서 다시 반달로 쇠하고 그믐달이 되어 마침내 사라져 버린다. 그런데 그것이 끝이 아니다. 그 망(亡)은 환생을 부른다. 달은 사라짐이 없는 한, 새로 시작하지 않는다. 마치 예수의 죽음이 없이는 그분의 부활도 있을 수 없는 것처럼. 그래서 '지지 않는 태양'과 같은 신화는 달에게선 나올 수 없다. 달

---

[2] 스티븐 스필버그가 만든 영화 「태양의 제국」은 제2차 세계대전이 한창이던 상하이의 거리와 수용소에서 한 소년의 시선에 의해 재현된 전쟁의 이미지를 그린 것이다. 인간의 잔혹함이 절정에 이른 전장 한가운데서, 공포와 전율만이 세계를 휘감고 있던 바로 그 현장에서 소년은 폭격과 대공포의 섬광으로 가득한 하늘을 보며 즐거워한다. 요컨대 소년이 본 태양의 제국은 전율스런 현장에서 그 전율을 느끼지 못한 채 소년의 마음속에서 재현되는 미의 세계며 꿈의 얼굴인 것이다. 나는 이것을 파괴적인 문명에 열광하면서 허구적 유토피아를 꿈꾸는 성인들의 소년기적 퇴행성의 패러디로 읽을 수 있다고 본다.

은 태어남과 죽음, 그리고 환생이라는 끝없는 순환의 담론인 것이다. 그러므로 달이 대표하는 창조성, 그 생명성이란 지배와 정복의 담론과는 결코 만날 수 없다. 그것은 목적론적인 발전관, 그 진보주의를 추구하지 않는다. 오히려 그것은 순환하는 것이며, 죽음과 탄생을 거듭하는, 실패와 성공을 반복하는 담론인 것이다.

나는 이번 추석에도 언제나처럼 새벽 하늘을 환하게 비추어 줄 달을 기대한다. 짙게 낀 구름 탓에 그만 볼 수 없었지만, 아마도 다른 하늘 아래선 누군가에게 자신의 생명성, 생명을 생명되게 하는 그 창조성의 비밀을 폭로해 주었을 것이다. 그 밤의 하늘을 수놓을 만월은 태어남과 성장의 절정이다. 동시에 만월은 죽음을 준비하는 출발점이다. 그래서 이 만월을 기리는, 그 다산적 생명성을 기리는 절기인 추석에, 우리는 하느님의 창조 역사에 관한, 그에 대한 교회적 해석에 관한 근원적인 되물음을 성찰할 기회의 시간을 맞이하게 된다. 볼 눈만 있다면.

해체와 전복의 언어로서의 예수전 텍스트
「마르코복음서」의 예수 읽기

흔히 예수는 '사랑의 주'라고 한다. 제자더러 사람을 용서하기를 일곱 번에 일흔 번을 하라는 분이니(「마태」 18: 22) 그렇게 말하는 게 무리는 아니다. 심지어 원수까지도 사랑하라고 하니 더 말할 것도 없다.(「마태」 5: 44 = 「루가」 6: 27) 한데, 이런 관점에서 「마르코복음서」 4장 12절은 이해하기가 참 어렵다.

"그것은 그들이 보고 또 보아도 알아보지 못하고, 듣고 또 들어도 알아듣지 못하게 하려는 것이다. 그들이 알아보고 알아듣기만 한다면 나에게 돌아와 용서를 받게 될 것이다."

예수가 이런 저주의 말을 하다니. 사람들의 저주는 발설된 즉시 공중으로 사라져 버릴 뿐이지만, 예수의 말은 다르지 않은가? 우리가 그를 하느님의 아들, 아니 하느님 자신이라고 믿는 한, 그의 말은 궁극적이고 결정적인 의미를 갖는 게 아닌가? 아니 사실은 예수 자신이 스스로를 신의 아들이라고 했다면 의당 말 한 마디도 심사숙고해야 하는 것 아닌가?

오늘 본문에서 예수는 분명 누군가를 향해 독설을 퍼붓고 있다. 사실, 우리들의 선입견과는 달리, 복음서에서 이런 류의 말은 그리 낯설지 않다. 헤로데를 향하여 '여우'라고 비아냥거렸고,(「루가」 13: 32), 바리사이와 율법학자들을 향해 "독사의 족속들아, 너희가 어떻게 지옥에 갈 심판을 피하랴"는 폭언을 내지르기도 했다.(「마태」 23: 33) 심지어는 성전이나(「마르」 13: 2) 무화과나무를(「마르」 11: 14) 저주하기도 했다. 요컨대 예수는 또한 분노하는 이요 저주를 내리는 이인 것이다. 그런데 분노하는 메시아의 이미지가 드러난 성서 텍스트가 우리에게 어려운 까닭은, 그것이 무한정한 '자비의 주'라는 관점과 모순되고 있고, 우리의 신앙이 후자를 더 우선시해 왔던 데 그 원인이 있다.

결국 예수를 구세주로 고백해 온 교회의 신앙 교리가 「마르코복음서」 4장 12절 같은 본문 이해의 장애물이 되고 있는 것이다. 씻을 수 없는 죄를 지은 우리를 용서해 준 분, 그런 우리를 위해 당신의 목숨까지 바쳤던 분. 한데 그가 원래 신이었다고 하니, 결국 신이 죄로 뒤범벅된 인간의 구원을 위해 인간이 되는 자기 모멸의 역설을 실행한 분. 이런 교리는 예수에 관한 신앙의 중요한 진리를 축약해서 보여주고 있음에 분명하다. 그런데 바로 그것이, 동시에 예수에 관한 이해를 가로막는 '벽'이 되고 있는 것이다.

그렇다면 '용서/자비의 교리'(구원 신학)는 어떻게 형성된 것일까? 여기서 우리가 주지할 것은, '용서/자비'라는 건 분명 예수의 실천을 특징 짓는 주된 요소의 하나였다는 점이다. 그러니 교회의 구원에 관한 신앙 교리는 이 점에서 예수를 계승하고 있다고 할 수 있다. 하지만 앞서 말했듯이 교회는 예수의 다른 면을 이해하지 못하도록 했고, 그것은 바로 교회의 구원 신학과 깊이 연루되어 있다. 여기서 우리는 예수와 교회 사이에 존재하는 어떤 결절점이 교회의 구원 신학과 관련되어 있다는 점을 깨닫게 된다. 도대체 그것이 무엇일까?

예수 운동이 교회 운동으로 되면서, 넓은 의미의 사회 운동에서 선교 운동으로 운동 양식이 국소화하였다. 즉 예수 운동에서는 예수의 사회적 메시지가 주장되었고 그런 기조의 실천이 중심이었다면, 교회 운동은 예수 자신을 전파하는 것으로 한정됐던 것이다. '선포하는 자'에서 '선포되는 자'로의 전환, 바로 이것이 교회의 탄생 및 전개와 불가분 맞물려 있는 것이다.

이것은 동시에 선포 대상의 변화를 수반한다. 예수 운동에선 억눌린 자, 감옥에 갇힌 자, 궁핍한 자, 병든 자 등 사회적인 소수자들을 향해 자비와 용서의 말이 선포되었다. 나아가 소수자들을 가두었던 기성 사회의 모든 담론의 해체를 선포하였다. 반면 교회는 특정 사회 계층이 아닌, 모든 인간을 향해 복음을 선포한다.

여기서 한 가지 더 고려할 것은, 이러한 변화가 메시지의 의미에 영향을 미쳤다는 점이다. 다시 말하면 예수의 용서/자비의 가르침이 점차 일반화, 추상화되었다는 것이다.

바로 여기에 결절점이 있다. 예수의 용서의 선포, 화해의 가르침은 사회적 통념을 거스르고 있다. 사회가 죄인으로 낙인찍어 배제해 버렸던 사람들을 예수는 용서했던 것이다. 아니 용서 자체가 불필요한 당당한 실천적 주체로서 부상시켰다. 그런 점에서 기성의 질서관, 윤리관은 예수의 공격 대상이었다. 반면 교회는 신의 일반적이고 추상적인 화해의 윤리를 강조함으로써 사회적 통념에 호소하고 있다. 용서라는 것, 화해라는 것을 비판하는 사람은 없다. 왜냐하면 이 개념어들은 추상적 차원에서 좋은 것이라는 이미지를 내포하고 있기 때문이다. 그러니 선포된 예수를 사람들이 받아들이는 것은 어려운 일이 아닐 뿐 아니라 미덕에 속하는 것이기도 하다. 요컨대 이러한 일반화되고 추상화된 구원 교리로 말미암아 그리스도교 신앙은 폭넓게 확산되는 계기를 맞이했던 것이다. 언더그라운드에서 오버그라운드로 활동 공간이 바뀌고, 소수의 지지자들에서 다수의 지지자들을 확보하게 된 것이다.

그런데 바로 그렇기 때문에 교회는 복음서에 나오는 예수의 많은 말들에 괄호를 쳐 버려야 했다. 그런 점에서 신의 분노하는 이미지가 담긴 텍스트가 종종 이해할 수 없는 본문으로 치부되기도 했다.

예수는 사회의 통념적 가치가 저변층을 향한 폭력을 자행하고 있음을 직시했던 존재다. 그래서 예수는 그들에게 구원과 용서의 말을 전한다. 그것은 '일상적 가치'의 지배자들에 대한 공격이며, 바로 그렇게 일상성과 대결하고 있기 때문에 예수 운동에는 체제에 대해 '전복적'인 혁명성이 깃들어 있다.

요컨대 예수 운동에서 구원과 저주, 용서와 분노는, 그 이중적 정서는 모순되지 않는다. 그 이중성 때문에 예수의 실천은 더욱 일관성을 지니는 운동으로 이해될 수 있다. 반면 교회는 이것을 이항 대립적인 것으로 볼 수밖에 없다. 구원과 용서가 보편적이고 추상적인 것인 만큼 그 반대의 모습은 예수에게 공유될 수 없는 정서가 되어 버린 것이다. 그 결과 주류 교회는 사회의 위험 요소가 아니라, 현존 질서를 지탱하는 중요한 주춧돌의 하나가 되었고 통념적 질서의 대변자가 되었다.

그런데 다른 한편으로 추상적 가치로는 용서와 화해의 물결이 넘실거리는 종교이지만, 동시에 구체적인 공간에서 역시 교회도 신의 분노, 그의 무자비를 신념화하고 윤리화한다. 이때 그 분노, 그 무자비의 대상은 '낯선 자'로 통칭된다. 즉 그리스도교적 사회 발전에서 그러한 사회의 통념에 위배되는 대상(음성적이든 양성적이든)에게 분노의 철퇴가 가해지는 것이다. 가령 범죄, 매춘, 낙태 등 통념적인 기성 질서에 어긋나는 음성적 존재나,

공산주의, 타종교 등 그리스도교 발전 도식의 경쟁자인 양성적 세력 등이 바로 분노/무자비의 대상이 되는 것이다.

한국 사회에서 교회는 한때, 그리스도교적 사회 발전에 대립된 발전 도식을 추구했던 독재 세력에 항의를 표하는 가장 대표적 집단에 속했었다. 그런 점에서 이것은 교회의 순기능에 속할지 모르겠다. 그러나 6·29 이후, 특히 소위 '문민 정부' 이후, 권력의 공공연한 남용으로 특징 지어지는 독재 권력이 이완되자 한국 교회의 용서와 분노의 메커니즘은 미덕으로 남을 수 있는 요소들을 거의 상실하고 말았다. 결국 오늘날 교회는 그 존재 의의를 상실해 버렸다. 그런 점에서 지금은 교회의 위기의 시대다.

「마르코복음서」 저자는 예수 운동에서 교회 운동으로 급속히 변화해 가던 시기, 그리스도 신앙의 체제 내화를 경험하면서, 교회의 존재 의의에 대한 문제 의식을 갖게 된다. 신앙의 위기다. 이에 그는 새로운 방식의 텍스트를 생산함으로써 이 위기에 대응하려 한다. 그것은 '예수에 관한 이야기집'이다.[1]

그는 이것을 '복음'(福音)이라고 명명하는데,[2] 이것은 일반화, 추상화된 예수의 이미지를 구체적 역사와 삶의 이야기 속에 위치시켜 놓은 이야기 방식이다. 그것이 왜 기쁜 소리냐면, 용서와 화해의 메시지가 예전 속에서만 추상적으로 실재하는 것이 아니라, 삶 속에 구체적으로 용해되어 선포된 것

---

1) 그 이전까지 예수전은, 적어도 우리가 아는 한, 예수 전승에서 낯선 양식이었다. 현존하는 신약 성서 텍스트에서 가장 오래된 바울의 서신들에서 예수에 관한 역사적 정보는 거의 전적으로 생략되어 있다. 한편 네 복음서의 기초 자료로서 실재했던 것으로 여겨지는, 그러나 현존하지 않는 가설적 자료인 어록은 예수를 단지 '말 모음집'으로만 기억하고 있다. 주후 70년 어간 탄생한 「마르코복음서」는, 우리에게 알려진 최초의 예수전이다.
2) 「마르코복음서」 1장 1절은 이렇게 시작된다. "하느님의 아들 예수 그리스도의 '복음'의 시작." 여기엔 서술어가 없다. 많은 연구자들은 이 구절이 저자에 의해 작명된 「마르코복음서」의 표제였다고 본다. 저자는 필시 이 새로운 양식의 예수 전승집을 '복음', 즉 '기쁜 소리'라는 새로운 용어로서 규정하고자 했던 것 같다.

이기 때문이다. 그러므로 복음을 복음으로 받아들일 수 있는 주체는, 모든 인간이 아니라 사회에서 주변으로 밀려난 소수자다. 그는 이런 사람들을 '오클로스'라고 부른다. 마르코 텍스트에서 이 용어의 심상치 않음을 발견한 민중 신학자 안병무는 그들을 '민중'이라고 번역한다.[3]

「마르코복음서」는 교회라는 용어를 한 번도 사용하지 않는다. 대신 그는 제자들을 향해 도처에서 비아냥거리고 간접 비난을 가한다. 필시 그는 여기서 사도권을 빙자하면서 직제화되어 가는 교회를 염두에 두고 있었을 것이다. 그는 제자들의 수위권을 승계한 자들에게, 즉 교회를 대표한 자들에게 복음의 진정한 수혜자는 그들 자신이 아니라 배제된 박탈 대중이라는 점을 주장하고 있는 것이다.

이렇게 「마르코복음서」의 예수 이야기는 추상화, 일반화되어 가는 교회를 향한 비판의 텍스트를 그리스도교 신앙사에 제공해 주었다. 그리하여 그것을 전수받은 우리에게 예수 이야기는 통념적 질서에 순응해 버린 모든 체제 내화된 주체들을 향한 신랄한 비판이요 공격의 언어로서 실재한다. 그것은 또한 구원 신학의 허명(虛名) 뒤에서 낯선 것, 주변화된 것에 대한 공격성을 절제하지 못하는 퇴행적인 그리스도교 신앙을 향한 도전이요 해체의 언어다. 그것은 예수의 진정한 진리를 이해하지 못하도록 막아 온 일체의 벽을 허물어 버리는 전복의 언어인 것이다.

---

[3] 안병무의 오클로스 연구의 의의에 대하여는 김진호, 『예수 역사학』 제4장을 보라.

부활, 그리고 「POLA X」

작년에 개봉된 영화 「폴라 X」. 제목에 끌려 관람한 영화에 속한다. 뜻을 알 수 없으니 상상이 촉발되고, 끝에 붙은 X 때문에 호기심이 더욱 증폭된 것이다. 알고 보니 『모비 딕』(Moby-Dick)으로 유명한 미국의 소설가 허먼 멜빌(Herman Melville)의 소설 『피에르, 그리고 그 모호함』의 불어 제목 (Pierre ou les ambiguïtés) 약자가 폴라(pola)였다. 실제로 이 영화는 멜빌의 이 소설을 각색한 것이다.

이자벨을 만나기 전까지 피에르는 모든 면에서 행복이 약속된 청년이었다. 그가 살던 노르망디 시골의 대저택은 마치 그림에서나 본 듯한 고풍스런, 그런 점에서 전통의 권위를 위압적으로 내세우듯 농촌 한가운데 거만하게 버티고 선 고성이다. 마치 내부에 대해 엄격하고 외부에 대해 폐쇄적인 잘 짜여진 규범 세계를 연상케 한다. 그는 이런 가문, 아니 이런 세계의 상속자다. 이곳에서 외모에 어둠이라곤 도무지 찾아볼 수 없는 청초미의 여인 루시와 이룰 행복한 미래가 그를 부르고 있었다. 이 시기 그가 필명으로 쓴 소설 제목(「빛 속에서」)처럼, 한 마디로 이 시절 그의 삶은 빛 속에서 펼쳐지고 있었다.

그런데 어느 날 누이라고 하는, 누추한 차림의 떠돌이 여인 이자벨을 만나면서 그의 삶은 180도 뒤바뀐다. 영화에선 분명하게 드러나지 않지만 원작인 소설을 참조하면, 아버지에게 그러한 불륜의 과거가 있으리라고 상상할 수조차 없던 그로선 커다란 충격이 아닐 수 없었던 게다. 피에르의 눈에는 갑자기 위선으로 치장된 부모의 세계가 보인 것이다. 거기엔 허식으로 가득 찬 부르주아 가족의 위선적 삶이 있을 뿐이었다. 그리하여 그는 자신에게 '빛 속의 시절'을 선사해 주었던, 그러나 그 모든 것이 허울좋은 가식뿐이었던 '빈 껍데기'의 집을 떠나, 이자벨과 함께 대도시 파리로 간다. 그것은 또한 아버지를 대신해서 그에 대한 속죄의 삶을 살려 함이고, 세상의 부모들에 의해 어둠 속으로 은폐된 모든 불륜의 흔적들에게 빛을 선사하기 위한 삶을 살려 함이다.

그리고 무대 배경은 여름에서 겨울로 뒤바뀐다. 죽음 같은 앙상한 가지만이 과거의 그 풍성한 생명력을 상기시키는 역설의 시공간으로 그는 스스로를 위치시킨 것이다. 이곳에서 피에르는 전업 작가로서, 자신의 과거를 규정 짓던 부르주아적 허식을 들추어 내는 글쓰기에 몰입한다.

그런데 은폐된 또 다른 세계, 어둠의 세계 속에 진리가 담겨 있다는 역설, 그것을 추구하기 위해 전쟁 같은 삶의 길에 뛰어든 피에르의 성전(聖戰)은 누이 이자벨을 사랑하는, 근친 상간의 불륜의 길과 겹쳐져 있다. 심지어 자신을 찾아 이곳까지 온 루시를 피에르는 이자벨에게 자신의 사촌이라고 소개한다. 하지만 피에르는 여전히 루시도 사랑하고 있었다. 즉 그는 또 한 번의 근친 상간을 저지르고 있다. 진리에의 길은 곧 사랑해서는 안 되는 것을 사랑하는 셈이라는 것일까? 그렇다면 그의 진리를 향한 새로운 삶의 여정은 비극적 결말을 예시하고 있다.

어머니의 시선으로 세계를 보아 왔던 소년의 눈이 아닌, 성인인 자기 자신의 눈으로 세상을 직시하게 된 이후, 그가 새로 기거하게 된 곳은, 어찌 보면 밀교 집단 같기도 하고 또 어찌 보면 테러리스트 집단 같기도 한 자들의 본거지다. 여기서 영화 첫머리에 뜬금없이 나오는 폭격 장면을 연상시키면서, 피에르의 어둠 속의 진리가 보스니아의 현실과 무관하지 않다는 인상을 준다.[1]

피에르의 새 집은 바로 이런 곳이다. 한눈에 그 누추함이 들어온다. 시골의 대저택과는 사뭇 대조적이다. 이곳에 살고 있는 사람들은 보스니아 난민들이다. 은폐된 진리가 들어 있는 어둠침침한 세계인 것이다.

그런데 그곳에서 두목인 듯한 자가 지휘하는 가운데 기괴한 음악을 연주하는 우스꽝스러운 장면이 나온다. 코미디 같은 지나친 가벼움이 분위기를 압도한다. 여기서 피에르가 추구하고 있는 새로운 진리가 희화화된다.

바로 이곳에서 쓴 피에르의 소설, 그가 새롭게 인식한 진리를 담은 소설은 비열하게 생긴 한 출판업자로부터 표절 판정을 받는다. 피에르로 하여금 행복이 약속된 인생길로부터 격정적으로 돌아서게 했던 그 진리가 표절이라는 것이다. 출판업자는 이미 그런 류의 글을 보았던 것이다. 그것도 양심적인 업자가 아닌 비열하게 생긴 그에 의해서 피에르의 숭고한 예언자적 고발 문학이 표절로서 낙인찍힌 것이다. 피에르의 진리는, 규범적 세계를 비판하는 그 진리는 이미 규범적이라는 허식에 찬 세계 속에서 통용되고 있던 말의 일부분으로 이미 편입돼 있던 것에 불과하다는 것이다. 그는 세계의

---

[1] 다종족, 다언어, 다종교의 사회를 수평적으로 엮는 데 놀라운 성공을 이룩했던 유고슬라비아 연방이 퇴행적 종족주의의 난장터로 돌변하게 된 것은 서방 자본주의 세력의 무차별적 공세와 직접적으로 연관되어 있다. 1980년대 이미 유고는 막대한 외채로 거의 파산 상태에 몰리게 됐고, 지불 불능 상태의 유고에 대한 IMF의 강제적 개혁 프로그램은 더욱 심각한 사회적 위기를 초래하였다. 이러한 급속한 위기 상황으로 인해 증폭된 사회적 증오심은 퇴행적 종족주의로 변형되어 유고 내전을 촉발한 것이다. 한편 유고 내전에 대한 나토의 개입은 결코 인도주의적 국제정치학의 결과가 아니다. 오히려 그것은 신국제 질서의 헤게모니 경쟁의 결과였다. 구춘권, 「코스보전쟁과 21세기의 세계질서」, 『진보평론』 창간호, 1999년 가을 참조.

통속적 진리를 비판하지만, 그의 비판도 그런 허구적 진리를 담아 왔던 언어의 세계 속에 이미 내재된 기억의 하나일 뿐이라는 것이다. 그 뒤의 결과는 좌절과 살인 그리고 자살로 이어진다. 차라리 피에르가 세계의 허구성을 발견하지 못했더라면, 그에게 주어진 위장된 행복에 안주하고 있었더라면 이런 비참한 불행은 없었을 텐데…… 피에르의 깨달음은, 그의 진리는 세계의 고통을 조금도 경감시키지 못했고, 오히려 더한 비극을 초래했다. 그러므로 진리는 모호함으로 남게 된다.

원작인 소설처럼, '진리의 모호함' 이 이 영화에서도 기조를 이루고 있다. 어둠 속에 진리가 있고, 그러므로 진리를 알아갈수록 더욱 어둠의 수렁 속으로 빠져들게 된다는 것이다. 역설이다. 진리는 빛의 세계에 있는 게 아니라, 빛의 세계에 의해 은폐된 어둠 속에 있다. 그런데 더욱 우리의 주목을 끄는 것은 또 다른 역설이 피에르를 따라 어둠의 진리성에 탐닉하려는 우리를 기다리고 있다는 점이다. 진리를 은폐해 왔던 빛의 세계의 위선을 발견하고 고발하는 자의 진리 추구 행위, 진리의 복음을 외치는 그 숭고한 선교자적 행위조차도 빛의 허구적 화법으로 채워져 있다는 것이다. 진리와 허구가 하나로 만난다. 아니 피에르에게서처럼, 그 둘이 아무런 갈등 없이 동거하고 있다. 이 역설의 묘사가 더욱 혹독하게 느껴지는 것은, 그러한 모순이 피에르 자신에 의해서 발견된 것이 아니라, 자본주의의 철저한 하수인인 출판사 사장이 그의 소설을 표절이라고 고소한 것처럼, 타인에 의해서, 가장 혐오스런 얼굴을 가진 자에 의해서 발견되고 있다는 것이다.

'폴라 X.' 여기서 X는 우리가 흔히 'X 세대' 라고 할 때 그 X이다. 알 수 없다는 뜻이리라. 폴라가 진리의 모호함을 상징하고 있다면, 결국 그것을 추구하는 피에르 내부의 모호함을 의미한다. 그런데 그 모든 것이 이자벨과의 만남으로 전개되는 한, 이자벨은 피에르의 하나의 분신이다. 레오스 까락스 감독은 처음에 이 여자의 이름을 폴라로 지으려 했다가, 원작에 따라 이자벨로 결정했다고 한다. 요컨대 '폴라=이자벨'이라는 등식이 이 영화 속에 암호처럼 새겨져 있다. 이렇게 '폴라'를 이름이라고 한다면, 뒤에 나오는 X는 '성'이 된다. 성은 그가 아버지에 귀속된 자라는 것을 보여주는 기호이다. 그래서 까락스는 제목에서 피에르의 분신인 이자벨이 누구에 귀속되는지 알 수 없는 자, 곧 고아라는 함의를 지닌다고 얘기한다.[2] 존재하면서도 존재하지 않는 것, 의미를 드러내면서도 동시에 그 의미가 감추어져 있는 것, 바로 진리의 이중적 모호함을 보여주는 또 다른 기호가 X인 것이다.

나는 부활이라는 진리의 모호함에 관해 말하고자 한다. 이 글 제목의 'Jola X'라는 표현은, 드레퓌스 사건으로 유명한 프랑스의 한 작가의 이름도 아니고 '딴지일보'가 유행시킨 비속어도 아닌, '폴라 X'를 패러디한 표현이다. '피에르, 그리고 그 모호함'이 아니라, '예수 그리고 그 모호함'이라는 표현의 약자로 쓴 것이다. '부활', 아니 '예수의 부활', 그것은 하나의 역설이요, 또 그 역설의 역설이라는 상징어임을 말하기 위함이다. 그리스도교의 진리 중의 진리, 그리스도교의 출발점인 이 부활은 바로 이러한 이중적 역설의 논리를 내포하고 있다는 것이다. 그 동안 우리는 이 점을 주목하지 않았다. 그러나 그리스도교의 성공에도 불구하고, 그리스도교라는 종교가 그리고 그런 종교의 성공과 동거하고 있는 세계가 혐오스런 진리의 빛을 만들어 내고 있다는 사실을 다시금 직시하고자 할 때, 부활이라는 역설의 기표는 우리에게 중요한 메시지를 던지고 있다는 것이다. 여기서 나는 이러한 사유를 안내해 준다고 보는 성서 텍스트 하나를 인용함으로써 생각을 발

---

[2] 「레오스 까락스와의 인터뷰」, 『KINO』(1999년 8월), 111쪽

전시키고자 한다.

> 예수께서 그에게 말씀하셨다. "나를 만지지 마시오. 내가 아직 아버지께로 올라가지 않기 때문입니다. 내 형제들에게 가서 말하시오. 나는 나의 아버지이시며 여러분의 아버지, 나의 하느님이시며 여러분의 하느님(이신 그분)께로 올라간다고."
>
> ―「요한복음서」 20장 17절

이 본문은 예수의 시신이 안치되어 있어야 할 그 자리에 시신이 없다는 것을 발견한 막달라 마리아에게 부활한 예수가 나타나 대화를 나누는 장면이다. 이것은 부활한 예수가 사람들에게 현시된 첫 장면이기도 하다. 아직 다른 누구도 살아난 예수를 보지 못했다. 그러므로 부활의 첫 발견자이자 유포자는 막달라 마리아이며, 바로 그 원사건이 본문에서 벌어지고 있는 것이다.

무덤이 비어 있는 것에 놀라 어찌할 바를 몰라하는 그녀에게 부활한 예수가 나타난다. 그녀가 '선생님'이라고 탄성을 내지르자, 예수는 이렇게 말한다. "나를 만지지 마시오. 내가 아직 아버지께로 올라가지 않기 때문입니다."

부활은 죽음의 질서를 돌파하는 사건이다. 그것은 인간의 지식으론 설명할 수 없는 '신비'에 속하지만, 동시에 신의 창조 질서의 전복이기도 하다. 그것은 인간의 한계 너머에 있을 뿐 아니라, 신의 범주마저도 뒤흔들어 놓는 사건이다. 실은 신이 인간이 됐다는 것 자체가 역설이다. 「요한복음서」는 이를 "빛이 어둠에 도래했다"고 표현한다. 세상이 빛이라고 하는 세계를, 「요한복음서」는 어둠이라고 하면서, 그 속으로 빛이 왔다고 말한다. 아무튼 만날 수 없는 것이 만나 하나의 사건을 이룬다는 것을 말하고 있다. 그런데 어둠이 빛을 거부해서 어둠의 질서 외부로 추방한다. 그것이 바로 죽음이며, 그러한 추방 행위가 바로 십자가 처형인 것이다.

그런데 그가 살아났다. 동거할 수 없는 것이 나타나 세계를 교란시켰고, 그로 말미암아 일어난 혼란을 정돈하기 위해 세상이 그 교란자를 추방했는데, 그가 다시 나타난 것이다. 그를 추방함으로써 질서정연한 세계로 세상을 정비해 놓았더니, 그것을 교란시키는 자가 또다시 나타난 것이다.

그런데 위의 텍스트에서 예수는 자신을 만지지 말라고 한다. 이유인즉 하느님에게로 올라갈 것이기 때문이라는 것이다. 도대체 무슨 말인가? 그렇다면 부활은 왜 했지? 만져지고, 접촉하고, 대화하고, 더불어 사건을 일으키고자 되살아난 것인데, 그것이 부활인데, 그가 그 첫 장면에서 다시 하늘로 올라간다고 하는 것이다. 그러니 접촉을 금한다고······

바로 이것이 그리스도교의 부활 신학이라고 「요한복음서」는 얘기하고 있다. 아니 사실은 부활 신학은 여러 의미를 내포하고 있는데, 이런 점도 알아두라고 말하는 것이라고 이해하는 편이 맞을 것이다.

신이 인간이 되었다는 것은 유한성의 제약 아래로 들어왔다는 것을 뜻한다. 우리는 그 사람 예수를 통해 영원한 것, 진리를 비로소 볼 수 있게 되었다. 그러나 그 진리는 육화된 신, 즉 유한성 속에 있는 진리다. 그리하여 유한한 세계에서 절대적인 것을 주장하고 있는 세계의 진리의 허위성을 폭로한다.

그런데 예수의 부활은 인간의 질서를 뒤엎어 놓은 것이다. 이로써 그를 추방한 세계가 결코 승리자가 아니라는 게 확증되었다. 그는 절대성을 주장하는 인간의 유한성을 뛰어넘는 진정한 절대자인 것이다. 하지만 여기서 문제가 발생한다. 그것은 부활이 우리의 인식 너머에 있기 때문이다. 인식 세계 안으로 들어온 신이 그 한계 너머의 세계로 가 버렸으니, 부활한 신은 신의 육화의 위기를 가져다준다. 신의 자기 전복으로서의 육화라는 모험은 부활 때문에 다시 원점으로 돌아가 버릴 위기에 처하게 된 것이다.

부활 신앙은, 절대적이지 않은 세계에서 유한자인 인간이 자신으로선 결코 볼 수도 만질 수도 이해할 수도 없는 것을 추구하도록 조장하는 셈이 된다. 자신의 절대성을 주장하는 인간의 논리를 파시즘이라고 한다면, 신의 육화는 파시즘에 대한 도전이다. 그런데 부활은 파시즘을 그것보다 더 강한 파시즘으로 넘어서고 있으니, 결국 파시즘을 충동질하는 신앙을 조장하는 셈이 된다는 것이다.

이에 대해「요한복음서」는, 진리의 모호함, 바로 그 속에서 진리는 실천되어야 한다고 말한다. 부활 신앙은 파시즘적 논리를 허물어 버릴 뿐 아니라, 자기 자신도 변할 수 있고 스스로를 파괴시킬 수 있는 진리라고 말이다.

성령의 '해체주의 선언'

'그리스-로마 신화'의 미노스 왕 이야기 속에 미궁(迷宮) 이야기가 나온다. 우리가 흔히 '미궁에 빠지다', 또는 '미로(迷路)를 헤매다'라고 말할 때, 그 미궁이다. 줄거리는 대략 이렇다. 그리스의 도시 국가들이 아직 번성하기 이전에 그리스 지역의 가장 발전된 문명은 크레타 섬에서 나왔다. 바로 그 섬의 통치자이자 지혜의 왕으로 알려진 '미노스'가 당시 최고의 장인이던 '다에달로스'에게 명하여 미궁을 짓게 한다. 누구라도 한번 들어가면 결코 빠져나올 수 없는 그런 곳이다. 어느 길을 가도 끝없이 반복되는 '똑같은' 길들만이 나 있다. 그리고 한없이 가다 보면 어느새 막다른 길에 이른다. 다시 돌아서 가야 한다. 어떻게 갔는지, 어디로 가야 할지 도무지 예측할 수 없는 이곳, 이 미로를 한없이 헤매다 그는 마침내 죽어간다.

미셸 푸코는 이 미궁에 대하여—비록 그는 이것을 전혀 새로운 방식으로 해석하고 있지만—이렇게 말하고 있다. "탈출은 생각할 수조차 없다. 한가운데, 지옥불, 상상이 빚어 낸 형상들의 법칙 외에는 출구란 존재하지 않는다."[1] 여기서 '한가운데'라는 표현은 푸코가 재구성한 미궁 신화에서도 중

---

1) 제임스 밀러, 『미셸 푸코의 수난』(인간사랑, 1995), 224쪽에서 재인용.

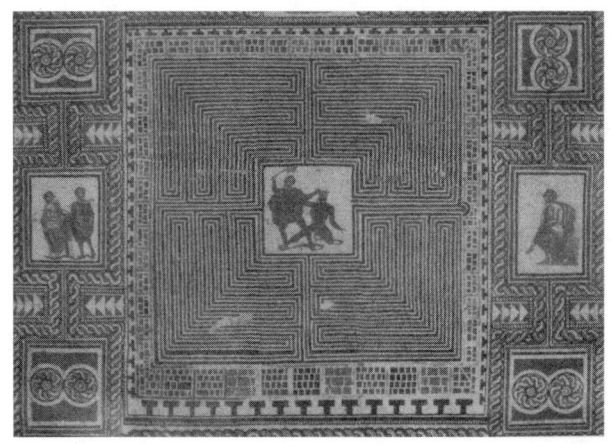

요하지만, 원래의 그리스 신화에서도 의미심장한 것이다. 그것은, 미로를 뚫고 궁의 한가운데로 이르면 반은 인간이되 반은 황소인 괴물이 그곳에 도사리고 있다는 점과 관련이 있다. 그 녀석은 인간을 먹어치우는 무시무시한 존재다. 결국 미궁의 한가운데에선 잡아먹히고 마는 운명이 그곳으로 끌려간 이를 기다리고 있는 것이다.

실은 미궁은 왕 미노스가 이 괴물을 가두어 두려고 만든 궁이다. 신화는 미노스 왕의 아내인 왕비 '파시파에'가 포세이돈 신이 보낸 황소를 사랑한 나머지 간계를 꾸며 황소와 간음하여 낳은 자식이 바로 그 녀석이라고 말한다. '미노타우로스'라는 이름의 이 괴물은, 몸뚱어리는 인간인데 머리가 황소인 존재다. 그런데 더욱 괴물적인 특성은 그 놈의 주된 식량이 인간이라는 데 있다.

여기서 우리는 최근 인류의 또 하나의 공포의 대상이 되어 버린 광우병을 연상케 된다. 채식 동물인 소에게 육식이 포함된 인조 사료를 먹인 결과로 광우병이 발생하게 되었다는 것은 이미 잘 알려진 바다. 그런 소를 먹은 사람의 뇌가 급격히 퇴행하게 되면서 죽어 버리게 된다는 것이 이른바 '광우병 재앙'의 귀결이다. 인간의 머리에 소의 저주가 내린 것이 아닐까? 마치 머리가 황소인 미노타우로스처럼.

미노타우로스가 괴물이 된 것은 무엇보다도 그 놈이 황소여서가 아니라, 인간의 몸을 하고 있기 때문이다. 황소여야 하는데, 다른 평범한 소들처럼 풀을 뜯어먹고 사는 존재여야 하는데, 한 인간의 간계로 인간처럼 육식을 하는 괴물로서 태어난 것이다. 광우병 이야기가, 인간이 소를 잡아먹지만 결국 그 소에 의해 인간이 잡아먹히는 꼴을 보여주는 한편의 신화인 것처럼, 미노타우로스의 신화도 인간의 욕망이 낳은 인간에 대한 저주 이야기인 것이다.

논의가 곁가지로 갔다. 다시 미궁 얘기로 돌아가면, 미궁은 이 반인반우(半人半牛)의 괴물 미노타우로스를 가둬 두려고 만든 궁이라고 했다. 여기서 우리에게 드는 궁금증 하나는, 왜 미노스 왕이 이 괴물을 죽이지 않고 가두어야 했는가에 있다. 우리는, 이 괴물이 바로 미노스 자신을 상징하고 있다는, 즉 그 자신의 분신이라고 해석될 수 있다는 점을 유념하자. 이미 규범화된 가부장제적 신화에서, 흔히 아버지가 불륜의 자식을 낳아 데려오면, 아내는 그 아이의 어머니가 되어야 한다. 자신의 뱃속에서 난 아기가 아님에도 아내인 여자는 그 아이를 혈육으로 삼아야 하는 것이다. 한데 이 신화는 그 반대의 현상을 보여준다. 아내가 낳은 불륜의 자식 미노타우로스는 남편의 아들이기도 한 것이다. 즉 이 신화는 가부장제적 신화를 도착(倒錯)시킨다. 한편 전통적인 가족 담론 속에서 아들은 아비의 분신이다. 다시 말하면 아들은 아비를 상징하는 '재현체'라는 것이다. 아들이 있음으로 아비는 자신의 짧은 수명을 연장하게 되고, 그것이 되풀이되면서 영원히 자기를 닮은 분신들의 족보가 만들어진다. 그것이 바로 '가계'라는 혈통주의적 이데올로기다.

재미있는 사실은, 그 이름이 미노타우로스, 곧 '미노스의 황소'라는 점이다. 미노스의 아들이지만, 아내의 불륜의 아들, 즉 도착된 아들인 것이다. 정상적인 분신이 아닌, 도착된 분신, 정상적인 자기 자신의 얼굴이 아닌, 도착된 얼굴. 그런 점에서 그것은 미노스 자신이되, 미노스의 또 다른 얼굴, 지혜의 왕으로 칭송받는 그런 얼굴이 아니라, 그의 또 한편의 광기의 얼굴, 괴물적 속성의 얼굴을 상징하고 있다는 것이다. 그래서 그는 이 괴물을 죽일 수 없다. 그것은 은폐해야 할 대상이며, 미궁은 바로 미노스 자신의 또 하나의 얼굴인 미노타우로스를 숨기기 위한 장치였던 것이다.

바로 이 점에 착상해서 근대 서양의 수많은 사상가, 문학가는 미궁에서 인류 문명사의 한 단면을 바라보고 있다. 그것은 겉으로 드러나는 자신의 얼굴 이면의 야수성을 은폐하는 심리적 장치이고, 나아가 문명의 장치라는 것이다. 가령 '이성'이라는 것은 내면의 본능적 광기를 가두어 두는 일종의 미궁이었다는 것이 그렇다. 또 정의의 보루임을 자부하는 정부의 내면에서 벌어지는 음모를 파헤치는 「X-파일」같은 드라마도 미궁 속에 은폐된 국가의 미노타우로스적 속성을 가정하고 있는 것이다. 요컨대 이 미궁 이야기는 오늘날 인류 문명사의 정신 분열적 속성에 관한 이야기로 읽혀지고 있다는 것이다. 이성의 얼굴 저편에 있는, 숨겨진 야수성에 대한 문제 제기라는 것이다. 그렇지만 아직 미궁의 수수께끼는 다 해독되지 않았다.

다시 미궁 얘기를 하면, 미궁에 갇힌 미노타우로스는 인육을 먹는다고 했다. 미노스 왕은 예속국이던 아테네에게 9년마다 선남선녀 각 7명씩을 보내도록 강요했다. 그들은 미궁으로 들여보내져서 결국 미노타우로스의 밥이 되고 만다. 여기서 미노타우로스가 인육을 먹는다는 표현에선 충분히 부각되지 않았던 문제가 드러나고 있다. 곧 미궁은 희생자를 필요로 한다는 것이다. '가학적 체계'다. 그리고 그것은 약자에게 내리는 저주처럼 언급된다. 정리하면 '미노스의 미궁'은 끝없이 약자를 희생시켜야만 유지되는 강자의 체계인 것이다. 강자와 약자가 존재하고 강자가 자신보다 약자인 대상을 향해 가학성을 발휘하는 그런 체계이다.

그런데 앞에서도 간간이 암시했듯이 미노스의 미궁은 같은 것, 유사한 것에 대한 집착이 낳은 정신분열증의 산물임을 특히 유념해야 한다. 미궁은 숨막히도록 똑같은 길들의 연속이다. 보르헤스의 '바벨의 도서관'처럼 똑같은 벽들로 둘러싸여 있고, 똑같은 폭의 길이, 가로 세로로 똑같이 나 있다. 푸코의 표현을 따르면, '완벽한 유사성', '동일한 것'에 관한 욕망이 여기에 드리워져 있다.[2] 아비가 아들을 자신의 분신이라고 생각하는 것이 그렇다. 아들을 통해 가계가 유사성으로 보전된다는 일상화된 혈통주의적 믿음이 그렇다. 그 유사성, 닮음을 표현하기 위해 '성씨'가 필요했던 것 아닌가? 가족 담론은 바로 그것을 위해 봉사해 왔다.

서양의 사상가들이 자신의 문명에서 이런 것을 읽었다면, 우리 사회는 어떨까? 내가 생각하기엔 더하면 더했지 결코 덜하지는 않을 것 같다. 전교생이 같은 모양의 유니폼을 입어야만 직성이 풀리는 사회, 운동장에서 질서정연하게 몇 열 횡대로 줄을 서야만 모든 의식이 진행될 수 있다고 믿는 사회, 그 속에서 우리는 자라왔고 또 그렇게 우리의 2세들을 훈육하고 있다. 혈통이 어떻고, 고향이 어떻고, 출신 학교가 어떻고, 현 거주지가 어떻고, 심지어 출신 부대가 어떻고, 태어난 산부인과가 어떻고…… 등등 무수한 닮은꼴 찾기에 몰두하는 사회, 그것은 닮은꼴을 조금이라도 더 많이 확보하고 있는 게 사는 데 유리하다는 확신의 소산일 것이다.

그 결과 우리 사회는 대단히 획일적인 모습을 띠게 되었다. 그리고 이질적인 것에 지나치게 배타적인 얼굴을 하게 되었다. 미궁 속에 가두어 둔 자

---

2) 같은 책, 243쪽 참조.

신의 괴물적 속성은 이들 이질적인 존재를 희생양삼아 존재하는 우리 내면의 야수성인 셈이다. 이질적인 약자를 잡아먹는 미노타우르스는 우리 문명이 낳은 우리 자신의 괴물적 속성이다.

여기서 이러한 우리의 문제 의식과 관련된 성서 본문을 하나 인용해 보자.

> "바람은 제가 불고 싶은 대로 분다. 너는 그 소리를 듣고도 어디서 불어와서 어디로 가는지를 모른다. 성령으로 난 사람은 누구든지 이와 마찬가지다."
>
> ―「요한복음서」3장 8절

이 구절이 성령에 관한 얘기를 하고 있음을 유의하라. 성령이란 무엇일까? 이에 대해 「요한복음서」가 말하는 성령에 대한 하나의 해석이 바로 본문인 것이다.

'니고데모'라는 이름의 제자와 예수가 대화를 하고 있다. 성서는 그가 유대 사회의 지도자의 한 사람임을 밝히고 있다.(3:1) 곧 유대 사회의 질서관을 누구보다도 잘 보존하고 있는 사람이라는 뜻이다. 그는 그 체제의 아름다운 모습을 가장 잘 드러낼 줄 아는 사람이면서, 동시에 그 체제의 추함을 가장 잘 은폐할 수 있는 사람이라는 말이다.

그런데 그에게 예수가 말을 건넨다. 거듭나지 않고서는 하느님 나라를 결코 볼 수 없다고.(3절) 니고데모는 이 말을 도무지 알아들을 수 없었던 모양이다. 그래서 그는 되묻는다. "어떻게 다 자란 사람이 다시 태어난다는 것인가?"라고.(4절) 그러자 예수는 위에서 인용된 본문처럼 대답하였다고 한다. 즉 바람이 부는 소리만으로 풍향을 알 수 없듯이, 성령으로 난 사람도 그렇다고. 여기서 '소리'는 말을 상징한다. 곧 인습적 의식을 뜻한다. 그것은 세상의 질서에 관한 이치가 이렇고 저렇다고 하는 식의 사고의 틀이다. 곧 닮은 것과 다른 것을 인식하는 사고틀인 것이다. 한데 인습적 의식만으로는 풍향을 알 도리가 없다. 그것은 느껴야 비로소 알 수 있는 것이다. 말은, 인습은 단지 그 느낌들을 표현하는 하나의 그릇일 뿐이다. 그것으로 모든 것을 다 담아 낼 수는 없다. 성령은 바로 이런 바람과 같다. 인습에 얽매이지 않는 것, 인습을 넘어서는 자유로움, 닮은 것을 가려내는 사고틀로부터 자유로운 것, 바로 그것에 성령의 본성이 있다는 것이다.

이처럼, 「요한복음서」가 말하는 바, 영은 자유로움을 상징한다. 규격화시킬 수 없음이다. 형상화할 수 없음이다. 그 움직임을 추적하고 예측하고 재단할 수 없음이다. 그래서 '성령으로 다시 태어난 이'라는 표현은 신앙적 삶의 꼴을 규정하는 일체의 인습적 규범화에 대한 해체 선언이다. 그것은 규격화된 인습에 따라 모범형을 추구하고 그것을 향한 복제 욕망에 몰두하고 있는 문화에 대한 도발이고 저항이다. 곧 성령은 닮은 것을 구하는 문화를 향한 반신학적 전복의 담론인 것이다.

제2부
위기의 세계와 반신학

'말'이 통하는 세계를 향하여
지구화 시대의 정의 문제

1

'지구화' 또는 '세계화'(Globalization)라는 말이 어느덧 유행어가 됐다. 바야흐로 세상상의 어떤 변화가 일고 있다는 공공연한 인식을 시사하는 것이리라. 혹자는 '지구촌'이니 '세계는 하나'니 하면서 이러한 변화를 장밋빛 내일의 보증서쯤으로 보려 한다. 또 다른 이는 생존 경쟁의 세계화, 곧 국가적 경계(boundary)의 해체를 딛고 세계적 차원에서 벌어지는 더욱 치열한 경쟁 시대의 도래를 강변한다. "나의 경쟁 상대는 (한반도의 국경을 넘어선 존재인) ×××"라는 문민 정부 시절 유행하던 캠페인성의 표어는 바로 지구화/세계화에 대한 후자적 입장의 한 결론이다. 이런 입장은 마치, 더욱 치열해진 지구화/세계화적인 경쟁 상황에서 국가 경쟁력 강화가 유일한 대안이며, 이것은 곧 국민 하나하나의 경쟁 수준의 향상과 정비례한다는 식의 견해를 설파한다. 아무튼 세계상에 있어서의 중대한 변화가 있다는 공통된 인식에도 불구하고, 그것의 구체적인 내용에 대해서는 서로 다른, 때로는 상반되기까지 한 다양한 관점들이 난립하고 있다. 더욱이 지구화라는 현상 자체와 그것에 대응하는 인간편에서의 실천이 어떻게 결합했을 때 유토피아로 향하는 길이 더욱 넓게 혹은 더욱 좁게 되는지에 대해서도 여전히 논란거리다. 도대체 지구화라는 현상의 내용이 무엇이길래 이렇게 다양한/상반된 예측들이 난무하는 것일까? 그것은 어떤 점에서 새로우며 또 어떤 점에서 과거와 연속성이 있는 것일까?

지구화를 이해하는 가장 특징적인 개념은 '공간'의 문제다. 한마디로 하면 세계의 거리가 단축되었다는 것이다. 수치로 거리를 표시하는 물리적인 공간 개념으로 볼 때 공간의 거리는 고정돼 있다. 하지만 조선 시대 부산 사람이 과거 보러 서울로 걸어 올라가던 시대에 비해 새마을호 기차로, 심지어는 비행기로 올라가는 오늘날의 서울 부산간 거리는 훨씬 단축되었다. 교통의 과학 기술적 발전은 세계의 거리를 극도로 좁혀 놓은 계기였다. 한편 이라크에서 벌어진 전쟁 장면을 안방에서 TV 모니터로 생생하게 시청하거나, 상대적으로 적은 비용으로 마치 옆에서 이야기하듯 생생하게 미국의 친구와 이야기할 수 있는 위성 통신 시대의 상황은 교통이 할 수 없는 더 엄청난 공간 축소를 가능케 했다. 이것은 정보의 축적/재생산의 매체인 문자 언어를 보완/대체하는 효과를 갖는 극소 전자 기술의 발전에 의해 매개된다.[1] 즉 더욱 많고 더욱 다양한 정보가 기계적인 기호로 변조되어 축적/재현되는 정보 통신 기술(Information and Communication Technologies, ICT)의 혁명에 의해 지구의 거리는 더욱 극적으로 단축된 것이다.

이러한 정보 통신 기술의 발전은 세계 경제 구조에도 중대한 영향을 미친다. 우선 금융의 국제화[2]가 더욱 활성화되었다는 사실을 들 수 있다. 예컨대 경영 통제나 기업 소유 등을 목적으로 했던 과거의 금융 대부 형식과는 달

---

[1] 문자 이전 시대의 정보 축적/재생산의 매체는 '기억'이었다. 이것은 종종 운율에 따라 효과적으로 저장되었다.

리 오늘날에는 단순한 투기 차익을 목적으로 하는 증권 매입 등을 통한 금융 투자가 국제 금융 시장을 주도하고 있다.(포트폴리오 투자, 채무의 증권화)[3] 이것은 시시각각으로 변하는 주가나 환율의 특성을 빠른 정보 통신 능력에 의해 유용하게 활용할 수 있게 됨으로써 가능해진 것이다. 또한 생산의 국제화도 주목할 필요가 있다. '대량 생산 대량 소비'로 특징 지어지는 과거의 생산 체계(포디즘)는 지구 경제의 자원 고갈 및 (대량의 재고품을 처분하는 과정에서 초래되는) 대량 폐기물의 문제를 항시적으로 내포하고 있는데, 정보 통신 기술의 발전에 따라 지구 각 지역/지방[4]의 자원 상황이나 소비 상황 및 기호(嗜好) 형태 등을 상당 수준 포착할 수 있게 됨으로써, 그리고 생산 라인이나 유통 체계의 유연하고 신속한 변형이 가능해짐으로써, '다품종 소량 생산'으로 특징 지어지는 유연적 생산 체계(포스트포디즘)가 새로이 중요한 비중으로 대두하고 있다.

여기서 주목해야 할 것은 자본의 세계화는 동시에 지방화(localization)를 동반한다는 사실이다. 사실 이것은 비단 자본의 영역에서만 벌어지는 현상이 아니라 사회의 모든 영역에서 일어난다. 즉 공간 확장으로의 운동은 공간 축소로의 운동과 상반된 현상으로 벌어지는 것이 아니라 마치 동전의

---

[2] 국제화(Internationalization)란 경제 정치 문화 등 사회 제측면에서의 총체적 차원에서 국가간·지역간·지방간 그리고 국민간·지역민간·지방민간의 상호 의존 관계가 심화되는 추세를 말한다. 인류 역사상 이런 추세가 맹아적으로나마 구현되던 가장 초기의 실례 가운데 하나는 알렉산더 이후의 헬레니즘 제국 시대라 할 수 있을 것이다. 그러나 국제화가 본격화된 것은 근대 이후이다. 이런 국제화의 연속선상에서(대략 1970년대를 기점으로) 또 한 번의 도약의 계기가 나타나는데, 우리는 이것을 지구화/세계화(Globalization)라는 개념으로 설명하고 있는 것이다. 하지만 우리는 이것을 포스트근대라는 관점보다는 '근대의 철저화/급진화'라는 관점에서 본다.

[3] 1985년을 기점으로 포트폴리오 투자가 이전과는 현저한 차이를 보이며 급격히 상승하고 있고(국제통화기금의 통계) 1980~1984년까지 국제 자본 조달 총액 가운데 국제채의 비중이 40퍼센트이던 것이 1992년에는 73퍼센트를 차지하게 되었다.(OECD 통계)

[4] 여기서 '지역'(region)은 국가보다 큰 혹은 그에 준하는 중범위 공간을 의미하며, '지방'(local)은 '지방 자치제'라는 용어에서 시사되듯이 국가보다 작은, 심지어는 한 마을에까지 협소화할 수 있는 미시 공간을 뜻한다.

양면처럼 동시적으로 일어난다.[5]

한편 이러한 자본의 세계적 이동은, 이제까지 자본의 비호자인 동시에 통제자로서 기능해 왔던 국가의 감시망에 잘 포착되지 않는다. 여기서 국가 행위를 대표하는 정부와 자본간의 관계 재설정이 필요해진다. 그런데 국가의 감시망을 넘어선 여러 행위자들의 행위가 경제 영역에만 국한되어 있지는 않다. 따라서 이것은 국가를 매개로 해서 형성된 국제적 혹은 국내적 관계의 전면적 재설정의 필요성으로 이어진다. 예컨대 정치 제도로서의 민주주의는 자본가 세력을 포함하여 다양한 사회 세력간 신사 협정의 결과물인데, 이제까지 이 제도는 주로 국가라는 무대를 중심으로 형성 발전되어 왔다. 그러므로 공간 확대/공간 축소로의 관계 재설정 운동은 기존의 민주주의 제도들의 효용성을 약화시키고 있다. 이러한 민주주의의 위기는 변화된 공간 환경에서 재구성된 다양한 사회 세력들간의 또 다른 신사 협정을 필요로 하며, 그 결과에 따라 지구화 시대 민주주의의 미래는 천국으로 가는 계단일 수도 있고 지옥으로 떨어지는 낭떠러지일 수도 있는 것이다.

그렇다면 지구화 시대가 우리에게 요청하는 관계 재설정이라는 과제를 우리는 어떻게 맞이해야 하는가? 이 문제를 다루기 위해서는 '관계'라는 개념에 대한 보다 역사적이고 사회학적인 이해가 필요하다. 왜냐하면 이 용어는 얼핏 중립적인 진공 상태의 용어처럼 보이고, 그러므로 끝없는 우유부단함으로 우리를 몰고 갈 우려가 있기 때문이다. 역사 속에서 '관계'는 어떤 특성으로 구현되어 왔으며, 그것에는 어떠한 사회학적 함의가 포함되어 있는가?

---

5) '다품종 소량 생산'이라는 포스트포디즘적 생산 체제가 이를 단적으로 나타낸다. 이 점에서 어떤 이는 지구화를 지방화와 합성한 신조어인 글로컬라이제이션(Glocalization)으로 부르기도 한다.

2

'관계'는 사회 제집단간의 의사 소통의 결과물이다. 이것은 다양한 사회적 의사 소통이 그물처럼 얽혀 있는 연결망(사회적 연결망, social networks)을 이루고 있다. 그런데 (가장 원시적인 형태를 포함하여) 국가가 형성된 이래 의사 소통은 평등하게 이루어지지 않았다. 어떤 사람/집단의 의사는 과잉 표출되는 반면, 다른 사람/집단의 이해는 과소 표출되어 소통 관계를 맺는다. 고대 국가 시대의 벽화에 종종 나오는, 통치자는 크게 묘사되고 신하나 평민, 노예 등은 작게 묘사된 그림은 바로 이런 의사 표출의 불평등한 크기를 시사한다. 이런 불평등한 의사 소통 관계를 권력 관계라고 부른다.

근대적 국가가 형성되기까지의 권력 관계는 이원적 의사 소통의 구조를 이룬다. 즉 '전통'에 의한 의사 소통과 '폭력'에 의한 의사 소통이 그것이다. 이 둘은 서로 다른 영역에서 사람들의 삶을 지배하는 '감시 체계'를 형성하는데, 전자가 사람들의 일상의 영역과 관련되어 있다면, 후자는 정치적(체제적) 삶의 영역과 연관된다. 여기서 이 두 영역은 거의 모든 경우에 분리되어 있다. 전자가 주로 가족이나 촌락 공동체 등 '정서적 결속감으로 묶인 협소한 공간'(미시 공간/지방)에서 작동하고 있었고, 이때의 불평등한 의사 소통은 주로 남녀간·세대간의 가부장주의적 관계에서 이루어졌다면, 후자는 주로 도시와 촌락간의 관계의 문제로서, 수탈 계급과 피수탈 계급 사이에서 이루어졌다. 요컨대 수탈 계급의 폭력적 권력에 의한 의사 소통은 결코 일상의 영역에까지 미치는 의사의 총화(실질적 총화)를 이룰 수는 없었고, 단지 체제의 수호라는 차원에서 거시적인 총화(형식적 총화)만을 가능케 할 수 있었을 뿐이라는 것이다.

한편 근대의 도래는 국가라는 경계 내에서 일상의 영역과 정치적 삶의 영역(체제의 영역) 모두에 걸친 권력 자원을 독(과)점한 세력(들)의 등장과 맥을 같이한다. 이 세력은 끊임없이 거시 공간과 미시 공간으로의 팽창과 압축을 시도하여 자신의 의사를 과잉 표출하려 하는데, 주로 팽창의 전략으로는 폭력이 사용되고(제국주의/식민주의), 압축의 전략으로는 사람들의 일상을 지배하는 도덕, 이데올로기, 규범 등의 재구성이 시도된다.[6] 그러므로 근대의 국가는 한편으로는 대외적으로 군사력 팽창주의를 추구하며, 다른 한편으로는 대내적으로 사람들의 일상을 포섭하는 정교한 감시 체계의 구축을 지향한다. 이러한 감시 체계로 근대 이전 시대의 '전통'이 했던 역할이 근대에 이르면 '지식'에 의해 대체된다.[7] 이때의 지식은 '(근대적) 합리성'으로서 자신을 포장하는데, 이것은 '비합리'로 낙인 찍힌 것/사람을 격리시키는 배제의 원리를 함축하고 있다. 여기서 이른바 '합리적'인 지식은 대상을 사체(死體) 해부학적으로 정교하게 규정하고,[8] 단 하나의 진리를 전제하면서 이것에 의거해서 대상이 어느 정도 유사한가에 따라[9] 진화론적으로 분류하고 등급화한다. 이러한 해부학적인 정교한 지식은 전문가 집단을 필요로 하는데, 그러므로 이들에 의해 발전하는 이른바 합리적인 지식, 그리고 이 지식의 사회적 의사 소통의 결정체인 사회적 제도, 관행 등은 사람들로 하여금 좀처럼 이의를 제기할 수 없게 하면서도 일상 생활 구석구석까지 그 원리에 스스로를 교정케 하고 내면화시키는,[10] 이른바 은폐된 지식인 것이다. 한편 단선적인 진화론적 가치는 단 하나의 진리 체계를 전제한다는

---

6) 물론 여기서도 폭력이 활용된다. 하지만 상대적으로 그 중요도는 훨씬 낮다.
7) 이때 전통은 미신이라는 이유로 근대적 공간에서 격리되어 버린다.
8) 그러므로 여기에는 감정/정서가 개입될 여지가 없어진다. 객관을 가장한 무미건조함/생혈함만이 남는다.
9) 인간이 '하느님의 형상'을 지녔다는 것은 이런 식으로 멋대로 해석되어 다른 피조물의 착취 근거가 되기도 하며, 또 인간 사이에서도 그 형상에서 멀리 있다고 판단되는 사람들을 '야만', '미개'라고 등급화하여 그들의 경험, 역사, 문화 등의 일체를 폄하하는 논리로도 활용된다.
10) 이런 점에서 이때의 감시 체계는 그것을 내면화하는 사람들의 입장에서는 신뢰 체계이기도 하다.

점에서 근본주의적이다. 즉 근대는 권력과 '합리적' 지식이 연계됨으로써 일국가적 단위에서 일상의 영역과 체제의 영역을 통합하는 의사의 총화(실질적 총화)를 가능하게 한 것으로 볼 수 있다.

그런데 이미 말한 것처럼 근대 국가의 거시 공간으로의 팽창과 미시 공간으로의 압축을 향한 끊임없는 운동은, 한편으로는 근대적인 권력의 활동 공간인 국가라는 경계를 필요로 하면서도 다른 한편으로는 그 경계를 해체한다.[11] 뿐만 아니라 근대적인 지식이나 제도, 관행 등도 이러한 공간 운동의 고도화 과정에서 파편화되고 분산화되며,[12] 이것은 다시 (일국가적 차원이 아니라) 지구적 차원에서의 통합 경향과 변증법적으로 연관됨으로써, 지식이나 제도에 있어서도 지구적 차원의 유연성이 더욱 커진다. 이것은 근대적 권력의 그물망을 이루고 있는 관계의 전면적 재설정을 요청하는 조건이 된다. 하지만 이러한 재설정 조건은, 개인의 일상적 삶 속에 개입할 여지를 갖지 못하던 근대 이전적 권력의 한계를 공간 운동을 통해 돌파한 근대성(Modernity)의 연장선상에 있다. 따라서 포스트근대성(Post-modernity)의 조건은 탈근대 또는 근대 해체적 조건이 아니라 근대성의 철저화 조건이라 할 수 있다. 그리고 지구화라는 역사적 관계 재설정 조건에 권력과 연계 체계를 이루며 역사의 노른자위를 선점한 지식은 포스트근대적 지식, 즉 근본주의적인 합리성의 지식이 아니라 유연성의 지식인 것이다. 요컨대 지구화라는 역사적 조건은 근대적인 의사 소통의 총화/획일화를 추구하기보다는 포스트근대적인 유연한 의사 소통 체계를 지향하고 있지만, 이러한 유연성의 지식으로 포장된 새로운 역사적 조건의 근저에는 불평등한 권력 관계에

---

11) 근대 이전 국가들간에는 변경 지역(frontier zone)이 존재했었다. 이것은 행정의 통제가 불분명하고 기복이 심했던 지역을 가리키는 것으로, 이른바 '행정의 공백 지대'라고 할 수 있다. 반면 근대 국가들간에는 경계(boundary)라는 명백한 공간 분할이 존재한다.
12) 이것은 지방화와 맞물린다.

의한 의사 소통의 굴절/왜곡 현상이 국경을 넘어 밖으로는 지구적 차원에까지 그리고 안으로는 지방적 차원에까지 보다 철저하게 보다 은폐적으로 작동되고 있음을 간과해서는 안 된다.

그러므로 지구화 시대의 변화된 조건 속에서도 여전히 정의 문제의 요체는 의사 소통의 굴절/왜곡의 원인인 권력 관계에 있음을 볼 수 있다. 따라서 지구화 시대의 권력 해체적 실천은 어떠해야 하는가를 묻는 것과 동시에, 권력 비판적인 성서 읽기를 시도해 보는 것은 하느님 나라를 추구하는 그리스도인의 지향을 '지금 여기'에서 육화하려는 전략적 실천의 한 실례가 될 것이다.[13]

3

「창세기」 2~11장의 연속되는 이야기는 권력과 문명에 대한 하나의 신학적 사회 비평이다. 이 민담군은 J 문서[14]에 속하는 것으로, 인류 문명과 그 문명의 주역인 권력에 대한 날카로운, 때로는 다소 냉소적인, 경우에 따라서는 암시적인 비평이 주를 이루고 있다. J 문서의 편자가 다윗 왕국 번영의 최절정기를 구가하던 솔로몬 왕정의, 혹은 (그보다는 더욱 개연성 있는 가설로 보이는) 그 찬연함을 고스란히 물려받았지만 동시에 왕국 분열로 말미암아 역사에 대한 낙관보다는 추잡한 현실이 보다 두드러지게 느껴지던 분열 왕국 초기의 다소 혼돈스럽던 시기에 남왕국 유다에서 활동했던 한 사가였다는 사실은, 그의 문명과 권력에 대한 비평의 시사점이 구체적인 역

---

13) 이렇게 상징의 공간(초공간)에서 해석의 주도권 투쟁을 벌이는 전략적 담론 실천(말하기/글쓰기 전략)을 '공간 메타포'라고 부른다.
14) 5경에 관한 문헌비평적 연구에 따르면, 최소한 네 개 층위의 문서 자료들이 시간대를 달리하면서 5경을 구성하고 있음이 밝혀졌다. 이 중 가장 오래된 층위가 J 자료층이라고 할 수 있는데, 남왕국 유다 왕실에서 유래한 것으로 보인다.

사성에 바탕을 두고 있음을 보여준다.

2~3장의 창조-타락 이야기[15]는 '창조'보다는 '타락'에 초점이 있는데, 여기서 중심 소재는 선악을 알게 하는 나무이다. 이것은 곧 '분별지의 원천'을 상징한다. 아담('ādām)은 '땅'(아다마, adāmāh)을 경작하는 자였고, 시내같이 소박하게 흐르는 물과 친숙한 관계에 있는 자(「창세」 2: 10~14), 곧 (대하[大河]의 관개 시설의 관리자[16]가 아니라) 소박한 농민의 모습을 하고 있다. 노동을 통해 창조를 실천한 하느님처럼 노동하는 자인 그는 농민의 지혜, 생활 지혜로서 하느님이 창조한 모든 것들의 '차이'를 볼 줄 알았고, 그래서 그것들 하나하나에 이름을 붙여 준다. 그러나 선악을 알게 하는 나무의 열매는 그것들을 등급화하는 지혜를 가리킨다. 인간보다 못한 피조물, 남성보다 못한 여성, 자유인보다 못한 노예 등. 이것은 정결한 것이고, 저것은 덜 정결하고, 어느 것은 지극히 부정하고…… 등, 대상물 하나하나에 세목화된 정-부정의 가치를 일 대 일 대응시키는 지혜. 그것은 곧 '배제의 논리'였다. 모든 것들에 가치를 부여하는 이 엄청난 일을 신이 아니고서야 누가 할 수 있으랴. 여기서 아담은 신의 지혜를 모방하려는 고대의 왕 같은 존재와 동일화되고 있다. 이것은 불평등한 의사 소통, 권력에 의해 곡해된 억지 총화의 상황을 전제한다.

그의 아들이자 형제 살해의 주인공 카인은 이런 '차이의 등급화' 논리, 배제의 논리의 충실한 노예였다.(「창세」 4: 1~16) 역설적이게도 저주받은 그의 후예들은 찬란한 인류 문명의 주역들이다.(4: 17~26) 직업의 분화를 이룩했고, 철기와 청동기를 사용한다. 이것은 도시의 문명이고, 귀족들의 문명이다. 그렇기에 이 찬란한 문명의 주역은 동시에 잔혹한 폭력의 주역이

---

15) 여기서 2장의 창조 이야기는 그 자체로 의미를 갖는 것이 아니라 타락을 설명하기 위한 예비 진술의 역할을 할 뿐이다.
16) 고대 이집트나 고대 메소포타미아에서 이런 이는 곧 왕이었다.

기도 했다.

> 아다야, 실라야, 내 말을 들어라.
> 라멕의 아내들아, 내 말에 귀를 기울여라.
> 나를 다치지 말라. 죽여 버리리라.
> 젊었다고 하여 나에게 손찌검을 하지 말라. 죽여 버리리라.
> 카인을 해친 사람이 일곱 갑절로 보복을 받는다면,
> 라멕을 해치는 사람은 일흔 일곱 갑절로 보복받으리라.
> ―「창세기」 4장 23절~24절(라멕의 노래)

J 편자는 이 대목에서 갑자기 얼토당치도 않아 보이는 이야기 전환을 꾀한다. 느닷없이 셋과 그의 후손이 언급된다. 그리고 이들의 한 사람에게서 야훼라는 이름이 처음으로 불려지기 시작했다고 말한다.(「창세」 4: 25~26) 그것은 희망의 전조다. 찬란한 문명, 그리고 그 문명의 잔혹성이 이 세계를 내리누르며 격동하고 있는데, 전혀 엉뚱한 곳에서 희망의 서광이 빠끔히 고개를 내밀고 있다. 셋은 기실 폭력으로 인해 숨을 거둔 아벨의 부활체다. 폭력으로 난자당해 땅에 아무렇게나 나뒹굴고 있는 그의 시체에서 울려나오는 아우성 소리(4: 10)의 결정체인 것이다.

2~11장까지 연속되는 이 민담군이 6장 1~4절의 이야기에서 소단락으로 나뉜다.

> "땅 위에 사람이 불어나면서부터 그들의 딸들이 태어났다. 하느님의 아들들이 그 사람의 딸들을 보고 마음에 드는 대로 아리따운 여자를 골라 아내로 삼았다.…… 세상에는 느빌림이라는 거인족이 있었는데, 그들은 하느님의

아들들과 사람들의 딸들 사이에서 태어난 자들로서 옛날부터 이름난 장사들이었다."

—「창세기」 6장 1절~4절

천상적 존재들이 사람의 딸들과 결혼한다. 그래서 그들 사이에서 거인들이 태어났는데, 이들이 바로 고대의 영웅들이라는 것이다. 이것은 앞에서 언급했던 고대의 그림을 연상시킨다. 다시 말하거니와 여기서 사람들의 크기는 지위, 권력, 사회적 의사 소통의 과대 표출 능력을 시사한다. 그러나 역설적이게도 영계의 존재들과 결합한 결과로 나타난 인간들은, 그들이 영웅들임에도 불구하고, 그들이 천상적 존재의 후손임에도 불구하고, 아니 바로 그렇기 때문에 '육'에 불과한 존재임이 분명해졌다.(3절) 그런데 여기서는 구체적인 사람이 거명되지 않는다. 사회 전 영역에, 모든 인간들 사이에 깊이 개입되어 버린 권력 일반에 대한 논의로 발전하고 있는 것이다. 노아 이야기는 바로 이렇게 모든 사람들 사이에 만연한 죄악에 대한 신의 정죄, 권력의 그물망에 갇혀 버린 인류의 운명을 적나라하게 그리고 있다.(6~9장)

이렇게 권력에 대해 냉소와 비판을 아끼지 않았던 J 편자는 그 마지막에 바벨탑 이야기를 넣는다.(11: 1~9) "온 세상이 한 가지 말을 쓰고" 있던 시절에 인간이 하늘에 닿는 탑을 쌓으려 했다는 우화다. 그런데 이 탑을 쌓는 주체는 '도시' 건설의 주역이다. 그들의 건축술은, 농촌의 그것처럼 천연 그대로의 돌로 쌓고 그 사이사이를 흙으로 채워 넣는 식과는 사뭇 다르다. 가공한 돌을 사용하고, 흙 대신 역청을 사용한다. 이로써 내구성 있는 대형 건축물들이 세워지게 된다. 또한 그 건물들의 외양에서 위엄과 미를 추구할 수 있게 된다. 바야흐로 이전과는 질적으로 다른 '위대한 문명'의 역사가 도래한 것이다. 요컨대 인류 문명의 찬란함의 극치의 경지를 말하는 것이리

라. 그것은 곧 신의 경지였으며, 그만큼 인류 문명의 숭고함을, 낙관적인 인간관, 세계관, 문명관을 상징한다. 성서는 이 '위대한 도시'의 이름을 '바벨'이라 부른다. 주전 2000년대 고대 세계의 심장부였던 바로 그 이름으로 말이다. 그 한가운데 세워질 탑은 이들의 건축술, 이들의 문명의 결정판이다. 이것은 안보의 상징이고, 사상·신앙·신념의 총화의 표상이며, 그러한 세계의 중심을 추구한다. 이 탑으로 말미암아 세계는 하나가 되고, 의사 소통의 통일이 구현된 것이다.

그러나 이 통일, 이 찬란한 문명, 이 웅대한 건축물이 구현하고 있는 것은 기실 모든 이의 바람의 집약물은 아니다. 거의 대부분의 사람들이 자신들의 의도와는 상관없이 '바벨의 위대함'을 위해 동원된다. 아니 그보다는 필시 이 건설에 동원되는 것이 자신들의 마땅한 도리라는 생각에 사로잡혀 있었을 게다. 때로는 사고로 다치고, 혹은 불구자가 되기도 하며, 심지어는 죽음을 맞이하기까지 하면서도 말이다. 그것은 극소수의 사람들의 생각·사상·염원이 다른 모든 이의 그것들을 과대 대표함을 의미한다. 성서가 말하고 있는 '가공한 돌', '역청', '도시', '바벨' 등의 용어(3·9절)는 이 총화, 이 소통에 '권력'이 개입하고 있음을 시사한다. 즉 권력이 한 시대, 한 사회의 의사 소통, 바람의 총화를 이루는 매개체임을 말하고 있는 것이다. 바벨탑은 '말이 막힌 세상에서 권력을 통한 의사 소통' 방식, 의견의 총화를 보여주고 있는 것이다.

그런데 어느 순간, 이 소통, 이 형식상의 총화는 한순간에 해체되어 버린다. 바벨의 탑은 더 이상 아무에게도 총화의 상징일 수 없게 된다. 이 탑의 위대함을 위해 강제 동원된 모든 이들은 각기 자기의 언어로 말한다. 자신만의 이해 관계가 담긴 언어, 자신만의 구체적인 삶, 경험을 표상하는 언어로 말하게 된 것이다. 과거 곡해된 총화의 시대에 지배자들이 그랬던 것처럼, 이런 상황에서 사람들은 각기 자신의 말을 하는 데만 몰두해 있다. 옆사람을 돌아볼 새가 없다. 다른 이에 대한 배려는 곧 자신의 손해를 의미한다는 생각에 사로잡힌다. 어쨌든 그리하여 바벨의 탑을 세우려던 주체들의 권력을 통한 총화의 꿈, 인간 위대함의 열망은 일시에 무너져 내리고 만다. 이 세상의 역사에서 무수한 제국들의 권력을 통한 꿈처럼 말이다. 남은 것은, (비록 그것이 곡해로 귀결되는 것이라 하더라도) 어떠한 총화를 향한 가치, 사상, 이념도 모두 다 실추해 버린, 인간의 추악함만이 적나라하게 드러나는 그런 세상뿐.

바벨은 권력과 탈권력(powerlessness)이 선명하게 구분되는 시기의 권력에 의한 총화, 불평등하게 곡해된 의사 소통의 암울함을 지적한다. 동시에 바벨은 권력의 가해자와 피해자가 애매해져 버린, 권력이라는 그물망에 휩싸여서 서로가 서로에 대해 가해자이며 피해자인 사도마조히즘(Sadomasochism) 시대의 탈가치, 아니 몰가치적인, 단절된 의사 소통의 혼돈을 희화화하는 역사의 패러디인 것이다.

4

지구화라는 역사적 조건은 근대적 국가라는 경계 안에서 이룩된 무수한 의사 소통의 결과물들을 해체한다. 비록 근대적(합리적/근본주의적) 지식-권력에 의해 왜곡된 것이긴 하더라도, 그 속에는 탈권력 상태의 대중들의 숭고한 핏자국이 어린 유토피아적 사상·신념·가치가 포함되어 있다. 그런데 지구화라는 조건은 이것저것 가리지 않고 전부 먹어치워 버린다. 여기에 정의(正義)의 위기가 있다. 그런데 지구화라는 역사적 조건은, 보다 근원적으로 보면, 근대성의 공간 운동이 더욱 첨예화되는 현상을 말한다. 전 지구적 차원으로 근대성이 확장되며, 지방적 차원으로 근대성이 정교화된다. 이런 점에서 지구화는 근대성의 철저화 조건이다.

근대는 권력이 보다 넓은 영역으로 그리고 보다 구체적인 영역으로 파고들 수 있도록 하는 공간 운동의 장을 말한다. 이런 점에서 근대성의 철저화 조건으로서의 포스트근대는 불평등한 의사 소통의 결과물인 굴절된 권력 관계의 정교한 그물망을 우리가 사는 세상 구석구석에 쳐 놓는다. 그러므로 우리가 사는 (포스트)근대적 세계는, 권력에 의한 의사 소통의 총화가 지배적이든 아니면 그 모든 총화의 논리가 다 해체돼 버리고 권력의 그물망에 온통 사로잡힌 또 다른 유형의 의사 소통이 지배적이든 간에, 말이 통하지 않는 세계, 곧 '바벨'인 것이다.

이런 정의의 위기의 시대에, 바벨에 서 있는 그리스도인은 어떤 존재이어야 하는가? 권력에 의한 일체의 총화에 대해 저항하는 자이어야 함은 물론이다. 그러나 동시에 모든 가치의 해체를 지향하는 지구화 시대의 문법에, 타인에 대한 무배려/무관심을 바탕으로 하는 지구화 시대의 방향 잃은 해체성에 몸을 내어 맡기지 않는 자, 더 나아가 그것에 저항하는 자이어야 할 것이다.

신자유주의적 지구화 시대의 그리스도교 민중 운동 모색

1

기술 문명의 미덕 가운데 하나는 관계의 공간적 한계를 규정 짓던 경계들의 '더 나은' 돌파 능력을 인류에게 선사해 주었다는 데 있다. 그러한 능력은 점점 가속화되어, 정보 통신 기술과 멀티미디어의 발전에 힘입어 오늘날의 세계는 어느 곳이든 '동시 문화권' 속에 편입되었다고 해도 과언이 아니다. 요컨대 이제 지구의 모든 곳은 인간들 사이의 직접적인 관계 맺음의 무대, 즉 '지구촌화' 되었다. 그런데 이러한 인류 기술 문명의 문제는 관계 맺기 능력의 향상 속도를 그것에 대한 성찰 속도가 거의 언제나 따라잡지 못해 왔다는 데 있다.

여기서 우리가 주목할 것은 역사적으로 자본주의 시대의 관계 맺기 양상을 주도해 간 것은 바로 '자본'이었다는 사실이다. 자본은 이윤의 극대화를 추구한다. 그러므로 자본이 주도하는 관계 맺기의 양상은 이윤의 극대화를 저해하는 장벽을 제거하는 데 초점이 맞추어진다. 거칠게 말하면, 이러한 양상의 자본 운동을 유토피아니즘적으로 미학화한 것이 바로 자유주의라는 이데올로기다. 그러나 그것이 고양됨에 따라 도래한 결과는 (유토피아적 이상의 구현이 아니라) 전쟁이요 생태 환경의 황폐화였다. 그러므로 발터 벤야민이 경고한 바, 기술 문명의 급가속화 양상은 마치 파국을 향해 '일방 통행로' (one-way street)를 질주하는 것과 같다.

두 차례의 세계대전 이후 국가적이거나 국제적인 정치경제적 기구(UN 또는 브레튼우즈 체제하의 국제 기구들, 가령 IMF, GATT 등)의 관리 아래 자본의 이윤 추구 행위는 정치경제적으로 일정한 조절의 대상이 되어 왔다. 그러나 최근 정보 통신 기술을 비롯한 기술 문명의 급속한 발전에 힘입어 정치경제적 기구가 관여할 수 없을 만큼 경제적 유동성이 놀라운 수준으로 향상됨에 따라, 자본은 국경의 장벽을 뛰어넘어 전지구적 통합을 향해 질주를 가속화하고 있다. 오늘날 세계 많은 곳에서 정치적 구호로서 외쳐지고 있는 '신자유주의' 라는 이데올로기는 바로 전지구화한 자본 운동을 가로막는 일체의 장애물이 제거되어야만 진정한 번영과 행복이 이룩될 것임을 주장한다.[1] 이에 따르면 모든 것은 '시장' 의 가치 속에 용해되어야 하며, 이윤 창출을 위한 공헌에 따라 일체의 존재의 가치가 평가되어야 한다. 심지어 시장의 후방 개념으로 발생한 복지조차 유실된 노동력의 시장 재편입에 초점을 둔 이른바 '일하는 복지' (welfare-to-work)로 재개념화된다.[2]

1995년 공식 출범한 국제무역기구(WTO)는 국제통화기금(IMF)과의 연계를 통해서 신자유주의적 지구화의 추진을 사실상 총괄하는 국제적 기구다. 그리하여 IMF-GATT를 대체한, IMF-WTO 체제는 자본의 무제약적

---

[1] 이해영 교수에 의하면, 신자유주의는 일반적으로 다음 네 가지 구성 요소를 갖는다고 한다. ① 시장 급진주의, ② 서유럽 복지 국가에 대한 비판, ③ 규제 완화/탈규제주의, ④ 민영화와 노동 유연화 전략 등. (이해영, 「'좌파의 유럽' 개혁 성공할까」, 『뉴스플러스』, 1999년 4월) 이러한 구성 요소들은 한마디로 탈정치화 기획이라고 할 수 있다. 그리하여 개체화된 인간들의 무제약적 시장 경쟁을 통해서 효율성이 극대화할 수 있으며, 인류의 행복은 바로 여기에서 실현될 수 있다는 것이다.

[2] 물론 '복지' 개념에는 생활 보호 제도의 차원과 노동력 재활의 차원이 함께 고려되어야 한다. 그러나 신자유주의 이데올로기는 후자의 차원이 과도하게 강조된 '일하는 복지' 개념을 입론화하고 있다.

운동을 보장하려는 제도들의 출현을 전지구적으로 강제하고 있다. 그러나 이렇게 제도적 기반을 확고히 하면서 확산되고 있는 신자유주의 이데올로기는, 그 '장밋빛' 유토피아니즘과는 달리, 인류에게 전대미문의 심각한 '위험 사회'를 선사해 주었을 뿐 아니라, 그러한 위험에 직면한 인류의 자기 조절 능력을 잠식해 버렸다. 그리하여 고삐 풀린 자본이 활개치고 다니는 곳에서 무수한 고통이 양산되고 있다. 빈익빈 부익부의 현상이 현저히 심화되고 있을 뿐 아니라,[3] 저변층의 보호 시스템을 최소한에서라도 운용해 오던 주체인 정치적 기구들(특히 정부 또는 지방 정부)이 앞다투어 민주적 제도들을 제한하면서 자본 유인을 위해 경합하는 이른바 '바닥을 향한 경쟁'(race to the bottom)에 열을 올리는 형편이다. 그리하여 보다 가시적 현실로서 죄어 오는 존재 유실의 위협 아래 놓인 무수한 개인들의 자기 파괴 행위(자살, 범죄화, 노숙화, 질병, 마약 중독 등등)가 속출하고 있다. 또한 가족과 공동체의 붕괴로 인한 문화적 정체성이 교란되었고, 대안적 공동체들이 친밀성의 교감보다는 경쟁 사회적 치열성을 따라 재편됨으로써 문화적 황무지화의 위험성을 야기시키고 있다. 이러한 가족과 공동체 붕괴의 위협 아래서 타자에 대한 배타주의가 고조되어 사회 문화적 공격성이 강화되기도 한다.(우익 테러리즘, 신종족주의, 근본주의적 종교 운동 등등)

이렇게 세계 곳곳에서 신음하는 아벨의 곡소리가 울려퍼지고 있음에도 우리는 아직 신의 개입을 체험하지 못하고 있다. 오늘날의 세계는 지독한 무신적 세계이며, 오늘날의 종교, 특히 그리스도교는 철저한 무신론자들의 종교가 되어 버렸다. 신 부재의 현실을 극복하기 위해 고통의 현실에 개입

---

3) 세계적으로 가장 부유한 225명의 부의 규모는 전세계 인구의 하위 48퍼센트의 연간 소득과 비견된다고 하며, 또 세계 100대 초국적 기업이 전세계 해외 자산 총액의 20퍼센트를 차지한다고 한다. 한편 노동부의 「1998년 임금 구조 실태 분석」에 따르면 한국에서 임금 소득의 양극화 현상은 현저히 심화되었다.

하기는커녕, 그러한 절규를 가슴 아파하며 간구할 만한 신앙심도 잃어버린 상태다. 오늘날 그리스도인은 '윤리적 해이' 상태에 빠져 있다. 그러나 그 것만이 아니다. 오히려 그리스도교는 보다 적극적으로 자기 권위 확대에 몰 두하고 있으며, 세계의 곳곳에서 권력 게임을 벌이는 데 혈안이 되어 있다. 성공주의에 취한 상태에서 주류 교회는 낙관론에 도취된 채, 자본 세력만큼 이나 열렬한 신자유주의의 포교사가 되어 버렸다.

물론 세계의 고통의 소리에 귀를 열어 둔 소수의 그리스도인들이 있다. 그들은 이 고통의 원인이 자본임을 알고, 그 극복을 위한 다양한 실천에 참 여하고 있다. 이 글은 그리스도교의 이러한 민중적 역사 개입의 당위성에서 부터 출발한다. 그런데 어떤 실천이 사회적으로 유의미하려면 실천적 개입 의 시대적 적합성을 동시에 구비해야 하며, 그것은 시대에 대한 그리스도교 적인 참여의 이론을 요청한다. 여기서는 그리스도교적인 '민중적/반권력적 개입'으로서의 실천에 관한 신학 이론적인 문제를 다룰 것이다.

2

주지하듯이 한국의 민주화 운동에서 그리스도교 사회 운동의 역할은 지 대했다. 그것은 한편으로 강압적인 권위주의 정권에 의해 도전 세력의 형성 이 억제된 상황에서 종교 부문의 비판적 개입의 입지가 비교적 넓었고, 그 중에서도 특히 그리스도교가 타종교들에 비해 훨씬 다양한 영역에 걸쳐 조 직 집단이 이미 잘 짜여져 있던 때문이기도 하며, 다른 한편으로는 타종교 들에 비해 그리스도교적 사유 체계가 '민주 대 반민주'라는 이원 대립적 의 제와 보다 잘 부합하는 측면이 있기 때문이기도 하다.[4] 그리하여 전자와 관 련하여, 진보적 교회뿐 아니라 연령별(청년 학생 단체 등), 직업별(성직자 결사체, 교수 결사체 등), 직능별(인권 단체, 도시산업선교회, 기독교농민회 등), 지역별(전국 조직의 지역 결사체 등), 성별 결사체들(기독여민회 등) 등이 조직적·인적 차원에서 저항의 주된 미시 동원적 토대를 구축하였다고 할 수 있다. 한편 후자와 관련해서는 민중 신학의 역할에 주목하게 된다. 보다 성찰적인 신학적 성과물들이 없었던 것은 아님에도, 대중은 일반적으로 민중 신학이 지배-피지배의 단순 이분법에 기초해서 그것을 매개하는 억압의 메커니즘으로부터의 해방을 향한 사회적 개입을 강조하는 형식을 띠고 있다고 보았다. 이는 주류적 신학의 지배의 정치학을 저항의 정치학으로 단순 전도시킨 것인데, 이와 같은 그리스도교적 사유의 단순 이분법적 사유는 지배 담론과 신앙을 결탁시키는 것의 용이함만큼이나 저항 담론과 신앙간의 조화 또한 그리 어렵지 않게 구성할 수 있었던 것이다.[5]

그러나 이러한 그리스도교 사회 운동의 가능성은 동시에 제약성이기도 한데, 특히 1980년대 들어서면서 그것이 한계 요소로서 뚜렷하게 드러나기 시작했다. 우선 권위주의 정권의 폭압성이 다소 이완되면서 저항의 사회적 거점들이 다양화됨에 따라 그리스도교 사회 운동의 파급력이 뚜렷하게 저하되었다. 첫째로, 그리스도교 단체들은 사회 운동에서의 특별한 입지를 상실하였다. 둘째로, 저항 방식에 있어서도 각 미시 동원적 결사체들의 게릴라식 저항보다는 훨씬 광범위한 대중 운동의 공간을 확보하려는 노력이 활발해짐에 따라 미시 동원적 결사체들간의 공식 비공식 연결망이 복잡하게

---

4) 그 밖에 다른 요인들을 몇 가지 더 언급할 수 있다. 우선 그리스도교는 다른 종교들에 비해 근대성을 경유한 신념 체계가 형성된 종교라는 점이다. 그래서 한국의 근대화에 대한 비판의 지점을 찾는 데 있어서도 다른 종교에 비해 유리한 점이 있었다고 할 수 있다. 또한 그리스도교는 국제적 네트워크가 비교적 잘 형성되어 있었기에 권위주의적 정권으로부터 가장 자유롭게 의사를 표현할 수 있는 공간을 확보하고 있었다.
5) 이러한 대중적인 민중 신학의 수용 방식은, 1990년대 초 벌어진 민중 신학 논쟁에서 비판자들의 주된 논거로 활용된다.

구축되었다. 이것은 그리스도교의 입장에서는 정체성의 혼란을 야기했다. 왜냐하면 대중이 일반적으로 인식하고 있는 민중 신학은 여전히 그리스도교 중심주의를 극복하지 못했고, '안과 밖'이라는 이분법을 성찰적으로 사유하고 있지 못했기 때문이다. 이것은 가령, 노동 운동과 민중 교회간의 갈등에서 그 한 실례를 볼 수 있는데, 성직자들이나 기타 교회 지도자들의 개인적 신앙이나 인격과는 관계없이 교회적 신앙이 담고 있는 리더십의 성직자 중심주의와 활동 공간의 교회 중심주의는 공장과 교회를 조화로운 저항의 거점으로 발전시키는 데 저해 요소로 작동했던 것이다.

한편 1980년대 갑자기 불어닥친 마르크스주의의 태풍은 사회 체계에 대한 분석에 소홀했던 민중 신학의 입지를 크게 위축시켰다. 그것은 근대 이후 사회적 개입에 소극적이었던 신학 전통을 민중 신학이 철저히 반성하지 못한 데 주된 이유가 있다. 위기 이론이 부재하던 1970년대에는 수사적이고 가치 전복적인 게릴라식 언술이 유용했다면, 1980년대의 사상적 지평은 근대 자본주의 발전에 대한 보다 체계적인 이론을 요청하였던 것이다. 마르크스주의와의 학제적 연계를 시도하는 민중 신학 내의 소수의 흐름은 그러한 위기에 대한 하나의 적절한 대응일 수 있었으나, 오히려 교회로부터의 강한 문제 제기에 직면하여 미완의 시도로만 그 잔영을 남기고 말았다.

1990년대를 경유하면서 한국 그리스도교 사회 운동은 사회적 개입의 지점을 거의 상실하고 말았다. 결과적으로 지난 30년간의 실험은 실패임이 판명되었다. 더욱이 우리가 현재 직면하고 있고 예측할 수 있는 향후 얼마간의 미래는 그리 낙관적이지 않다는 심각한 위기 의식이 우리의 실패에 대한 자괴감을 더욱 증폭시킨다. 그러므로 이제 한 세기를 마감하고 다시 새로운 세기를 시작하는 시점에서 한국 그리스도교는 문제를 되짚어보고, 민중적 사회 개입의 신학 이론을 모색해야 한다. 나는 여기서 '오늘 여기'와

'발본적 반성'이라는 개념을 이론 모색의 기축으로 삼고자 한다.

첫째로, 이른바 신자유주의적 지구화가 우리의 현재와 근거리 미래를 규정 짓는 현실이라고 할 때, 우리의 신학 이론의 모색은 '오늘 여기'라는 표현이 상징하는 '시대적 적실성'의 문제에 대한 진지한 숙고로부터 출발해야 한다. 이것은 위기 넘어서기를 다루는 신학 '외부' 이론들과의 제휴를 요청하고 있다.

한편 신학 내부의 논의는 시대적 적실성을 충족시킬 만한 요소를 결여하고 있다. 이것은 역사적으로 형성되어 온 그리스도교적 정체성이 우리의 이러한 이론적 모색에 심각한 장애 요인이 되고 있기 때문이다. 이는 더 나아가 신학 외부의 이론과의 대화를 가로막고 있기까지 하다. 따라서 주류적인 그리스도교적 정체성에 대해 '발본적으로' 질문을 다시 하지 않으면 안 된다. 이러한 신앙적 정체성에 대한 근본적인 의심은 우리를 역사의 예수에게로 돌아가도록 이끈다.

다음에서는 위에서 말한 두 번째 측면인 '발본적 반성'의 차원을 먼저 검토해 본 뒤에, 오늘 여기에서 시대적 적실성에 맞는 개입의 이론적 모색에 관한 문제를 이야기할 것이다. 그런데 이 두 요소가 서로 연계되어 있음을 주지해야 한다. 신학 이론의 '시대적 적실성' 문제는 그 방해물인 전통을 넘어서야 하고, 그것은 예수의 복원을 요청하지만, 동시에 예수는 시대적 적실성을 통해 우리에게 유의미하게 다가오기 때문이다.

3

앞서 말한 바 그리스도교의 민중적 사회 개입의 당위성을 우리 논의의 출발점으로 삼을 수 있는 것은 그리스도교가 예수 사건을 신앙적 원사건으로 삼고 있기 때문이다. '신앙적 원사건'이라 함은 신앙 담론이 역사 속에서 시대의 옷을 입고 계속 새로 태어나야 함에도 불구하고, 예수 사건을 준거 삼아 끊임없는 자기 검열 과정을 경유하는 가운데서 그리스도교가 형성되어야 한다는 것을 뜻한다. 예수 사건에 대한 그리스도교의 기억은 '신의 육화(肉化)'라는 고백 속에 포괄되어 있다. 즉 신이 스스로를 낮춤으로써 인간 역사에 개입하여 구원 사건/해방 사건을 실현했다는 것이다. 자기 비하를 통한 '낮아짐의 역사 개입' 속에 '높아짐의 구원자 신앙'이 존재하는 것이다. 인류의 주류적 사유 속에서 구원/해방을 향한 메시아니즘이 악을 정복하는 승리의 서사를 통해 간직되어 왔다는 점을 감안하면, 그리스도교의 원류적 사유는 역설적 메시아니즘이라 할 수 있다. 그러나 우리를 포함한 대부분의 사람들에게 그리스도교라는 종교는 역설의 진리에 기초하고 있지 않다. 낮아짐의 역사 개입의 전통은 그리스도교에게는 매우 낯선 기억이다. 바로 여기에 그리스도교가 오늘날 개혁의 대상이 되어야 하는 이유가 있다. 우리는 여기에서 바로 이러한 단절의 역사적 계기를 추적해 보고자 한다.

오늘 우리가 문제시하는 그리스도교의 제도사적 출발은 교회의 탄생과 불가불 연관되어 있다. 즉 신앙의 담론적 뿌리는 예수 사건이었지만, 실질적 의미에서 제도 종교로서의 신앙 형성의 시점은 교회의 등장과 맞물려 있다는 것이다. 따라서 여기서는 제도사적 관점에서 교회를 묻고자 한다.

제도란 집단 내에 반복성과 지속성의 메커니즘으로서, 행위자와 구조를 매개한다. 즉 행위자는 제도를 통해서 구조의 변형에 개입하고, 반대로 구조는 제도를 매개로 해서 행위자의 선택을 강제한다.[6] 그런 점에서 제도사

---

6) 단 여기서 유의할 것은, 제도는 행위자의 의도된 선택의 단순한 결과이거나 구조의 반영이 아니라는 점이다.

적 연구는 중범위의 변수를 통해 행위자와 구조의 상호 연계 과정을 다루게 된다. 이런 관점에서 우리는 제도로서의 교회의 구성 요소를 '예전'(禮典), 정전화, 직제화로 설정하고자 한다. 그리하여 이 요소들로 구성된 교회는 어떠한 과정에서 형성되었으며(제도의 형성 문제), 행위자나 구조에 어떤 영향을 미쳤는가(구조의 효과 문제)를 보고자 하는 것이다.

예수 운동은 1세기 팔레스틴의 시골 지역에서 대중적 종교 사회 운동으로 발원하였다. 이 운동의 반도시적이고 반체제적인 기조는 대중적 종말론이라는 사상적 그릇을 통해서 시간적으로 과거 민중 운동의 전통을 흡수할 수 있었고, 공간적으로 팔레스틴과 그 너머에까지 이르는 확대된 유대주의 영역과 대화할 수 있게 된다. 하지만 아직 예수 운동은 독자적인 제도적 장치들을 구축하지 못했으며, 단지 유대교 내의 하나의 일탈적 운동의 계보에 있었다. 그런데 이러한 예수 운동이 질적 변화의 계기를 맞이한 것은 예루살렘으로의 진군(즉 도시로의 진군)과 깊이 연관된다.[7] 이곳에서 지도자인 예수가 죽임당하고, 살아남은 제자들과 더불어 새로운 지도자들이 등장한다. 새로이 등장한 지도자들은 대략 다음 두 가지 사회생태학적 요소와 연결됨으로써 리더십의 새로운 유형으로 발전하게 된다. 그 두 요소란, 하나는 시골에 대해서 도시 친화적이라는 점, 그리고 다른 하나는 팔레스틴의 전통적 유대주의에 대해서 지중해 지역의 헬레니즘화된 유대주의에 보다 깊이 연루되었다는 점이다. 이것은 예수 운동이 박해로 인하여 예루살렘에서 지중해 지역으로 흩어지게 되는 것을 계기로 더욱 현저해진다.

이 새로운 리더십은 흔히 '지역 공동체 조직가'라고 불리는 지도자 유형이다. 이들은 떠돌이 선교사들과 긴장 관계 속에서 점차 지도력을 확장해

---

7) 흔히 '예수 수난사'라고 얘기하는 이 설화의 출발 기조는 종말론에 고취된 일단의 집단이 "때가 찼다"는 확신 아래 예루살렘을 향한 메시아적 승리의 개선 행진의 분위기를 띠고 있다.

간다. 이러한 정주와 유랑이라는 행위 유형의 갈등은 바람직한 리더십이 어떤 것인가에 관한 논쟁을 야기시켰는데, 그리스도인'다운' 윤리의 형성을 둘러싼 갈등도 이것과 관련되어 있다.

'유랑'이라는 행위 유형은 일상적 윤리로부터의 과격한 단절을 감행하는 데 용이한 삶의 양식이다. 이것은 예수 운동에서 혁명적 급진주의로 나타나는데, 그 사상적 기초에는 앞서 보았듯이 민중주의적인 급진적 종말론 전통이 있었다. 종말론은 시간에 매우 민감하게 반응하는 경험 양식으로, '종말의 때의 임박성'을 공유하는 집단에서 가장 강렬하게 수용되는 경향이 있다. 따라서 '때의 지연'은 신앙의 위기를 초래하며, 이러한 위기는 신앙 유형의 전환을 통해서 극복되었다. 바로 여기서 '정주' 유형의 신앙이 발전할 계기가 마련된다.

정주의 신앙 양식은 불가불 기성 체제, 기성의 종교 등을 포함한 지역의 제도적 규범 메커니즘과의 긴밀한 관계를 동반하면서 형성된다. 여기에서 우리가 특히 주목할 것은 로마의 지방 행정 당국을 중심으로 하는 정치 사회적 제도, 토착민들의 가족 제도, 도시 디아스포라 유대교 회당의 종교 사회적 제도, 그리고 전쟁 등으로 인해 강제 이주된 다종족 집단의 대중적 종교 운동 등이다.

지중해 지역 도시로 진출한 예수 운동의 떠돌이 선교사들은 처음엔 회당에서 활동 공간을 찾았다. 이들은 회당 내에서 비판의 논리를 생산하는 데 주력하였고, 기성의 회당 체제에 대한 도전 세력을 결집시키는 데 이들의 비판은 일정한 효력을 발휘했다. 결국 그들은 회당 당국으로부터 축출되기에 이른다. 이제 예수 운동은 독자적인 공동체를 형성해야 했고, 이 과정에서 비판 담론의 생산자보다는 공동체의 결속을 위한 담론 생산자의 활동이 중요해지게 되며, 후자를 중심으로 회당 종교의 예전을 모방한 종교 의례가 발전하게 된다. 예전은 반복적 수행을 통한 의미의 재현 양식이다. 원사건의 의미는 삶과 직결되어 있었던 데 반해, 예전이 재현하는 의미는 그것을 아이콘화하는 경향이 있다. 그것은 의미화 실천(의미를 재생산하는 과정으로서 규정되는 실천)에 변수로 작용할 상황을 제거하고 반복적으로 패턴화된 제의 행위 수행 속에 의미를 가두어 둠으로써, 종교적 실천을 점차 삶으로부터 분리시키는 경향이 있다. 하지만 삶과 이반된 종교성의 발달이 탈이데올로기적 신앙으로 직결된다고 생각해서는 안 된다. 예전 속에 고정화된 의미가 행위자들의 주체 형성에 개입하기 때문이다. 여기서 유념할 것은, 지중해 지역 대도시 회당의 예전이 로마의 지배 체제와 타협적인 가치를 재생산하고 있다는 점이다. 한편 초기 그리스도교의 예전에서 이데올로기적 특성을 고려할 때 반드시 유념해야 할 것의 하나가 바로 장소의 문제다. 회당에서 축출된 도시 그리스도교 공동체는 구성원 중 한 사람의 집에서 모였다. 이런 이유로 모임을 가질 만한 집의 소유자의 영향력이 공동체의 규범 형성에 영향을 미치는데, 여기서 안정된 가족 규범이 신앙 윤리에 관여하게 된다.[8] 요컨대 가부장제가 그리스도교의 윤리적 기반을 구성하게 되었다는 것이다.

그런데 초기 그리스도교 공동체의 구성원들은 앞도적으로 기층 대중이 많았다. 처음에 유대인 저변층에서 확산되다가, 회당에서 축출된 후에는 비유대인 출신자들이 대거 몰려들게 된다. 로마제국 시대 대도시 지역의 사회적 환경을 고려할 때, 이것이 의미하는 바는 다음에서 보듯이 매우 중요하다.

로마제국의 대도시는 법적 질서의 효력이 그리 크지 않았다. 도시 자체가 식민 도시인데다, 빠른 속도로 여러 종족 출신의 사람들이 이주한 탓에, 기존의 가치 체계는 토착민의 안정된 가족 규범으로만 한정된 효력을 발휘할

---

8) 신약 성서에 여러 차례 언급되는 '가훈적 담론'들이 그러한 실례라 할 수 있다.

뿐이었고, 대안적 가치 체계는 아직 형성되지 않은 상태였다. 이런 상황에서 로마 당국은 반란의 혐의가 없는 한 형법의 적용을 최소한으로 사용했다.[9] 그러므로 주민들의 일상 생활은 그야말로 정글의 법칙에 의해 운용되었다. 이런 이유로 대도시 지역에는 각종의 결사체들이 형성되었는데, 대부분의 결사 조직은 동족 출신들을 중심으로 하는 대중 종교와 결부되어 있었다. 따라서 그리스도교 공동체로 비유대인들이 들어옴으로써 종교 혼합주의는 필연적인 현상이었고, 특히 대중 종교와의 접촉은 불가피했다. 이러한 갑작스런 종교간 혼합으로 인해 그리스도교 공동체는 재질서화의 필요에 직면하게 된다. 여기서 직제화가 가속화된다. 직제화란 공동체의 권위 구조가 관례화되는 것을 말한다. 이것은 엘리트의 충원 과정이 관례화되고, 서열화된 직제를 위계화하는 윤리 담론이 정착하는 과정을 수반한다. 그런데 이러한 직제화의 모델은 주로 로마의 지방 행정 당국의 영향을 받아 형성되며, 부분적으로는 안정된 가문의 가부장제적 권위 모델이 여기에 접목되기도 하였다. 이러한 직제화로 인해 일단의 지도력이 공동체 주변부 혹은 외부로 밀려나게 되며, 특히 여성 지도력은 거의 전적으로 배제된다. 이들은 이단적 운동으로 규정되는데, 그 과정에서 정전이 형성된다.

  정전화는 대중의 의미 해석 자격을 사실상 박탈하고, 공동체의 엘리트들에게 의미 독점권을 위임하는 효과를 발휘했다. 이제 엘리트들은 정통적 텍스트들인 정전을 전유할 뿐 아니라, 상징을 통한 의미 재현 과정인 예전을 장악하는 종교 귀족으로 탄생하게 된다. 그리스도 교회는 이런 과정을 통해 형성된 것이다. 이러한 교회의 탄생에 비판적인 요소는 제거되거나 외부로

---

9) 물론 이것은 로마 당국자들이 합리적으로 행위했을 경우에 한정해서만 옳다. 실제로 로마의 관료나 군인들은 개인적 욕심을 위해 적지 않은 비리를 행했던 것으로 알려져 있으며, 그것은 직간접적인 폭력의 행사를 통해 수행되었다. 그러나 이러한 요소들은 공식적 법 테두리 밖에서 이루어졌고, 로마 당국의 공식적 개입은 대체로 반란과 관여된 행위에 한정되어 있었다.

추방되었으며, 결국 교회 형성 과정에서 '유랑하는 카리스마적 지도력'은 배제되고, 기성 문화에 대해 일탈적/해체적인 에토스는 신앙과 무관한 요소로 전락하고 만다. 그리하여 교회는 배타적인 정착 문화를 구현하는 장이 되었고, 성직자 중심주의적인 종교 제도로 발전하였다.

그런데 이것은 교회가 강력한 사회적 세력으로 부상하게 되어 사회적 관계의 영역이 이전과는 비교할 수 없을 만큼 확대되면서 다른 권력, 즉 교회 외부의 권력과의 관계에 대한 규정을 필요로 하게 된다. 이른바 교권과 속권이라는 두 권력 유형은 배타적이고, 따라서 상대방을 하위에 두어야만 하는 속성을 공유하고 있기 때문에, 교권이 속권과 수위권을 놓고 경쟁하는 중세기에 이르면 최후의 격전을 벌이지 않을 수 없게 된다. 이 과정에서 정복주의적 담론이 비약적으로 발전하게 되며, 그것은 교회 중심주의적으로 정향된 교리의 형성 과정과 맞물린다. 이것은 두 가지 방식으로 교회의 실천 원칙을 구성하게 되는데, 하나는 교회가 힘의 우위를 점하게 될 경우이고, 다른 하나는 교회가 열세일 경우이다. 전자의 경우엔 교회는 강력한 개입주의를 통해 수위권을 한껏 발휘하는 반면, 후자의 경우엔 상호 불간섭주의를 취하곤 한다. 하지만 실제로 교회의 실천은 어느 한편으로 한정되기보다는, 세속 권력과 갈등하는 동시에 다양한 경로로 제휴하는 양상을 띠게 된다. 즉 교회는 기본적으로 속권과 갈등 관계에 있으면서 서로를 배제하지만, 동시에 공동의 적이 등장하면 서로 공조하는 모습을 띠게 된다.

그러므로 그리스도교의 민중적 사회 개입의 전통을 복원하려면 다시 예수에게로 돌아갈 필요가 있다. 그리하여 교회로의 발전을 근본적으로 재검토해야 한다. 물론 '정주'의 신학 자체를 문제시해야 한다는 것은 아니다. 그러나 유랑이 배제된 정주, 단(斷)이 배제된 공(公)의 실천은 신앙의 제도화 과정에서 패권주의, 승리주의 이데올로기와 연계되었음을 역사는 증거하고 있다. 그런 점에서 신학/신앙은 '차이'를, 낯섦을 포용해야 한다. 바울이 말한 바, 몸과 지체의 레토릭은 차이를 전제로 하는 연대의 에토스를 말하고 있다. 바울의 과제가 외부로부터 분리된 독자적인 예수 공동체의 형성에 초점이 있었다면, 지구화 시대를 맞은 오늘 우리는 자본과 주류 교회의 무신성을 극복하고 하느님 나라 건설을 위해 서로 격리된 예수 공동체와 세계를 다시 연계시켜야 하는 과제를 앞두고 있다. 그런 점에서 바울의 몸-지체 레토릭은 민족 공동체, 나아가 지구촌 공동체에서 차이와 연대의 신학적 레토릭으로 재해석될 필요가 있다. 아래에서는 이러한 관점에서 오늘날 그리스도교의 실천적 개입의 문제를 논하고자 한다.

4

위에서 신학 이론이 오늘 여기에서 시대적 적실성을 지니기 위해 외부의 이론들과의 제휴를 필요로 한다고 했다. 이런 과정에서 나는 우선 '차이'라는 개념에 주목하고자 한다. 그것은 이 용어가 동일성보다는 타자와의 차이를 통해서 의미가 형성된다는 것을 강조하는 이론사적 함의를 갖고 있기 때문에, 동일자에 탐닉하는 자기 중심주의적 사유를 비판하는 데 적절하며, 정체성의 형성에 관한 물음을 타자와의 끝없는 관계 속에서 제기하는 데 유용하다.

한국의 현대사는 한국전쟁이나, 군부에 의한 획일적인 권위주의적 권력의 장기간 통치 등을 거치면서 과거 역사에서 유례를 찾아볼 수 없을 만치 '과도하게 동질화된 사회'를 형성하였다. 그러나 1990년대를 경유하면서 급속도로 삶의 구체성을 덮고 있던/은폐하던 동일성 이데올로기의 옷이 차츰 벗겨져 나갔다. 이것은 특히 한국 자본주의가 이 시기에 지구화의 흐름에 보다 본격적으로 편승하게 된 것과 깊은 관련이 있다. 그것은 무엇보다도 문화 자본주의적 양상을 띠면서 우리에게 다가왔다. 우리는 동질성의 이데올로기라는 획일적인 옷을 벗고, 끊임없이 새로운 취향, 새로운 기호, 새로운 욕망을 창출하도록 요구받는다. 이러한 후기 자본주의적 흐름은, 한편으로는 자본의 이윤 극대화 논리에 적합한 인간성에로 우리를 규율하는 효과를 갖지만, 동시에 다른 한편으로 우리에게 사회적 동질성을 갖도록 훈육하는 모든 사회적 가치로부터의 자유를 추구하게 하는 효과 또한 갖고 있다. 이러한 자유 추구자는 보편성에 의해 억압된 자신의 구체적인 경험에 직면하려 한다. 바로 이런 후자의 가능성으로부터 삶의 구체성이 억압으로부터의 자유를 향한 정치의 무대임이 분명해졌다.

성별, 연령별, 거주지별, 취향별, 직업별, 종교별 등등 다성(多聲)적인 미시적 사회 운동들은 '차이'를 정치화한 것이라 할 수 있다. 이러한 차이의 정치는 외부와의 연결망을 형성하는 데 서로간의 차이가 존중되는 관계 윤리를 지향하는 대안적 제도화를 추구한다. 또한 결사체 내부의 차이에 대해서도 억압적이지 않은 제도적 장치를 구축하도록 문제시하는 관성을 갖는다. 그런 점에서 차이의 정치는 기본적으로 해체주의적이다. 즉 제도가 반복성과 지속성을 속성으로 한다면, 차이의 정치는 바로 이런 정주성을 추구하는 제도적 타성에 대해 비판적이라는 것이다. 물론 실재하는 차이의 정치들은 정주성에 대한 비판에 있어서 다양한 양상을 띤다. 크게 보면 해체의 정치와, 영향의 정치(전자 주민 카드 반대 운동), 제휴의 정치(노사정위원회) 등으로 분류할 수 있다. 여기서 전자의 방향으로 갈수록 제도 자체에 대해 더욱 비판적인 경향을 지니는 반면, 후자의 방향은 제도의 개선에 강조점을 두는 입장이라 할 수 있다. 그래서 전자가 보다 무정형적인 비판의 성향을 보인다면, 후자는 보다 비판을 실용화하는 데 관심을 기울인다. 민중 신학은 이를 '단'(斷)과 '공'(公)의 지향으로 각각 대별한 바 있다. 이는 성서에 함축된 신앙적 실천의 두 유형인 '영의 정치'와 '몸의 정치'에 각각 대응한다. 몸의 정치는 끊임없이 진리의 역사적 형성체로서의 몸을 추구하는 반면, 영의 정치는 무정형성을 추구하는 운동으로 나타난다.[10] 여기서 유의할 것은 양자는 단순히 하나로 뭉뚱그려 이야기할 수는 없다는 것, 즉 하나에 다른 하나를 순응시켜서는 안 된다는 것이다. 양자의 관계는 계속 서로를 밀어내기도 하고 서로를 끌어당기기도 하는, 단과 공의 변증법적 관계, 영의 정치와 몸의 정치의 갈등적 공존의 관계를 전제해야 한다.

여기서 그리스도교의 미시 동원적 결사체들에 대해 살펴보자. 외형상 이것들은 차이의 정치가 모색되는 공간처럼 보인다. 하지만 잘 들여다보면 많은 의문에 봉착하게 된다. 가령 교회는 어떤가? 교회는 분명 타종교 혹은 비종교 집단에 대해서 구별되는 '다름의 공동체'다. 그러나 교회의 역사는 내적인 차이를 결코 허용하지 않으려 했다. 내부에 연령별 조직이나 지역별 조직, 직능별 조직 등의 하위 조직을 통해 그것을 포용하는 것처럼 보이지만, 이들 조직들은 차이라는 문제 설정보다는 전체의 한 부속품이라는 자의식에 둘러싸여 있다. 또한 선교라는 이름으로 실현되는 외부에 대한 개입은 차이보다는 동일성의 강압적 확대에 몰두한 모습을 보여주었다. 그 외에 대교회주의 혹은 대교단주의에서 보듯 '규모의 정치'에 연연하여 권력 게임에 몰두한 나머지 개체적인 차이, 그 차이에 따른 경험의 상이성은 교회의 신앙적 정체성에서 거의 고려되지 않아 왔다.

한편 교회 외의 그리스도교 사회 운동 단체들의 경우도 외형만 '다름의 공동체'의 모습을 띠었을 뿐, 차이를 구축하는 데는 실패하였다. 그 구성원들은 자신이 속한 결사체의 일원으로서 자신의 경험에 기초한 자발성을 갖

---

10) 신의 형상화를 둘러싼 성서 내의 두 상이한 전략은 이런 두 유형의 정치의 대표적인 실례들이다.

지 못하였던 것이다. 그것은 교회 이외의 그리스도인의 현존 방식을 절대로 허용하지 않으려는 교회주의에 질식한 나머지 자신이 속한 결사체의 독자적인 제도적 정체성을 형성하는 데 실패하였던 탓으로 보인다. 그리하여 그리스도교적 정체성에 친화적일수록 특화된 자신의 결사체적 위상은 교회의 하위 단위로 견인되었고, 반면 덜 친화적인 경우에는 교회 외부의 거시적 진리들에 흡수되어 버렸다. 어느 편향을 띠든, 그리스도교적 결사체 나름의 독자적인 정체성이 자리잡을 공간은 없다. 또한 어느 편향이든 '전체에 대한 강박증'에 시달린 나머지 내적인 차이가 허용되는 공간을 갖지도 못하였다.

이와 같이 그리스도교가 '차이'를 제도화하는 공간을 갖고 있지 못하다는 사실은, 자기 중심주의를 극복할 내적 잠재력이 결여되어 있음을 의미한다. 여기에서 우리는 두 가지 실천 과제를 요청하게 된다. 교회 외에도 '몸의 정치'가 구현되는 다른 공간(다성적 공간)을 확보하는 것이 그 하나이고, 교회라는 몸의 항구성에 기초한 그리스도교적 정체성의 발본적 해체를 지향하는 영의 정치가 다른 하나이다. 그간 교회주의적인 몸의 정치는 영의 정치를 억압하고 배제하거나, 몸에 순화된 영만을 허용해 왔다면, 그러한 자기 규율 장치인 신학과 신앙을 근본적으로 전도시키며 비판을 가하는 영의 정치가 필요하다는 것이다.

그러므로 차이의 정치학은 현존하는 그리스도교의 미시 동원적 결사체들로 하여금 삶의 구체성 속에서 반권력적 실천 지점의 확보를 요청한다. 그런데 차이라는 개념이 끊임없이 타자와의 관계를 통해 의미가 실현된다는 것을 말하고 있듯이, 각 결사체는 끊임없이 타자와의 만남을 통해 의미의 서사를 구성해야 한다. 여기서 하나의 예를 들어보자. 노숙자 문제에 대한 그리스도교의 미시 동원적 결사체들이 몇 개 있다. 가령 '영등포산업선

교회'와 '전국실직노숙자대책 종교시민단체협의회', 성공회 '자유의 집' 등은 이 문제에 깊이 관여해 왔던 그리스도교 단체들에 속한다. 이들은 노숙자 문제에 관해 각기 특화된 형태의 개입 방식을 가지고 있다. 즉 이들 단체 각각이 노숙자와 만남으로써 나름의 민중적 사회 개입으로서의 의미가 형성되었다. 그런데 이 단체들이 인도주의실천의사협의회 및 사회복지학 전문가 집단과 실천의 네트워크를 형성하면서 개입의 의미가 재구성되었다. 물론 이때 이들의 실천적 네트워크는 각 단체들을 하위로 포섭하는 상위의 그 무엇을 만듦으로써 미시 동원적 하위 단위의 결사체적 특이성을 해체시킨 것이 아니다. 여전히 하위 단위의 결사체적 성체성은 그대로 온존한 채 차이의 공동체들이 연대한 것이다. 이때 차이의 정치는 연대의 정치와 공존한다. 즉 차이를 해체시킨 후 연대가 이루어진 것이 아니라 차이를 봉합함으로써 연대가 이루어진 것이다. 한편 개별 결사체 몇이 결합하여 이루어진 연대의 서사(narratives)에 정부가 개입했다. '청와대 삶의 질 향상 기획단'이 관여하게 됨으로써 연대의 서사가 재구성되었고 의미가 재구축되었다. 물론 이 경우에도 다른 결사체들이 해체된 게 아니라 협력의 네트워크가 형성된 것이다. 이것은 사회 운동 단체와 정부의 '행복한 만남'이 이루어진 몇 안 되는 사례 가운데 하나라고 평가할 수 있다.

이 사례에서 우리는 연대의 정치에 관한 하나의 실마리를 발견하게 된다. 각 미시 동원적 결사체들이 연대하여 보다 거시적 형태의 동원을 실현하면, 실천을 통한 사회적 파급력이 한층 강화될 뿐 아니라, 보다 거안적이고 성찰적인 시각을 가질 수 있다는 이점도 있다. 그러나 자칫하면 각 구성원들의 경험이 실린 자발적 동원의 양상이 와해될 수 있다. 그런데 위의 사례는 자발성이 해소되지 않으면서도 연대의 정치에 성공한 듯이 보인다. 그것은 크게 세 가지 요소를 통해 가능해졌다고 생각된다. 첫 번째, 각 결사체들이

'열린 연대의 신념 체계'를 가지고 있었다는 것이다. 종교나 정부의 패권주의적 의지가 타자를 복속시킨 것도 아니며, 의사나 사회 복지 이론가의 전문적 지식이 타자를 질식시킨 것도 아니다. 이들 각자는 각기 보다 열린 자세로 타자와의 연대에 참여했던 것이다. 둘째로, 각 결사체들이 '열린 연대의 의제'를 형성하였다. 여기에는 의제를 민주적으로 결의하는 방식 및 그러한 결의 방식에 대한 구성원의 존중 의지가 요청된다. 셋째로, 중위 동원자의 열린 태도와 활동이 필요하다. 위의 예에서는 바로 이 점이 가장 결정적인 힘을 발휘했는데, 특히 이들간의 공식적 활동뿐 아니라 비공식적 활동이 주효했다.

물론 이 사례는 매우 국부적이며, 일반화하기에는 연대의 정치가 훨씬 용이한 조건을 가지고 있었다고 할 수도 있다. 특히 이러한 연대의 정치 또한 지엽적인 공통 과제로 연관되어 있는 국지적 연대에 불과하다는 점에서 그러하다. 하지만 차이의 정치와 연대의 정치가 상보적인 관계를 맺은 훌륭한 실례에 속한다는 것만은 분명한 사실이다. 아무튼 여기에서 강조하고자 한 것은 차이의 정치는 이미 연대의 정치를 요청하고 있다는 것이다. 그래야만 차이의 정치가 추구하는 바, 삶의 억압으로부터의 해방은 보다 완성적으로 실현될 수 있다. 그러나 연대의 정치는 종종 삶을 억압하는 또 다른 권력으로 작동되곤 했다. 특히 연대의 정치가 항구적 진리를 주장하는 한 그러한 위험성은 커진다. 여기서 우리는 연대의 정치가 만들어 내는 서사는 '우발성'을 지니는 것이 필요하다고 생각한다. 이것은 '열린 연대의 신념 체계'를 위한 전제 조건이 될 것이다.

그런데 이 점에서 하느님 나라라는 그리스도교적 신념 체계가 재고찰될 필요가 있다. 예수의 실천의 궁극적 목적은 하느님 나라의 실현에 있었다. 그러나 그의 담론에서 하느님 나라는 결코 완성된 서사를 가지고 있지 않다. '비유'는 예수가 하느님 나라를 설파하는 데 활용한 주된 언술 양식이었다. 그런데 그의 비유의 특징은 '은유적'이라는 것이다. 은유는 말이 그 자체로 완성적인 형태를 띠고 있지 않다. 그것은 청중의 개입을 통해서만 비로소 의미가 완성된다. 이때 그 의미를 완성하는 청중은 자신의 구체적인 경험을 토대로 해서 예수의 말에 개입한다. 즉 거기에는 그들의 삶, 억눌림, 소망이 함축되어 있다. 그렇다면 청중이 달라지면 의미도 바뀔 수 있으며, 동일한 청중이라도 그들이 처한 시공간적인 맥락에 따라 그 의미가 달라질 수 있다. 하지만 또한 예수의 비유는 무한정한 해석의 자유를 허용하지는 않는다. 그의 비유는 청중의 삶이 관여되어 있을 뿐 아니라, 예수의 삶과, 억눌림, 그리고 그의 소망이 응축되어 있다. 요컨대 그의 비유는 양자간의 대화적 구조를 띠고 있다. 각자의 차이가 무화되지 않으면서도, 그것이 서로에게 영향을 미침으로써 의미가 완성되는 구조인 것이다. 이런 점에서 하느님 나라는 우발성을 지닌다. 그러나 그것의 기조는 민중적/탈권력적이기도 하다. 왜냐하면 예수의 삶과 실천의 주된 기조가 바로 그러하기 때문이다.

신자유주의적 지구화가 시대의 대세인 상황에서, 그리스도교의 민중적 사회 개입의 이론에 대하여 이야기하고 있다. 나는 여기서 차이의 정치와 연대의 정치의 상호성을 강조하였다. 그것은 차이 없는 연대가 전략적으로 유용했던 지난 시대의 유산을 비판적으로 승계한 것이기도 하다. 이때 승계의 지점은 민중적·반권력적이라는 데 있는 것이지, 차이에 대한 배제주의적 실천에 있는 것이 아님은 물론이다. 한편 여기서 차이의 봉합을 통한 연대의 정치에서 우발성을 언급하였음에도 불구하고, 그러한 몸의 정치는 차이의 정치가 담고 있는 가능성 중의 하나인 유랑의 에토스적인 영의 정치를 통해 비판적인 견제를 받지 않을 경우, 또 다른 억압의 제도로 구현되고 말 것이다.

5

  나는 이 글에서 신자유주의적인 지구화 시대를 맞아 그리스도교의 민중적 사회 개입에 관한 이론적 모색을 시도하고자 했다. 하지만 이 글에서 내가 깨달은 것은, 더 많은 능력과 준비가 필요하다는 한계 의식뿐이다. 또한 원래 의도했던 그리스도교 사회 운동의 실천적 과제에 대한 보다 구체적인 평가와 논의는 준비하느라 분주하기만 했을 뿐 언급조차 하지 못했다. 특히 '주빌리 2000'과 부채 탕감 운동[11]에 대한 실천적 가능성과 한계에 대한 민중 신학적 평가나, 공기업 민영화나 공공비 지출 삭감 등과 같은 신자유주의적 정책에 대한 민중 신학적 비판을 다룰 예정이었지만, 안타깝게도 아직 내겐 능력에 벅차다는 것을 실감해야 했다.

  그 모든 한계에도 불구하고 이 글에서 나는 오늘날 그리스도교의 민중 운동의 한계는 그리스도교적 정체성의 자폐성에 그 주된 원인이 있다는 것만은 분명하게 주장하고자 했다. 그것은 교회 중심주의와 성직자 중심주의라는, 오랜 역사를 거치면서 그리스도교 안팎을 향한 패권적 승리주의에 집착하면서 형성된 전통 때문이다. 예수는 이러한 그리스도교적 전통에 대한 발본적인 단절의 실천을 위한 하나의 토대이다. 그러나 예수를 재고찰하는 것의 근저에는 오늘 여기에서 고통당하는 대중에 대한 우리의 회개가 있다. 이러한 회개의 마음에서 시작된 민중적 개입의 노력을 나는 두 방향으로 시도한 것이다. 하나는 그리스도교적 정체성의 해체를 통해 예수의 정체성을 재발견하는 것이며, 다른 하나는 오늘 우리 시대의 비판적 개입의 이론을

---

11) '주빌리 2000'은 지난 1990년 아프리카 교회위원회가 아프리카 국가들의 부채 탕감을 촉구한 것이 계기가 되어, 전세계적으로 발전한 국제적 연대 운동이다. 현재 120여 개 국가에서 이 운동이 벌어지고 있다. '주빌리'(Jubilee)는 성서에서 '희년'으로 번역되는 단어로, 노예가 된 사람들 및 그들의 빚을 50년마다 탕감해 주라는 야훼의 명령을 가리킨다.

위해 그리스도교 전통 외부에서 이론적 화두를 빌려 오는 것이다. 나는 이러한 주장이 타자와의 연대를 위한 개방된/대화적인 우리의 정체성 재구축에 한 실마리가 되기를 소망했다. 그러므로 새로운 밀레니엄 시대를 맞는 제2의 종교 개혁의 과제로서 이것을 제기하고자 했던 것이다.

'터미네이터'의 세계
지구적 자본의 위기 시대의 하나의 풍경화

　1997년 말 엄습한 '경제 대란'이라는 이름의 거대한 폭풍. 그것은, 재화의 손실이라는 관점에서만 본다면, 1950년 한국전쟁의 파괴력을 웃도는 초대형 재난이었다. 다행히도, 정부나 세계은행의 평가에 따르면, 그 재앙은 불과 3년 만에 비교적 잘 극복되었다고 한다. 국내외의 각계 전문가들의 평가 또한 기본적으로 '잘 해냈다'는 데 이견이 없는 것 같다. 물론 상대적 빈곤이 현저히 심화되고 악화된 고용 불안정 상태의 회복 기미가 거의 보이지 않는 등, 현재의 상황은 위기에 대해 우리 사회가 얼마나 취약한가를 단적으로 보여주고 있기도 하다. 하지만 그것은, 오랜 기간 지속된 발전 프로그램의 구조화된 결함과 무관하지 않다는 점을 감안할 때, 우리 사회의 위기 대처 능력을 폄하할 치명적인 근거는 못 된다.
　아직 충분한 연구가 바탕이 되지는 않았지만, 몇몇 연구자들은 한국 근대화의 이러한 역량 있는 역할 수행자의 하나로 정부와 재벌 기업의 '관료 집단'을 거론하곤 한다. 물론 이들은 동시에 한국 경제 위기의 장본인으로 꼽히는 부류이기도 하다. 사회 전체를 부패로 얼룩지게 한 정실 자본주의(crony capitalism)에 대한 지적, 과도하게 발전한 정부의 지나친 간섭주의와 정부 관료들의 사적인 지대 추구 행위간의 연동성에 대한 지적, 군신제(君臣制)적이고 가부장제적인 재벌 조직의 수직적인 내적 연결망에 대한 지적 등이 바로 그러한 대표적 비판에 속한다. 하지만 교과서적인 원론적 대응으로는 불가능한, 복잡하게 얽히고 꼬인 현실의 난해한 여건을 헤치고 가능한 최선의 방책을 찾아내고 추진해서 위기를 돌파하는 탁월한 능력을 가진 집단이 바로 그들이기에, 그 기여도에 대한 평가를 인색하게만 할 것은 아니라고 생각한다.

여기서 한국 근대화의 성공에 대한 해석을 둘러싸고 한창 기세를 올렸던 '유교 자본주의론'을 잠시 떠올려 본다. 문외한인 내가 이 논쟁에 개입할 처지는 아니지만, 개인적으로 이러한 입론에 대해 그리 좋은 인상을 가지고 있지는 않다. 무엇보다도 동양에 대한 비하를 전제한 서양 제국주의자들의 '서양 대 동양' 이분법에 대해, 동아시아의 성공을 무기삼는 정반대의 이분법을 강조하는 '동아시아판 제국주의'가 아닌가 하는 혐의를 지울 수 없기 때문이다. 그럼에도 나름대로 그 견해로부터 경청하고 싶었던 것이 있다.— 이것 또한 무지에서 나온 판단인지는 모르지만 말이다. 지금까지 많은 연구들이 한국 근대화의 비합리성을 강조해 왔다면, 이 가설은, 서양과는 다소 달라도, 한국은 근대화 과정에서 나름의 '합리성'을 개발해 왔고, 그것은 한국의 전통과 서구 자본주의의 전통이 독특하게 얽히면서 형성된 것이라는 주장, 그것이 바로 내가 이 주장의 강점이라고 보는 것의 요체다. 서양식으로 규정된 합리성에 보편성을 부여하려 했던 시각을 근본적으로 문제 제기하고 있다는 점이 이 논의의 가장 중요한 미덕이라고 보는 것이다. 그렇다면 위기의 원인을 분석하는 데 있어서도, 서양의 합리성에 준거해서 문제를 진단하고자 하는 IMF 부총재 스탠리 피셔(Stanley Fischer)식의 처방은 세계 자본의 전략 담론 가운데 하나에 불과하다는 지적을 할 내적 근거를 확보할 수 있다.

아무튼 한국적 합리성의 행위자는 한국 정부와 기업의 '관료 집단'이다. 그러므로 서유럽과 북미에서 그랬던 것처럼, 이들은 한국적 합리성에 의거해서 근대화를 추진해 온 주역이었다고 할 수 있다. 주지하듯이, 여기에는 서양의 합리성과 한국의 합리성의 대조가 전제되고 있다. 그 둘의 차이가 서양과는 다른 방식으로 한국의 근대화가 진행되게 된 근거라는 것이다. 하지만 우리는 이 둘이 모두 '합리성'이라는 공통의 단어로 묶일 수 있다는 점 또한 망각해서는 안 된다.

일찍이 막스 베버(Max Weber)는 서양 산업화의 합리성을 '합목적적 합리성'의 관점에서 읽었다. 그것은 의도한 바 목표를 가장 효율적으로 수행해 내는 것이 행위의 주된 기저를 이루는 사고 양식을 말한다. 가령 어느 기업이 한 해 목표를 100억 달러 수출에 두었다면, 그것을 위해 가능한 모든 역량을 동원하려는 태도, 그리고 그것을 저해하는 요소들을 가능한 한 억제하려는 태도에서 이 합리성을 단적으로 볼 수 있다.

그런데 나는 합목적적 합리성을 이렇게 규정할 수 있다면, 한국의 근대화도 그러한 합리성의 관점에서 읽어 내는 것이 가능하다고 생각한다. 물론 베버가 말한 합리성에는 '청교도적 윤리'가 깊이 연계되어 있는 반면, 한국의 합리성에서 유교적 윤리를 분리해 내는 것은 불가능하다. 그런 점에서 양자의 합리성은 다른 내용을 갖고 있다고 하겠다. 그러나 그것은 서로 다른 환경에서 형성된 상이한 담론 형식(그릇)일 뿐이고 그 안에 담겨 있는 담론 전략은 서로 유사하다는 주장을 펴는 한 주목할 만한 저술[1]에 힘입어 나는 양자간의 계보학적 연계성을 추론하는 것이 가능하다고 본다.

다시 베버로 돌아가 보자. 그는 이러한 합리성에서 서양 자본제 사회가

---

1) 이승환, 『유가사상의 사회철학적 재조명』(고려대 출판부, 1998).

문명적으로 대성공을 거둔 핵심 비법이 있음을 발견하였다. 그리고 전문적인 관료 조직이 그 성공의 견인차였다는 점을 강조하였다. 한데, 동시에 그는 바로 이 합리성, 그리고 그것의 행위자인 관료 조직 때문에 자본제 사회의 피할 수 없는 위기가 도사리고 있음을 발견한다. 무엇보다도 그가 우려했던 것은 사회 전체가 하나의 '기계'로 전락해 버릴 수 있다는 것이다. 내가 보기엔 '기계로 전락해 버린 사회'라는 은유는 동시에 우리 사회의 사실화이기도 하다.

영화 「터미네이터」는, 기계로 전락해 버린 세계는 바로 그 기계에 의해 파국을 맞이할 것이라는 종말론석 신탁을 선포한다. "때가 차자" 기계가 반란을 일으켜 인간을 학살하고 멸종시키리라는 것이다. 내가 보기에, 여기에는 기계의 일부가 되어 버린 현대인의 자화상이 암시되어 있다. "기계처럼 일어나서, 기계처럼 일하라!" 이런 모토가 바로 현대인을 지배하는 '제1계명'이라는 것이다.

자본제 사회는 가장 기계적인 인간에게 최상의 융숭한 보상을 해주는 사회 체제다. 그리고 이런 원리는 놀랍게도 베버로부터 거의 백 년이 지난 지금 우리 사회를 설명하는 더없이 적절한 준거가 되고 있다. 가령 '지식 기반 사회'라는 현실 진단이자 미래 예측의 가설은 최대한의 잉여를 창출해 내는 지식을 갖추도록 요구하는 엄명으로 소개되고 있다. 비록 지식 기반 사회론이 이러한 사회 비전을 통해 하나의 유토피아적 꿈을 보여주려 하지만, 또 어떤 이는 이러한 강령의 세계에서는 전 사회 구성원의 80퍼센트의 존재가 불필요한 '잉여인'이 될 것임을 고발하고 있다. 그렇다면 그 다음에 생략된 말은, 불필요한 사람들의 '비존재화'일 것이다. 영화 「터미네이터」에서 가끔 등장하는 미래 사회의 기계가 인간을 학살하는 장면은, 20퍼센트의 필요한 사람이 나머지 80퍼센트를 제거하는 오늘 우리의 모습을 연상하게 한다. '20'의 더 기계적인 존재가 '80'의 기계가 되는 데 실패한 존재를 제거하는 모습을……

그리하여 이것은 '20'의 관료가 '80'의 '비관료'를 해고하는 우리 사회의 상투적인 구조 조정 국면과 중첩된다. 직장에서 밀려난 사람들이 순차적으로 여러 기계화된 조직 체계들에서 계속 밀려나게 될 경우, 그들은 이주 노동자가 되고 노숙자가 되어, 무적(無籍)의 유랑민이 되고 말 것이다. 그리하여 그들은 소속을 상실하게 됨으로써 비존재로 전락하게 되는 것이다.

이렇게 베버가 상상한 비관적 사회상은 우리 세계에서 지금 현실화되고 있다. 베버는 이런 '20'의 관료적 사람을 가리켜 '정신이 부재한 전문가'라고 표현한 바 있다. 이들은 효과적인 구조 조정이 우리 사회 회복의 유일무이한 방책이라고 주장하면서, 몇십만 아니 몇백만의 사람을 이러한 비존재로 전락시키지 않을 수 없다는 폭탄 선언을 거리낌없이 내던질 수 있는 사람들이다. 가슴 아픈 심정에서 피를 토하듯 내지르는 말이 아니다. 담담한 표정에서 담배 연기가 코끝을 스치며 살며시 공중으로 퍼지듯, 입 밖으로 자연스레 흘러나가는 가벼운 기체 같은 소리일 뿐이다. 그래서 그들은 '정신이 부재한' 사람인 게다. '터미네이터'라는 영어 단어는 '끝장 내는 자'라는 뜻을 갖는다. 그런 점에서 베버가 말한 '정신이 부재한 전문가'는, 20세기 말의 위기를 경유한 우리에게, 영화의 '터미네이터'와 동일시된다.

나는 이 대목에서, 다음에서 인용한, 이사야 예언자의 신탁 한 구절을 떠올리게 되었다.

야훼의 말씀을 들어라.

빈정대기나 좋아하는 자들아!

이 백성을 예루살렘에서

다스리는 자들아!

너희가 자신만만하게 말하는구나.

"우리는 죽음과 계약을 맺었다.

저승과 협정을 체결하였다.

부서뜨리는 채찍이 지나가도 우리에게는 미치지 못한다.

거짓말이 우리의 대피소요, 속임수가 우리의 은신처다."

—「이사야서」 28장 14절~15절

 수전 8세기, 앗시리아 제국이 내분에 휩싸인 틈을 타서, 메소포타미아의 소국들 가운데 일부는 번영기를 맞이하게 된다. 팔레스틴의 이스라엘 왕국은 그 대표적인 예에 속한다. 비록 이스라엘 왕국에는 못 미치지만 남쪽의 유대 왕국 또한 상당 수준 번영을 이룩하게 되는데, 그 과정에서 부의 불균등한 분배가 심화되며, 심지어 수많은 농민이 빈농으로 추락하고, 나아가 유랑민으로 전락하는 경우가 허다했다. 이사야 예언자는 바로 이런 상황에서 활동한 유대 왕국의 예언자 가운데 한 사람이다.

 인용한 텍스트에서 이사야는 농민의 생존권을 박탈하는 권력자의 하수인들, 그 죽음의 사자를 가리켜 '저승과 계약을 맺은 거짓말쟁이'라고 표현한다. 본문의 직설적인 표현으로는 그들이 자신을 이렇게 묘사했다고 되어 있지만, 물론 그것은 이사야의 상상 속에서만 그들의 자기 묘사일 뿐이다. 요컨대 그들을 이사야는 저승사자로 보고 있다는 것이다. 이사야의 눈에 그들은 바로 '터미네이터'였던 것이다.

 명령받은 대로만 움직이며, 다른 것에는 전혀 관심조차 없는 자들이다. 그런데 그들이 받은 명령이란 '인간', 즉 '기계가 아닌 인간', '기계 같지 못한 인간'을 제거하라는 것이다. 힘없는 자, 가문 없는 자, 재산 없는 자……

이런 자들만을 골라 그들의 적(籍)에서 삭제하라는 것이다. 거짓 신탁을 말하든 불법 재판을 행하든 상관없다. 그래서 그들은 차가운 가슴으로, 정신이 부재한 상황에서 이 일을 수행한다. 자신에게 부여된 명령에 대해서 그 일을 수단과 방법을 가리지 않고 최대한 효과적으로 수행하는 존재, 그래서 그들은 합리적 존재인 것이다.

하여, 우리는 여기서 베버의 경고 메시지에 유념하지 않을 수 없게 된다. 영화 「터미네이터」의 묵시록을 경청하지 않을 수 없다. 나아가 이사야처럼, 그러한 자들과 그러한 자들의 체제에 대해 저항하는 실천가의 삶을 배우지 않을 수 없다.

자유를 향한 제도적 실천의 역사
IMF 시대에 읽는 성서의 정치경제적 실천

1

　성서 텍스트를 읽을 때 우리는 언제나 두 발화자의 목소리를 듣는다. 하나는 텍스트 내면의 발화자요, 다른 하나는 외면의 발화자다. 텍스트의 내면에는 예수, 예언자 혹은 설화자 등의 목소리가 울려 퍼진다. 반면 외면에서는 '지금 여기'의 사회 문화적 맥락에서 울려 퍼진 소리가 있다. 물론 실제의 독서에서 이 두 소리는 동등하기보다는 한편이 다른 편보다 더욱 강렬하게 울려 퍼지게 마련이다. 전자의 소리가 의미 구성에 더욱 강하게 작용하는 경우를 역사학적 독서라고 한다면, 후자가 보다 강렬하게 소리를 발하는 경우를 실존적 독서라고 할 수 있다. 하지만 어느 경우든 둘 가운데 하나의 소리만 존재하는 경우는 없다. 이 둘이 만나서 조화됨으로써 의미를 생성하는 것이다. 그런데 이 두 소리가 만나 어우러지는 무대가 바로 텍스트다. 즉 이해의 문제는 텍스트 해석의 문제이며, 그 해석의 적실성(適實性)은 텍스트 내면과 외면의 소리가 각기 동시대의 시공간에 얼마나 잘 연관되어 있으며, 텍스트 안에서 얼마나 잘 대화를 실현하고 있는가에 달려 있다.

오늘 우리는 이른바 'IMF 관리 체제'라는 깊은 늪을 헤쳐 왔다. 그것은 구조적 취약성을 안고 있는 남한의 경제적 메커니즘이 지구적인 급속한 환경 변화에 따른 충격을 흡수하지 못한 결과이다.[1] 전지구적인 환경 변화란, 1994년 출범한 UR 협정과 WTO의 설립에서 그 직접적인 계기를 갖지만, 이러한 국제적 제도화의 배후에는 20세기 후반 지구적 경제라는, 세계적 규모로 전개되고 있는 전대미문의 자본주의적 축적 메커니즘의 재구조화가 자리잡고 있다. 요컨대 종전에는 자본의 가치 증식 과정이 국민 국가적 경계를 통해 완성되었으나, 최근의 지구적 경제는 그 경계를 벗어나 지구적 수준에서 자본의 가치 증식을 실현하고 있다. 그런데 이러한 생산과 유통 메커니즘의 급속한 변화에 비해, 지구적 수준의 조절 체계는 대단히 취약한 형편이다. 사실, 세계 곳곳을 누비고 다니면서 극도의 혼란을 야기시키고 있는 '핫머니'의 횡포를 제약할 만한 어떠한 국제적 조절 기구도 아직 존재하지 않으며, 향후에도 그것이 가능할지에 대해 막연한 상태다. 아무튼 조절 체계 없는 지구적 경제의 활성화는, 고삐 풀린 야생말처럼, 세계 곳곳을 누비며 각 국민 국가들 내부의 민주주의적 성과들을 파괴하고 있으며, 특히 위기에 대한 국민 국가 수준의 사회적 안전망을 무력화시키고 있다. 이제 한국을 포함한 세계의 모든 사람들은 '국가 제도적 보호막' 없이 개체화된 인간으로서 무한 경쟁의 소용돌이 속에 노출되어 가고 있다.[2] 신자유주의 이데올로기는 '자유'라는 인간 해방의 이상을 무한 경쟁의 경제적 논리 속에 인간을 노출시키는 자유로 해석하면서[3] 세계 구석구석을 누비고 다닌다. 결국 지구적 가치 증식 메커니즘에 적응하는 데 취약한 경제적 약자들

---

1) 정운찬, 「한국경제, 거품의 붕괴와 제도개혁」, 『창작과 비평』 99 (1998년 봄), 71쪽.
2) 홍윤기, 「1990년대에 대한 역사철학적 성찰」, 『현대사상』 5 (1998년 여름), 72쪽.
3) 그리하여 결국 이 자유는 인간의 자유가 아니라 자본이 인간 개인을 매개로 자유롭게 운동하는 자유가 된다.

에게 지옥의 선물을 선사하는 신국제 질서가 확립되고 있는 것이다. 특히 국제적 분업 질서에서 주변화된 지역의 사람들이 바로 이러한 지구적 자본의 무차별 포격의 주요 희생자가 되고 있다. 이런 점에서 오늘날 남한 대중이 직면하고 있는 위기는 곧 아시아 대중의 위기이기도 하며, 지구적 자본의 공습에 취약한 전세계 대중의 위기이기도 하다.

이러한 상황에서 우리는 성서 텍스트 외면의 소리에 귀를 기울이게 된다. 그 소리의 발화자는 지구적 자본의 횡포에 적나라하게 노출된 남한과 아시아와 전세계의 개체화된 대중이다. 이제까지 미약하나마 일정한 효력을 미쳐 왔던 국가의 보호막이 대대적으로 걷힌 상황에서 가공할 지구적 자본 앞에 홀로 서게 된 주변적 개인들이 고난 속에서 하소연하는 절규의 소리다. 이 절규 소리 배후에는 개체화된 대중의 무한 경쟁을 보장하라고 소리치는 '신자유주의적 자유' 론자들의 위세찬 호령 소리가 있다. 그리고 이에 대항하여 인간 상호간의 호혜적인 자유를 추구하는 고난 담지자들의 갈망의 소리가 성서 텍스트를 읽는 우리 앞에 울린다. 국가적이고 지구적 수준의 자유의 제도화를 추구하는 대중의 염원을 메아리로 남기면서.

그렇다면 성서 텍스트 내면의 소리는 어떠한가? 만약 현재의 정치 경제적 위기에 대한 대중의 염원을 담고 있는 텍스트 외면의 소리에 부응하는 내면의 소리가 있다면 성서 텍스트는 오늘 우리에게 적실성 있는 메시지를 발현하게 될 것이다. 그러므로 우리는 외면에서 울려 퍼지는 소리를 유념하면서 성서 내면의 소리를 경청하고자 한다. 즉 성서의 정치 경제적 실천을 살펴보고자 하는 것이다. 정치 경제란, 인간의 경제적 행위가 정치 제도와의 연관성 속에서 이루어진다는 사실을 전제로 한다. 우리는 정치 제도를 물리적 차원에 한정해서 보기보다는 광의로 해석한다. 즉 정치 기구라는 관점에서만 정치 제도를 보는 것이 아니라, 정치적 효과를 지니는 담론까지를 포함하는 개념으로 이해하는 것이다. 따라서 성서의 정치 경제적 실천을 묻는다는 것은 성서 텍스트 속에 함축되어 있는 정치 경제적 제도화를, 물리적 제도화뿐 아니라 담론 수준의 제도화의 관점에서 조망한다는 것을 의미한다. 이 글에서는 이러한 조망을 다음과 같이 구체화할 것이다. 즉 '정치 경제적 제도의 압박→그러한 압박으로부터의 자유를 향한 대중의 갈망→그 갈망의 제도화→제도의 억압 기제화' 등으로 이어지는 고대 이스라엘 역사의 순환 과정 속에서, 정치 경제적 제도의 압박으로부터의 자유를 갈구했던 성서 속의 야훼의 백성들의 신앙 형성사를 묻고자 한다. 특히 여기서는 국가 이전기 이스라엘 사회 형성기(판관 시대)를 반영하는 성서 텍스트를 주로 살펴보고자 한다. 이 시기는 야훼 신앙의 뿌리가 형성되던 시기이기 때문에, 성서의 정치 경제적 실천의 원류를 살펴보고자 할 때 결정적인 중요성을 갖는다. 그리고 나서 우리는 이런 실천 이념의 원류를 유념하면서 왕국 시대와 식민지 시대, 그리고 신약 시대에 이르는 후속의 야훼 신앙 전승사를, 시대별 문제 의식을 중심으로 간략히 언급할 것이다. 이것은 성서 자체에서의 원야훼 신앙의 해석사이기도 하다는 점에서, 오늘 우리의 맥락에서 야훼 신앙을 재해석하는 길잡이가 될 것이다.

2

갓월드(N.K. Gottwald)의 기념비적인 저술 『야훼의 지파들』(1979)에 따르면 이스라엘의 기원은 후기 청동기 시대(ca. 1550~1200 B.C.E) 가나안의 정치 경제적인 위기와 관련이 있다. 여기에는 위기에 대한 행위자들의 대응 과정 속에서 이스라엘의 형성을 추적할 수 있다는 관점이 함축되어 있다.[4] 당시는, 권력 집단간의 갈등이 심화되었고, 이것은 대중 사회의 분배 구조를 크게 왜곡시켰다. 또한 이로 인한 대중의 몰락을 억제하는 데 있어 지배 세력과 지배적 제도들은 철저히 무능력했다. 요컨대 위기에 대한 지배 세력의 대응은 제도의 억압 기제적 성격을 강화하는 경향을 지녔다는 것이다. 이때 지배 세력과 지배적 제도의 착취로부터 벗어나 자유를 얻으려는 무수한 사람들이 하나둘씩 권력의 통제망이 미치지 못하는 동부 산악 지대로 이주하게 된다. 자유에 대한 갈망을 행동으로 옮긴 것이다. 여기서 대중의 대안적 제도화의 노정이 시작된다.

한편 이 시기에 고지대의 계단식 농법을 가능하게 했던 기술적 진전이 이룩된다. 이 사실은 구조가 행위자의 선택을 제약하는 두 요소를 동시에 함축한다. 즉 그것은 산악 지대 거주민의 폭증으로 기술적 발전이 강제된 결과(인구학적 요인)인 동시에, 생존을 위한 기술의 향상으로 인해 동부 산악 지대에 집성촌의 형성이 촉진된 결과이기도 했다.(기술 결정론적 요인) 그리하여 점차 이주민들간의 연결망이 형성되는데, 특히 종교·신화·혈연 등의 상징적 연결망이 발달함으로써 점차 이들은 종교적이고 종족적인 정체성을 갖춘 집단으로 부상하게 된다. 이리하여 자유에 대한 대중의 갈망은 대안적 제도화를 보다 완성적인 모습으로 실현하게 된다.

최근의 연구들은, 이러한 대안 사회적 정체성이 어떤 혁명적 이행에 의한 의도된 과정의 소산이라고 보았던 갓월드의 견해에 대해 비판적이다.[5]

그보다는 길고 점진적인 과정을 거치면서 '의도하지 않은 결과'로 종교적이고 종족적인 정체성을 가진 집단이 출현하게 되었다고 본다. 이와 같이 이스라엘 지파 동맹의 출현이 잘 기획된 프로그램의 단순한 소산이라고 볼

---

4) 한편 최근, 이스라엘의 출현을 인구의 팽창에 따른 기술사회학적 발전과 관련시키려는 신맬더스주의적 시각이, 고고학이나 사회생태학과의 학제간 연구에 힘입어 강한 설득력을 가지고 제기되었다. 이것은 사회적 구조가 행위자를 제약하는 차원을 강조한다. 그러므로 최근의 신맬더스주의적 연구들은 갓월드의 논의에 대한 비판에 더욱 초점이 있음에도 오히려 그를 보완하고 있다.

수 없음에도 불구하고, 이 종족 공동체적 연결망은 어떤 포괄적인 지향을 공유하면서 형성되어 간다. 우리가 아는 한, 이들의 지향은 권력의 집중화 및 일상화에 대한 저항감, 그리고 분배적 호혜성에 대한 집념과 관련되어 있다.

여기서 우리는 이스라엘의 형성이 '엘 신앙' 연합에서 야훼 신앙 연합의 성격을 보완하는 과정과 맞물려 있다는 사실에 주목하게 된다. 엘 신앙은 이스라엘 지파 동맹 구성원들의 일상 생활과 긴밀히 맞닿아 있었다. 그리고 이것은 인근의 정치 세력들에 포섭되어 있던 가나안의 일반 대중의 일상적 신앙과 거의 구분되지 않았다. 왜냐하면 엘 신앙은 가나안 지역의 오래된 신앙 전통에서 유래한 것이기 때문이다. 반면 가나안 농경 사회에서 낯선 종교 유형인 야훼 신앙은 이스라엘 지파 동맹의 대외적 정체성을 형성하게 하는 데 보다 중요한 역할을 했던 것 같다. 즉 외부 정치 세력과의 관계에서 야훼 신앙이 이 종족 공동체의 특화된 자의식을 고무시키는 기능을 하였다는 것이다. 따라서 우리는 국가 이전기 이스라엘의 형성에 가장 중요한 요인의 하나로 야훼 신앙을 들고자 한다.[6] 요컨대 국가 이전기 이스라엘의 형성 과정이란 다름 아니라 야훼 신앙이 지파 동맹적 삶의 전영역으로 확대되어 가는 과정이라고 할 수 있다. 바로 이 과정이, 위에서 말한 권력에 대한

---

5) F.R. Brandfon, "Norman Gottwald on the Tribes of Yahweh," *JSOT* 21 (1981); G.E. Mendelhall, "Ancient Israel's Hyphenated History," in D.N. Freedman and D.F. Graf, eds., *Palestine in Transition. The Emergence of Ancient Israel* (Sheffield: Almond Press, 1983); N.P. Lemche, *Early Israel*. SVT 37 (Leiden: Brill, 1985); F.S. Frick, *The Formation of the State in Ancient Israel. A Servey of Models and Theories* (Sheffield: Almond Press, 1985); K.W Whitelam, "Recreating the History of Israel," *JSOT* 35 (1986); M.L. Chaney, "Systemic Study of the Israelite Monarchy," *Semeia* 37 (1986); J.M. MIller & L.H. Hayes, *A History of Israel and Judah* (Philadelphia: Westminster Press, 1986); R.B. Coote & K.W. Whitelam, *The Emergence of Early Israel in Historical Perspective* (Sheffield: Almond Press, 1987) 등.

6) 이러한 견해는 Mendenhall과 Gottwald에게서 가장 명시적으로 발견된다. 반면 구조의 구속적 속성을 강조하는 Lemche나 Coote & Whitelam, Frick 등은 이에 대해 반대의 입장을 분명히 한다.

저항과 분배적 호혜성에 대한 집념이 이스라엘의 물리적이고 담론적인 제도적 실천으로 체화되는 과정인 것이다. 이와 같이 우리는 이스라엘의 형성에서, 어떤 잘 짜여진 기획이 부재하였음에도 불구하고, 장기간에 걸친 지향성이 존재하게 되었다고 보는 것이다.

그런데 사회적 박탈을 경험한 사람들이 존재했기에 이러한 지향의 사회가 형성되었다는 식의 안이한 설명으로는 이스라엘의 출현을 이해하기에 부족하다. 왜 박탈 체험이 해방적 지향의 사회를 형성하는 것으로 귀결되었는지에 대해 그 매개에 대한 설명이 필요하다. 일반적으로 이러한 매개에 관한 논의는 사회적인 박탈 체험을 정치적으로 동원하는 특화된 지도력에 대한 논의에 초점이 맞추어진다. 여기서 우리는 「판관기」에 나오는 카리스마적 지도자들을 떠올리게 된다. 이들 지도자들에게는 두 가지 중요한 공통점이 있다. 하나는 이들의 지도력은 한결같이 세습되지 않았다는 점이고, 다른 하나는 이들은 자신이 속한 씨족/지파/지파 동맹 전통의 수호자적 존재였다는 점이다. 그러므로 판관들은 국가 형성 이전기 이스라엘 사회의 장기간에 걸친 지향성을 이해하는 데 중요한 존재라는 것이다.

그런데 이미 말했듯이, 이스라엘은 혁명 같은 집약적인 역사 과정을 통해 단번에 출현했다기보다는 긴 형성 과정을 거치면서 이루어졌다. 이 사실은 카리스마적 지도력의 일회적 능력만으로 이스라엘의 형성을 충분히 설명할 수 없다는 것을 의미한다. 그것은 카리스마적 지도력을 끊임없이 재탄생하게 하는 어떤 담론적인 혹은 물리적인 제도화가 매개되어야만 가능한 일이다. 아래에서는 이러한 담론적인 혹은 물리적인 제도화의 흔적을 네 가지로 나누어 논하고자 한다. 이것은 야훼 신앙이 이스라엘 삶의 전영역으로 확대되어 가는 제도화의 내용에 관한 논의이기도 하다.

야훼의 이미지

성서에서 발견할 수 있는 가장 오래된 야훼의 이미지를 보여주는 텍스트의 하나로, 「판관기」 5장 4절~5절의, 이른바 '드보라의 노래'를 들 수 있다. 여기서 야훼는 '시나이의 그분'(Lord Sinai [zceh Sinaj], 「시편」 68: 8~9, 「신명」 33: 2 참조)[7]으로 묘사된다. 시나이는 가상의 산이다. 그런데 성서에 따르면 모세가 '법'을 받은 산이다. 그리고 이것은 에집트 제국에서 탈출해서 '약속된 땅'으로 가는 여정중에 있던 이야기로 묘사된다. 즉 '시나이'는 국가의 권력 '외부'의 장소를 시사하며, 국가 권력에 상반되는 꿈과 열망이 응축된 공간, 즉 '탈국가로의 유토피아적 공간'을 가리킨다. 이것은 국가 이전기 이스라엘 사회가 인근의 준국가적인 정치 세력인 성읍 국가의 권력으로부터 탈출하였던 경험과 연결된다. 이들 정치 세력은 중앙의 성채를 중심으로 대중의 자원을 독점하는 지정학적 공간 구성을 가진 억압적인 정치 제도였던 것이다. 그리고 시나이 '산'처럼 이스라엘이 터잡은 곳도 바로 '산지'였다. 그런데 이 산의 신 야훼는 당신의 백성을 '적'으로부터 구원해 주신다. 즉 착취적 정치 권력으로부터 해방시켜 주신 야훼는 그들의 계속되는 공격을 물리치시는 분인 것이다.

결국 이스라엘에게서 야훼는 착취적인 권력으로부터 대중을 해방해 주시는 하느님이다. 이것은 「출애굽기」 20장의 십계명에서 다시 반추된다. 즉 야훼는 어떤 형상으로도 모사될 수 없다는 것이다. 신상(神像)은 신의 상징을 약호화함으로써 가시적 실재로 전화시킨 것이다. 신상은 신의 의미 가능성의 독점을 야기한다. 이렇게 신상을 독점함으로써 권력은 자신을 신격화한다. 바로 이것이 이스라엘이 신상을 거부하는 신앙을 발전시킨 이유다.

---

7) 이 본문에 대한 이러한 번역에 대하여는 Frank Crüsemann, 『토라. 구약성서 법전의 신학과 사회사』, 김상기 옮김 (한국신학연구소, 1995), 76~78쪽 참조.

이 본문에 따르면 야훼는 형상으로 모사되는 것이 아니라, '권력으로부터의 구원'으로 모사될 뿐이다. 즉 신앙이 아니라 사건이 야훼 신앙의 재현 체계인 것이다. 물론 국가 이전기 이스라엘 사회에서 이러한 반신상적 이데올로기가 충분히 관철된 것은 아니다. 이스라엘 내에서도 잉여 재화를 소유한 자는 종종 가문의 신상을 만들어 씨족 혹은 부족의 주도권을 장악하곤 했던 것이다.(「판관」 8: 27, 17: 1~18장) 그럼에도 야훼 신앙의 정신은, 이스라엘 사회에서 자원의 독점적 전유를 추구하는 권력 집중화에 대한 견제력을 일정 정도 발휘했음이 분명하다. 가령 왕권제를 도입하라는 요구에 대한 사무엘의 부정적 반응(「삼상」 8장)에서 볼 수 있듯이, 동시대 이스라엘 사회에서 야훼의 이미지는 반권력적인 정치 경제적 담론으로 제도화되고 있었음을 보여준다.

이스라엘의 사회 조직

갓월드는 이스라엘의 반권력적 지향을 그들의 사회 조직을 통해 추론해 내었다.(평등주의 이데올로기에 의한 재부족화.)[8] 그런데 최근의 유력한 한 연구[9]에 따르면 갓월드의 해석이 인간의 의도적인 행위를 지나치게 강조하였다고 보면서, 이러한 사회적 조직화는 장기간에 걸쳐 자연 발생적으로(즉 탈이데올로기적으로) 형성되었다고 한다. 그런데 내가 보기엔, 사회적 조직화를 이데올로기적 기획에 따른 의도적 귀결이라고 보는 견해(Gottwald)도 문제가 있지만, 동시에 전적인 우연의 산물로 보는 것(Lemche)도 과도한 해석이라고 생각된다.

아날 학파의 장기 지속의 시간(longue durée) 개념에는, 거대한 사회적

---

8) Gottwald, 앞의 책, 특히 part vi & vii.
9) N.P. Lemche, 앞의 책 참조.

변화는 지리적 특성에 의해 영향을 받아 이루어지며 이러한 지리적 특성 속에서 역사의 어떤 지향성을 발견할 수 있다는 관점이 내포되어 있다. 그리하여 이 개념은 단순한 우연성만으로 역사를 해석할 수는 없다는 시각을 포함한다. 즉 '장기 지속의 시간' 개념에는 인간의 의도성에 대한 비판이 담겨 있음에도 불구하고, 그것이 인간 행위자의 행동이 배제된 구조화 이론을 주장하는 것은 아니라는 것이다. 그러므로 국가 형성기 이전의 이스라엘의 사회 조직화가 이데올로기에 의한 단순한 귀결은 아니지만(그런 점에서 우연성이 강조될 수는 있다), 전혀 지향성이 배제된 우연의 산물 또한 아닌 것이다. 앞서 시사했듯이 국가 형성 이전기 이스라엘의 지정학적 특성은 인근 성읍 국가들과의 차별성을 부각시키려는 행동 패턴을 이스라엘이 지향하도록 자극했다.

여기서 우리는 이스라엘의 사회 조직화와 인근 성읍 국가들의 사회 조직 유형의 차이를 다음과 같이 요약 설명할 수 있다고 본다. 국가 이전기 이스라엘과 인근 성읍 국가들은 모두 가족이나 혈통 조직, 나아가 지파 조직을 공유한다. 그리고 이들 조직들은 가부장적인 지도력에 의해 인격적으로 통제된다. 그런데 성읍 국가에는 이 조직들 상위에 군사력에 의존하는 정치적 지도자가 있다. 이때 이 지도자의 통제는, 인격적 성격을 결여한 채, 거의 전적으로 강제에 의존한다. 반면 동시대 이스라엘 사회 조직의 상위에는 장로 회의에 의해 가부장적인 인격적 지배를 실현하는 지파와, 지파들간의 평등한 협의체적 조직인 느슨한 지파 연합이 있다. 요컨대 지도자의 강제력에 의한 자원의 독점 욕망을 지양하려는 탈권력 지향이 이스라엘을 구성하는 사회적 조직화의 특성을 이루고 있다고 할 수 있다.

물론 이런 조직화가 그 이상처럼 효과적으로 유지되지는 않았다. 초기 이스라엘 사회가 지속되던 약 2세기의 기간 동안 지파 연합이 효과적으로 활동했던 때는 거의 없었고, 심지어 지파간·혈족간·가족간, 나아가 한 가족 끼리의 갈등과 반목이 끊이질 않았다. 그럼에도 불구하고 지파 연합은 외부의 침공이 되풀이될수록, 그리고 그 강도가 세어질수록 점차 강고한 공동 운명체로 형성되어 갔고, 여기에 수호신인 야훼에 대한 신앙이 결정적인 역할을 하였다. 그런데 이러한 지파 연합이 점점 강한 연대를 구축해 가는 과정은 계급적 연합 성격의 이스라엘이 점차 종족 집단으로 전화되는 과정이기도 했다.

법률 제도

고대 국가 사회에서 법은 거의 언제나 국가의 법이다. 그리고 법의 제정자로서 왕이나 귀족이 등장한다. 그러나 이스라엘 지파 동맹의 법은 국가에서 이탈하여 형성되었으며, 국가로 이행하기 이전의 배경을 갖는다. 또한 법의 제정자가 하느님이다. 따라서 여타 군주제 사회나 귀족 사회의 '국가법' 개념과는 달리 이스라엘의 법 정신은 탈국가적인 동시에 초국가적이다.

그렇다면 그러한 법은 구체적으로 어떻게 실행되었을까? 국가 이전기 이스라엘 사회에서 법은 성문법이 아니며, 법 심의 또는 중재 기구(성문 안에서의 장로재판부/궁중 서기관 학교) 같은 사법 기관도, 법의 보증자인 권력자도 없었다. 국가 이전기 이스라엘의 법은 규범의 자명성에 호소하는 관습법이었다.[10] 대개의 경우는 가문이나 혈통, 혹은 지파, 지파 연합의 어른에 의해 법적 분쟁이 조정되었으나, 장로나 족장이 직접 개입할 수 없는 법적 분쟁이 발생했을 때 피해자측의 첫 번째 대응은 언제나 지원 세력을 조직하는 일이었다.(「창세」 31: 23, 「창세」 34: 5~7, 「판관」 18: 22, 「판관」 19: 30) 그러

---

10) "그와 같은 수치스러운 행위"(「판관」 19: 23~24); "이스라엘에서는 아무도 그렇게 하지 않는다"(「창세」 34: 7, 「삼하」 13: 12).

고 나서 지원 세력을 배경삼아 협상을 한다. 이렇게 관습에 의존하거나 혹은 일시적으로 조직된 배후 집단의 힘에 의존하여 법적 문제를 해결하는 방식은 그 사회가 끊임없는 협상을 통해 이해를 조정하는 분권적 사회임을 함의한다.[11]

한편, 룻의 이야기나 다말의 이야기의 배경이 되고 있는 형사취수혼법은 이스라엘 내부에서 몰락을 방지하려는 고대적인 사회적 안전망의 존재를 시사한다. 또 안식년이나 희년에 관련된 법도 몰락한 구성원을 복원시키려는 사회적 안전 장치의 흔적이라 할 수 있다. 이러한 법률적 규범들이 얼마나 실제적이었는지와는 관계없이 법률적 제도 속에 반영되어 있는 이러한 복지적 관심은 위기에 대한 이스라엘의 대응 방식이 어떠했는지를 말해 준다. 즉 법률 제도 속에서 우리는, 이스라엘이 위기에 대해 억압의 제도화를 모색하기보다는 무너져 가는 정의와 평등의 복원을 바람직한 것으로 이해하고 있었음을 알 수 있다.

모세의 이미지

성서에 의하면 모세는 파라오와의 협상가, 기적 행위자, 군사 지도자, 야훼와 이스라엘간의 계약 중개자, 입법자, 병참 전문가, 재판관, 예언자 등, 온갖 종류의 지도자적 이미지를 다 갖고 있다. 이것은 이스라엘 지파 동맹의 지도력의 다양한 기능을 신화적인 영웅 모세에게 투사한 것으로 보인다. 그런데 모세의 복합적인 권위 유형에서 유독 '왕'의 특성은 나타나지 않는다. 이와 관련해서 또 하나 주목할 것은, 이스라엘의 여타 대표적 인물은 그 후손과 공속 관계에 있는 것으로 나타나는 반면, 모세만은 예외라는 사실이다. 물론 그의 후손에 관한 언급이 있기는 하다.(「출애」 2: 22, 4: 20, 18:

---

11) Frank Crüsemann, 앞의 책, pp. 148~155.

2~6) 하지만 이스라엘에서 그들은 유력한 인물이 전혀 아니었다. 요컨대 모세는 이스라엘 지파 동맹에서 어느 특정 집단이 부상하게 되는 것과는 아무 관련이 없다는 것이다.[12] 이것은, 지파 동맹의 담론에 등장하는 '모세'의 탁월한 역할에 비추어 본다면, 이스라엘의 탈권력적인 지향을 알 수 있게 한다.

이와 같이 지파 동맹의 형성 신화는 그 신화의 중심적 존재를 실재하는 어떤 세력과 동일화할 수 없도록 원천 봉쇄하고 있다. 이것은 권력의 독점을 견제하는 신화적 장치이며, 따라서 이스라엘 형성 신화는 동맹 내부의 타인의 자산을 착취할 권리를 누구에게도 부여하지 않으려는 상징적 제도화의 흔적이라 할 수 있다.

이상과 같이 권력에 대한 공공연한 저항의 에토스가 국가 이전기 이스라엘 사회의 특성을 이루고, 또 이 사회를 지탱해 나아가는 지배적 원리였음을 알 수 있다. 하지만 이스라엘 지파 동맹은 현실에서는 여전히 불평등화의 위기에 대해 충분한 억제력을 갖고 있지는 못했다. 특히 '성'이나 '세대', 종족 등 '배제'의 요소가 여전히 이 사회의 탈권력적 특성의 한계 영역으로 자리잡고 있음을 부정할 수 없다. 그럼에도 이스라엘 사회를 지탱하는 물리적 혹은 담론적인 제도적 요소들은 이 공동체의 발전에 상당한 영향을 미쳤음이 분명하다. 여타 (준)국가 사회들에서는 좀처럼 볼 수 없는 현상인, 여성이 지도자로 활동한다거나(드보라, 미리암 등), 입다나 다윗같이 하층민 출신이 엘리트로 충원될 여지가 상대적으로 훨씬 많았다는 사실은 그것을 보여준다. 나아가 그것들은 이스라엘 역사에서 줄곧 해방적인 신탁이 메아

---

12) Gottwald, 『히브리성서 1 : 사회·문학적 연구』, 김상기 옮김 (한국신학연구소, 1987), 240~241쪽.

리칠 수 있는 사상적·신앙적 원류로서 기능하였다. 그렇다면 우리는 "야훼 신앙의 핵은 반권력의 평등주의 에토스"라고 말해야 하지 않겠는가!

3

국가 이전기 이스라엘의 사회 경제적 실천 속에서 물리적으로 혹은 담론적으로 제도화된 야훼 신앙의 이러한 원류가 이후 시대에는 어떻게 되었을까? 그것은 지배적 제도화 속에서는 대체로 변질되었다. 예외가 있음에도 말이다. 하지만 그것은 변형된 형태로 계속 살아남았다. 그렇다면 변질된 양상과 살아남은 양식은 어떠한가? 그리고 그 속에는 어떠한 제도적 실천들이 함축되어 있을까? 아래에서는 이에 대해 간략히 언급하고자 한다.

군주제 시대의 야훼 신앙

블레셋 동맹의 등장으로 과거와는 비견할 수 없는 심각한 위협 아래 놓인 이스라엘 지파 동맹은 대대적인 방어 연합을 결성하지 않을 수 없게 된다. 이것은 권력의 과도한 집중을 초래했다. 이미 기드온 이래 권력 집중의 문제는 심각해진 상태였고, 이에 따라 빈부 격차의 심화를 억제하던 전통적인 사회적 안전망이 상당히 와해되고 있던 차였다. 그런데 블레셋으로 인해 야기된 심각한 위기 상황에 직면하여 이스라엘은 더욱 강력한 권력을 허용하지 않을 수 없었던 것이다. 이러한 상황은 공동체적 결속력을 약화시켰고, 결국 이스라엘 내부의 불균등한 특권을 가진 세력간의 갈등을 초래했다. 기득권 집단 중심의 사울 연합과 소외된 사람들로 이뤄진 다윗 연합의 갈등[13]

---

13) W. Brueggemann, *First and Second Samuel* (Louisville : John Knox Press, 1990), 특히 p. 81.

은 지파 동맹 사회가 국가 유형의 사회로 이행하는 직접적인 계기였다. 전자가 지파 동맹의 정치 경제적 윤리의 수호자를 자임하고 있었다면, 후자는 전투력이 탁월한 무규범적 기능주의자 집단이었다. 여기서 다윗 연합의 승리는 이스라엘을 군주제 사회로 전화시키는 최적의 결과였다. 나아가 이들의 강력한 전투력은 신속하게 가나안 전지역을 군주제 사회로 복속시키게 된다.

이후 군주제 이스라엘의 역사는 국가 형성 이전기 이스라엘의 지향과는 정반대의 길을 걷게 된다. 이제 이스라엘의 물리적 혹은 담론적 제도들은 대중 수탈의 도구로 재구성된다.(대중의 자유를 위한 도구가 아닌) '야훼의 지파들'은 통치자를 위한 조세 징수 혹은 부역의 지리적/종족적 단위로 해석되며, 야훼의 성소에서 드리는 제의는 통치자에 의한 체제의 통합을 기리는 기념식이 되었다. 또한 페니키아 등 인근 국가들에서 수많은 상징들이 도입되어 야훼 신앙에 결합됨으로써, 왕조 이데올로기로서의 야훼 신학이 등장한다.[14]

그런데 성서는 바로 이 시기에 이러한 지배적 제도화의 추세에 대항하여 야훼의 자유의 이념을 추구했던 여러 실천들에 관한 정보를 담고 있다. 그것은 크게 두 유형의 제도적 실천으로 대별할 수 있다. 하나는 물리적 차원의 제도적 실천으로, 착취적인 군주제적 제도들에 대한 대안 체제를 구축하려 했던 경우다. 가령 아히야 예언자와 여로보암, 엘리사 예언자, 그리고 히즈키야-요시아 개혁 세력[15] 등은 바로 그런 예에 속한다. 특히 요시아 개혁은, 남왕국 유대의 역사에서 유실되어 버린 사회적 안전망으로서의 평등주의적 제도들을 부분적으로 복원하고자 했다. 가령 복지 비용을 위한 세제

---

14) 왕조 시대 이후 혼합주의에 대한 비판은 이러한 이국적 상징들을 야훼 신학과 결탁시킨 것과 관련된다.

개혁의 성격을 지닌 십일조 제도나, 탈노동화한 대중을 재노동화하기 위한 하기 위한 면제년 제도 등은 요시아 시대에 실행된 국가 복지적 제도화의 흔적이다.[16] 한편 담론적 차원의 제도적 실천의 경우를 다른 하나의 유형으로 들 수 있다. 이것은 왕조 이데올로기화한 야훼 신학의 내적 균열을 폭로하는 비판 담론을 유포한 예언자들에게서 전형적으로 나타나는데, 아모스, 호세야, 이사야, 미가 등 8세기 예언자들을 비롯한 대부분의 성서 예언자들, 그리고 군주제 시대의 신명기 학파 등에게서 발견된다. 이 두 유형 가운데 전자는 체제에 대한 직접적인 도전의 실천 양식으로서, 지배 세력을 대체하기도 했고, 최소한 권력의 억압적 통제 방식을 지양하게 했다. 그러나 이러한 유형의 실천들은, '혁명의 시대'가 지나면 곧 다시 개혁적 제도화 자체가 억압적 기제로 돌변하는 역사의 한계를 보여주었다. 반면 두 번째 유형의 실천은 제도에 대한 직접적인 변혁을 이룩하는 데는 상대적으로 무력했지만, 긴 시간에 걸쳐 유통되는 비판의 전통을 이룩하였다. 이러한 비판의 전통은 식민지 시대에 해방 지향적인 묵시 운동들(제2, 제3 이사야 등)로 이어졌고, 세례자 요한 그리고 예수에게서 다시 찬란한 해방의 힘으로 부활한다.

식민지 시대 재건 공동체의 야훼 신앙

페르시아 치하에서 예루살렘을 중심으로 하는 종족적 · 종교적 공동체의

---

15) 최근의 연구들은 요시아 개혁 세력은 단일 집단이 아니라는 사실을 받아들인다. 여기에는 히즈키야 개혁의 주역이던 정부 엘리트들의 후손들이 한 부류를 형성하고 있고, 반아달리야 쿠데타 이후 남 왕국 유대의 역사의 결정적인 순간마다 등장하였던 '암하아레츠'도 요시아 개혁의 또 하나의 중심 세력이었다. 여기서 암하아레츠의 사회학적 실체에 대한 최근의 연구에 따르면 이들은 농민 대중을 개략적으로 가리킨다고 본다. A. Oppenheimer, *The 'Am Ha-Aretz: A Study in the Social History of the Jewish People in the Hellenistic-Roman Period* (Leiden: E J. Brill, 1977).

16) 이 책에 수록된 나의 글, 「단(斷)과 공(公)의 변증법: IMF 관리 체제하에서 민중신학적 실천 담론의 모색」, 『시대와 민중신학』 5 (1995) 참조.

재건이 시작되었다. 구왕조 세력이 중심이 되는 재건 구상이 존재하기는 했으나, 결과는 사제 귀족 중심의 과두 지배 체제로 귀착되었다. 이러한 체제는 페르시아 제국과 헬레니즘 제국들의 시대에 걸쳐 존속한다.[17] 그런데 팔레스틴에서 이러한 체제는 지극히 불안정했다. 제국이 안정된 식민 통치 방식을 확립하지 못한 상태에서 식민지 내부의 다원적 지배 분파들의 무한 경쟁이 촉진되었고, 이는 경쟁 비용의 과다 지출 구조를 야기했다. 여기에는 제국으로 이전되는 적지 않은 양의 공납이 포함되어 있음은 물론이다. 결국 재건되는 종족 공동체는 군주 시대보다 결코 덜하지 않은 혹독한 수탈적 사회로 귀결하였나.[18]

식민지 시대 제도화의 이러한 혹독한 억압적 특성만큼 대중의 자유를 향한 열망 또한 간절했다. 이것은 역사로부터의 탈출을 극적인 방식으로 표현하고 있는 묵시적 담론이 이 시대에 폭증하였다는 사실에서 단적으로 시사된다. 이와 같이 대중을 위협하는 심각한 분배의 위기는 사회적 통합의 위기를 초래했고, 이에 지배 계급이 '위로부터의 개혁'을 단행하도록 하기도 한다. 느헤미야의 개혁과 하스몬 왕국의 알렉산드라 여왕의 개혁이 그 대표적 예라 할 수 있다. 느헤미야는 몰락하던 농민층을 보호하기 위해 일종의 부채 탕감을 시행한다. 반면 알렉산드라 여왕은 당시 급부상하던 소자산가 계층의 강력한 여론 형성 능력에 힘입어 개혁 조치를 시행한다. 이 두 개혁은 모두 귀족의 권력 집중화를 견제하는 동시에, 대중 사회에 대한 호혜적 제도화를 국가가 선도하고 있다는 점에서 공통점을 갖는다. 이것은 국가 이전기 이스라엘의 야훼 신앙의 원류를 국가 체제 내에서 제도화하고자 했다

---

17) 한편 그 이후 하스몬 왕국과 그 이후의 로마제국 시대는 군주제로 회귀하게 되는데, 이때의 군주제는 과두 체제 상위에 덧입혀진 형태의 독특한 군주제 사회라 할 수 있다.
18) 김진호, 「예수운동의 배경사를 보는 한 시각: 민중 메시아론의 관점에서 본 민중 형성론적 접근(방법론을 중심으로)」, 『민중신학』 창간호 (1995), 94~114쪽.

는 점에서 요시아 개혁과 동류에 속하는 시도로 평가할 수 있다.

한편 이 시대에는 담론적 차원의 제도화 경향도 엿볼 수 있는데, 제2, 제3 이사야, 제2 즈가리야 등으로 대표되는 식민지 전기의 예언자 운동들은 묵시적 담론을 비판 담론으로 정착시키는 데 중요한 기여를 하였다.(묵시적 비판 담론) 이후 헬레니즘 시대와 하스몬 왕조 시대의 하시딤, 바리사이 운동 등은 묵시적 담론을 일상적 지식(지혜적 담론)과 결합함으로써[19] 묵시적 비판 담론을 규범적 담론으로 재해석하는 데 성공한다. 단 하시딤이나 바리사이가 소자산가적 지식 생산자의 범주에 포함될 수 있다는 점에서 이들의 규범성은 사회의 절대 다수를 구성하는 기층 대중의 정치 경제적 현실을 왜곡하게 된다. 그러나 이러한 담론적 차원의 제도화 실천들은 대중을 자각시키는 계몽적 가치를 발휘하였음에 틀림없다.

4

야훼 신앙은 권력에 대항하는 호혜적인 에토스를 그 핵심으로 한다. 이것은 정치 경제적 제도의 압박으로부터 자유를 향한 대중의 갈망과, 그것을 제도화하려는 실천과 관련되어 있다. 제도화라는 말은 현실화를 내포하는 개념이다. 즉 그것은 역사 속에서 원류적 에토스를 적실성 있게 실현하려는 실천을 함축한다는 것이다. 그런 점에서 제도화는 성찰적이다. 요컨대 제도화는 원류의 반복이 아니라, 끊임없이 그 원류를 자기 비판하면서 갱신하게 하는 동력을 필요로 한다.

우리는 성서에 반영된 이스라엘의 역사를 통해 물리적 기구를 구축함으로써 자유의 제도화를 실현하려 했던 시도들이 언제나 역사의 한계를 체험

---

19) 전형적인 묵시적 담론은 일상성으로부터 벗어난 지식이라 할 수 있다.

해야 했음을 보게 된다. 그런 점에서 담론적 실천은 역사의 한계를 뛰어넘는 제도화의 실천이라 할 수 있다. 하지만 담론적 실천 역시 시대의 인식론적 한계 혹은 주체의 인식론적 한계 아래 묶여 있다. 가령 국가 이전기 이스라엘이 성이나 세대, 혹은 종족적인 배제주의를 철저하게 극복하지 못한 것이나, 하스몬 왕국 시대의 바리사이가 탈권력적인 대중적 규범을 실현하였음에도 불구하고 중간 계층 지향의 자신들의 계급적 한계를 넘어서지 못한 것이 바로 이러한 경우다.

여기서 우리는 그리스도교 신앙의 핵심으로 자리잡고 있는 예수의 존재 의의를 생각하게 된다. 육화된 신이라는 예수의 존재성은 신의 자기 해체라는 것이다. 이것은 야훼의 신상 거부의 에토스를 철저하게 표현하고 있는 것에 다름 아니다. 예수의 '하느님 나라' 실천은 자유의 제도화를 실현하면서도 그것을 끊임없이 미래로 유보하고 있는 성서의 유토피아니즘인 것이다. 이러한 맥락에서 예수 운동은 야훼 신앙을 승계한다는 차원에서 진정성을 갖는다. 즉 자유를 향한 정치 경제적 실천의 성찰적 제도화는 예수의 존재성에서 그 동력을 부여받는다. 바로 그렇기 때문에 IMF 관리 체제를 맞고 있는 우리는 성서를 읽으면서 '지금 여기'의 대중의 자유를 향한 갈망의 목소리를 듣게 되며, 그 갈망을 제도화하라는 부름 앞에 서게 되는 것이다. 탈권력과 호혜적 평등성의 에토스를 실천하라는……

단(斷)과 공(公)의 변증법
지구적 자본 시대의 위기와 민중 신학적 실천 담론의 모색

1

1997년 11월 말 이른바 'IMF 관리 체제'라는 그물에 걸린 뒤, 우리는 지구적 자본주의가 얼마나 위험스런 존재인지를 비로소 실감하게 되었다. 끝도 없이 겹겹이 펼쳐진 경제적 학살자들의 살기가 떠도는 연봉(連峰)의 자취에 지레 주눅이 든 듯, 교인들의, 찬송가 부르는 입가 뒤편으로 수심의 그림자는 일 년이 지나도록 가시질 않았다. TV와 신문에서 연일 보도되는 처절한 얘기들은 더욱 가슴을 저미게 하였다. 갓난 자식에게 분유를 사 주기 위해 도둑질하다 잡혔다는 어떤 사람, 차마 식구 볼 낯이 없어 서울역 지하도에서 보름째 노숙하고 있다는 어느 가장, 견딜 수 없는 좌절감에 자식들을 교살한 뒤 자살했다는 어떤 부부…… 노숙자의 수가 3천이 넘었다, 정신 질환·자살률·이혼율 등이 급증했다, 노부모나 영유아를 유기하거나 사회 보육 기관에 위탁하는 일이 빈발해졌다, IMF형 범죄의 급증으로 재소자의 수가 교도소의 적정 수용 인원을 이미 넘어서게 됐다 등등, 헤아릴 수 없이 많은 기사들이 경제적 위기가 야기한 파멸스런 사회적 위기 현상을 증언

하고 있었다. 그로부터 불과 일 년 전, 국민 소득 만 달러에, 드디어 OECD 회원국이 되었다고 자랑스레 떠벌려 댔던 선진국 진입 1순위 나라 백성의 이야기였다.

그럴 때 교회 안팎으로 하늘 뜻을 선포하도록 자리 매김된 자에게 실어 증상이 나타났다. 도움은커녕 지혜로운 위로의 말조차 생각나질 않았다. '설교자의 위기'다. 이것은 동시에, 위기의 시대를 직면하면서도 무엇을 이야기할지 몰라 당황해 하는 '신학의 위기'이기도 하다. 더구나 민중 신학자로서, 역사에 대한 구체적 문제 의식을 신앙의 전면에 내세우자고, 그러한 신학의 재구성이 절실하다고 부르짖으면서도 한 해가 지나도록 그럴듯한 말 한마디 못한 채 전전긍긍하기만 했던 자에게 참을 수 없는 부끄러움이 덮쳤다.

지금이야말로 희망을 얘기해야 할 때다. 소위 목사라는 직책을, 민중 신학자라는 자의식을 겉치레로만 장식하고 있는 것이 아니라면 말이다. 생명과 구원의 말씀을 구하면서 매주 강단을 쳐다보는, 나아가 기쁜 소식을 기다리며 한 서린 눈초리로 매일 하늘을 응시하는 이 땅의 고난받는 모든 사람들을 향해 야훼가 주는 희망의 원리를 찾아내고 선포해야 한다는 운명을 감히 자인하고 나선 자라면 말이다. 그런데 무엇을 말하나, 궁하다. 입이 궁하고 생각이 궁하다. 이럴 때 말을 잊지 않으려고 그토록 많은 독서와 사색과 토론을 해 왔건만, 그토록 지식 쌓기에 욕심을 부려 왔건만, 그토록 티내며 신앙의 훈련을 되풀이해 왔건만, 흉측한 괴물을 앞에 두고 잔뜩 주눅든 얼굴로 목구멍을 맴돌며 튀어나오지 않는 말에 답답해 하듯 허망하게 골방에서 의자에 앉아 있었다.

누군가에 떠밀리듯 겨우 글쓰기를 시작했다. 아니 그렇게 하지 않고서는 견딜 수 없어 답답한 심정으로 다소 억지를 부려 보기로 한 것이다. 신학이라는 담론 속에 희망의 원리를 구성해 보려는 거대한 목적을 향한 소박한 몸부림. 오래 전부터 이 일에 착수할 기회를 노렸지만 엄두를 내지 못하던 걸, 이제 더 침묵할 수 없어 준비 안 된 둔탁한 몸으로 출발선에 섰다. 지금 엄습하고 있는 그리고 앞으로 닥쳐올 재앙에 직면할 교회 안팎의 '위기의 사람들'에게 목회자로서 그리고 민중 신학자로서 할말을 갖기 위함이었다. 바로 우리 시대의 하늘 뜻인 '희망의 원리'를 찾아, 그 신탁을 선포하려 함이었다. 그리하여 신앙이 시사하는 희망은 어떤 함의를 갖는가, 그것은 과거를 반성하는 어떤 논거를 제시해 주며, 미래에 대한 어떤 비전을 지향하게 하는가, 또 그것은 어떤 실천과 사고를 조직하게 하는가를 성찰하기 위함이었다. 지금 허우적대며 이 말 저 말을 찾아 헤매는 몸부림 속에서 희망의 원리를 발견하려는 우리의 성찰적인 실천 담론의 실마리가 풀리기를 기대해 본 것이다.

2

발터 벤야민(Walter Benjamin)은 파시즘을 야기한 1930년대 독일 자본주의의 위기를 맞아 '대중의 강간'이라는 분노 섞인 표현을 썼다. 이것은 그의 불후의 논문 「기술 복제 시대의 예술 작품」의 후기에 등장하는 어구인데,[1] 파시즘의 '정치의 미학화'를 비판하는 데 사용한 용어다. 그는 자신이 '기술 복제 시대'라고 명명한 근대 과학 문명의 불가피한 변화를 '대중 문화의 등장'에서 본다. 비로소 대중(귀족이나 부르주아지가 아니라)이 문화의 주체가 된 것이다. 그는 이런 대중 문화의 근대적 매체를 영화에서 발견한다. 그에 의하면 기술 복제 시대의 총아인 영화라는 문화 매체는, 예술가의

---

1) W. Benjamin, 『발터 벤야민의 문예이론』 (민음사, 1983), 229쪽.

'아우라'가 표현되는 장이 아니라 '대중 정치'를 야기시키는 공간이 되었다. 이른바 민중이 주인 되는 사회가 대중의 정치에 의해 도래하리라는 믿음에 그는 고무된다. 그러나 그가 기대했던 이러한 희망의 가능성은 실제의 역사 속에선 철저하게 배신당하고 만다. 그가 본 것은, 역사의 주역이 된 대중의 대두가 아니라, 파시즘의 매체 조작 바로 그것이었던 것이다. 이것은 대중을 왜곡된 욕망의 분출자로 만들고, 결국 역사의 위선적인 진보, '진보'라는 이름의 질곡'의 공범자로 만들어 버렸던 것이다. 벤야민은 바로 이것을 '대중의 강간'이라는 노기 어린 표현으로 적고 있다.[2]

한국의 3~5공까지의 정부는 대중을 정치로부터 배제시키기 위해 수단 방법을 가리지 않는 강압적 권력 형태를 띠어 왔다. 그러나 1980년대 후반 폭발적으로 등장한 '대중의 정치'는 이런 유형의 권력의 통제 방식이 한국에서 더 이상 유용하지 않음을 입증했다. 이제 대중의 정치는 공식적인 활동 무대를 갖추게 된 것이다. 그러나 이것은 동시에 온갖 자극적인 매체 조작에 의해 규범을 상실한 대중의 욕망 표출이 난무하는 시대의 서막이었다. 욕망 표현이 다양해졌다는 것을 문제삼고자 함이 아니다. 문제는 이 욕망이 '왜곡된 자아 중심주의'와 접속되어 나타났다는 데 있다. 대중은 물욕에 찌든 투기꾼이 되었고, 배타적인 집단주의(학연·지연·혈연 등)의 투사가 되어 버렸다. 권력은 자신들의 이익만을 위해 매체 조작 기술자들을 고용하여

---

2) 동일한 문제 의식을 아도르노는 1944년에 출간된 한 에세이에서 이렇게 표현한다. "지배 세력이 생산해 낸 고통을 인식하지 못하도록 금지시키는 일은 지배 세력의 메커니즘에 속"한다.(Th.W. Adorno, 『한줌의 도덕』, 솔, 1996, 92쪽) 또 빌헬름 라이히도 1933년의 자신의 대표적 저작에서 이러한 문제의식을 이와 같이 표현한다. "설명되어야 할 것은 배고픈 어떤 사람이 도둑질을 했다든가 착취당한 어느 노동자가 파업을 일으켰다는 사실이 아니라, 배고픈 사람들 중의 대부분은 왜 도둑질을 하지 않으며, 착취당하고 있는 사람들 중 대부분은 왜 파업을 하지 않는가라는 사실"이다.(Wilhelm Reich, 『파시즘의 대중심리』, 현상과인식, 1986, 42쪽) 이와 같이 동시대의 대표적인 비판적 사상가들은 나치즘이라는 파시스트 정권의 등장에 공범자로 대두한 대중의 문제에 당황하고 있으며 그 가슴 아픈 현상을 설명하려 한다.

대중을, 대중의 욕망을 조작한 것이다.[3] 대중의 조작된 욕망의 무분별한 표출은 심각한 이기주의를 조장했다. 자신의 욕구 표출의 자유만이 신성하다고 여겨졌고, 자신의 집단주의가 보호되는 것만이 민주주의의 요체인 양 생각되었다. 그러는 가운데 대중은, 조작의 주역인 권력이 의도하는 대로 점차 탈정치화, 탈동원화(demobilization)되어 가는 동시에 특정 사안(주로 학연·지연·혈연 등이 매개된)에서만 과도하게 정치화, 동원화되었다.

대중은 권력에 의해, 권력의 욕망에 의해 '강간' 당했던 것이다. 그리고 그 결과는 '고통 불균등 분배 체제'의 재등장이었다. 그 동안 최악의 복지 제도를 가지고도 실업의 위기를 심각하게 체험하지 않았던 고성장 사회 신화는 한갓 휴지 조각이 되어 버렸고, 수백만 명이 훨씬 넘는 사람을 막막한 생존 위기의 나락에 던져 버리려는 결정(노사정위원회의 정리 해고 입법화 합의)을 보면서도 그 선택의 불가피성에 동조하지 않을 수 없는 체제가 등장하게 된 것이다. 마치 공동 묘지에 세워진 팻말 같은 대중 사회의 위기적 현실을 담은 체제가 출범한 것이다. 이른바 IMF 관리 체제의 시작.

IMF 관리 체제를 맞아, 아니 그 배후의 지구적 자본주의가 퍼뜨리는 위험 앞에 적나라하게 노출된 현실 속에서, 민중 신학의 대안적 실천 담론을 모색하는 우리의 출발점은 바로 여기다. 대중의 강간에 대한 '분노'에서 말이다. 그런데 분노는 '비판'을 수반한다. 그러나 우리가 진정 희망의 원리를 찾고자 한다면, 비판은 그 주소를 잘 찾아야 한다. 왜냐하면 종종 비판은 대중을 강간한 자를 색출하여 제거하는 것에만 집착하기 때문이다. 이러한 강령은 모순의 원흉에게 보복하기 위해 바로 그들의 논리를 모방하는 모습을 띤다. 예수의 원수 사랑 계율은 바로 여기에서, 비판을 수행하는 성찰적

---

[3] 대중 매체 연구자들에 의하면 한국 사회에서 '대중 조작'이라는 권력 행위 유형이 계기적으로 등장한 시기는 6공화국을 기점으로 한다.(이효성, 「정치권력과 대중조작」, 『사회비평』 9, 나남, 1993, 210쪽).

자세를 가르친다. '응징의 순환 고리의 단절.'[4]

지금 우리를 짓누르는 지난 시대의 암울한 유산은, 원하든 원치 않든 간에, 자아 중심주의적인 배타주의적 욕망의 체제에 바로 우리가 공범이 되었다는 사실과 무관하지 않다. 우리가 받은 배제주의라는 세례는, 우리가 인식하든 않든, 이미 우리의 사고를 지배하고 있는 것이다. 그러므로 우리가 진정 희망의 원리를 지향하는 비판을 수행하려면, 우선 비판 주체인 '우리'로부터의 '단절'이 필요하다.

벤야민의 동료이자 프랑크푸르트 학파 1세대의 대표적 인물인 아도르노는 이것을 말하기 위해 '개인의 말살'을 주장한다.[5] 또 안병무는 "폭력의 악순환으로부터의 단(斷)"이라고 표현한다.[6] 예수는 이것을 원수 사랑 명제로서 제시한다. "너희는 ~라고 들었지만, 나는 ~라고 말한다"라는 표현은 바로 청중의 인식을 지배하는 배제주의적 사고로부터 '단'(斷)하라는 요청인 것이다. 요컨대 이것은 '폭력적이고 배제주의적인 체제의 논리로부터의

---

[4] 원수 사랑 계율은 종종 폭력적 저항에 대립되는 비폭력적 저항(젤롯당 대 예수)이라는 차원에서 해석되어 왔다. 이 주장은 비폭력 선택의 맥락에 대해 깊이 고려하지 않고, 다만 선택의 결과만을 비교한다. 그리하여 저항 방법으로서 비폭력을 선택한 것이 예수가 몸소 보여준 '보편적/탈역사적 진리'라고 해석한다.(M. Hengel, tr. by David E. Green, *Victory over Violence*. *Jesus and the Revolutionists*, Philadelphia: Fortress, 1973, pp. 45~59) 그런데 이런 류의 견해는 젤롯당에 관한 요세푸스 저작들을 자의적으로 해석한, 즉 비평적 독해를 거치지 않고 읽은 결과다. 게다가 이 주장은 1950~1960년대 유럽의 급진주의적 그리스도인들의 사회 참여에 대한 반대 논거로서 활용되었다. 그런데 최근의 요세푸스 저작에 대한 비평학적 연구에 따르면, 젤롯당의 활동 시기는 혁명기인 주후 66년 직후임이 분명해졌다.(D. Rhoads, 「젤롯운동의 기원과 역사」, 『신학사상』 81, 1993년 여름) 반면 예수의 활동 시기는 1세기 팔레스틴의 역사에서 지배 체제가 상대적으로 가장 안정되던 시기였다. 결국 헹엘은 비교 대상의 설정에 있어 방법론적 오류를 범하고 있다. 한편 쇼트로프나 호슬리 등은 예수의 원수 사랑 계율의 역사 사회학적 맥락을 조사함으로써, 그것의 대내외적 전략을 발견하려 한다. 이 견해들에 따르면(비록 그 논의 결과가 각기 다소 다름에도 불구하고) 예수의 비폭력적 언명은 체제에 대한 해방주의적 비판을 수행하는 성찰적 자세를 함의한다.(L. Schottroff, "Non-Violence and the Love of One's Enemies," in *Love Command*, Philadelphia: Fortress, 1978; R.A. Horsley, "Ethics and Exegesis: 'Love Your Enemies' and the Doctrine of Non-Violence," *JAAR* 54, 1986).
[5] Th. W. Adorno, 『한줌의 도덕』(솔, 1996), 92~94쪽.
[6] 안병무, 「마가에서 본 역사의 주체」, 『민중과 한국신학』(한국신학연구소, 1982), 184쪽.

단절'을 뜻한다.

벤야민은 이 단절을 '메시아 사건적 종말'에서 찾았다.[7] 이것은 배제주의적 체제가 지양되는 그 결정적 사건이 일어나리라는 '궁극의 지점에 대한 소망'에서 바로 희망의 원리가 발현한다는 주장이다. 유대교의 종말론에서 영향받은 그의 유물론적 종말 사상은 도피적/탈세적 종말주의가 아니다. 그것은 현재로 개입해 들어오는 미래에 초점이 있다.[8] 이 점에서 세례자 요한과 예수의 "때가 찼다. 하느님 나라가 가까이 왔다"는 선포와 벤야민의 메시아니즘은 합류하고 있다. 민중 신학자 안병무는 "가장 그리운 얼굴이 누구입니까?"라는 박성준의 질문에 뜬금없이 이렇게 대답한다. "나는 '폭동'을 그리워해요. '민중 봉기'를!…… 내게는 제일 보고 싶고 그리운 게 그거예요. 종말론적인 환상이라 할 수 있겠지만, 세상이 완전히 한번 바뀌는 그런 개벽이 그립지, 개인의 얼굴 따위 뭐 그리 그립겠소."[9] 벤야민과 안병무, 이 두 사람은 모두 '종말을 갈망하는 현재의 소망, 그 소망을 갖고 사는 현재의 삶 속에, 바로 그러한 현재의 실천' 속에서 희망의 원리를 찾고 있다. 아도르노는 비록 명시적으로 종말론을 얘기하지는 않았지만, 현실에선 결코 완전히 실현되지 않는 배제주의에 대해 '끝없이 부정'하는 비판을 말하면서, 거기에서 구원의 희망을 발견한다.[10] 이 세 사람은 모두, 이 세계를 지배하는, 심지어 우리의 무의식까지 지배하고 있는 배제주의에 결코 타협

---

7) W. Benjamin, 『발터 벤야민의 문예이론』(민음사, 1983), 343~356쪽.
8) W. Benjamin, 같은 책, 355쪽. 이 글(「역사철학 테제」) 마지막 절인 제18절 말미에서 그는 "메시아적 현재 시간의 모델로서 전 인류 역사를 엄청나게 축소해서 포괄하고 있는 현재 시간(Jetztzeit)은 우주 속에서 인류의 역사가 만든 바로 그 형상과 정확하게 일치한다"고 말하며(Benjamin, 같은 책, 343쪽), 또 이 글의 「부기」에서는 이렇게 말한다. "이렇게 해서 그(역사주의를 극복한 대안적 역사가를 지칭―인용자)는 메시아적 시간의 단편들로 점철된 '현재 시간'으로서의 현재라는 개념을 정립하게 되는 것이다."(Benjamin, 같은 책, 343쪽)
9) 안병무·박성준(대담), 「예수의 매력에 붙잡힌 민중신학자 안병무」, 『생활성서』(1989년 10월호), 33쪽.
10) Th. W. Adorno, 앞의 책, 279쪽.

하지 않는 비판을 말하고 있다는 점에서 합류하고 있으며, 이것은 희망의 원리로서의 예수의 종말론적 메시아주의와 일치한다.

한편 안병무는 여기서 한 걸음 더 나아가 이 비판의 입지점을 '공(公)'이라고 말한다.[11] 이것은 창조 신화에 대한 그의 알레고리적 해석의 귀결인데, 여기서 그는 인간 죄의 근원성이 있다면 그것은 '사유화할 수 없는 것을 사유화한 것'이라고 보는 것이다. 그리하여 그는 '공(公)을 진정 공(公)답게 하는 것'의 필요성을 역설한다. 이것은 대단히 소중한 민중 신학적 상상력의 소산인데, 그 이유는 '폭력의 악순환으로부터 단(斷)'하는 실천이 현재의 우리의 삶에 개인적이고 윤리적인 강령 이상의 의미를 지니기 위해서는, 즉 희망의 현재화/역사화를 향한 사회적 실천을 함축하기 위해서는 '공(公)의 신학'이 요청되기 때문이다. 다시 말하면 민중 신학에서 공(公)은 단(斷)의 구체화/물질화를 위한 신학적 교두보를 제공해 준다. 가령 이데올로기의 효과에 대한 충분한 비판을 수반하지 않은 채 대중을 강간한 자를 처벌하고 마는 식으로 수행되는 보복은 힘을 점유한 뒤 대체 권력이 대중의 복수심을 자극하여 자신의 가학성을 발휘하는 것에 다름 아니다. 그것은 폭력과 배제주의를 속성으로 하는 권력의 본원적 욕망의 표출이며, 따라서 그것으로부터 단(斷)한다는 것은 권력의 욕망을 억제하는 공(公)의 실천을 필요로 하게 된다. 그리고 이러한 공(公)의 실천은 권력 욕망의 억제를 지향하는 관념뿐 아니라 그러한 제도를 지향하게 하는 것이다. 여기서 우리는 희망의 원리의 잠정적 실현태의 하나로서 복지 민주주의를 생각하게 된다. 민주주의가 국가/정부와 국민간의 상호 소통적 대화 과정을 통해 형성되는 합의와 동의의 제도화를 의미한다면, 복지 민주주의는 국가/정부와 대중이 복지적 제도화의 실천 주체로서 연동되어 있다는 것을 강조하는 개념이다. 그

---

11) 안병무, 「하늘도 땅도 공(公)이다」, 『신학사상』 53 (1986년 여름).

런 점에서 복지 민주주의는 '공적인 것'을 독점하려는 권력 욕망을 억제하는 경향의 사회적 실현태의 하나라 할 수 있다.

3

우리 시대의 복지 민주주의를 논하기에 앞서, 희망의 현재화/역사화의 한 성서적 '전거'로 요시아 개혁을 언급하고자 한다.[12] 전거라고 한 것은, 이 단락의 논의가 요시아 개혁이라는 역사적 사실을 재구성하고 이것을 우리의 현실과 외삽적으로 유비시키려 하기보다는, 요시아 개혁의 신앙사적 의의를 우리의 동시대적인 실존 물음과 내포적으로 연계시키려는 해석학적 과제를 가지고 성서 본문을 대한다는 것을 의미한다. 사실 국가 복지적 문제 설정이 담긴 이 역사적 실험이 성서 전반에 뚜렷한 잔영을 남기며 야훼 신앙 전통의 주된 강조점의 한 양상을 형상화하고 있다는 점은, 이 텍스트의 역사적 읽기가 단순한 텍스트 분석으로 그치지 않는다는 것을 시사한다. 요컨대 우리는 요시아 개혁의 역사성에 대해 다시 질문함으로써 성서에 담겨 있는 요시아 개혁의 신학화의 숨은 의미를 읽어 내고, 그러한 독해를 통해 '지금 여기'에서 발의된 '단과 공의 변증법적 신학'을 향한 요청이 야훼 신앙 전통과 직접적으로 연계되어 있음을 주장하고자 한다. 여기에는 성서라는 공공재를 독점하여 '역사 이탈적 신앙'이라는 게토 속에 위폐시켜

---

12) '전거'는 서남동에 의해서 제기된 용어로, 민중 신학적 해석학의 주된 특징을 담은 개념이다. 전통적으로 성서는 그리스도교적 신앙을 근거 짓는 데 압도적인 권위를 갖는 것으로 받아들여진다. 반면 서남동은 성서를 신앙의 '한 전거'라고 본다. 즉 '오늘 여기'에서 신앙적 질문을 던지는 우리에게 성서는 '하나의 준거'로서 기능하며, 다른 준거(들)와 '합류'하여 의미를 형성하는 데 관여함으로써 비로소 '유의미한 것'이 된다는 것이다. 그러므로 성서에서 신앙적 전거를 탐색하는 일은, 어떤 주장에 대한 그리스도교 신학적인 정당성을 확보하려는 데 초점이 있는 것이 아니라, '탈신학적' 신앙을 향한 비판 이론적 완결성을 추구하는 행위인 것이다. 이러한 관점은 최근 민중 신학 논의에서 중요한 축을 이루고 있는 '탈정전화'론으로 발전될 수 있다.

온 주류적 그리스도교 신학의 허구성을 폭로하려는 목적이 함축되어 있다. 아무튼 단(斷)과 공(公)을 주제로 하는 탈신학적 탐색이 보다 효과적인 담론적 실천이 되기 위해 두 전거의 합류를 필요로 한다면, 성서적 실존 이해를 우리의 현재의 역사적 실존 물음과 대면시키는 작업은 중요하며 또 유용하다는 것이다.

'위로부터의 혁명'이라는 이론틀은 요시아 개혁의 성격을 이해하는 데 매우 유용하다. 이것은 구조론적 혁명 이론가인 엘렌 K. 트림버거가 개념화한 것으로, 국제적 압력으로 인한 체제 통합의 위기를 맞아 국가 관료들이 주도하여 위로부터의 개혁을 단행했던 일본의 메이지 유신이나 이집트의 낫세르 체제 등의 수권 과정을 설명하기 위해 제안된 것이다.[13] 비록 그녀의 과정 설명 하나하나를 요시아 개혁에 적용하는 데는 무리가 있지만, 그럼에도 트림버거 가설의 핵심 내용, 즉 국제적 제국주의의 압박 아래 국가 관료층을 구성하는 특정 지배 분파가 중심이 되어 한편으로는 대지주 세력 등을 견제하고, 다른 한편으로는 몰락해 가던 농민층에게 재분배를 단행함으로써, '국가적 계급 구조의 일정한 변형'을 이룩하여 수권 기반을 확고히 하였다는 것은, 요시아 개혁을 이해하는 데 유용하다.[14]

요시아 개혁은 크게 두 가지 점에서 특성을 지닌다. 하나는 흔들리는 왕권 체제의 재확립이요, 다른 하나는 민중적[15] 개혁이다. 얼핏 모순적으로 보이는, 아니 적어도 인과 관계가 별로 없어 보이는 이 두 요소가 어떻게 결합

---

13) Ellen Kay Trimberger, "A Theory of Elite Revolutions," *Studies in Comparative International Devolpment* 7/3 (1972).
14) 유사한 방식으로 갓월드는 고대 그리스의 솔론의 개혁과 페르시아 식민지 시대의 느헤미야 개혁을 유비시키려 했다.(N.K. Gottwald, 『히브리성서. 사회·문학적 연구』, 한국신학연구소, 1987, 98~100쪽) 하지만 느헤미야 개혁의 전통은 성서의 야훼 신앙사를 해석하는 시좌를 형성하지 못했다. 반면 요시아 개혁의 전통은 그 시대의 역사를 넘어 성서 앞뒤를 오르내리면서 야훼 신앙사를 해석하는 성서 내의 하나의 '해석적 준거'를 형성한다.

될 수 있는가를 알려면 그 당시에 이르기까지의 한 세기 반에 이르는 역사를 살펴볼 필요가 있다.

우선 요시아 개혁은 미완의 혁명이던 히즈키야 개혁의 재현이라 할 수 있다. 히즈키야 개혁은, 북왕국의 예후 쿠데타에 희생됐던 아하지야 이래, 아달리야, 요아스, 아마지야 등에 이르기까지 유대 왕국의 네 명의 통치자가 연거푸 피살되는 등 왕권이 극도로 불안하던 주전 9세기 후반에서 8세기 전반까지의 상황에 그 연원을 두고 있다. 이 과정은 정국 장악 능력에 있어 왕실이 중대한 손상을 받았음을 시사한다. 또한 이것은 다른 한편으로는 귀족 세력의 국정 개입 능력의 강화와 맞물려 있다. 초기 왕국 시절(솔로몬-로호보암 시대) 민(民)에 대한 가장 심각한 압박이 왕실이 가하는 '부역'이었다면, 주전 8세기 이사야 예언자 시대에는 대지주 귀족들의 축적의 횡포가 두드러지게 부각되고 있다. 이런 정황은, 농민층으로 과대 대표될 수 있는 암하아레츠(am ha-aretz, '땅에 속한 사람들')[16]가 왕실과 귀족간의 정쟁에서 "왜 번번이 전자의 편에 서게 되었는지"에 대한 사회 경제적 이유를 설명해 준다.[17] 아마지야가 피살당한 이후, 암하아레츠에 의해 등극한 우찌야(「열하」 14: 21)[18]도, 「역대기」에선 그의 성공을 대단히 강조하고 있지만, 사실

---

15) 나는 이 글에서 대중과 민중을 의도적으로 분화시켜 사용하고 있다. 여기서 민중은 '해방적(하느님 나라 지향적)으로 정치화된 대중'으로 규정된다. 이것은 통상 민중 개념에 내포되어 있던 상반된 두 요소, 즉 '고난의 담지자로서의 민중(=대중)'과 '역사의 주체로서의 민중'이라는 두 요소를 분화시켜, 후자의 의미로 민중을 재개념화한 것이다. 이것은 존재론적 실체의 개념으로 접근했던 종전의 물음을 역사 형성적 실체라는 과정적 물음으로 대체함으로써, 이 개념의 재규정 속에는 패러다임의 전이를 수반한다. 이러한 형성론적 민중 개념화는 역사의 주체로서 형성되어 가는 민중의 형성 과정을 어떻게 구체화하는가에 초점이 맞추어지며, 이는 대중의 고난과 대중의 정치화의 상관 관계를 추적하는 작업을 동반한다.(김진호, 「역사 주체로서의 민중: 민중신학 민중론의 재검토」, 『신학사상』 80, 1993년 봄, 27~33쪽) 그것은 이데올로기 비판적이고 문화 정치학적인 물음을 동반하게 된다.
16) A. Oppenheimer, *The 'Am Ha-Aretz: A Study in the Social History of the Jewish People in the Hellenistic-Roman Period* (Leiden: E J. Brill, 1977).
17) 이와는 반대로 귀족의 수탈보다는 왕실의 부역이 문제시되던 솔로몬 왕국의 분할시에는 농민층이 '왕'에 대항하고 있다.

북왕국 여로보암 2세의 그늘에서 벗어나지 못한 평범한 군주에 불과했다.[19] 그리고 웃찌야의 아들 요담을 승계한 아하즈는 내내 앗시리아의 영향권 아래 있었다.

이상에서 보듯 히즈키야가 아하즈에게서 왕위를 승계할 당시 유대의 왕권은 지극히 불안정했다. 이때 안정된 왕권을 위협하는 내적 세력은 지난 120여 년간 막강한 영향력을 발휘해 왔던 대지주 귀족 세력이었고, 그들 배후에 직간접으로 앗시리아가 도사리고 있었음은 이론의 여지가 없다. 요컨대 국제적 제국주의의 압박으로 국내적 통합이 심각하게 위협당하던 상황이었다. 다행히 그가 즉위할 당시 앗시리아는 내란에 휩싸였고, 그 사이 앗시리아로 유출되던 막대한 양의 공납물이 고스란히 왕실 창고에 비축되었다. 필시 그는 이 기금을 바탕으로 해서 개혁을 단행할 수 있었을 것이다. 그렇다면 그의 개혁은 어떤 내용을 담고 있는가? 첫째로, 그것은 예루살렘 성전 기능을 강화하는 조치와 맞물려 있다. 한 세기 전의 반아달리야 봉기 (주전 835년) 때부터 예루살렘 성전 고위 사제들과 암하아레츠가 왕당파의 주요 세력이었다는 사실을 염두에 둔다면, 히즈키야의 이 조치는 자신 지지 세력의 국정 장악 능력을 강화하려는 목적과 결부되어 있다고 생각할 수 있다. 둘째로, 그의 개혁은 세제 개혁에 큰 비중을 두고 있음이 분명하다. 비록 성서 전승들이 그의 개혁의 사회적 성격에 관해 침묵하고 있지만, 유대의 물자 비축성으로 추정되는 지역명[20]과 '왕에게 속한'(*lmlk*)이라는 뜻의 히브리어 명문이 새겨진 도기들[21]은 필시 과거 앗시리아로 유출되었을 식

---

18) 여기서는 신명기계 역사서에 속하는 「열왕기」에는 왕위 승계를 표시하는 상투적인 어구인 "……가 죽고 ……가 그 뒤를 이었다" 대신 "'암하아레츠'가 웃찌야를 왕으로 삼았다"라고 표기되어 있다. 이것은 최소한 정상적인 왕위 승계가 아니라는 사실을 함축한다.
19) J.M. Miller & J.H. Hayes, 『고대 이스라엘의 역사』(크리스찬 다이제스트, 1996), 383쪽.
20) 여기에 표기된 지명들은 헤브론, 십, 수꼿 그리고 *mmšt*이다. 여기서 *mmšt*는 '정부'를 가리키는 것으로 보이며, 따라서 예루살렘을 지칭했을 것이다.

량을 포함해서 현물로 징수되었을 조세 등을 비축하는 행정 체계가 수립되었다는 것을 의미하며,[22] 다른 한편으로 이것은 조세의 도량형이 표준화되었다는 것을 뜻하기도 했을 것이다.[23] 이러한 과세의 표준화가 불공정한 조세 징수 관행을 억제하는 효과가 있었음은 두말 할 나위가 없다. 요컨대 권력을 통해 조세 포탈을 일삼아 왔던 귀족은 더욱 많은 양의 조세 의무를 져야 했을 것이고, 이로 인해 일반 농민에 대한 조세 감량이 가능하게 되었다는 것이다. 국가는 더 이상 기층 대중으로부터 혹독하게 수탈한 잉여 생산물에 의존하지 않고서도 필요 자산 축적이 가능하게 된 것이다. 즉 히즈키야가 단행한 개혁의 본질은 앗시리아라는 고대적 제국주의의 잠재적 압박 아래서 흔들리는 왕권의 강화에 초점을 두고 있었으나, 그것의 수행 과정은 왕권 견제 세력인 귀족의 권력과 부를 억제하는 방향으로 진행되었으리라는 것이다.[24] 그리고 이것은 그의 지지 세력인 소토지 보유농, 즉 암하아레츠에게 부를 재분배하는 일정한 효과를 나타냈던 것으로 보인다.

그러나 앗시리아를 재통합한 산헤립의 주전 701년의 서진(西進)은 이제 막 출발한 히즈키야 개혁의 기반을 송두리째 앗아갔다. 그리고 그의 개혁이 어느 정도의 성과를 이룩했는지, 성서는 그리 만족할 만한 답을 주지 않는다. 즉 야훼 신앙사에서 그의 개혁은 그리 뚜렷한 각인을 남기지 못했음이 분명하다. 그를 승계한 므나쎄 왕은 55년이라는 긴 통치 기간에도 불구하고 앗시리아에 예속된 매우 비자립적인 통치자였는데, 이 기간은 개혁 세력이 실각하고 친앗시리아 파가 득세한 가운데 선왕의 개혁 기반이나 정신이 크게 훼손당하는 시기였다.

---

21) Amihai Mazar, *Archeology of the Land of the Bible. 10,000~586 B.C.E.* (Doubleday, 1990), pp. 455~458.
22) Miller & Hayes, 앞의 책, 444~445쪽.
23) J. Bright, 『이스라엘 역사』 (크리스찬 다이제스트, 1993), 404쪽.
24) 장일선, 『다윗왕가의 역사이야기: 신명기 역사서 연구』 (대한기독교서회, 1997), 809쪽.

므나쎄의 아들 아몬이 즉위한 지 얼마 안 되어 피살되자 정국에는 회오리 바람이 몰아쳤다. 암하아레츠가 다시 등장하여 살해자들을 죽이고 8세의 요시아를 등극시킨 것이다. 그 내막을 알 길은 없으나, 이 왕의 집권에는 암하아레츠 외에 레위인, 그리고 왕실 서기관 집단 등이 개입되어 있었으며, 그 중심부에는 예루살렘의 고위 사제와 일부 중앙의 귀족 세력이 있었다. 이들이 권력 연합을 형성하고 안정된 수권 기반을 갖추기 위해 시행한 정책이 이른바 요시아 개혁인 것이다.[25] 잘 알려져 있다시피, 이것은 히즈키야 개혁의 재판이라 해도 과언이 아니다. 하지만 성서에는 이 개혁에 관한 많은 정보가 내장되어 있을 뿐 아니라, 그것의 깊은 의의에 대한 반응이 야훼 신앙사 앞뒤를 오르내리면서 펼쳐지고 있다. 특히 역사적 기억으로서는 사망했던 히즈키야 개혁이 후대의 요시아 개혁의 신학화 과정에서 부활하게 된다. 즉 요시아 개혁이라는 역사적 사실이 히즈키야 개혁을 부활시킨 것이 아니고, 요시아 개혁의 신학적 혹은 신앙적 성찰이 히즈키야 개혁을 독자의/우리의 신앙사적 기억의 무대 위로 소생시킨 것이다.

그런데 요시아 개혁호의 출범을 이해하기 위해서는 국제 정세상의 변화와 맞물린 국내의 정세 변화를 고찰해야 한다. 당시는 국제적 세력 재편기였다. 앗시리아-이집트로 이어지는 국제적 패권 국가 연결망이 바벨론-메디아로 이어지는 연결망에 의해 대체되던 시기였다.[26] 이러한 상황은 유대 조정에서 므나쎄 정권의 배후 세력인 친앗시리아 파를 크게 위축시켰다. 아마도 므나쎄를 이어 등극한 아몬의 피살은 당시 집권층의 이러한 불안감과 결부된 것으로 보인다. 이것은 필시 도전 세력을 결집시킬 명분이 되었을 것이며, 대중의 공공연한 정치 개입을 자극하는 계기가 되기도 했을 것이다.

---

25) Patricia Dutcher-Walls, "The Social Location of the Deuteronomists: A Sociological Study of Factional Politics in Late Pre-Exilitic Judah," *JSOT* 52 (1991).
26) Miller & Hayes, 앞의 책, 487~490쪽.

대지주 귀족의 횡포로 예농화되어 가던 소토지 보유농 계층의 불만이, 마치 증기가 솥뚜껑을 밀치고 대기로 치솟듯 터져 나왔다. 왕정 사회에서 왕의 피살이라는 상황은 그토록 민감한 사안이었던 것이다. 여간해선 불만이 저항으로 전화되기 어려운 집단 속성을 가진 농민층이, 왕의 피살이라는 비보를 전하며 선동한 일단의 사람들[27]에 의해 정치적으로 동원된 것이리라.

준혁명 상황에서 집권하게 되었음에도 요시아 정부가 개혁 정책을 본격화한 시기는 재위 제18년부터다.[28] 그만큼 도전 세력이 만만치 않았다는 얘기다. 필시 이것은, 쇠퇴일로에 있었음에도 여전히 유대 인근에서 위협적인 힘을 갖고 있던 앗시리아의 위세와 무관하지 않을 것이다. 아무튼 요시아 정부는 이 문서로 인해 개혁의 고삐를 바짝 움켜쥘 수 있었음이 분명하다. 마치 혁명기와 같던 집권 상황처럼 고위 사제, 왕실 서기관, 왕실 예언자, 고위 관료 등의 연대가 가시화되고, 농민을 선동하는 대중 예언자들의 활동이 활발해졌다. 일시에 개혁 연합은 대세가 되었고, 저항 세력의 입지는 크게 위축되었다. 이런 분위기를 타고 왕실과 집권 세력은 개혁 정책을 본격화할 수 있었던 것이다.

성서는 이 개혁의 사회적 특성에 대해 많은 관심을 기울이고 있다.[29] 넓은 의미로 요약하면, 대지주들의 치부 수단을 억제함으로써 예농화되어 가던 농민을 복원시키고, 그럼으로써 대지주 귀족의 국정 개입 능력을 약화하여

---

27) 이러한 임무는 요시아 개혁호의 주역이 된 레위인과 일단의 사제들이 수행했을 것이며, 여기에는 조정의 고위 인사들이 관련되었음이 분명하다.
28) 「열왕기」와 「역대기」는 모두 요시아 제18년에, 일반적으로 「원신명기」라고 알려진 율법 책을 발견했다고 보도한다. 그런데 「역대기」는 개혁의 시작을 재위 12년이라고 한다. 이것은 요시아가 20세 되는 해인데, 아무래도 작위적인 냄새가 난다.
29) 캘빈이 요시아 개혁의 최대 목표를 재정 확보 문제와 결부시킨 것은 이 개혁의 정치적 성격을 단적으로 말해 준다.(W. Eugene Calburn, "The Fiscal Basis of Josiah's Reforms," *JBL* 92, 1973, p. 22) 그러나 우리는 이 개혁의 정치적 과제는 바로 다음에서 언급할 사회적 과제와 긴밀한 관계가 있음을 강조하고 있다.

결과적으로 왕권을 강화한다는 전략에 초점이 맞추어져 있었던 것 같다. 여기서는 요시아 개혁의 국가 복지적 차원에 대해 간략히 언급하고자 한다.

우리가 주목할 것은 「신명기」 14장 22~29절에 반영된 십일조에 관한 규정이다.[30] 당시 십일조는, 오늘날과 같은 헌납금이 아니라 중앙 성소에 내는 일종의 조세였다.[31] 십일조에 관한 언급들이 예루살렘(「말라」 3:6~11 참조)이나 베델(「창세」 28:22, 「아모」 4:4) 등, 남북 이스라엘의 왕실에 부속된 중앙 성소와 관련되어 있다는 사실은 이것을 입증한다. 그렇다면 이 조세의 주요 부담자는 누구인가? 십일조와 관련된 전승은 '소출'의 십분의 일을 강조한다. 이것은 십일조가 인구의 절대 다수를 점하고 있던 소토지 보유농과 결합되어 있는 국세임을 암시한다. 부재 지주에게 소출 운운하는 것은 어색한 것이기 때문이다.

그런데 「신명기」 14장 22절 이하에 언급된 십일조는 "야훼의 성소에서 먹고 마시라"고 한다. 만일 십일조가 이렇게 운용된다면, 사실상 조세로서의 성격은 없어진다. 그럼에도 폐지를 명시하는 대신 이렇게 표현한 것은 소출의 십분의 일을 야훼께 "바치지 말라"고 명시할 수는 없었던 탓이리라. 결국 농민은 이 과중한 조세로부터 면세를 받게 되는 것이다.

그런데 이렇게 되면 국가는 도대체 어떻게 운용되는가? 그 대체 수입원이 전제되지 않고서는 도무지 기획할 수 없는 정책이다. 우리의 상상은, 그동안 전 국토의 많은 부분을 장악하고 있으면서도 조세를 포탈해 왔던 대지주 귀족들에게 국세를 징수함으로써 그것이 가능했다는 것이다. 그렇지 않

---

30) 나는 여기서 문헌 비평적 연구들을 통해 본문의 역사적 타당성을 논하지 않을 것이다. 물론 본문의 통일성에 관한 이견이 있는 것을 모르는 바는 아니지만, 내가 보기엔 이런 견해는 충분한 설득력을 결여하고 있으며, 더욱이 본문은 「신명기」 개혁의 역사적 특성과 놀라울 만큼 부합하고 있다. 그러므로 본문의 개요를 요시아 개혁과 결부시키는 것은 충분한 개연성이 있다.
31) F. Crüsemann, 「왕조 후기시대의 생산관계와 신명기의 사회법」, 『새로운 성서해석 무엇이 새로운가』 (한국신학연구소, 1987), 85쪽.

았다면 요시아 정부는 이런 조치를, 그것이 성공적이든 아니든, 결코 시행할 수 없었을 것이다. 그렇다면 요시아 개혁의 조세 정책은 농민을 예농화 또는 유민화했던 귀족의 토지 겸병 위협으로부터 농민을 보호함으로써 대지주 귀족을 견제하는 데 성공하였고, 이는 나아가 국내적으로 대중의 지지를 받는 체제의 통합을 가져왔으며 또한 국제 경쟁력의 강화를 이룩하였다고 할 수 있다. 그리하여 강한 수권 능력을 갖춘 정부를 구축할 수 있었던 것이다.

그런데 본문에 따르면, 요시아의 조세 개혁은 또 다른 조치와 결합되어 있는 것을 발견하게 된다. 28~29절에는 또 다른 십일조가 언급되고 있는데, 매년 드리는 십일조가 아니라 3년마다 드리는 십일조에 관한 얘기다. 이것은 거류하는 지역의 성채 안에 비축되어야 한다. 즉 십일조의 조세적 성격을 규정 지었던 중앙 성소와는 아무런 관계가 없는 것이다. 그리고 이것의 용도는 십일조가 비축된 지역의 '사회적 약자들의 생활 보조'와 관련이 있다. 다시 말하면 이것은 일종의 중앙 정부가 추진한 지방 단위의 '복지 기금'으로 활용되었다는 것이다. 이것은 면제년 제도의 도입과 함께,[32] 단순히 몰락 농민을 위한 수혜적 보호 조처만이 아니라, 그들을 다시금 노동 계급으로 복원시키는(welfare에서 workfare로 전환하게 하는) 재투자의 의미를 지녔을 것이다.

요컨대 개혁 주체인 왕실은 소토지 보유 농민의 예농화를 억제하기 위해 아래와 같은 정책적 조치를 취하고 있다. 첫째로, 조세를 3분의 1로 감세하여 농민의 조세 부담률을 대폭 낮추었다. 왕실은 국가의 체제 통합 비용을 농민의 조세로 충당하는 대신 대지주 귀족에게서 충당하고자 했다. 이미 말한 것처럼 이러한 조세 정책은 빈부 격차를 완화하여 막대한 부를 축적한

---

32) Crüsemann, 앞의 글, 87~90쪽 참조.

대지주 귀족 세력을 견제하는 정책 효과를 지녔다. 둘째, 몰락한 또는 몰락하고 있는 농민의 복귀를 위해 일종의 복지세와 면제년이라는 부채 탕감 조치를 과감히 도입했다. 여기서 우리는 시혜의 차원을 넘어서 '탈노동화한 대중을 재노동화' 하는, 이른바 '가치 창조적 사회 안전망을 구축' 하려는 정치 제도적 시도를 요시아 개혁에서 찾아볼 수 있다. 물론 이러한 「신명기」 개혁의 배경에는 분명 야훼주의적인 정신이 담겨 있었고, 이 정신이 반야훼주의의 온상인 정부 속에 일정하게 스며들 수 있었음을 반영한다. 또한 이 전통은 후대에 야훼 신앙사를 기술하는 과정에서 과거 역사를 해석하고 미래를 전망하는 해방적인 희망의 원리의 한 측면을 구성하게 되었다.

4

한국의 복지 수준은, OECD 회원국들과의 비교는 고사하고, 일인당 국민 소득 1만 달러 이상의 중상위 소득국들과 비교해서도 단연 최하위에 있다. 그나마 1987년 이후 분출한 노동 쟁의로 일부 노동 계급의 교섭력이 괄목할 만하게 증대한 대가로 '기업 복지' 가 확대되었다. 이것은 일본식 복지 제도를 이식하려 했던 결과로 보이는데, 자본주의적 시장의 폭력성으로부터 노동자와 기타 서민을 보호하기 위한 분배의 조절 기제를 기업에 전가시킨 면이 다분히 엿보인다. 게다가 국가 복지에 대한 기업 복지의 대체 효과는 일본의 경우엔 상당히 실질적이었던 반면, 우리 나라의 경우는 몇몇 대기업 노동자에 한정된, 그리고 그 질에 있어서도 매우 미미한 형식적 복지에 그치는 형편이다.[33] 더욱이 최근 한국 자본주의의 위기는, 이런 형식적 수준의 기업 복지마저 사치스런 현실로 만들어 버렸다. 이런 상황에서 국가

---

33) 송호근, 『열린 시장, 닫힌 정치: 한국의 민주화와 노동체제』 (나남, 1994), 386쪽.

복지 운운하는 것은 너무 한가한 얘기처럼 들린다. 그러나 복지 제도라는 것 자체가 자본주의적 '위기에 대한 인본주의적 대응'으로 고안된 것이라면, 위기 이후에나 복지 문제를 얘기하자는 주장 또한 얼마나 한가한 소린가? 인도네시아에서 일어난 폭동이나 미국의 인종 폭동은 고실업-고진입의 현실과 빈곤의 구조화가 사회적 안보에 얼마나 위험스런 것인지를 보여준다. 최근 국제노동기구(ILO)의 보고서에 따르면, 아시아 지역의 금융 위기는 예상한 것보다 훨씬 심각한 사회적 위기를 야기하고 있으며, 그에 따른 사회적 비용은 사회 안전망을 가설하는 데 드는 높은 비용보다 훨씬 더 클 것이라고 주장한다.[34]

더욱이 "경기가 바닥점에 도달했다"는 한국은행이나 모건-스탠리 보고서의 낙관적 전망에도 불구하고, 그것이 대중 사회의 '장밋빛 미래'를 약속하고 있는 것은 아니다. IMF 모범국이라는 멕시코가 겪고 있는 분배 구조의 파행성[35]은 신자유주의적 성장주의의 배설물이 얼마나 독성이 심한지를 여실히 보여준다. 자본이 선점한 지구화라는 세계적 변화의 압력 아래서, 국가/정부는 '공급 중심적' 역할에 치우칠 것을 강요받는 상황이다.[36] 즉 국가는 초국적 자본을 자국으로 유치하기 위한 지역 정책을 경쟁적으로 추구하지 않을 수 없게 되는데, 이를 위해서는 분배 구조의 악화를 억제하는 조절 능력의 포기 또는 양도를 수반하는, 이른바 '바닥을 향한 경쟁'(race to the bottom)에 몰두하게 된다.[37] 그렇게 되면 민주주의적인 사회적 협약이 와해되고, 마르틴과 슈만이 예상하는 '80 대 20의 사회', 약육강식의 정글 사회가 현실화될 가능성이 농후하다.[38] 한국은 'IMF의 상륙'을 계기로 지구

---

34) 『중앙일보』 1998년 12월 1일자.
35) 『한겨레』 1998년 2월 25일자의 한 기사에 의하면, 멕시코의 실질 실업률은 25~50퍼센트나 된다고 한다.
36) 김정훈, 「세계화, 포스트포드주의, 국민국가의 구조변동」, 『동향과 전망』 27(1995년 가을), 240쪽.
37) 정진영, 「세계금융과 민주주의: 공존이 가능한가?」, 『계간 사상』 (1998년 여름), 189~190쪽.

적 자본의 직접적인 사정권 안에 들어가게 되었다. 동시에 높은 실업률이 장기화/구조화되는 '고실업 사회'에 진입한 것으로 보인다. 이러한 사회에서 위험의 분배 메커니즘은 저숙련-저학력의 주변층에게 너무 많은 부담을 전가시킬 것이 예상되고 있다.

사실 김영삼 정부는 세계 경제의 이러한 추세를 예측하며 전향적인 국가 발전 전략을 모색한 바 있다. WTO 체제를 맞이하여 정부의 자본에 대한 국가 자본주의적 방제 수단이 시대착오적 유물임이 분명해진 상황에서 '정보화 사회에 대비하는 국가 경쟁력 강화 전략'의 입안되고, 그 일환으로 '작고 효율적인 정부론'이 나온다. 여기에는 크게 두 가지 대응 전략이 함축되어 있는데, 하나는 자본에 대한 정부의 '규제 완화'를 전제로 하는 신자유주의적 전략이며, 다른 하나는 하이테크 중심의 기술 경제 개발 전략이다. 이 점에서 김영삼 정부의 성장 모델은, 3공화국 이래 일관되게 추진되어 왔던 신중상주의적 성장 모델과의 분명한 차별성을 지니고 있으나, 다른 한편으로는 분배 구조의 형평성 문제가 유보되는 방식의 성장주의라는 점에서 과거의 권력과 연속성을 지닌다. 송호근은 이러한 김영삼 정부의 성장 모델이 "효율성의 사적 변환에는 성공한 반면, 공공성의 보장에는 실패하였다"고 평가한다.[39] 요컨대 한국 자본주의는 여전히 사회적 불평등을 넘어서는 '화해의 품성'을 제도화하는 데 실패했다.

백종국은 김영삼 정부의 자본과 기술 중심적 규제 완화 정책을 계기로, 한국 자본주의가 몇몇 재벌 기업의 이해 관계에 의해 국가적 정책이 좌지우지되는 천민 자본주의로 귀결하고 말았다고 비판한다.[40] 한국 자본주의의

---

38) H.P. Martin, & H. Schumann, 『세계화의 덫』, 강수돌 옮김 (영림카디널, 1996).
39) 송호근, 「세계화와 한국의 사회발전. '성장'에서 '인적 자원의 개발'로」, 『계간 사상』 (1995년 봄), 163쪽.
40) 백종국, 「민주화시대에 있어서 한국자본주의의 선택」, 구범모 엮음, 『2000년대와 한국의 선택』 (정신문화연구원, 1992).

주도 세력인 재벌은 무분별한 차입 경영과 지대 추구 행위(rent-seeking behavior)를 통해 그 천민성을 최대한 발휘했고, 한국 정부의 막대한 인적·제도적 자원은 한갓 이들의 후견인 노릇을 하는 데 그쳤던 것이다. 공공성에 대한 조절 능력을 상실한 정부의 정치의 실패와 시장의 실패는 서로 맞물려 있는 것이다. 여기서 우리는 지구화 시대의 비판적 신학 담론을 구상함에 있어, 민중 신학의 '공'(公)에 대한 문제 제기를 다시금 숙고하게 된다.

민중 신학의 공(公) 개념은 「창세기」 2장~11장에 대한 해석학적 상상력의 소산이다. 이 성서 텍스트는 확산 심화되어 가는 인간 사회의 죄성의 자기 증식을 신화적으로 묘사하고 있는데, 특히 이러한 죄의 원형을 '경합적 관계'(rival relation)와 결부시킨다. 첫 번째 범죄인 카인의 아우 살해는, 신께 예배 드리는 일에서조차 상대방을 경쟁자로 의식하는, 그리하여 상대방보다 우월한 자신을 확인하려는 욕망의 표현임을 보여준다. 한편 11장의 바벨탑 이야기는 이 세상의 언어를 하나로 통일시킨, 다시 말하면 이 세상에는 하나의 담론만이 존재한다고 확신했던 어떤 (가상적 혹은 실존의) 존재의 신 모방 욕망을 소재로 하고 있다. 이것은 자아 중심적인 총화만이 '진리를 향한 길'이라고 주장하는 배제주의적 도그마티즘을 전제한다.[41] 그런 욕망의 주역에게 있어서 신은, 자신이 도달하지 못한 권력의 정상에 존재하는 분으로 인식된다. 요컨대 이 이야기는 배제주의와 인간의 범죄의 연계성을 시사하고 있다. 그러므로 민중 신학자 안병무가 주장한 바, 아담의 죄를 '공적인 것을 사유화하려는 욕망'이라고 본다면, 공(公)의 문제는 '비경합성'과 '탈배제주의'를 요건으로 한다.

---

41) 「성서연구. 지구화 시대의 정의: '말'이 통하는 세계를 향하여. 창세기 11: 1-9」, 『평화를 만드는 사람들』 21 (1995년 여름).

이런 점에서 국가의 공공성은 경합성과 배제주의를 기본 속성으로 하는 시장의 기재에 위임할 성격의 것이 아니다. 요컨대 "자유의 실현은 자본의 경제 행위에 대한 국가의 규제 완화를 수반해야 한다"는 신자유주의적 이데올로기는 야휘즘적 정치 경제 윤리에 위배된다. 이런 점에서 송호근이 김영삼 정부의 규제 완화 조치에서 절차적 차원의 완화와 목적 차원에서의 완화가 뭉뚱그려 이해되는 우를 범했다고 문제 제기한 것[42]은 경청할 만하다. 다시 말하면 기업 활동의 목적 자체가 영리 추구, 즉 일체의 대상에 대한 사사화(私事化)에 치중되어 있는 한, 정부의 규제 완화가 공공성을 사사화하는 것으로 나타나서는 안 된다는 것이다.

물론 이것은 정부의 중앙 집중적 통제가 사회적 공공성 보존의 필수 조건임을 주장하는 것은 아니다. 민주주의는 다양한 민간 기관이 참여하여 사회적 합의에 의해 공공성의 제도화를 모색하고 실행하는 것을 그 이상으로 하며, 따라서 그러한 제도를 구체화하는 데 민주주의적 정부의 역할이 있다. 이런 점에서 사회의 합의적 정당성을 보다 잘 실현하고, 이러한 합의에 기초한 공공적 가치가 보다 효과적으로 작동될 수 있게 하기 위해 다양한 민간 기구들의 네트워크 형성이 필요하며, 국가는 이러한 네트워크의 운용을 감시하고 조절하는 기능을 담당하는 과제를 담지해야 한다. 김대중 정부가 시도한 노사정위원회는, 비록 효과적으로 작동되지 못했고 또 그 기획의 저의에도 의심스러운 면이 없지는 않지만, 그럼에도 공공성 수호 네트워크의 필요라는 점에서 시도 이상의 의의를 갖는다. 민주적 조합주의 방식으로 '계급적인 사회적 합의'를 도출해 내는 이러한 정치적 기술은 친자본적 정책의 필연적 한계인 '위험의 과도한 전가'를 견제하는 제도적 장치라 할 수 있다. 한국에서 이제까지의 정책이 지나치게 친자본적이었으면서도, 그로

---

42) 송호근, 앞의 글, 154쪽.

부터 발생할 위험에 대해서는 대중에게 과도하게 전가시키는 경향을 지녔다는 점을 감안하면, 그리고 최근 경제 위기의 주된 요인이 정부의 정치적 실패에 기인한다는 점을 감안하면, 이러한 정치적 실험은 적어도 한국에서는 분배와 효율성을 결합시키는 유용한 선택일 수도 있다. 한편 '제2건국 운동'의 차원에서 전개되고 있는 시민 사회 단체에 대한 지원 정책은, 적어도 그 정치 철학의 긍정적 측면은, 사회적 합의의 공공적 성격을 확대하는 또 다른 차원의 건설적 모색이라 평가할 만하다. 시민 사회 영역은 노사정 위원회 같은 민주적 조합주의의 시도가 담아 낼 수 없는 '탈계급'적인 사회적 의제를 입론화하는 역할을 담당할 수 있기 때문이다. 이상의 시도들은 배제당한 자들에 대한 사회적 보호 및 '재통합/복권'의 기재로서 작동하는 사회적 안전망의 역할을 담당할 수 있다. 문제는 불평등화를 억제함으로써 화해의 품성을 제도화하려는 기획이 어떻게 잘 구현될 수 있을지, 어떻게 지구적 자본의 민주주의에 대한 공습을 비껴 나갈 수 있을지를 모색하는 데 있다. 이것은 국가/정부를 둘러싼 정치적 의사 결정의 문제이다.

정치를, 제기된 의제를 둘러싼 사회 세력간의 의사 조정 과정이라 할 때, 사회적 의제의 대중적 신뢰도의 크기는 정치적 의사 조정에 미치는 영향력의 크기와 상응한다. 그러므로 설득력 있는 의제를 제기하는 것은 이미 그 자체가 하나의 실천이다. 따라서 해방적인 화해의 제도화를 향한 사회적 의제를 발굴하고 그것을 사회적으로 유통시키는 담론적 과제가 비판적 이론에 부여된다. 여기에 공의 신학의 위상학이 자리잡는다.

5

위에서 나는 단(斷)의 구체화/물질화를 위한 신학적 교두보를 논하는 데 있어 민중 신학의 공(公)의 문제 설정이 중요한 함의를 갖는다고 보았다. 바로 그 속성에서 오늘날 공공성의 수호자로서의 국가, 그리고 그러한 위기 관리 장치로서의 국가 복지적 제도를 요청하는 민중 신학적 실천 논리가 도출된다. 하지만 이 글을 마감하면서 나는 다시 단(斷)의 문제 설정에 의해, 공(公)의 문제 설정이 자칫 빠지기 쉬운 유물론적 환원주의의 오류를 견제해야 한다고 본다. '단(斷)의 신학'은 역사에서 영구한 인칙지를 구하지 않는다. 그것은 배제주의에 대해 끝없이 비판하는 순례의 여정을 그 신앙적·윤리적 품성으로 요구하고 있는 것이다. 그런 점에서 공의 신학이 '변혁의 수사학'이라면, 단의 신학은 타협 없이 세계 속의 고난과 대면하며 그 일그러진 역사를 폭로/증언하는 '고난의 수사학'이라 할 수 있다. 그리하여 단기적이고 국면적 실천 윤리로서의 공(公)이 '자기 형성적'인 희망의 원리를 함축한다면, 장기 지속적 실천 원리로서의 단(斷)은 '자기 해체적'인 신학적 희망의 원리를 지향한다. 모순적인 듯이 보이는 이 두 요소는 서로를 부르고 서로의 통합을 지향함으로써 하나의 담론을 대안적 실천 이론으로 자리 매김한다. 그러므로 지구적 자본 시대의 위기 속에서 희망의 원리를 탐색하는 민중 신학의 실천 담론은 이와 같이 자기 형성성과 자기 해체성을 순환하는 '단과 공의 변증법'을 요청하는 것이다.

분노의 정치를 넘어서
「요나서」의 반냉전주의적 실천

　인간보다 더 인간다운 '인조 인간' 대 기계보다 더 기계 같은 '인간'의 갈등. 리들리 스코트의 SF 영화「블레이드 러너」(Blade Runner)는 2019년의 인간 사회의 모습을 이렇게 그리고 있다. 그러나 이것은 단순한 '미래 그리기'가 아니라 이 영화가 만들어진 1980년대의 시점에서 '미래를 투시하는 거울에 반사된 인간'의 자화상이다. 이 영화는 미래 세계를 그렇게 보여줌으로써 현대 세계 문명의 모습을 비평하고 있는 것이다. 우리의 세상은 이와 같이 인간의 모습을 상실해 가고 있으며, 인간이 서 있어야 할 그 자리에는 정해진 명령에 따라서만 작동하는 기계와 같은 경직된 규칙의 노예들이 서 있다는 것이다.

　야훼의 백성보다 더 야훼의 백성 같은 '이방인' 대 이방인보다 더 이방인 같은 '야훼 백성'의 대조, 이것은「요나서」가 그리고 있는 문명 비평의 소재이다.

　이 문서는 문학 장르상으로는 하나의 단편 소설로 분류할 수 있다. 구약성서는 이것을 예언서에 포함시키고 있지만, 다른 예언서들에서는 좀처럼 볼 수 없는 형식과 주제가 이 텍스트를 지배하고 있다. 여기에서는, "이것은 야훼의 말이다" 등과 같은 상투적인 어투로 시작되는 '예언자의 선포'가 거의 들어 있지 않다. 오히려 저자는 예언자의 '예언자다운 진지함'을 한갓 웃음거리로 냉소하고 있을 뿐이다.

소설의 저자는 이러한 웃음거리가 될 주인공으로 '요나'라는 인물을 선택한다. 「열왕기」에 의하면 이 사람은 북왕국 이스라엘의 왕 여로보암 2세 (주전 782~752년) 시대의 예언자였다.(「열하」 14:25)[1]

여로보암 왕은 북왕국의 제2차 전성 시대를 구가한 통치자였다. 그는 이웃 나라들을 정복하여 영토의 확장을 도모한다. 「열왕기」에 의하면 그는 "하맛 어귀로부터 아라바 해에 이르는 이스라엘 영토를 되찾"았다고 한다.(「열하」 14:25) 하맛 어귀란 남부 시리아 지역을 말하며, 아라바 해는 사해를 가리킨다. 또 동시대의 역사적 상황을 전제하고 있는 「아모스서」에 따르면, 요르단 동편의 상당한 지역이 이스라엘에 복속되었다.[2] 여로보암 시대는 이스라엘이 시리아-팔레스틴 지역의 최강국이었던 오므리-아합 왕 시대에 버금가는 강대국으로 부상하던 시기였다. 그리고 요나는 왕의 이러한 팽창주의 정책을 열렬히 지지하는 자로 알려져 있는 저명한 예언자였다.(「열하」 14:25) 이런 인물을 「요나서」 저자는 주인공으로 '캐스팅'한 것이다. 요컨대 국력이 극도로 신장하고 국가 이데올로기가 최고조에 달할 무렵, 최고의 명성을 날리던 이데올로그의 한 사람을 주인공으로 하여 이 텍스트가 씌어진 것이다.

---

1) 북왕국 이스라엘의 왕 중에는 여로보암이라는 이름의 왕이 두 명 있다. 하나는 왕국의 창립자이고, 다른 하나는 요나 예언자 시대의 왕이다. 이 두 통치자의 즉위 시기는 약 140년이나 차이가 나며, 둘 사이엔 아무런 인척 관계도 없다. 그러므로 여기서 '2세'라는 표현을 쓴 것은 둘을 구분하기 위해 편의상 사용한 나의 용법이다.
2) 「아모스서」 6장 13절은 로드발과 카르나임 지역의 정복을 이야기하는데, 이 두 지명은 아직 확실하게 밝혀지지는 않았지만, 요르단 동편의 북부 길르앗 지역의 어느 곳을 가리킨다.(르드발: 「삼하」 9:4~5, 카르나임: 「창세」 14:5 등 참조)

야훼가 요나에게 명한다. "앗시리아의 수도 니느웨에 가서 심판을 선포하라."(1: 2) 앗시리아는 여로보암 시대 직후에 팔레스틴 강토를 유린했던 세계적인 대제국이었고, 정복된 지역의 항거자들에 대한 잔인한 보복으로 더욱 그 이름이 유명을 떨친 나라다.[3] 그리고 북왕국 이스라엘을 지도상에서 영원히 사라지게 했던 장본인이다. 그 당시에 관한 자료가 희박한 탓에, 우리는 이스라엘의 대중이 앗시리아에 의해 얼마나 잔혹하게, 얼마나 많이 희생되었는지를 밝혀 낼 수 없다. 그러나 이 대제국이 벌였던 일반적인 정복 전쟁의 모습에서, 그들에 대한 기억이 얼마나 몸서리치는 것이었으며 그 증오심이 얼마나 맹렬했을지를 미루어 짐작할 수 있다.

실존 인물 요나보다 4세기나 후대의 사람인 「요나서」 저자[4]는, 당대에는 이미 존재하지도 않는 과거의 나라인 앗시리아에 대한 인상을 요나 시대와 겹쳐 놓고 그것을 통해 자기 시대를 비추는 거울로 삼고 있는 것이다. 마치 영화 「블레이드 러너」가 2019년의 '미래'를 배경삼아 자기 시대를 향한 한

---

3) 여로보암 제위 직후 이스라엘을 침공했던 티글랏 빌레셀 3세(기원전 744~727년 제위)의 정복전을 기리는 한 그림(위의 그림)에 의하면, 순순히 항복하지 않고 저항했던 성읍에 대한 무차별한 잔혹한 학살 장면을 숨기지 않고 보여주고 있다.
4) 「요나서」 저자의 연대를 정확하게 추정할 근거는 희박하지만, 학자들은 대체로 기원전 4세기, 페르시아 식민지 시대라는 데 의견이 합류하고 있다.

편의 문명 비평극을 전개하듯이, 「요나서」도 '과거'를 배경삼아 자기 시대를 향한 한 편의 풍자극을 펼치고 있는 것이다.

요나는 야훼의 명과는 반대편 서쪽 땅에 있는 다르시스[5]를 향해 멀리 떠난다.(1:3) 니느웨 사람들이 혹 회개할까 두려워서였다. 그런데 큰 풍랑이 불어닥친다. 배가 위태롭다. 뱃사람들은 온갖 수단을 다해 이 격랑을 막아보려 하지만 허사였다. 사람들은 제각기 자신의 신을 향해 구원을 빈다. 그러나 결국 요나가 그 원인임이 밝혀졌고, 그는 자원하여 물 속으로 뛰어든다. 얼마나 숭고한 희생 정신인가!?

하지만 더 생각해 보자. 그가 뱃사람들을 구할 방도가 과연 그것밖엔 없었을까? 우선 떠오르는 것은, 그가 니느웨로 가겠다고 하는 것이다. 필시 저자는 요나가 하느님으로부터 이렇게 생각하게끔 강요당하고 있다는 인상을 받도록 독자들의 판단을 유도하였을 것이다. 하지만 그는 차라리 죽음을 선택한다. 목숨을 버릴지언정, 니느웨 사람들이 심판을 모면하게 할 수는 없다는 심사였던 게다. 하지만 야훼도 포기하지 않는다. 큰 물고기가 그를 삼키고, 사흘 만에 땅 위로 내뱉는다. 그 사흘 동안 물고기 뱃속에서, 그 죽음 같은 칠흑의 공간 속에서 마지못해 그는 니느웨로 가겠다고 자술하고야 말았다.

요나는 니느웨에서 심판을 선포한다. 그리고 도시 바깥, 한 눈에 도시가 내려다보이는 언덕에 자리잡아 심판 장면을 구경하려 한다. 하느님에게 승복했으면서도, 여전히 온전히 승복하지 않는 사람의 모습이다. 하지만 그가 지나치게 고집불통이라고 생각할 필요는 없다. 사실 인간의 편견이란 이토록 지독하지 않은가? 요나는 바로 그런 인간의 전형성을 나타내고 있다.

---

[5] 이 지명이 어느 곳을 가리키는지는 알려져 있지 않지만, 본문을 통해 우리는 이곳이 팔레스틴 서쪽으로 멀리 떨어져 있는 곳임을 추정할 수 있다. 아마도 저자는 동시대 이스라엘 사람들이 상상할 수 있는 지구의 서쪽 끝에 있는 지명을 사용했을 것이다.

그러나 이게 웬일인가? 기다리던 것은 오지 않고, 오히려 니느웨 백성이 회개하고 구원받는 일이 벌어지고 있는 것이 아닌가. 요나는 하느님을 향해 불평한다. 그리고 이 소설은 다음과 같은 야훼의 대답으로 끝을 맺는다.

"이 니느웨에는 앞뒤를 가리지 못하는 어린이만 해도 십이만이나 되고 가축도 많이 있다. 내가 어찌 이 큰 도시를 아끼지 않겠느냐?"

—「요나서」 4장 11절

요나는 파렴치한 사람이 아니었다. 이 소설의 독자들은 누구나 그 사실을 잘 알고 있다. 오히려 그는 의인 중의 의인이요, 예언자 중의 예언자다. 그는 그 사회의 가치관의 가장 의로운 표상 같은 존재였던 것이다. 그는 '야훼가 공의로운 분임'을 믿고 있다. 악을 행하는 자는 반드시 그에 상응하는 심판을 받아야 한다. 이것이 야훼의 뜻이고, 이것이 '야훼의 법'이다. 이 법은 곧 이스라엘 야훼 신앙의 체계요, 이스라엘 야훼 신앙의 제도다. 그러므로 이 법을 지키는 것은 야훼의 백성들의 체제와 제도를 지키는 의로운 자의 신실한 행위인 것이다.

요나가 대표하는 이스라엘의 정통적 신앙 체계는 야훼의 심판에서 결코 벗어날 수 없는 존재, 아니 벗어나서는 안 되는 존재의 하나로 앗시리아를 지목한다. 「요나서」—요나가 아니라—의 시대에는 이미 역사의 무대에서 사라지고 없는 나라를 말이다. 그러나 마치 한국전쟁이라는 과거의 경험이, 그 이후 오랜 시간 동안을 무수한 사람들에게 해도 되는 일, 해도 되는 생각과 해서는 안 되는 일, 안 되는 생각을 강제하는 '법'을, 그러한 '규범 체계'를 낳았듯이, 죽은 것이 유령처럼 살아서 산 자들의 행위와 사고를 구속하는 일은 「요나서」 시대 이스라엘 족속들 사이에도 분명 존재했다. 앗시리아를 향한 이스라엘의 저주는 그 저주를 뒤집어 쓸 대상을 찾아 두루 헤매는 유령이 되었다. 그러고는 혹 누군가 희생양이 발견되면 온 이스라엘의 저주를, 오물통을 뒤집어씌우듯, 그 위에 덮어 버린다. 앗시리아의 저주가 풍기는 그 악취는 이 희생양에게 누구도 친근하게 접근할 수 없는 상황을 연출한다. 어느덧 희생양은 저주받아 마땅한 존재로 누구에게나 자명하게 인식된다. 그리고 당국은 그를 향해 맘껏 화풀이한다―마치 모든 사람들의 적개심을 대리하듯.

'편견'이다. 지극히 치졸한 편견의 체계다. 엄정공대한 법임을 자임하고, 그것에 기초한 공의로운 제도를 주장하건만, 이스라엘의 법은, 그 체계는 한갓 과거의 경험에 붙들린 채 그 과거가 규정하는 규범의 노예가 된 것이다. 이 법은, 이 체계는 하나의 자아 중심주의다. 결코 타인을 받아들일 수 없게 하는 배제주의적 사고 체계인 것이다.

「요나서」는 이러한 자아 중심주의, 배제주의적 사고 체계를 하느님의 명령과 대립시킨다. 하느님 명령의 요체는 타인을 포용하라는 것이다. 이스라엘이 저주해 마지않는, 조금의 자비심도 허용할 가치가 없다고 생각했던 자들이라고 여겨지던 이들 가운데는 실상 무고한 사람들이―심지어 가축들까지―너무나도 많다는 것이다. 그들까지도 희생양으로 삼는 것을 허용할 수 없다는 것이다. 단순한 증오심을 증폭시켜 온 역사의 '단절'을 선언하는 것이다.

요컨대 하느님의 이 말씀은 이스라엘의 자아 중심주의의 해체를 주장하고 있다. 하느님의 명령과 자기 사회의 규범(편견을 수반하는 규범)의 대립, 이것을 어느 성서학자는 '요나 콤플렉스'라고 말한다. 다시 말하면 요나 콤플렉스는 '자아 중심주의 대 타자 포용주의'로 갈등하는 인간의 내면을 가리키는 말이다. 동시에 이것은 인간 개인을 넘어서, 사회 전체의 심리적·

정신적 갈등이기도 하다.

국가보안법은 우리 민족 내부의 배타주의적 가학성의 제도적 상징이다. 너무도 깊은 증오심이 터잡고 있어 쉽사리 개정 혹은 폐지되지 않는다. 지난 세월 동안 무수한 사람들의 인생을 잔혹하게 찢어발긴 그 법적 장치는, 그 혹독한 가학성만큼이나 오·남용투성이인 운용의 흔적으로 얼룩진 야만성의 대표적 표지였다. 지난 1998년 UN이 개정을 권고했을 만큼[6] 그것은 이미 국제 사회의 치욕스런 얼굴로 자리잡고 있다. 그럼에도 개정/폐지 논의가 있을 때마다 우리 사회의 법 운용 현실을 누구보다도 잘 알고 있고, 국제 사회의 시선에 누구보다도 익숙한 지식 사회에 속한 많은 사람들이 쌍수를 들고 일어나 반대 논지를 펼친다.

그러나 이런 대단한 이들의 오랜 시간에 걸친 '각고의 노력' (?)에도 불구하고, 우리 사회의 더욱 많은 사람들이 그 법의 개정/폐지에 공감하고 있는 것 또한 사실이다. 이때 많은 사람들의 문제 의식의 핵은 그것이 심각한 '인권 유린'을 낳고 있다는 데 있다. 반세기 동안이나 우리의 사고를 지배해 온 이러한 증오심의 장치가 무수한 희생양들의 피를 탐욕스럽게 먹어치우는 괴물의 형상을 하고 있다는 사실을 많은 사람들이 공유하게 되었다는 것이다. 물론 뿌리 깊은 반공주의가 그리 순순하게 물러가지는 않는 법이다. 여전히 우리의 또 다른 한편에는 유치한 충동에도 쉽게 분노하는 비성찰적인 모습이 있다.[7]

아직 분단 체제를 극복하지 못한 우리는 '냉전적 반공 규율 사회' 라는 배

---
6) 특히 국가보안법 제 7조, '찬양고무죄' 조항이 문제가 되었다.
7) 간간이 나타나서 우리 사회를 온통 이념의 난장으로 만들어 버리는 이른바 '색깔 시비'는 그런 실례를 보여준다. 또 지난 1999년 6월 남북 해군의 서해 무력 충돌을 둘러싸고 벌어진 남한 사회의 담론 양상은 우리가 얼마나 쉽게 분노의 장치에 비성찰적으로 휩쓸려 가는지를 드러내 주었다. 이에 관하여는 리영희, 「'북방한계선'은 합법적 군사분계선인가?」, 『반세기의 신화: 휴전선 남북에는 천사도 악마도 없다』 (삼인, 1999) 참조.

타주의적 자아 중심주의와 '대화적 민주주의' 라는 포용주의적 관계주의간의 긴장/갈등을 경험하고 있다. 요나 콤플렉스는 지난 시대의 유제를 간직한 채 21세기를 맞이하는 우리의 자화상이다.

  야훼가 지금 그러한 콤플렉스 아래 있는 우리를 향해 말을 건넨다. 온 몸으로 자신을 불사르는 한반도의 작은 예수의 입으로 말한다. 전투적 반공주의의 투사 '요나'를 풍자하고 냉소하는 이 땅의 또 다른 「요나서」 저자의 입으로 말한다. "이제 그만 너희의 자아 중심주의적 적개심을 버려라! 그 배제주의를 포기해라!" 사랑을 잃은 법과 체계는 결코 완전한 공의를 이룰 수 없다. 공의를 온전히 하려면, 타인을 받아들이려는 삶을 실천해야 한다. 야훼의 말씀이다. "내가 너희가 된 것처럼, 너희도 너희의 적개심의 대상, 너희의 희생양의 안으로 들어가라! 이것이 인간 기계의 법과 대립하는 나의 사랑의 계명이다."

제3부

교회의 위기와 반신학

탈정전적 성서 읽기의 모색

머리말

인류가 낳은 책 가운데서 최고의 스테디셀러 가운데 하나로 단연 성서가 꼽힌다. 성서의 시장성은 이미 정평이 나 있다. 한국 개신 교회의 경우 공인 성서[1]를 독점 출판하는 '대한성서공회'는 공인 성서 하나만으로도 상당한 이윤을 올리고 있다. 한국에서 그리스도교가 불교보다 교세가 큰 종교가 아님에도 출판 규모에선 불교 경전은 엄두도 낼 수 없을 만큼 우위를 점하고 있다. 그만큼 그리스도교에서 정전(Canon)의 지위는 타의 추종을 불허한다.

성서 교재 혹은 안내서의 시장도 이와 별반 다르지 않다. 이런 유의 책은 그리스도교 출판물 중 가장 안전한 기획 상품에 속한다. 그것은 그리스도교

---

1) 주지하듯이 한국 개신교는 하나의 종파가 아니다. 그리고 각 교파들간에 의사 소통도 그리 원활하지 않은 편이다. 더욱이 개신교의 교회들은 교파의 공식 입장이 개별 교회에 미치는 영향력이 상대적으로 매우 낮은 편이다. 그러므로 '공인'이라는 것을 공인된 기관의 인증 같은 것으로 볼 수 없다. 그럼에도 개신교 교회들은 절대 다수가 거의 획일적으로 하나의 성서 판본만을 선호한다. 최근 대한성서공회가 공들여 만든 『한글 표준판 새번역 성서』가 다른 한글 성서 판본들에 비해 상대적으로 많은 장점을 가지고 있음에도 불구하고 출판이 중단되고 유통되던 책들이 모두 수거되는 운명을 맞이해야 했던 사태에서 볼 수 있듯이, 공인 성서의 출판 시장은 확고부동하다.

인들이 성서 독해에 그만큼 큰 관심을 기울이고 있다는 사실을 반영한다.

그렇다면 과연 성서는 그 양적인 수용만큼이나 그리스도인들에게서 유의미한 책인가? 놀랍게도 성서에 대한 교회의 인식 수준은 그렇게 높은 편이 못 된다. 특히 한국의 경우는 훨씬 더하다. 이러한 현상은 평신도들은 말할 것도 없고, 심지어 성직자들에게서도 나타난다. 신학교에서 배운 성서에 관한 비평학적 지식들이 사목 활동에 "아무런 쓸모가 없다"는 말은 이젠 신학생들 사이에서조차 정설처럼 받아들여지고 있는 형편이다. 성서 본문을 하나 이상, 심지어 세 개씩 택하여 읽고, 그것과 관련해서 이야기를 펴는 설교에서도 사정은 마찬가지다. 수많은 설교자들은 성서에 관한 비평학적 연구서들을 독해할 능력도 없고 필요성도 느끼지 못하는 형편이다.[2] 그러니 성서를 통한 삶의 성찰이란 거의 공염불에 가깝다.

도대체 이러한 불균형이 발생한 이유는 무엇인가? 성서는 다른 것과는 비견할 수 없는 권위를 가지고 있고, 그래서 그것의 의의를 폄하하는 일체의 말이나 행동에 대해 조금의 관용도 베풀 수 없다고 생각하는 것이 그리스도교의 일반적인 성서관이라면, 그러한 광적인 관심이 왜 성서 해석/이해의 지성사적 혹은 반지성사적 전통을 보다 정교하게 발전시키는 동기로 이어지지 못했을까? 이 글의 문제 의식은 바로 이러한 질문에서 출발한다.

이와 관련해서 나는 '정전화'(Canonization)라는 제도 형성의 문제에 주목하고자 한다. 이것은 '(그리스도인이라는 추상적이고 집합적 행위자의

---

[2] 이것은 이론의 위기이기도 하지만 또한 교회의 위기이기도 하다. 여기서 '이론의 위기'론은 크게 두 입장으로 나뉘는데, 하나는 이론이 교회라는 현장으로부터 너무 멀리 떨어져나갔다는 것이고, 다른 하나는 이론이 교회의 감옥으로부터 벗어나지 못하고 있다는 것이다. 전자는 현대 그리스도교의 선교의 위기와 관련하여 제기되고 있으며, 후자는 현대의 문화로부터 게토화된 그리스도교의 자폐성을 문제시하고 있다. 따라서 이 문제 제기는 이론의 위기와 교회의 위기를 동일한 차원에서 질문한다. 나는 후자의 입장에 있으며, 따라서 이론의 위기를 '탈' 신학/교회화 프로그램을 통해서 넘어서고자 한다. 이것은 성서가 오늘 우리에게 유의미한 책이 되지 못하고 있다는 이 글의 문제 의식에 대한 나의 논의의 기조를 이루고 있다.

신앙 구조로서의) 그리스도교'와 '(개별적인 신앙 행위자로서의) 그리스도인' 간의 특수한 관계 맺음의 양식에 관한 물음을 정전의 형성에 관한 논의와 연계시켜 살펴보겠다는 것을 의미한다.[3] 우선 정전화 과정이 그리스도인의 신앙 형성과 어떻게 연관되어 왔는지를 말하고자 한다. 이것은 한편으로는 정전성(Canonicity)이 신앙적 성찰에 부정적으로 개입하게 된 과정을 탐문하는 것이며, 다른 한편으로는 성서 이해에서 정전성 문제가 비본질적인 것임을 밝힘으로써, 다른 방식의 성서 읽기의 가능성을 열어 놓고자 함이다. 그리하여 제3장에서는 탈정전적인 성서 읽기의 가능성에 대해 논함으로써, 삶을 성찰하는 데 의미 있게 개입하는 신앙 형성의 문제를 모색해 보고자 한다.

정전화 과정과 신앙의 형성

구약 성서와 신약 성서의 정전화 과정은 긴 역사적 논쟁의 산물이다. 나는 이것을 크게 두 단계로 범주화하여 이야기할 수 있다고 본다. 정전화 제1기는 '정전의 범위 획정' 단계인데, 그것은 대체로 다음의 과정을 거쳐 이루어졌다. ① 텍스트의 생산 및 유통→② 텍스트들의 집성→③ 텍스트들의 분류(권위에 따른 서열화)→④ 정전 범위의 획정. 이러한 정전화 과정은 다음 두 가지 사실과 연계되어 있다. 신앙 담론의 주체로부터 '대중이 탈각'되어 가고 있다는 점이 그 하나이고, 신앙 담론 형성이 '교회에 의해 독점'되어 가고 있다는 점[4]이 다른 하나다. 요컨대 예수 운동의 다양한 승계 양식 가운데 교회만이 살아남게 되었으며, 이 과정에서 교회의 위계적 직제

---

3) 나는 여기서 '제도'를 구조와 행위자의 관계 맺음의 실물적 또는 담론적 장치로서 이해한다. 즉 구조는 제도를 통해서 행위자를 제약하고, 행위자는 제도의 형성을 통해서 구조의 변형을 가져온다고 보는 것이다. 그러므로 제도화란 구조와 행위자의 관계 맺음의 역동적 과정을 다룬다.

화가 진척되면서 대중은 단지 수동적 대상으로 전락하고 말았다는 것이다.[5] 그리고 이러한 역사적 이행이 정전화 과정과 맞물려 있다는 것이다.

한편 이 단계는 두루마리 형태에서 코덱스(Codex) 형태로 문서 텍스트의 생산 및 보존 방식이 전환되는 시기와 일치한다. 하나의 두루마리에는 하나 혹은 몇 개 텍스트만이 수록될 수 있었지만,[6] 오늘날의 책과 같이 면을 첩첩으로 쌓는 코덱스 방식은 구약 성서나 신약 성서 전체를 한 권으로 묶는 것을 가능하게 했다. 이것은 정전화에 있어 대단히 중요한 요소인데, 왜냐하면 권위 있는 텍스트로 분류된 것들과 덜 권위 있는 것들을 가르는 명확한 전승 형식의 등장을 의미하기 때문이다.

한편 이러한 장정(裝幀) 방식의 발전으로 인해서—개별 두루마리들의 형태로서가 아니라—정전이라는 '묶음집'을 생산·보존하는 작업이 종교 엘리트의 주요 활동으로 자리잡게 되었다. '필사자'(서기관)라는 전문적 성직자의 위상이 크게 부상하게 된 것은 이런 맥락과 연관이 있다. 여기서 필사자들은 단순한 기술자가 아니라 필사에 관한 전문적 지식인이었으므로, 이들에 의해 '필사학'이 발전하게 된다. 엄격하게 적용된 필사의 원칙에도 불구하고, 그들은 단순한 복사본을 생산한 것이 아니었다. 다양한 난외주가

---

4) 유대교의 급진적 갱신 운동의 하나였던 예수 운동이 전통과 단절하고 하나의 독자적인 정체성을 가진 새로운 운동으로 전화하게 된 것은, 예수 사후에 전개된 일련의 후속 예수 운동들의 전개에서 비롯된다. 이때 지역에 정착한 공동체 운동으로서의 교회라는 모델은 점차 유일한 예수 운동의 승계 방식으로 자리잡게 된다. 그리고 그 과정은 정전화 현상과 긴밀히 연루되어 있다.
5) 이 말은 반대로 예수 운동의 다양한 양식—교회만이 승계의 양식을 독점한 것이 아니라—이 존재하던 시기에는 대중이 보다 적극적 주체로서 운동에 참여하였다는 사실을 함축한다. 가령 북아프리카 지역에서 초기의 대중 종교의 전개에 관한 한 연구에 따르면, 그리스도교가 고대 로마제국의 지배적인 종교로 부상하게 되면서 이단 분파화되었다가(4~5세기) 기어이 이슬람 신앙으로 전교(轉敎)하게 되는 과정(7~10세기)을 거쳤다고 한다. W.H.C. Frend, 「종교와 사회 변화」, 지동식 엮음, 『로마제국과 기독교』(한국신학연구소, 1983) 참조.
6) 두루마리의 길이는 대략 12미터 정도였다. 이것은 텍스트 편집의 크기에 영향을 미쳤는데, 가령 예언서 두루마리들은 이사야서, 예레미야서, 에제키엘서, 그리고 열두 예언자 두루마리 등이 있다. 이것은 각 텍스트의 크기가 두루마리 하나에 다 수록되어야 한다는 조건에 영향을 받았음을 시사한다.

포함되었고, 때로는 본문에 변형이 가해지기도 했다.[7] 이러한 텍스트 생산 방식 아래에서 본문 '표현 양식'의 완전한 고정화가 수행될 수는 없었다.

그리하여 비문자 대중은 텍스트로부터 철저히 소외되었던 반면, 교회의 전문가들 사이에서는 텍스트의 이해를 둘러싼 치열한 학파적 논쟁이 벌어졌던 것이다. 한편 교회의 지식층은 무지한 대중을 자신들의 신앙적 담론 속으로 포섭하기 위해 계몽적인 그림 텍스트를 생산하였다. 문자가 그림으로 번역되는 이 과정에서 어느 정도 자유로운 의미의 여백이 조성되었음은 물론이다. 하지만 여전히 이 단계에서 대중은 이해의 소극적 주체일 뿐이었다. 이와 같이 정전화 제1단계는 정전의 획정을 통한 '표현 양식'의 고정화가 강력하게 추진되었음에도 불구하고,[8] 실제로는 표현 양식의 고정화를 둘러싼 필사학 전문가들의 공론장이 형성되었으며, 이러한 공론장을 무대로 하여 성서가 신앙적 성찰의 텍스트로 이해되고 있었다. 물론 이러한 성찰의 주체는 전문적 지식인층이었다. 한편 대중은 그림 텍스트 등을 통해 소극적으로만 의미 형성에 관여할 수 있을 뿐이었다.

정전화의 제2단계는 정전 '표현 양식의 실질적인 고정화'가 수행된 시기로, 활판 인쇄 기술의 발전과 더불어 도래했다. 인쇄 출판 양식은, 자구뿐 아니라 글자 형태에서조차 완전히 같은 대량 복제를 가능하게 하였다. 더욱이 인쇄된 작은 글자체 덕분에 책의 부피가 현저히 줄어들게 되었으며, 제작 단가도 더 낮아졌다. 한편 종교 개혁과 더불어 성서의 자국어 번역 현상이 활기를 띠기 시작하였다.[9] 또한 교회 학교 운동(Sunday School Movement)을 포함한 공교육 운동이 활발하게 일어났다.[10] 그리하여 점차 인쇄

---

[7] 그것은 그들의 작업이 어느 정도 이본(異本)을 비평적으로 종합한 흔적이기도 하고, 때로는 문맥 또는 문법에 맞지 않는 것, 필사 당대의 언어 관습에 의해 의미가 와전될 우려가 있는 어투 혹은 불경스러운 어투 등을 고려한 가감첨삭의 흔적이기도 하다.
[8] 물론 이것은 표현 양식의 고정화가 의미의 고정화를 가능하게 하리라는 믿음에 기반을 두고 있다.

된 문서 텍스트의 이해 주체로서의 대중이 탄생하게 된다. 이제 다시 대중은 텍스트 읽기의 하나의 주체로 부상하게 된 것이다.

설교자/강론자 유형의 선동적 성직자의 위상이 격상된 것은 이런 현상과 연관성이 있다. 의미 생산 방식에 있어 이들이 담지하는 특징의 하나는 그것이 곧 텍스트와 대중간의 중계 과정과 연관되어 있다는 데 있다. 여기서 우리가 주목하게 되는 것은, 이들에 의해서 대중이 다시 성서 해석의 중요 요소로 복원되었다는 점이다. 설교자들의 텍스트 이해는 대중을 고려해야 했던 것이다. 하지만 그렇다고 이들이 이해의 이론을 발전시키는 데 기여한 것은 전혀 아니다. 왜냐하면 그들은, 전통적 지식이든 근대적 지식이든, 지성사적 사고를 진척시킬 수 없는 존재였기 때문이다.

이들은 고대나 중세의 지식인들인 필사자들이나, 대학을 중심으로 하는 근대적 지식인들만큼 해석의 깊이를 구가할 수 없었을 뿐 아니라, 그들로부터 지성사적 자산을 축적할 의지도 없었다. 왜냐하면 활판 인쇄술의 발전으로 필사 문화 자체가 소멸되거나 무의미한 영역으로 밀려났고, 근대적 지식은 반신성주의와 반교회주의에 기반하여 발전했던 탓이다. 그리하여 설교

---

9) 정전화 운동이 벌어지던 초기에는 성서적 텍스트들을 자국어로 번역하는 것이 어느 정도 활발히 이루어졌다. 이미 주전 3세기 경 이집트에서 번역된 헬라어 번역본인 70인역 성서(LXX)는 신약 성서 텍스트를 포함한 수많은 초기 그리스도교 문서들이 참조하거나 인용한 주요 텍스트였다. 또한 주후 3세기 중반 오리게네스가 편찬한 것으로 알려진 『헥사폴라』(Hexapola)는, 비록 현존하지는 않지만, 6개 국어 대조 성서로서 정전적 텍스트들의 번역 활동 및 문헌 비평적 연구가 얼마나 활발했는지를 시사한다. 그 밖에 아람어, 시리아어, 라틴어 등 여러 언어로 정전적 텍스트들이 번역된 바 있다. 하지만 정전화가 진행되고, 정전 텍스트 이해의 주체가 지식층에 한정되면 될수록 번역은 억제되는 추세를 띠게 되었다.
10) 프랑스 혁명 이후 평등주의 사상이 확산되는 것과 궤를 같이하여 공교육 사상과 그 제도화가 유럽과 신대륙을 중심으로 시도되었다. 특히 프랑스의 꽁도르세(Marquis de Condorcet)가 입법 국회에 제안한 '공교육의 일반 조직에 관한 보고 및 법안'(1793)은 그 중요한 계기를 이룬다. 그 이후 특히 19세기에 이르면 공교육은 일반화된 교육 사상으로 자리잡게 되며, 그것의 제도화는 전유럽으로 확산되었다. 이것은 문자 대중의 비약적 확대를 가져왔고, 이제 지식 대중의 출현은 부르주아 계층의 현상이 아니라 사회 구성원의 일반적 현상이 되었다.

자들에 의해 발전한 교회의 신학은 훨씬 가벼워졌고 대중화되었다. 가령 신앙적 명제들에 종교적 인과성을 부여하여 나열하는 단순 선형적인 교리가 발전하였다. 과거 필사자들은 정전의 해석을 위해 비정전적 텍스트들을 다각도로 참조하기도 했고, 동시대의 지성사적 혹은 반지성사적 성과물들과 대화하기도 했다면, 설교자라는 해석의 새로운 주역들은 정전 범위 내부의 텍스트에만 집착하게 되었고, 근대적 지식과는 별개의 신성화된 담론 영역을 구축하는 데에만 몰두하였다. 성서 텍스트 내부에는 모든 것이 들어 있고, 따라서 그것으로 족하다는 이해가 형성된다.[11] 그리하여 텍스트의 자구 하나하나가 결정적으로 중요해지며, 그것을 지키기 위해서 교회는 온갖 담론적 혹은 실물적인 제도적 장벽을 구축해 놓는다. 그것이 바로 '축자영감설'의 종교 정치학적이고 제도사적인 배경인 것이다.

이때 축자영감설이란 정전의 환원 불가능한 절대 진리성 주장의 한 형태라고 할 수 있는데, 여기에는 영원하고 절대적인 것과 순간적이고 제한적인 것이라는 두 공간 사이의 상호 불가침성을 강조하는 이른바 '두 왕국론'이 전제되어 있다. 정교 분리[12]의 원리는 논리적으로, 교회와 국가라는 제도적 실재가 각각 이 두 공간과 대응한다는 관점에서 도출되는, 일종의 '의미의 분업 체계'인데, 이런 관점에서 보면 신앙은 세상과 분리된 종교적 상징 행위를 통한 삶의 성찰 방식을 가리키게 되며, 따라서 세상을 향한 개입의 필연성은 부차적인 것 혹은 신앙 외재적인 것이 되고 만다. 그리고 어떤 외적

---

11) 여기서 우리가 혼돈해서는 안 되는 사실은, 그들은 텍스트 내부에 모든 것이 들어 있다고 믿었지만, 실상 그들의 이해 과정에는 대중이 관여되어 있었다는 점이다.
12) 그리스도교 담론에서 문명 비판성은 핵심적 전통에 속한다. 이것은 강력한 사회적 개입의 에토스를 낳는다. 하지만 정교 분리란 신앙 담론에서 이러한 요소를 소거하는 결과를 초래했다. 문명에 대한 비판적 특성은 반개입주의/탈속주의적 윤리와 결합되었고, 반면 테크놀러지의 문제는 기능적 차원으로만 받아들여졌다. 그리하여 교회는 근대적 지식에 대해 거리를 두고 있으면서도, 근대적 기술을 활용하는 데에서는 거의 무비판적이며 기능주의적 태도를 취하게 된다.

인/맥락적인 것에 의해 구애받지 않는 절대적 진리 주장으로서의 성서의 말씀은 신앙 형성의 절대적 준거가 된다. 그러므로 교회의 탈이데올로기적인 신학적/신앙적 주장은 동시에 현존하는 국가나 체제의 정당성을 문제시하지 않는다는 점에서 이데올로기적이다. 요컨대 근대 사회에서 반근대적 가치로 구성된 담론 공동체로서 교회는 존립하고 있지만, 또한 역사적으로 교회는 거의 언제나 보수주의적이고 부르주아적인 이데올로기적 개입을 선택해 왔던 것이다. 나아가 교회는 때로 훨씬 급진적인 역사적 개입을 실행해 왔는데, 가령 근본주의적 신앙에 따라 교회는 경계의 '안과 밖'이라는 이분법적 극단주의를 부추기는 장소로서, 급진적인 보수주의를 진투적으로 대변하곤 했다.

그런데 여기서 주목할 것은 축자영감설과 같은 조야한 성서 해석학은 새로운 성서 해석 주체인 설교자와 대중간의 상호 관계의 '부정적' 측면을 과도하게 드러내고 있다는 점이다. 근대적 문명의 질주 속에서 존재 상실의 위기에 직면한 대중은 절대적 가치의 잠재적 소비자가 되었고, 교회는 진공 포장된 절대성이라는 패스트푸드적인 종교 상품들을 개발함으로써 대중을 그리스도교의 영향권 속으로 포섭하였던 것이다. 그리하여 성서의 축자영감적 해석학은 교회 엘리트와 대중을 연결하는 공유된 가치로서 확립되었던 것이다. 이렇게 하여 그리스도교의 정전화는 범위에서뿐 아니라 표현 양식에 있어서도 완성되었다.

이상에서 우리는 정전화라는 제도 형성의 과정을 살펴봄으로써, 그리스도교(교회)와 그리스도인의 관계 맺음의 특수한 양상을 추론해 보고자 하였다. 그것은 크게 두 단계로 나누어지는데, 첫 번째 단계가 대중적 사회 종교 운동에서 비롯된 예수 운동이 대중을 '탈주체화' 시키는 종교로 전화되는 과정이라면, 두 번째 단계는 대중을 '재주체화' 하는 과정이다. 이때 대중은 근대적인 존재 상실의 위기감을, 한편으로는 역사에서 이탈함으로써 극복하는 전략을 취하며, 다른 한편으로는 특정 대상에 대한 '분노'와 '비관용'을 행위화하는 전략을 취함으로써 넘어선다. 그리고 이러한 대중의 행위 전략의 바탕에는 절대화된 이항 대립적 인식론이 있다. 여기에는 시간과 공간, 그리고 경험의 다양한 차이들이 무시되고, 획일화되고 균질화된 보편성이 주장되며, 정전은 그러한 보편적 진리성을 보증하는 종교적 의미 형성의 장치라는 점에서, 일종의 성서를 읽는 해석학적 준거 역할을 한다.[13]

그러므로 성서를 정전적 텍스트로 읽는다는 것은 대립항의 저편, 즉 '타자'에 대한 배타주의를 신념화한다는 것을 의미한다. 이러한 신앙적 신념은 타자를 향한 구원 담론으로 이어진다. 선교라는 개념은 타자를 구원하기 위한 신앙적 실천을 가리키는데, 이것은 미개 문명의 개화라는 기치를 내건 제국주의적 '식민주의'와 구조적 등가물을 이룬다. 요컨대 (집합적 주체로서의) 그리스도 '교' 건 (개별적 주체로서의) 그리스도 '인' 이건 그 정복주의적 담론은 끊임없이 식민화할 영토를 찾아 존재의 안팎을 오가며 추구하게 된다는 것이다. 따라서 만약 우리가 신앙에서 식민주의를 해체하고자 한다면, 성서의 탈정전적 읽기가 요청된다.

삶의 성찰을 위한 탈정전적 성서 읽기의 모색

성서 읽기에서 정전주의를 극복하는 방법은 크게 두 가지 접근 방식을 취

---

13) 텍스트 읽기의 방법으로 최근 '정전 비평 방법'이 제기되고 있다. 그러나 이 주장을 펴는 논자들조차 성서 내의 핵심적 사상을 중심으로 성서 전체가 구성되었다는 이른바 '성서 속의 성서' 론을 옹호하는 이는 없다. 하지만 한때 학계에서도 맹렬하게 불어닥친 이른바 '구원사학파'처럼, 성서 전체를 수렴하게 하는 중심적 관점의 존재에 대한 확신은 교회의 '성서 읽기' 관을 관통하고 있다. 요컨대 교회에서 정전에 대한 확신과 중심 사상에 대한 확신은 뗄 수 없이 연결되어 있다.

할 수 있다. 하나는 정전의 범위에 이의를 제기하는 것이다. 정전 범위가 확정된 이래 이것은 대체로 정통 그리스도 교회로부터 이단시된 신비주의적 소종파 집단들에게서 흔히 나타났던 현상으로, 가령 말일성도교회가 '몰몬경'을 정전적 텍스트로 채택한 것이 그 한 실례다. 하지만 이와 같이 자기 종파만의 계시의 책을 첨가한 것은 변형된 형태의 정전주의에 다름 아니다. 따라서 이러한 시도들을 정전주의의 극복 모색의 흔적으로 평가할 수는 없다. 또한 주류 그리스도교에서는 아직까지 정전의 범위 문제에 대해서 입장을 바꿀 기미를 전혀 보이지 않고 있다.

범위 문제에 대해서 우리가 특별히 주목할 것은 최근 북미의 예수 연구의 부흥을 주도하고 있는 연구자들, 특히 '예수 세미나'(Jesus Seminar)의 작업이다. 대중 매체의 대대적인 관심 아래 진행된 이 과제 집단의 첫 번째 기획 출간물인 『다섯 권의 복음서들』[14]은 정전에 포함된 네 권의 복음서 외에, 최근 예수 연구에서 가장 중요한 텍스트로 받아들여지고 있는 토마복음서를 포함시키고 있다. 이 세미나를 사실상 이끌고 있는 로버트 펑크(Robert Funk)는 여기서 한 걸음 더 나아가 20세기의 학문적 성과를 반영하여 신약성서를 다시 만들 것을 제안하기까지 한다.[15] 여기서 그는 주로 초기 그리스도교 문헌들 가운데서 학문적으로 유의미한 것으로 평가되고 있는 것들을 다수 포함한 새로운 정전을 만들 것을 주장하고 있다. 그의 이러한 주장은 그리스도교가 교회 중심주의를 넘어서 사회 문화적으로 가치 있는 종교로서 다시 태어나야 한다는 관점과 연결되어 있다. 학계와 (교회를 매개하지 않는) 대중 사회에서 예수 세미나와 펑크의 위치를 감안할 때, 이러한 시도는 문제 제기로서 적지 않은 파급력을 가질 것으로 평가된다.

---

14) *The Five Gospels. The Search for the Authentic Words of Jesus*(New York: Macmillian Publishing Company, 1993).
15) Robert W. Funk, 『예수에게 솔직히: 새로운 밀레니엄을 위한 예수』 (한국기독교연구소, 1999).

한편 민중 신학자 안병무는 일찍이 성서를 '고전'의 하나로 읽음으로써, 훨씬 급진적으로 정전의 범위 논의에 개입한 바 있다.16) 이것은 정전의 범위를 확장하는 완곡한 문제 제기를 훨씬 뛰어넘는 가히 도발적인 제안이라 할 수 있다. 왜냐면 정전의 범위를 전통적인 그리스도교의 경계를 월장하여 문화 전반의 영역으로까지 무한히 확장한 셈이기 때문이다. 이런 관점에서 더 나아가 안병무를 비롯한 민중 신학자들은 공히 전태일 담론을 신앙적 준거 텍스트로 삼음으로써 정전 논의의 진일보를 이룩하였다.17) 한국의 돌진적 근대화(rush-to modernization)의 파행성으로 인한 대중의 고통과 해방의 염원이 담긴 텍스트로서 전태일의 담론적 효과는 분명 정전적 권위를 갖는다는 것이다. 서남동은 김지하의 『장일담』과 성서를 상호 텍스트적으로 읽음으로써, 그의 성서 해석학이라 할 수 있는 '두 이야기의 합류' 론이 나오고, '민담의 신학', 나아가 '반신학' 론이 도출된다.18) 라틴아메리카 해방 신학이 '오늘 여기'의 역사성 문제를 '컨텍스트'로 취급하여 정전성 문제를 우회한 데 반해, 민중 신학은 이러한 물음을 텍스트-컨텍스트 논의로 접근하기보다는 또 하나의 준거적 텍스트로 수용함으로써, 정전성 문제를 정면으로 돌파했던 것이다. 그런 점에서 이러한 민중 신학의 접근은 탈신학/신앙화 프로그램의 두드러진 일면을 보여준다.

정전주의에 도전하는 두 번째 방식은, 성서 표현 양식을 고정화함으로써 의미의 고정화가 이룩된다고 믿는 정전주의적 망상에 문제 제기를 하는 것이다. 그런데 이러한 의미 고정화는 실상 정전적 텍스트 전체를 꿰뚫는 하

---

16) 안병무, 『역사와 해석』(대한기독교출판사, 1982), 제1장 참조.
17) 박성준, 『민중신학의 형성과 전개: 1970년대를 중심으로』(일본 立教大學의 1996년 박사학위 논문; 다산글방, 근간) 참조.
18) 서남동, 『민중신학의 탐구』(한길사, 1983) 참조. 또한 안병무도 '민중의 눈으로'라는 성서 읽기의 준거를 제시함으로써, 정전성 해체 논의에 보다 급진적인 방식으로 개입한다.

나의 본질이 있다는 믿음을 전제로 한다. 그런 점에서 그 '하나의 본질'은 정전주의의 해석학적 준거 역할을 한다.

그러나 성서가 하나의 본질을 갖고 있다는 전제는 오늘날 더 이상 받아들일 수 없는 명제임이 분명해졌다. 이것은 정전주의의 치명적인 위기를 가져다주었다. 왜냐하면 보편적 진리를 선포하는 것이 더 이상 불가능해졌기 때문이다. 그렇다면 그것에 기반해서 주장되었던 일체의 식민주의적 폭력성은 신앙적 근거를 상실하고 만다. 요컨대 정전주의를 공공연히 문제 제기하지는 않고 있음에도 불구하고, 심지어는 최근 일각에서는 (특히 구약 성서 연구의 경우) '정전적 비평학'(canonical criticism)이 폭넓은 영향력을 확대해 가고 있음에도 불구하고,[19] 근대 성서학은 이미 경전주의의 해체라는 무덤돌을 하나씩 쌓아 가고 있는 셈이다.

나는 여기서 정전주의의 해체를 본격화하는 해석학적 방법론을 모색하고자 한다. 이 방법론은 성서 비평학에서 이항 대립하는 두 차원으로 분리되어 다루어져 왔던 것을 서로 연계된 상호 의존의 과정으로 재설정하는 방식을 추구한다. 두 차원이란 '역사 비평학적 연구'와 '신학적 해석'을 가리킨다. 여기서 전자는 독서자라는 '가치 중립적 존재'가 텍스트를 역사적이고 비평적으로 다룬다는 점을 함축하고 있고, 후자는 독서자와 세계 그리고 텍스트 사이의 관계를 신학적으로 문제시한다는 것을 암시한다. 그리고 이 두 차원은 의미 형성의 순차적 과정으로 이해되어 왔다. 그러므로 후자의 관계는 '텍스트→독서자→세계'라는 의미 확산의 경로를 이야기하는 셈

---

19) 성서의 권위(authenticity) 문제에 대한 논쟁의 주된 기조는 하나의 중심적 진리가 사라진 토대 위에서 성서의 권위를 재구축할 대안적 가치가 무엇인지에 대한 것이다. 즉 이들 논자들은 의미의 탈구축 자체를 권위를 훼손하는 요소로만 가정하고 있다. 정전적 비평학은 바로 이러한 문제 의식을 텍스트 비평에 전면화한 해석 방식이다. 이에 대한 고전적 텍스트인 B.S. Childs, *Biblical Theology in Crisis* (Philadelphia, 1970) 참조.

이 된다. 요컨대 후자의 표현에 담긴 '해석'이라는 말은 대화적이라기보다는 수직적이고 위계적이다. 반면 나는 이 두 차원을 성서 텍스트의 '표현 양식에 주목하는 것'과 텍스트에 대한 '독서 양식에 주목하는 것'이라고 재설정함으로써 양자가 필연적으로 연계되어 있다고 보고, 특히 그 관계를 쌍방화하고자 했다. 그리하여 텍스트를 통한 의미 형성이 '대화적 구조'를 갖는다고 이야기하는 것이다.

여기서 우리가 주지할 것은 성서의 표현 양식 속에는 다양한 사회 문화적인 차이들이 함축되어 있다는 사실이다. 성서는 역사적 층위가 상이한 원텍스트들의 퇴적층을 담고 있다. 상이한 시기는 서로 다른 사회 문화적 맥락을 전제한다. 또한 성서에 포함된 여러 텍스트들은 장르상으로나 저술가적 관점으로나 천양의 차이를 갖고 있다. 가령 시적 텍스트가 있는가 하면 역사 서술적 텍스트가 있고, 또 예언적 텍스트가 있는가 하면 지혜적 텍스트가 있다. 은유가 표현 방식의 중심을 이루는 것과 설득적 설명이 주를 이루는 것, 그리고 공적이고 역사 철학적인 기술과 사적이고 도덕 철학적인 기술 사이에는 상이한 의미화 전략이 들어 있다. 또 예언자와 사제 그리고 정치가의 언술들이나, 지배 당파와 도전 당파의 수사는 표현 양식을 곧이곧대로 받아들여 의미를 구성하는 것이 얼마나 무모한 것인지를 여실히 보여준다. 그 밖에도 등장 인물의 성별도 표현 양식에 미치는 영향이 지대하다. 또 그 텍스트들의 공간적 배경도 유념할 필요가 있다.

이러한 차이들은 텍스트에 감추어진 사회 문화의 차이를 진지하게 고려할 것을 요청한다. 가령 「사무엘기」 텍스트에서 사울과 다윗에 관한 표현에서, 다윗은 약탈자로서 활동하기도 하고 야훼 제의를 임의대로 주관하기도 하는 모습을 보이고 있지만, 그것이 그의 지도력의 문제로서 비판되지 않았다. 반면 사울은 바로 그것이 그의 실패의 결정적 요인으로 비판받고 있다.

이러한 이중적 기술에서 우리는 해석의 어떠한 중심점도 발견할 수 없다.

먼저 우리는 텍스트 속에 함축되어 있는, 동시대 인물인 두 사람간의 사회 문화적 차이를 눈여겨볼 필요가 있다. 반군주제적 기조의 지파 동맹 사회에서 중심적 위치를 차지하고 있는 지파(베냐민 지파)의 일원인 사울과 소외된 변방 지파(유다 지파) 출신 다윗 사이의 차이가 그 한 이유일 수 있다. 또 그 사회를 대표할 만한 훌륭한 가문 출신으로 지파 동맹의 지도자로 추대된 인물 사울과 보잘것없는 가문 출신으로 무뢰배들을 거느리고 다니는 '주먹파 보스' 다윗이라는 사회 문화적 차이도 고려해야 한다. 한편 이런 공시적 차이만이 아니라 통시적 관점도 적용할 필요가 있다. 두 인물의 활동 시기가 지파 동맹 해체기였다면, 이 텍스트의 초기 형태가 문서화된 시기는 군주국 초기였다. 그런데 이 나라는 다윗 가문에 의해 통치되던 나라다. 그러니 역사적 정보를 해석할 때 두 인물에게 이중 잣대가 적용되었을 가능성이 충분히 있다. 이상의 사회 문화적 차이는 두 인물에 대한 텍스트의 표현 방식의 차이를 노정하는 데 관여하고 있다. 이것은 기어츠(C. Geertz)나 단턴(R. Darnton) 류의 '두터운 묘사'(thick description) 방법에 의거한 역사적 분석에 속한다.[20] 이러한 방법은 끊임없이 텍스트에 함축된 상이한 사회 문화적 차이들을 찾아냄으로써 텍스트의 의미 구조를 읽어 내는 데 유용하다. 여기서 역사가로서의 텍스트 해석자는 끊임없이 새로운 차이의 관점을 찾아냄으로써 언제나 창조적으로 텍스트 읽기에 개입해야 한다. 그런 점에서 이러한 의미화는 결코 종결을 지향하지 않는다. 그보다는 계속된 텍스트에 대한 차이의 물음이 요구되는 것이다.

그런데 이러한 차이들에 대한 문제 의식은 독서 양식과 관련되어 있다.

---

20) C. Geertz, *The Interpretation of Cultures* (New York: Basic Books, 1987); R. Darton, 『고양이 대학살: 프랑스 문화사 속의 다른 이야기들』, 조한욱 옮김 (문학과지성사, 1996) 참조.

즉 독서가 어떤 사회 문화적 맥락과 접속되어 있느냐에 따라 상이한 문제의식이 형성될 수 있는 것이다. 가령 아브라함과 그의 아내 사라와, 사라의 몸종이자 아브라함의 첩인 하갈에 관한 「창세기」(16: 1~16: 21: 9~21)의 텍스트를 보자. 이 이야기에는 사라와 하갈의 운명이 새옹지마(塞翁之馬)식으로 역전되는 상황이 그려져 있다. 여기서 운명의 계기는 남편(아브라함)이 어느 편을 들어 주느냐와 남자 아이를 누가 낳았느냐의 문제와 연관되어 있다. 즉 텍스트 속에는 배제주의적 성의 문제가 일관된 사회 문화적 맥락을 이루고 있다. 그리고 남자인 아브라함의 모습은 중립적인 데 반해, 두 여자는 투기하는 부정적 모습을 보여준다. 이것 또한 성적 편견의 사회 문화적 맥락을 함축한다. 또한 여기에는 주인인 사라와 종인 하갈, 이스라엘 여자 사라와 이집트 여자 하갈, 이스라엘의 조상[大母]이 된 사라와 광야의 야만적인 부랑자 족속의 조상 하갈이 대립되고 있다.

만약 독서자가 성별의 문제에 초점을 두면서 세계와의 접속을 모색하고 있다면, 이 텍스트를 그는 성적 배제주의의 시각에서 읽어 낼 수 있다. 또 그가 지방색에 주목한다면, 하갈과 사라의 텍스트 이면에 깔린 종족간 갈등에 유념하면서 이 텍스트에서 의미를 구성하려 할 것이다. 반면 그가 계급적 관점에 주목하고 있다면, 주인과 종이라는 사회적 관계를 더 천착하면서 텍스트를 읽을 수 있다.

이러한 읽기의 가능성은 독서 양식이 텍스트의 표현 양식에서 의미를 찾아내는 해석 과정에 영향을 미친다는 사실을 함축한다. 그리고 이러한 읽기는 정전주의를 해체하고, 단 하나의 보편적 진리를 받아들이지 않는다 하더라도, 세계와 연계된 자신의 신앙적 성찰을 위한 성서의 목소리들'을 들을 수 있게 한다. 이 경우 우리가 성서의 권위를 주장할 필요가 있다면, 그 권위의 근거는 이러한 삶의 성찰에 개입하고 있는 성서의 존재에서 찾을 수 있을 것이다.

그렇다면 성서가 다성(多聲)적 텍스트라는 바로 그 사실 때문에 다성적 세계인 우리의 생활 공간과 연계된 의미를 성서에서 읽어 낼 수 있는 것이 아닌가? 성서는 삶의 성찰을 위해 신앙적 이해의 가능성으로 우리와 마주할 수 있다. 그런데 정전으로서의 성서는 그것을 방해한다. 그리고 정전으로서의 성서는 교회 중심주의와 결탁되어 있다. 여기에 교회로 실존하는 그리스도교에 대한 비판이 필요하게 되며, 탈정전적 성서 읽기는 "교회를 넘어 예수에게로!"라는 구호를 내지르고 있다.

'탈교회적 주체'의 신앙을 향해
'역사의 예수' 담론의 정치성

1

최근 예수의 역사성에 관한 연구가 부흥하고 있다. 20세기 내내 고전을 면치 못하던 이 방면의 연구가 1980년대 이후 다시 활기를 띠고 있는 것이다.[1] 무엇보다도 무수한 양의 연구서들이 출간되고 있다는 점이 그것을 말해 준다. 아울러 한 세기를 대표한다고 해도 과언이 아닐 문제작들이 이 시기에 속속 발표되었다. 더욱이 최근 논의들은 연구실 안에서의 현상만이 아니라는 점이 특별히 주목된다. 즉 이 연구의 지적인 자극이 대중 매체를 통해 폭넓게 대중적 관심을 불러일으키고 있다는 것이다.[2] 그런 점에서 최근의 이 현상은, 소란스럽게 문제 제기되다 얼마 안 가서 슬그머니 사라져 버린 지난 1950~1960년대의 경향과는 비교할 수 없이, 중요한 연구사적 계

---

[1] '역사의 예수'(historical Jesus) 연구사에 관하여는 W. Barnes Tatum, *In Quest of Jesus. A Guidebook* (John Knox Press, 1983); N.T. Wright, 「역사의 예수 연구사: '고전적 질문', '새로운 질문', '제3의 질문'을 중심으로」, 김진호 엮음, 『예수 르네상스: 역사의 예수 연구의 새로운 지평』(한국신학연구소, 1996) 참조.
[2] 로버트 펑크(Robert Funk)가 주도하는 '예수 세미나'(Jesus Seminar)의 역할은 가장 두드러진 예라고 할 수 있다.

기를 보여주고 있다고 평가된다.

물론 북미 지역 너머에는 그 파장이 아직은 상대적으로 미미한 사정에 있다. 하지만 이 새로운 연구 분위기는 곧 전세계적으로 확산될 것으로 보인다. 이미 우리 나라에도 최근의 연구를 대표할 만한 주요 저작들이 여러 권 번역 출간되었고,[3] 그 경향을 소개하는 혹은 그에 상응하는 독자적인 성과를 담은 수권의 저술과 여러 편의 논문들이 제출된 바 있다.[4] 그런 점에서 최근 예수 연구의 부흥은 동시에 우리의 현실이기도 하다.

그런데 '역사의 예수' 연구를 '담론 현상'이라는 관점에서 점검해 보는 작업은 적어도 한국 신학계에선 거의 전무한 형편이다. 이 글은 민중 신학적 관점에서 '역사의 예수' 담론의 정치성을 조명하려는 데 초점이 있다. 여기서 민중 신학이란, '한국적 근대성에 대한 비판적 개입으로서의 탈/반 신학적 모색'이라고 정의할 수 있다. 요컨대 '역사의 예수' 담론을 통해서

---

[3] M. Borg, 『예수 새로 보기』, 김기석 옮김 (한국신학연구소, 1997); M. Borg, 『미팅 지저스』 (홍성사, 1995); J.D. Crossan, 『예수는 누구인가』 (한국기독교연구소, 1998); J.D. Crossan, 『역사적 예수』 (한국기독교연구소, 2000); J.D. Crossan, 『예수: 사회적 혁명가의 전기』 (한국기독교연구소, 근간); E.S. Fiolenza, 『크리스찬 기원의 여성 신학적 재건』 (도서출판 태초, 1993); R. Funk, 『예수에게 솔직히』 (한국기독교연구소, 1999); R.A. Horsley, 『예수운동: 사회학적 접근』 (한국신학연구소, 1993); R.A. Horsley, 『크리스마스의 해방』 (다산글방, 2000); B. Mack, 『잃어버린 복음서: Q 복음과 기독교의 기원』 (한국기독교연구소, 1999); E.P. Sanders, 『예수와 하느님나라』 (한국신학연구소, 1997); G. Thei en, 『예수운동의 사회학』 (종로서적; 1981); G. Thei en, 『역사적 예수 연구』 (다산글방, 2001); G. Vermes, 『유대인 예수의 종교』 (은성, 1995); Borg & N.T. Wright, 『예수의 의미: 역사적 예수에 대한 두 신학자의 논쟁』 (한국기독교연구소) 등.
[4] 김명수, 『원시그리스도교 예수 연구』 (한국신학연구소, 1999); 김진호, 『예수 역사학: 예수로 예수를 넘기 위하여』 (다산글방, 2000); 소기천, 『예수 말씀의 전승 궤도』 (대한기독교서회, 2000); 조태연, 『예수운동: 그리스도교 기원의 탐구』 (대한기독교서회, 1996); 엮음집으로는 김진호 엮음, 『예수 르네상스』; 최갑종 엮음, 『최근의 예수 연구』 (기독교문서선교회, 1994). 그 밖에 주요한 소논문들로 김덕기, 「마가복음의 비유들(4장 1~34절)에 대한 문학사회학적 비평: 예수, 예수운동, 마가의 구조론적 연관성에 관한 탐구, 1&2」, 『신약논단』 3 · 4 (1995 · 1996); 김형동, 「Q 연구: Q의 해석학적 열쇠로서의 하나님 나라와 그 나라의 거부」, 『신약논단』 6 (2000). 한편 예수 연구의 실천적 적용에 관한 참신한 연구로 김덕기, 「토착화의 근거로서의 타자와 언어 이해」, 『신학사상』 101 (1998년 여름); 김준우, 「예수의 반세계화 전략」, 『세계의 신학』 49 (2000년 겨울); 한인철, 「역사적 예수와 종교간의 대화」, 『세계의 신학』 48 (2000년 가을) 등이 있다.

나는 '교회적 주체'의 이론적 재생산 장치로서의 신학에 대한 해체적 문제 제기를 논하고자 함이다. 이러한 맥락에서 예수 담론의 정치성은 '탈교회적 주체로서의 신앙'이라는 문제 설정을 오늘 우리에게 제안하고 있다고 보는 것이다.

2

지난 두 세기에 걸친 예수 연구사가 도달한 하나의 귀결점은 교회의 신앙에서 '역사의 예수'에 관한 물음이 꼭 필요한 것은 아니었다는 것이다.[5] 그럼에도 예수를 전제하지 않는 교회는 있을 수 없다. 즉 교회의 정당성 구축에 있어서 예수의 존재는 절대적 조건인 것이다. 이때 후자를 예수학계는 '케뤼그마적 그리스도'라고 명명함으로써 변별된 두 개의 예수상은 일체의 예수 연구의 전제 조건이 되었다. 전자가 '선포자'로서 실재했던 예수에 관한 실증적 역사학과 관련된다면, 후자는 교회의 맥락에서 신앙의 대상으로 '선포된' 신학화된 예수와 관련된다. 20세기 후반에 이르기까지 예수 연구사는 이 두 예수 이미지 사이에서 그 거리를 해석하는 데 온 힘을 기울여 왔던 역사였다고 해도 과언이 아니다.

그러나 실증주의 역사학 이후의 세대로 가다머(H.G. Gadamer)의 영향을 받은 에벨링(Gerhard Ebeling)의 문제 의식처럼,[6] 해석과 역사는 결코

---

[5] 19세기와 20세기의 가장 위대한 신약학자들 한 사람들인 마틴 켈러와 루돌프 불트만은 주된 관심이 서로 달랐음에도 공히 실존 인물 예수의 역사적 재구성에 대한 (랑케의 역사학에 지대한 영향을 받고 있던) 동시대 예수학계의 왕성한 논의와는 일정한 거리에 있는 그리스도교 신앙의 진수를 강조하려 했다. 그리하여 켈러는 historisch와 geschichtlich를 구분했고, 같은 맥락에서 불트만은 Der historische Jesus와 Der kerygmatische Christus를 구분하였다. Martin Käller, *The So-Called Historical Jesus and Historic, Biblical Christ* (Philadelphia : Fortress Press, 1964; 독일어 원본은 1982); Rudolf Bultmann, 『신약성서신학』 (성광문화사, 1983; 독일어 원본은 1958).

구분될 수 없다. 그러므로 이분법적으로 범주화된 두 예수상은 기실 서로 별개로 실재할 수는 없다. 그리스도교 신앙 담론에서 양자는 끊임없이 경합하고 상호 침투한다. 그리하여 담론 속에서 예수상은 불균등하게 상호 침투된 하나의 모습으로 실재한다. 단 일반적으로 교회에서의 예수의 재현은 케뤼그마적 그리스도에 의해 과잉 결정되어 왔다는 점은 부인할 수 없는 사실이다. 그런 점에서 예수의 역사성에 관해 묻는다는 것은, 의도된 것이든 아니든, 교회의 예수 텍스트[7]에 대한 '해체적'인 언술 효과를 지닌다.

더욱이 예수의 역사성에 관한 물음은 신학사에 관한 시야를 '교회 너머'로 향하도록 한다. 즉 이 물음은, 교회가 어떻게 형성되었느냐에 관한 알리바이를 제공하는 교회사적 논의들과는 달리, 그것의 '뿌리'가 어떠했느냐를 논하는 질문 방식이다. 이때 뿌리에 관한 질문은 현재의 체제 또는 제도를 근본적으로 되묻게 하는 강력한 담론적 효과를 갖는다. 그런 점에서 역사의 예수에 관한 논의는 교회에 대한 매우 효과적인, 발본적 문제 제기라고 할 수 있다.

근대적 예수 연구사가 시작된 것은 바로 이러한 언술 전략의 유용성과 무관하지 않다. 실제로 예수 연구사의 제1기를 대표하는 개신교와 가톨릭의 두 저술가인 슈트라우스(D.F. Strauss)와 르낭(E. Renan)은 이 연구로 인해 자신의 학문적 여정에 치명적인 제약을 받게 되었다. 이들의 연구 기조는

---

6) 에벨링의 논문 모음 *Ward and Faith* (Philadelphia: Fortress Press, 1963)에 수록된 "The Question of the Historical Jesus and the Problem of Christology" 참조.
7) 역사학자 라카프라(D. LaCapra)는 '텍스트'를 "상호 관련되어 있으나 때로는 의견을 달리하는 제 경향의 팽팽한 상호 작용 내에 위치하여 사용되고" 있는 언어의 망상 조직이라고 규정 짓고 있다.(D. LaCapra, 「지성사에 대한 반성과 원전 해독」, L. Kaplan & D. LaCapra 엮음, 『현대유럽지성사』, 강원대학교 출판부, 1986, 52쪽). 이러한 견해는, 텍스트는 해석의 무한성 속에 개방되어 있으며, 다양한 읽기의 가능성이 그 내부에서 서로 경합을 벌이고 있다는 관점을 포함한다. 여기에는 텍스트의 의미화를 둘러싼 '제 읽기' 간의 투쟁이 들어 있으며, 다른 읽기를 가로막고 단지 하나의 의미만을 진리라고 강요하는 권력의 작용이 들어 있다. 그런 점에서 텍스트는 정치적 실천의 무대인 것이다.

명백히 '탈교회적'이었기 때문이다. 여기서 우리는 슈트라우스와 (그가 속한) 튜빙엔 학파를 주목하게 되는데, 이들에게서 이 시기 예수 연구를 특성화하는 중요한 단서를 발견할 수 있기 때문이다. 특히 이들의 철학적 토대가 헤겔에 있다는 점[8]이 우리의 주목을 끈다.

헤겔은 플라톤에서 데카르트를 경유하여 근대 철학으로 이어지는 서양 주류 사상의 절정에 위치한다. 이러한 계보를 '로고스/진리를 향한 인간(의 이성)의 위대한 탐구의 역사'라고 한다면, 헤겔 철학은 '절대 정신'을 제시함으로써 이 목적론적 여행의 최종 지점을 스케치하는 데 성공했으며, 그러한 진리 추구의 여정이 변증법적 자기 지양의 과정을 통해서 수행된다고 주장함으로써 주체와 대상의 불일치성으로 인한 인식론적 동요를 극복하는 데 성공했던 것이다. 그런데 이 로고스의 역사에서 단절/비약의 시점이 있다면 의심할 바 없이 데카르트가 바로 그 전환점이다. 그는 '합리주의/계몽주의'적인 사유 방식이 이 로고스의 역사의 방향타가 되게 한 계기적 사건을 야기한 사상가다. 그리고 바로 여기에서 우리는 근대적 사유의 출발점을 보게 된다. 그러므로 헤겔적 사유의 의의는 두 가지를 동시에 함축하는 바, 하나는 '로고스/진리를 향한 목적론적 역사'를 서양 사상사의 중심의 위치로 복원시켰다는 점이고, 다른 하나는 그것이 (변증법이라는) 합리주의/계몽주의적 사유의 과정에서 실현될 수 있음을 보여주었다는 것이다.

이런 관점에서 예수 연구사의 제1기의 특징인 '탈교회' 주장의 실천적 의의는 합리주의와 신앙을 조화시키기 위해 그 장애물인 교회의 케뤼그마라는 껍질을 신앙에서 벗겨 내려 했던 데 있다고 할 수 있다. 이는 교회의 전통적 이데올로기의 자리를 동시대 부르주아 계층의 합리주의적이고 계몽주의적인 이데올로기로 대체하게 되었다는 것을 의미한다. 즉 이 시기

---

[8] Albert Schweitzer, 『예수의 생애 연구사』 (대한기독교출판사, 1986), 129~130쪽.

'역사의 예수' 담론은 교회로부터 부르주아의 해방이라는 정치적 함의를 지닌다는 것이다. 한데, 이것은 '전환'인 동시에 '계승'이기도 하다는 점을 유의해야 한다. 왜냐면, 앞서 말했듯이, 합리주의적이고 계몽주의적인 사유 역시 로고스의 역사의 연장선 위에 있다는 점에서, 이전의 교회적 진리 추구의 역사와 연속성을 지니기 때문이다. 그런데 로고스/진리를 향한 인간의 (위대한) 탐구의 역사는 동시에 비로고스, 비진리를 제거해 가는 역사이기도 하다. 나아가 이 역사는 배제할 비진리를 생산해 가는 역사이기도 했던 것이다. 20세기 초에 일어난 인류가 낳은 대재앙인 제1차 세계대전은 비진리에 대한 배제의 역사가 얼마나 파괴적인지를 여실히 드러내는 결정적인 사건이었다. 이는 로고스의 역사의 파산을 의미했다. 동시에 이것은 그러한 목적론적 진리를 향한 합리주의적 사유의 파산이었다.

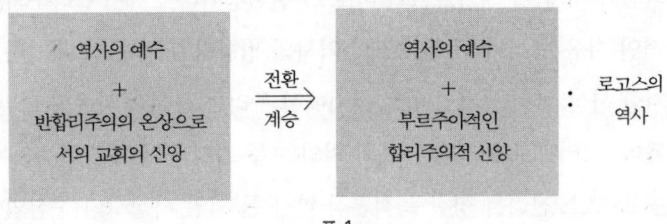

표 1

불트만으로 상징되는 20세기 초의 연구의 파산기는 바로 이러한 '로고스의 역사'의 위기와 뗄 수 없이 연관되어 있다. 그가 하이데거에 의존하여 예수의 역사성 논의에 개입하고 있다는 점이 그것을 시사한다. 하이데거는 (헤겔 철학에서 절정에 다다른) 서양의 전통적인 로고스의 역사를 '존재 망각의 역사'로 규정 지으면서, 이 감추어진 '존재의 탈은폐' 양상을 존재자/현존재에게서 발견해야 한다고 역설한다.[9] 여기서 로고스/진리라는 객관

---

9) M. Heidegger, 『형이상학 입문』 (문예출판사, 1994) 참조.

적 실체를 향한 인식론의 역사는 존재를 향한 탐구의 역사, 즉 존재론적 질문으로 대체된다. 이때 전자는 목적론적인 사유 과정을 필요로 했지만, 후자는 존재와 존재자간의 끊임없는 상호 침투라는 '관계의 과정'을 요청한다. 따라서 그는 헤겔의 목적론적인 과정과는 달리 비예측적인 과정이라는 점에서 이성 중심적인 합리주의적 사유를 넘어선다.

불트만에게서 초기 그리스도교의 예수의 성육신 신앙은 존재와 존재자/현존재가 상호 침투하여, 존재가 탈은폐되고 존재자가 자기 초월을 이루는 범례적 장소로 이해된다. 즉 현존재로서의 자아는 성육신 신앙 속에서 존재와 만남을 갖게 되며, 여기에 신앙의 비밀이 있다는 것이다. 이것은 시간을 매개로 하는 역사학적 만남이 아니라 초시간적인 존재론적 만남이다. 그리하여 초기 그리스도 교회는 역사의 예수를 고백한 것이 아니라 케뤼그마적 그리스도를 고백했으며, 이 케뤼그마 속에는 예수와 초기 그리스도인들간의 실존적 만남이 함축되어 있다는 것이다. 그리고 초기 그리스도 교회의 이 만남의 텍스트는 그것을 읽는 현대의 우리와 텍스트 속의 케뤼그마적 예수간의 만남을 주선한다는 것이다.[10]

이런 방식으로 역사의 예수와 케뤼그마적 그리스도 사이의 불연속에 대한 역사학적 간극은, 즉 로고스/진리를 향한 합리주의적인 신학적 사유의 파산은, 적어도 불트만에게선, 신학의 위기를 의미하는 것이 아니었음이 입증되었다. 그리하여 그는 지난 세기 예수 연구자들에게서 불화로 판명되었던 예수와 교회를 다시 화해시킨다. 그런데 이러한 불트만의 예수 읽기는 신앙적 물음을 (탈시간/탈역사적인) 존재로 향하도록 조정함으로써 역사 자체에 대한 무관심/몰인식을 초래했다. 이것은 불트만에 대한 두 가지 상

---

10) Bultmann, 『신약성서신학』, 401~411쪽; Bultmann, 『요한복음서연구』 상권 (성광문화사, 1983), 57~75쪽 참조.

이한 방식의 문제 제기를 낳았는데, 하나는 실존주의 자체를 폐기하는 방식이고, 다른 하나는 실존주의를 좀더 극단화하여 '존재 탈은폐'의 역사성에 주목하는 방식이다.

먼저 첫 번째 길을 보자. 불트만의 실존주의는 주류 교회와 신학에서 그가 의도한 대로 수용되지 않았다. 많은 사람들은 예수와 교회를 화해시키려 했던 불트만 식의 실존주의에는 만족할 수 없었고, 역사학적으로도 예수의 두 상이 연속적이라는 것을 증명함으로써 제1기 연구의 탈교회론을 넘어서고자 했다. 그런 점에서 이런 입장의 '포스트불트마니안'을 포함한 많은 우파직 신약학자들은 다시 합리주의석 선통으로 회귀했다.[11] 이는 사상사적으로 실존주의적 문제 설정 이전으로의 회귀이며, 그런 점에서 서양 주류 인식론에 대한 실존주의의 비판 이전으로의 회귀이다.[12]

그것은 제2차 세계대전 이후 전후 복구의 역사에서 다시 활황기를 맞이한 (자본주의적) 역사에 적극적으로 동참하려는 교회 및 신학의 욕구와 맞물린다. 이들에게서 자본주의의 역사는 그리 비판적으로 여겨지지 않았다. 전쟁은 로고스를 향한 낙관주의적 진리 추구의 역사 자체의 모순이 낳은 결과가 아니라, 허위를 진리로 오인한 왜곡된 역사 탓이라고 보았던 것이다. 그러므로 허위가 제거된 성전(聖戰)을 치른 '지금'은, 다시 역사의 방향타를 로고스를 향해 되돌려 놓는 일이 필요했다. 그런 점에서 많은 연구자들은 과거에 탈교회의 화두였던 역사의 예수가 실은 신앙의 그리스도와 연속적임을 증명할 수 있다고 믿었고, 따라서 그러한 텍스트 읽기를 시도했던 것이다. 그러므로 이러한 예수 읽기는 자본주의적 이데올로기와 타협한 교

---

11) 로빈슨(James M. Robinson)의 책 *A New Quest of The Historical Jesus* (London: Student Christian Movement Press, 1959)는 이른바 '새로운 연구 진영'의 문제 제기에 대한 훌륭한 정리다.
12) 이러한 평가에 대하여는 김진호, 『예수 역사학』, 29~33쪽 참조.

회의 담론으로 자리잡게 되었고, 반자본주의적인 해방 담론들과는 비판적 거리를 두게 되었다.[13]

반면 두 번째 길은 이와는 정반대의 세계 인식을 전제한다. 제2차 세계대전은 역사가 일시적으로 잘못된 방향으로 나아간 결과가 아니라, 서양식의 인류·문명사 자체가 지닌 위기의 한 단면일 뿐이라는 것이다. 그것은 그리스 시대 이래 줄곧 추구되어 온 로고스의 역사가 내장하는 목적론적 진리관과 필연적인 연관 관계에 있다. 그러므로 그러한 인식론으로부터의 절연이 필요하다고 보는 것은 당연하다. 불트만의 실존주의는 이러한 역사 인식론으로부터의 단절을 보여준, 적어도 1970년대 어간까지의 신학계에서는, 성공적인 대표적 실례였다. 그러나 앞서 보았듯이, 불트만의 실존주의는 몰역사주의로 주저앉고 말았다. 그것은 불트만 자신이 지향했던, 존재와 존재자 간의 실존적 대화를 그가 철저히 수행하지 못한 탓이었다는 결론으로 이어진다.[14]

서양의 일부 반체제적 신학자들과 제3세계 신학자들은 불트만 신학을 급진주의적으로 재해석하여 세속화 신학[15] 및 다양한 해방적 신학들[16]의 자양분으로 활용한다. 특히 민중 신학은 불트만의 '만남 사건'을 역사화하여 '사건'을 예수 연구와 신학의 토대로 활용한다.[17] 요컨대 이러한 방식으로 불트만을 재전유하려는 시도들은 지배 체제와 공모하여 권력 연합을 구축

---

13) 이러한 예수 읽기의 하나의 실례가 예수 운동과 젤롯 운동을 평화주의자와 폭력주의자의 대결로 환원시키려는 서양의 주요 연구자들의 예수론에서 단적으로 드러난다. 실제로 이러한 예수 가설은 1960년대의 혁명적 운동들과 그리스도교를 분리시키려는 담론적 정치성을 지녔다. 헹엘(Martin Hengel)의 '젤롯 가설'에 대한 논쟁에 관하여는 『예수 역사학』 제11장을 보라.
14) 전기 하이데거 사상에 영향을 받았던 불트만은 존재자의 존재를 향한 실존적 만남의 여정에 집착했고, 자연 역사로부터 멀어져 가는 몰역사화의 길을 가게 되었다.
15) J.A.T. Robinson, 『신에게 솔직히』 (대한기독교서회, 1968), 27쪽.
16) S.M. Ogden, *Faith and Freedom: Toward a Theology of Liberation* (Nashville: Abingdon, 1979).
17) 『예수 역사학』, 제4장 참조.

해 왔던 교회로부터 엑소더스를 선언하기 위한 신학 이론적 토대로 예수론을 다시 문제삼고 있는 것이다.

앞서 말했듯이 로고스의 역사는 비진리를 끊임없이 생산하고 지배적 체제 아래 재배치하여, 그것의 존재 의의를 박탈함으로써 자신의 제국주의적 욕구를 정당화해 간 지식의 역사다. 따라서 그것은 존재 의의를 박탈당한 비진리의 대상들에게 진리를 강요하고 강제로 이식시키는 정복주의적이고 식민주의적인 담론의 역사다. 공간과 시간을 비약적으로 단축시키는 데 성공했던 근대적 과학 기술의 지식 체계는 동시에 그러한 정복과 교화의 대상을 물색하는 지식이기도 했고, 근대적 지식 특유의 분석적 체계가 만들어낸 무수한 분류학은 동시에 진리와 비진리적 대상들 사이를 가르는 분계선을 구축하는 경계의 건설학이기도 했다. 그리고 미시적 시공간을 가시화시키는 데 성공했던 근대적 과학 기술의 개가는 또한 감시 체계의 정교화를 이룩하는 견인차 역할을 해왔다. 결국 인간은 자신을 감시 교화하는 보이지 않는 절대적 존재에 의해 생성되고 배치되며 양생되는 '매트릭스'(matrix) 속에 살게 된 것이다. 이와 같이 근대적 지식 체계는 비진리를 배제하는 권력과 연계되어 있으며, 따라서 근대 사회는 근대적 지식과 근대적 권력의 담합에 의해 구축된 사회라고 해도 과언이 아니다.

그런데 근대의 교회는 어떤가? 해방적 신학들은 근대의 교회 또한 근대적 권력 체계의 대표적 공모 세력에 속한다고 본다. 그러므로 교회는 존재를 향한 탐구의 공간이 아니라 '존재 망각의 역사'를 실현하는 또 하나의 장에 불과하다. 그런 점에서 탈식민주의적인 권력 비판의 차원에서 제기된 탈교회적 문제 제기는 교회에 대한 가장 신랄한 비판의 장소로 역사의 예수 문제를 제기하게 되었던 것이다.

하지만 이러한 두 유형의 불트만의 비판적 계승은 역사학에 대한 회의주의를 넘어서는 데 성공하지는 못하였다. 이들에 의해 시도된 예수의 역사성 논의는 주류 학계의 승인을 얻는 데 실패했던 것이다. 그런 점에서 최근 북미 지역에서 일고 있는, 이른바 '역사의 예수' 연구 붐(예수 르네상스)은 우리의 주목을 끈다. 이 경향이 과연 서양 그리스도 교회의 로고스의 역사론을 극복하는 단초를 갖고 있는가? 만약 그렇다면 우리의 관점에서 최근의 이 경향을 어떻게 수용할 수 있을까?

3

흔히 예수 연구의 제3기라고 불리는 1980년 이후의 예수 르네상스는 직접적으로는 대략 1960년대 말 이후의 연구 상황과 깊은 연관이 있다. 사회과학적 방법이 신약학에 적극적으로 도입되던 시기가 바로 이때부터라고 할 수 있다. 또한 팔레스틴과 메소포타미아, 그리고 지중해 지역의 고대사 연구가 주로 고고학과 인류학의 발전에 힘입어 도약의 계기를 맞이한 것도 바로 이때였다. 뿐만 아니라 문학사회학이나 수사학과 같은 문예학적 연구 성과가 도입되면서 텍스트 비평학에서도 커다란 발전이 있었으며, 유대교 등 고대의 종교 현상에 대한 이해도 크게 심화되었다.

이러한 연구 상황의 변화는 (유럽보다는) 주로 북미 지역에서 일어났다. 북미 지역은 유럽보다는 신학적 전통이 상대적으로 미약했기 때문에 간학문적 혹은 비교종교학적 연구의 제약 요소가 훨씬 적었다. 게다가 신학자들 가운데 상대적 다수가 교단으로부터 재정적으로 자립적인 대학에 속해 있었다는 사실은 연구사적 전개에서 결코 간과할 수 없는 요소다. 또한 타종교와의 만남이 활발해짐에 따라 종교학부에서 상당수의 학자들이 배출되었다. 이러한 학제적 변화는 새로운 연구 경향을 활성화하는 주된 동기가

된다.[18]

　한편 이러한 연구들 가운데 상당한 양이 대학 외부의 연구 단체들의 프로젝트 일환으로 생산되었다.[19] 특히 '예수 세미나'(Jesus Seminar)의 등장은 이러한 학외적 연구 제도의 발전에서 가장 유의미한 사건이라 할 수 있다.[20] 왜냐하면 여기서는 대중 매체를 적극 활용하여 학문적 의제를 대중에게 제기함으로써 (교회나 대학을 경유하지 않은 채) 대중 사회를 향해 직접적인 윤리적 개입을 도모하고 있다는 점에서, 전통적인 아카데미즘을 넘어서는 학제를 모범적으로 보여주기 때문이다. 요컨대 최근 예수 연구 붐은, 교회나 대학이라는 기성의 학제를 넘어서고자 하는 1960년대 말 이후의 대안적 패러다임 모색의 맥락 위에 정초된 것이라고 할 수 있다. 그렇다면 이러한 연구 상황은 시대사적 맥락과 어떤 관련이 있을까?

　임마누엘 월러스틴은 자본주의적 근대성의 전개가 크게 세 단계로 펼쳐졌다고 보면서, 전세계적으로 일어난 1968년 혁명을 두 번째에서 세 번째의 국면적 전환의 계기적 사건으로 본다.[21] 이것은 이제까지 진리로서 정당화됐던 것들이, 아름다움이라고 가치 판단됐던 것들이 더 이상 자명하지 않

---

18) 이에 대하여는 『예수 역사학』, 44~78쪽 참조.
19) 미국 '가톨릭성서공회'(CBA)의 과제 집단으로 1974년 결성된 '사회과학과 신약성서주석'(The Social Sciences and Second Testament Exegesis)이나, 미국 '성서문학협회'(SBL)의 과제 집단인 '사회과학과 신약성서해석' 모임(Social Sciences and New Testament Interpretation, 1983), 그리고 로버트 펑크(Robert W. Funk)와 '웨스타 연구소'(Wester Institute)가 개설한 '예수 세미나'(1985)와 그 하위 프로젝트의 하나인 '사회상 세미나'(Social Facets Seminar, 1986) 등은 학외적 기구들로, 1970년대 이후 간학문적인 연구의 주된 무대로 부상하였다.
20) '예수 세미나'에 대하여는 조태연, 「학자들이 나를 누구라 하더냐?—신약학 논의의 최신 동향」, 『신학사상』 95 (1996년 겨울); Mark Allan Powell, 「예수 세미나」, 『신학사상』 110 (2000년 가을) 참조.
21) Immanuel Wallerstein, 『자유주의 이후』 (당대, 1996). 여기서 세 단계란, ① 15세기~1789년, ② 1789~1968, ③ 1968 이후'를 말한다. 그는 이러한 시기 구분의 준거로 근대성의 두 차원, 즉 '기술의 근대성'(MT)과 '해방의 근대성'(ML)간의 관계 방식을 든다. 즉 ①은 MT와 ML의 공조기, ②는 ML이 MT에 의해 하위로 포섭된 시기(자유주의 이데올로기의 시대), 그리고 ③은 자유주의적인 지배 이데올로기에 대한 ML의 탈출기라는 것이다.

다는 점에 천착하는 시대 정신의 대두를 의미한다. 진리 속에 추함이, 비진리 속에 아름다움이 깃들어 있을 수 있다는 사실이 사람들의 사유 과정에 개입하게 된 것이다. 그리하여 '차이'가 주목되기 시작했다. '차이'를 진리-비진리의 차등화의 가치 속에서 인식해 왔던 '동일성의 사유'가 삶의 경험적 차원을 은폐하고 나아가 경험 자체를 조작해 왔다는 것을 문제로 제기하게 된 것이다. 이 동일성의 사유가, 시공간적 차이 속에 배치되어 있던 모든 것을 인과적 관계 속에 재배치하려 했던 합리주의적 인식틀이 허위 의식에 의해 구조화된 세계를 구축해 왔다면, 1968년 이후 서양의 시대 인식은 그 허위 의식을 파헤치고 삶의 경험적 차원을 담아 낼 수 있는 새로운 지식의 패러다임을 요청하게 되었다는 것이다.

이런 맥락에서 지식 사회에서 나타난 뚜렷한 현상은 전통적인 담론적 경계가 해체되기 시작했다는 것이다. 제 학문 영역간 교류가 활발해졌고, 이를 통해 각 분과별로 상투화되어 있던 공리적 전제와 질문 방식이 바뀌었다. 그리고 새로운 방법론이 실험되기 시작했다.

이러한 시대사적 맥락은 예수 연구에 중대한 영향을 미쳤다. 이데올로기적 입장에 관계없이 많은 연구자들이 학제간 연구 과제를 수행했고, 이를 통해서 새로운 방법론적 지식이 획득되었고, 광범위한 역사적 정보들이 새롭게 축적되었다. 그리하여 예수 시대의 사회를 보다 포괄적으로 그리고 보다 정밀하게 조명하는 것이 가능해졌다.

바로 이러한 축적된 역사적 지식의 기초 위에서 최근 예수 연구의 두드러진 특징이 우리의 주목을 끈다. 즉 과거의 연구와 비교할 때 최근의 연구들은 역사적 맥락을 예수 담론 이해와 훨씬 적극적으로 연계시키고 있다는 점이다. 이것은, 텍스트 외부에 컨텍스트가 존재하는 것[22]이 아니라, 텍스트

---

22) 이것은 텍스트는 컨텍스트와 분리될 수 있다는 작업 가설이 전제된 사고다.

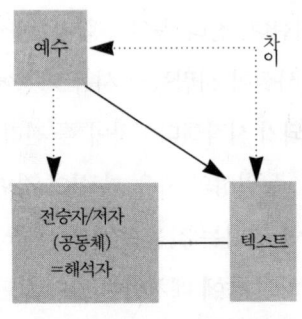
표 2 역사의 예수 연구의 전통적인 관점

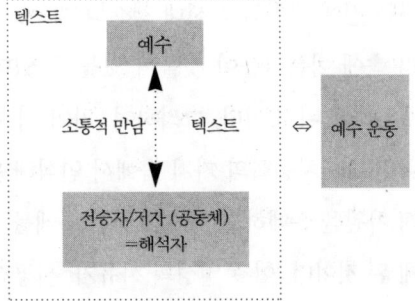
표 3 역사의 예수 연구의 새로운 관점

자체 속에 이미 컨텍스트가 함축되어 있다는 점을 연구자들이 의식적이든 무의식적이든 받아들이고 있다는 것을 의미한다. 예수의 말과 행위는 개념적인 의미와 연관[23]되는 게 아니라, 특정 집단의 '구체적 실천'과 불가분 연계되어 있다는 것이다. 따라서 이러한 경향은, 예수 담론이 각 공동체의 역사적인 구체적 경험과 결부된 해석의 결과로서, 예수와 후속 예수 공동체들 간의 소통적 만남의 과정을 함축하고 있다는 사고를 전제한다. 이런 관점에 의하면 예수에 대한 역사적 물음은 전승자/저자 공동체에 대한 역사적 물음과 단적으로 분절되어 있는 게 아니다.[24] 오히려 양자간의 소통의 흔적인 텍스트 자체의 해석이 바로 '역사의 예수' 논의가 된다. 여기서 이 소통은 시간적으로뿐 아니라 공간적으로도 이루어지는데, 예수학계는 이를 (개체로서의 예수에 대해 소통적이고 과정적인 실체를 시사하는) '예수 운동'이

---

23) 의미가 개념적으로 구성될수록, 역사와 의미의 관계는 형식화되며, 이는 역사와 의미의 연계의 필연성을 약화시킨다. 왜냐하면 이러한 추상화되고 일반화된 개념은 역사의 구체성보다는 인간 일반의 보편적 가치에 더 호소하기 때문이다. 한데 '역사의 예수' 연구가 시작된 이래 이런 식의 보편주의가 연구사를 지배해 왔다. 이것은 결국 예수 연구의 역사학적 위기를 초래했다.

24) 그리하여 「표 2」에서 보듯이 전통적인 '역사의 예수' 연구에서는, 예수와 텍스트 사이의 차이에만 주목한 나머지, 텍스트를 생산한 공동체의 해석의 요소를 제거함으로써 '순수한' 역사의 예수상이 도출될 수 있다고 믿었다. 이것은 해석이라는 것을, 대화 과정이라기보다는, 순수성의 변질 과정으로 보았다는 것을 의미한다.

라는 용어로 다룬다.

요컨대 최근의 예수 운동 연구는 실재 예수 자체(real Jesus)가 아니라 예수의 의미화 과정(historical Jesus)을 다루는 데 초점이 있다고 할 수 있다. 즉 예수의 역사성은 그 담론 전승자/저자의 예수 전유 과정이라고 할 수 있다.[25] 다시 말하면 역사의 예수 문제는 구체적인 특정한 예수 운동체에게 예수는 누구였는가, 왜 그들은 자신의 동시대에 예수를 이야기하는가 하는 문제와 분리할 수 없는 것이다. 단 이러한 연구가 신약학의 한 영역으로서의 역사의 예수 연구였다는 점을 간과해서는 안 된다. 즉 신약학은 예수는 누구였는가라는 물음을, 실재 예수와 시공간적으로 '근접'한 예수 운동들에 한정해서 학문적으로 탐색했다는 것이다. 그러므로 가령 전태일 예수론은 민중 신학적 예수 운동 연구의 주제일지언정, 신약학의 직접적인 연구 영역을 넘어선다. 하지만 역사와 의미의 연계를 내재화하는 이러한 문제 설정이 신약학의 역사의 예수 연구에 개입되어 있는 한, 예수 연구는 연구자와 동시대의 맥락에서 "예수는 우리에게 누구인가, 우리는 왜 예수를 지금 여기서 묻는가"라는 예수의 의미화 물음을 전제하고 있다고 할 수 있다. 여기서

---

[25] 물론 이것은 해석자의 동시대적 요소를 일방적으로 강조하고자 하는 것은 아니다. 앞에서도 말했지만, 그것은 '역사적 대화 과정'의 산물이다. 그럼에도 전통적인 예수 연구가 '과거의 학'이라는 관점에서 벗어나지 못했기 때문에, 해석자의 의미화 실천을 부각시킴으로써, 종종 간과된 대화의 다른 상대편의 존재를 강조하고자 한 것이다. 그러나 여기서 주의할 것은, 이러한 식의 주장이 자칫 '현재주의'로 빠질 위험성이다. 사실 역사적 대화주의를 주장한 에드워드 카(Edward H.Carr) 자신도 그러한 오류의 혐의를 벗어나지 못하였다. 이러한 한계를 넘어서기 위해서는 역사적 대화의 대상인 과거의 것이 현재 우리의 인식틀과 다를 수 있다는 점이 수용되어야 한다. 바로 이러한 차이를 인식하는 데 문화사적인 지식이 결정적인 요소임은 현대 역사학의 하나의 중요한 가설이다. 김기봉, 「역사란 무엇인가: E.H. 카의 역사관을 넘어서기 위한 하나의 시론」, 『역사란 무엇인가』를 넘어서』(푸른역사, 2000) 참조. 그런 점에서 로어바우는 초기 그리스도교 운동에 대한 1970년대와 1980년대 초의 사회과학적 연구들의 현재주의를 문제삼은 바 있다. Richard L. Rohrbaugh, 「초기 그리스도인의 사회적 계급위치 논쟁에 관한 방법론 고찰」, 『신학사상』 84 (1994년 봄). 그러나 로어바우 자신을 포함한 최근의 예수 시대에 관한 많은 연구자들은 그러한 한계를 돌파하는 데 상당한 진척을 보여주고 있다. 이것은 호슬리(R.A. Horsley)나 크로싼(J.D. Crossan) 등에게서 보듯이 최근의 역사의 예수 연구가 현재주의를 넘어서는 데 밑거름이 되었다고 할 수 있다.

우리는 '예수 세미나'에 주목하게 된다. 그것은, 아래에서 보듯이, 최근 예수 연구의 제 경향 중에서 이 연구 집단만큼 '역사의 예수' 담론의 정치성을 적절하게 보여주는 사례를 발견할 수 없기 때문이다.

교회 없이도 얼마든지 실재할 수 있는 오늘날의 세속화된 사회에서 근대적 위기에 대한 사회 윤리적 개입을 실행하는 데 있어 교회는 철저히 무능했다. 아니 그보다는 위기를 해소하기는커녕 더욱 증폭시켜 온 장본인이 교회가 아니었나 하는 한계 의식이 교회의 현실을 더 잘 설명하고 있다고 해도 과언이 아니다. 따라서 세속화된 현대 사회의 위기는 동시에 교회의 위기, '교회적 신앙의 정체성'의 위기이기도 하다.[26]

이에 대해, 앞서 말한 것처럼, 예수를 다시 이야기한다는 것은 교회 이전의 예수 운동의 실천적 함의가 교회 운동으로 이행하는 과정에서 유실된 점을 발본적으로 문제 제기한다는 것을 뜻한다. 그것은 예수 운동의 다양한 전개 양식 가운데, 지역의 정주성과 연계되어 발전한 하나의 특수한 양상이던 교회 운동이 배타적으로 운동의 승계권을 독점했다는 사실과 관련된다. 교회는 다른 방식의 예수 운동을 예수의 계보에서 박탈했고, 바로 그 때문에 예수 운동의 실천적 가능성이 교회만으로, 교회적 실천 가능성만으로 제한된 것이다.[27]

여기서 예수 운동이 교회 운동으로 계승되는 과정에 대해 간략히 정리해

---

26) '세속성'의 문제 설정으로 전통적 신학을 해체함으로써 '반신학으로서의 신학'을 모색했던 알타이저(Thomas Altizer)의 저서 *The Gospel of Christian Atheism* (Philadelphia: Westminster Press, 1966)는 이러한 관점을 보여주는 대표적 고전에 속한다.
27) 예수 운동의 반정주성, 유목민적 특성은 영원이라는 시간 밖의 공간 속으로 유폐되어, 현실에서 끝없이 유예될 뿐이다. 반면 현실의 공간에선 신앙은 항상 정주성의 기조를 지니게 된다. 그러므로 예수 운동의 계승 양태는 반정주성과 정주성 사이의 다양한 스펙트럼 사이에서 구체화될 수 있다. 여기서 교회는 정주성의 성격을 최대화한 유형이라고 할 수 있다. 그런데 이런 양식의 승계는 기성 사회의 통념 내부에서 가치화된 신앙을 가져올 수밖에 없다. 이에 따라 선과 악이 개념화되며, 죄성·죄인 등이 규정된다. 이는 사회의 지배 담론에 의한 배제·박탈의 메커니즘을 정당화하는 담론적 경향을 지닌다. 즉 예수 운동과 교회 사이에는 중대한 긴장이 도사리고 있는 것이다. 그럼에도 불구하고 교회만이 예수

보자. 나는 이 과정의 변화를 세 가지 범주에서 스케치하는 게 가능하다고 본다. 첫째는 운동 양식에서의 변화이다. 즉 넓은 의미에서 사회 운동의 성격을 지녔던 예수 운동의 하느님 나라 사상이 교회 운동에서는 선교 운동으로 국한되었다. 이는 둘째로, 선포 내용에서의 변화와 관련된다. 즉 예수는 권력에 의한 일체의 배제와 박탈 메커니즘이 지양된 하느님 나라를 '선포하는 이'였다면, 교회는 예수의 선포의 내용이 아닌 예수 자신을 선포하였다. 여기서 '물신화' 된 예수론이 교회적 신학의 주요 구성 요소로 자리잡게 되는 것이다. 마지막으로 선포의 수혜자와 관련해서 그 변화를 추적할 수 있는데, 전자에선 배제의 대상인 사회적 소수자가 예수의 하느님 나라의 수혜자였다면, 후자는 인간 일반[28]을 하느님 나라의 수혜자로 제기한다.

따라서 교회가 예수 운동의 배타적 승계자 지위를 갖고 있다는 주장은 더 이상 설득력이 없다. 그런 점에서 '예수 세미나'는 교회를 매개로 하지 않는 신학의 가능성을 보여주었다. 예수 역사학이라는 신학 이론이 교회를 경유하지 않은 채 대중과의 접촉을 시도하게 되었던 것이다. 그리고 그러한 실천적 문제 제기가 명시적으로 표명되었다. 요컨대 새로운 예수론은 '탈교회적 신앙의 정체성'을 지향하고 있었다고 할 수 있다.

한데, 나는 '예수 세미나'의 현시대 인식이 너무 안이하다는 의혹을 지울 수 없다. '위기'란 환경 문제라든가 생명 문제라든가 등등의, 단순히 외화된 위기적 사태에 국한된 문제만은 아니다. 그것은 '위기 구조'라는 보다 추상화된, 비가시적 문제로까지 사고하지 않으면 안 되기 때문이다. 결국 그런 점에서 근대성을 위기의 시각에서 묻지 않을 수 없고, 서양의 주류적

운동을 승계하는 적장자로서 배타적 승계권을 장악하게 된 것은 분명 예수 운동에 있어서 심각한 비극의 하나라고 할 수 있다. 김진호, 「승리주의를 넘어서, 예수의 복원을 향해」, 『당대비평』 8 (1999년 가을) 참조.

28) 이때 '인간 일반'이라는 유적 대표성을 지닌 존재에 대한 언표는 종종 '다수자의 시각에서 과대 대표된 인간'이라는 의미를 함축하고 있다.

사유의 위기성을 문제 제기하는 데까지 나아가지 않을 수 없다. 이에 대한 서양의 비판적 지식 사회의 자기 반성적 고찰은 서양 사상사 전체를 발본적으로 다시 문제삼는 니힐리즘에까지 이르렀다. 그러나 '예수 세미나'는 예수라는 담론의 정치성이 지닌 발본성에도 불구하고, 그것을 합리주의/계몽주의 전통의 재확인에 그치고 마는 경향이 있다.[29]

예컨대 예수 세미나의 조율사격 되는 몇몇 연구자들은 여기에 참여하고 있는 연구자들의 개략적 합의 사항의 하나가 역사의 예수와 종말 사상을 분리시키고 있다는 점이라고 정리하는데,[30] 이는 과도한 해석임이 분명하다. 왜냐하면 종말 사상에 대한 연구자들의 개념이 일치하지 않을 뿐 아니라, 그 대립 개념으로 제기된 지혜 사상과 어떤 관계를 지니고 있는지에 대해서도 정립된 견해가 아직 제시되지 않은 상태이기 때문이다.[31] 그런데 이러한 무리한 종합의 배경에는 합리주의적 역사학의 한계 지점이던 종말론이라는 장애물을 제거함으로써 손쉬운 해결책을 구하고자 했던 신학사적 단견이 도사리고 있다. 여기에는 교회의 반이성주의가 가리고 있는 이성을 재구축함으로써 위기의 대안을 모색할 수 있다는 낙관주의적 전망이 깔려 있다. 그러나 이는 서양 주류 사상을 관류하는 '로고스의 역사'를 충분히 고려하지 않은 결과로 보인다. 앞에서 말한 바 데카르트적 사유는 서양 사상사의 변곡점인 동시에 플라톤에서 헤겔에 이르는 로고스의 역사의 도도한 흐름의 중계자이기도 하기 때문이다. 그런 점에서 근대적 신학의 합리주의적 전통은 반합리주의적이고 전근대적인 교회적 신앙의 비판인 동시에 다른 한

---

29) 반면, 합리주의/계몽주의적인 서양 근대성 자체에 대한 발본적인 비판을 수행하는 미국의 성서학자들은, 상당 부분 역사적 접근을 포기하고 텍스트 수용자의 자유로운 창조적 읽기에 주목하는 경향이 있다. Edgar V. McKnight, *Post-Modern Use of the Bible : The Emergence of Reader-oriented Criticism* (Nashville : Abingdon Press, 1988) 참조. .
30) M. Borg, 「예수 연구의 르네상스」, 김진호 엮음, 『예수 르네상스』 (한국신학연구소, 1996).
31) 『예수 역사학』, 55~56쪽.

편으로는 로고스의 역사라는 점에서 교회적 신앙의 계승이기도 하기 때문이다.

그러나 우리가 확인할 수 있는 바 예수는 일체의 기성 사회적 통념에 저항한 존재다. 바리사이적 질서와의 대결은 바로 그것을 보여준다. 예수의 기적은 정상성의 질서 체계에 의해 배제되어 비정상성의 영역에 갇혀 버린 이들에게 일어난다. 그것은 기적술사의 일반적인 행태처럼 그들을 다시금 정상성의 영역으로 복원시키는 사건이 아니다. 오히려 예수의 기적은 정상-비정상이라는 선악 이분법을 통념화시킨 질서 체계 자체를 교란시킨다. 마찬가지로 예수의 비유도 동일한 담론적 효과를 지닌다. 그런 점에서 예수는 통념에 저항하는 전복적 예언자라고 할 수 있다. 이것은 합리주의 이전이건 이후건, 예수 운동의 주된 에토스가 로고스/진리의 역사에 대한 도전이요 해체에 있다는 것을 시사한다. 그런 점에서 최근의 예수 연구는 보다 첨예한 시대 인식의 보완을 필요로 한다.

4

이상에서 나는 최근의 예수 연구가 현대적 의미에서의 '역사학'으로서 성공의 징후를 담지하고 있다는 점을 말하고자 했다. 그리고 그 배후에는 대안적 패러다임을 향한 방법론적 모험에 과감하게 뛰어들 수 있게 했던 1968년 이후의 시대 의식과 예수 연구의 '행복한 만남'이 있었음을 말하고자 했다. 그것은 불트만의 급진주의적 승계의 전범인 서양의 반체제적 신학과 제3세계의 해방적 신학들의 예수 논의가 역사학으로서 자리잡는 데 실패했다는 점과 결부시켜 이해할 필요가 있다. 이 논의들에는 연구자의 동시대에 대한 첨예한 문제 인식이 돋보인다. 특히 '갈등'의 문제가 신학의 핵심적 주제임을 다시금 깨우쳐 주는 데 있어 이러한 급진주의적 신학 운동들은 결정적인 역할을 했다. 그럼에도 불구하고 그것은 과도한 현재주의적 문제 의식과 빈약한 과거 사실에 대한 지식 탓에 역사학이 결여된 신학 운동이 되고 말았다. 결국 급진주의적 신학 운동들은 끊임없이 신앙적 정체성에 대한 회의적 문제 제기에 직면하게 되었고, 정체성 문제를 다루는 데 궁색한 이론들로 만족해야 했다. 그리고 그것은 신학적 실천으로서의 담론의 정치성을 효과적으로 드러내는 데 한계적 요소였음이 분명하다. 그런 점에서 최근의 예수 연구의 역사학적 가능성은 급진주의적 신학의 계보에 있는 민중 신학자에게 있어 주목될 만한 현상이라고 할 수 있다.

하지만 동시에 최근의 예수 연구 경향이 급진주의적 신학의 대안이 되리라는 단순한 기대에 만족할 수는 없다. 왜냐면 현대의 위기에 대한 시대 인식에 있어 이 경향의 논의들 다수는, 타영역의 비판적 지식들에 비해, 너무 안이하다는 인상을 지울 수 없기 때문이다. 특히 플라톤에서 헤겔에 이르는 서양의 주류적 인식론인 '동일성의 사유'가 근대의 위기적 요소에 어떻게 관여되어 있는지를 묻지 않은 채 외화된 위기적 사태만을 문제시하고 있기 때문이다. 여기에는 성적인, 인종적인, 문명사적인, 그리고 계급적인 다수자의 식민주의적이고 정복주의적인 자기 중심주의를 해체적으로 문제 제기할 철저한 탐색의 정신이 결여되어 있다. 뿐만 아니라 교회적 신앙의 정체성을 자신의 존재의 옷으로 선택하는 순간, 자기도 모르게 그것이 숨기고 있는 비진리를 향한 편견과 분노의 질서관을 내면화하여, 다수자의 진리 독점 욕구의 공모자로 재탄생한 우리 '교회쟁이들'을 반성적으로 성찰할 자기 해체의 투철한 신앙의 동력은 여간해선 가동되지 않게 된다. 그런 점에서 예수 역사학의 보다 견고한 구축을 위해서는 최근의 예수 연구와 급진주의적 신학간의 보다 진지한 대화를 통한 상호 보완이 필요하다. 나는 이러한 대화에의 요청은 역사의 예수 담론의 정치성이 탈교회적 주체의 신앙을 구성하는 방향으로 모색되어야 한다는 관점에 도달하리라고 본다.

교회의 해체와 민중 신학

1

언젠가 강연이 끝나고 뒤풀이에서 있었던 일이다. 한참을 망설였다는 듯 조심스런 목소리로 한 사람이 이렇게 묻는다. "그러면 목사님은 왜 그리스도인이세요?" 뜬금없는 이 질문에 순간간에 분위기가 가라앉는다. 아마도 그가 '예의 아닌' 질문을 던졌다고 생각한 모양이다. 하지만 이 질문에 대해선 거의 모두가 공감하는 눈치다. 실은 이런 유의 질문은 내겐 전혀 생소하지 않다. 여러 곳에서 비슷한 질문을 수차 받아 온 터였으니 말이다.

이 날 강의의 요지는, 그리스도교 신앙은 신조를 줄줄이 외우는 데 있는 것이 아니라 '권력 해체적 지향'에 그 초점이 있다는 것이었다. 그것은 심지어 '신상(image of God) 파괴'의 신앙을 내포한다. 가령 "신이 인간의 구원을 위해 인간이 되었다"는 그리스도교의 공리적 신조를 보자. 이 말은, 그 표현이 시사하는 대로 '신이 인간의 구원자'임을 선언하는 것이 아니다. 그것은 유대교로부터 전수받은 것으로, 그리스도교적 사유의 전제일 뿐이다. 그리스도교의 이 신조는 바로 "신이 인간이 되었다"는 것을 주장한다. 그것으로 말미암아 구원이 특성화된다는 것이다. 인간의 구원을 위해 신이 택한 방식은 신 스스로가 자신을 '퇴행'시키는 방법이었다는 주장인 것이다. 구원받아야 할 존재의 치욕스러움의 현장 '밖'에서 자신은 아무런 관계가 없다는 듯 군림하고 있는 것이 아니라, 그러한 자신을 해체하고 그 안으로 개입해 들어왔다는 것이다. 요컨대 이것은 '타자적 존재로서의 신/신상의 자기 부정'을 선언하는 것이다. 거꾸로 말하면 이 신조를 고백하는 사람, 즉 그리스도인임을 자임하는 사람은 궁극자·초월자·전능자 등등의, 인간에 대한 타자성을 통해 신상을 표상하려는 욕망까지도 해체해야 한다는 것이다. 실제로 탈권력적 실천을 통해 역사의 무대 위로 등장한 신[1]인 야훼의 신상이, 후속의 역사 속에서 유대교뿐 아니라 그리스도교에서도 권력의 얼굴로 표상되어 왔음은 주지의 사실이다. 정전화(canonization)는 바로 이러한 과정에서 파생된 성서의 권력화된 얼굴에 다름 아니다. 또한 직제화도 이 과정에서 필수적인 역할을 담당한, 권력화된 '존경의 메커니즘'이었다. 마찬가지로 교회의 역사는 권력을 지향한 그리스도교적 정체성의 형성사에 다름 아니다.[2] 요컨대 그리스도교 신앙은 탈종교적 신앙의 형성 운동, 즉 권

---

1) 야훼 신의 이미지가 최초로 형상화한 것은, 주전 13세기 경 가나안 지역에서 형성된 부족 동맹의 역사적 경험과 맞물려 있다. 즉 성읍 국가의 경계 외부로 이탈하여 동부 산악 지대로 이주한 기층 대중이 점차 씨족적·부족적인 연결망을 형성하게 되고, 나아가 이스라엘이라는 부족 동맹체로 결집하게 되는데, 이러한 연맹의 형성은 권력의 집중화에 대한 강한 거부감을 제도화하는 형태로 실현된다. 그런데 이러한 탈권력적 연결망의 질을 압축적으로 실현하는 데 야훼 신앙은 결정적인 역할을 하였다. 이러한 관점에서 야훼 신앙의 형성사를 해석한 기념비적 저술은 N.K. Gottwald, *The Tribes of Yahweh. A Sociology of the Religion of Liberated Israel, 1250~1050 B.C.E.* (Maryknoll, N. Y.: Orbis, 1979)이다. 이후 많은 연구자들은, 이스라엘의 사회적 정체성의 형성이 '어떤 혁명적 이행에 의한 의도된 과정의 소산'이라고 보았던 갓월드의 주장에 대해 비판적임에도, 이 종족적 공동체의 형성이 어떤 지향성을 갖는다면, 그것은 권력 집중화에 대한 거부감과 관련되어 있다는 점에는 대체로 동의한다. 한편 이들의 갓월드 비판은 대체로 신멜더스주의적인 편향을 보이고 있다는 점에서, 비록 아직은 이러한 관점에서의 반비판이 거의 없음에도, 또다시 비판적인 평가를 거쳐야 한다고 본다. 요컨대 이들은 행위자의 선택을 과도하게 인구 결정론적 시각에서 조명하려 한다. 내가 보기엔, 바로 이 점에서 행위자의 합리적 의도성을 강조한 갓월드의 견해와 그에 대한 비판자들의 신멜더스주의적 견해는 상호 보완적으로 해석될 필요가 있다.

력과 결탁한 종교적 지식의 균열을 폭로함으로써 해방적 지향성을 내재화하려는 신앙적/신학적 실천이라 할 수 있다.

아마도 그는, 과연 저렇게 생각하고도 그리스도교라는 종교가 여전히 유의미할지에 대해 의문이 생겼던 모양이다. 이런 질문을 하기 위해서 대단한 통찰력이 필요한 것은 아니지만, 그럼에도 그의 질문은 정곡을 찌르고 있다. 이른바 그리스도교 정통 사상의 범주 내부로 포함될 만한 신상들까지도 부정한다면, 그리스도인과 비그리스도인 사이의 이분법이 교란된다.

어떤 담론 공동체가 정체성을 형성해 가는 과정은 통상 외부와 내부를 가르는 경계(boundary)를 명료화해 가는 과정에 다름 아니다. 그리스도교도 마찬가지다. 자신을 유대교와 구분하고, 무수한 이교들과 구분하고, 이단들과 구분함으로써 그리스도교라는 종교가 출현하게 된 것이다.[3] 외부의 존재들과의 다양한 차이들을 절대화하고 관계성을 폐절함으로써, 그리스도교는 타자들, 즉 구원 담론 외부의 존재들을 탄생시켰던 것이다. 주후 1세기 팔레스틴에서의 예수의 실천이 동시대 유대교의 배제주의적 체제에 대한 비판에서 비롯되었음에도, 주후 4세기에 이르면 이미 강력한 반민중적인 배제주의적 담론으로 그리스도교는 그 위상을 확고하게 정착시키게 되었던 것이다.[4]

이렇게 종교적 경계를 해체하려 든다면, 결국 그리스도교는 존립할 의의

---

2) 이것은 교회의 발생 맥락과는 어느 만큼은 차별적이고 또 어느만큼은 연속성을 지닌다.
3) 하지만 실제로는 그 순서가 거꾸로이다. 즉 그러한 구분을 통해 이른바 정통과 분리된 이단과 이교가 출현한다.
4) 프렌드는 근대 이전기 그리스도교는 촌락 대중의 개종과 관련하여 크게 세 차례에 걸친 변화를 경험하였다고 한다. 주후 3세기 경에는 촌락의 대중이 대대적으로 그리스도교로 개종하였고, 4~5세기 경에는 그리스도교 내의 이교적 집단으로 전화되었으며, 7~10세기에는 점차 이슬람교로 옮겨가게 되었다는 것이다. 이러한 촌락 대중의 종교적 선호의 변화 과정 배후에는 그리스도교가 반민중적 종교로 전화되는 역사가 있다. W.H.C. Frend, 「종교와 사회 변화」, 지동식 엮음, 『로마제국과 기독교』(한국신학연구소, 1983), 475~486쪽. 또한 Alistair Kee, 『콘스탄틴 대 그리스도』(한국신학연구소, 1988) 참조.

가 없어지게 되는 것이 아닌가라고 그는 묻고 있는 것이다. 교회는 하느님 나라를 실현하는/대망하는 주체들의 전초 기지가 아니라, 부정되어야 할 것에 불과한 것이 되지 않느냐는 것이다. 그렇다면 왜 굳이 그리스도교라는 종교 안으로 비집고 들어와 신앙 운운하느냐는 것이다. 그냥 '사회 운동가' 혹은 '이론가'라고 하지 왜 굳이 '신학자' 혹은 '민중 신학자'라고 주장하느냐는 것이다.

그런데 가령 마르크스가 공산주의는 궁극적으로 '국가의 소멸'로 귀결된다고 주장했음에도, 동구권과 서구권의 무수한 마르크스주의자들이, 심지어 마르크스 자신까지도, 공산주의적/민주주의적 실천의 무대로서 국가의 적극적 역할을 강조한 것을 보라. 이것은 원론적인 규범적 이해 및 그러한 반국가론적 지향으로 역사적 실재를 충분히 대체할 수 없었던 '이론의 위기'와 관련된다. 이런 점에서 '완전한' 이론이 구축되지 않는 한, 양자는 모순적이라기보다는 오히려 상보적이다. 마찬가지로 내가 교회라는 제도적 실재를 반그리스도적인 것이라고 규범적인 비판을 가하는 것과, 그리스도교의 역사적 현실태로서의 교회의 유의미성을 부정하지 않는 것 사이에 모순적 인식이 자리잡고 있는 것은 아니다. 원리적인 규범성과 그것의 현실적인 실행은 종종 상보적인 실천의 패러독스를 담고 있다.

2

이제까지 나는 그의 질문에 대답하고자 기를 썼다. 그러나 질문이 다분히 공세적이고 신랄한 데 비해 대답은 너무 소박하고 우회적이라고 누군가 불평을 털어놓는다. 그렇다면 이제 내가 공격할 차례다.

그의 질문 취지를 다시 한 번 이야기하면, "그리스도교를 해체하려 함에도 당신은 왜 여전히 그리스도인이라고 주장하느냐?"는 것이다. 해체라고? 물론 이런 평가에는 동의하지만, 어떤 점에서 동의하는지를 짚고 넘어가야 하겠다. 나의 해체론의 배경에는, 그리스도교라는 종교적 정체성의 형성 및 발전 과정이, 의도적이든 아니든, 스스로를 사회의 다른 범주들로부터 근본적으로 '타자화'하려는 자의식과 결부되어 있다는 문제 의식이 깔려 있다. 즉 종교는 사회의 다른 범주들과 필연적인 연계성을 갖고 있지 않다는 그리스도교적 인식론, 바로 이것을 문제시하고 있는 것이다. 내겐 이것이 '그리스도를 따르는/본받는' 진정한 도를 회복하는 첩경이었는데, 질문자를 포함한 많은 그리스도교인들은 그것이 너무 과도한 비판이어서, 그리스도교 자체를 해체하려는 것이라고 불평한다.

그렇다면 이때 그가/그들이 말하는 그리스도교는 무엇인가? 두말 할 것도 없이 역사적으로 현존하는 종교적 체제를 가리킨다. 요컨대 이 체제를 위협하는 것은 곧 예수로부터 시작된 신앙에 가하는 위협에 다름 아니라는 것이며, 좀더 극단적으로 말해서 이 체제가 무너진다면 신앙도 끝장나고 만다는 것이다. 이 체제를 개혁하는 것은 허용될 수 있으나, '그것을 넘어서는 것' 운운은 안 될 말이라는 것이다. 여기서 '개혁'과 '그것을 넘어서는 것' 사이를 구분하는 유일하고도 확실한 준거는 그리스도교 당국이 허용할 만한 비판인가의 여부에 달려 있다. 원칙적으로 자기 갱신을 원치 않는 이들에게 개혁의 내용과 실행의 전권을 양도해야 한다는 것이다. 그런데 그리스도교 종교 체제는 역사 속에서 하나의 권력 블록으로 실재해 왔고, 그 성쇠는 권력을 행사할 능력, 즉 세계의 다양한 자원을 전유할 능력의 정도에 따른 결과였다. 그렇다면 내가 다시 그에게, 아니 그들에게 이렇게 물어야 하지 않겠는가? "이런 방식, 즉 힘의 논리, 맘몬의 논리에 의존하여야만 교회와 그리스도교가 존속하며 성공을 구가할 수 있는 것이라면, 도대체 당신은 왜 굳이 그리스도교라는 종교를 선택해야 하느냐?"라고.

주류적 그리스도교의 언술은 크게 세 가지 점에서 '존재론적 타자론'을 담고 있다. 첫째는 신이 인간의 타자적 존재라는 이분법이다. 물론 이 타자론이 신으로부터 인간을 소외시키고 있음은 말할 것도 없다. 여기서는 신과 인간 사이의 어떠한 접점도 없다는 것이 강조된다. 그리고 예수를 통하여 신의 육화(incarnation/bodification)가 실현되었다는 신학적 수사는 전적으로 신의 은총에 따른 것임을 부각시킨다. 다시 말하면 예수로 말미암아 신과 인간 사이에 비로소 접점이 놓이게 되었는데, 그것은 신의 은총의 귀결이지 인간의 행태와는 아무런 관계가 없다는 것이다. 이와 같은 언술은 행업주의(行業主義)[5]에 대한 비판적 시각이 함축되어 있는 신학적 레토릭이다. 그래서 이것은 1930~1940년대 일단의 독일 신학자들에게, 진보에 대한 과도한 낙관론에 몰입되어 있던 나치즘을 비판하는 유용한 신학적 논거가 되기도 했다. 하지만 이러한 언술은 인간을 성숙한 사유의 주체로서 인정하지 않기 때문에 또 다른 유형의 파시즘적 지배를 가능하게 한다. 왜냐하면 이러한 담론은 인간으로 하여금 끊임없이 누군가에게 자신을, 자신의 운명을 위탁하도록 요구하기 때문이다. 사실 이것은 그리스도교의 권력, 성직자의 권력을 정당화하는 담론적 기초였다. 그러므로 신학은 인간의 타당한 행태에 관한 윤리를 다룰 필요가 없게 된다.[6]

둘째, 인간에 대한 인간의 타자성 주장이 있다. 그리스도교적 언술에서

---

[5] '행업주의'란 '은총주의'의 대극에 있는 것으로, 인간의 자기 내적 태도와 행위를 통해 신앙적 의를 획득할 수 있다는 테서부터, 역사 내적 지양(종말론적 비약을 필요로 하지 않은 채)을 통해서 하느님 나라를 실현할 수 있다는 신앙적/신학적 신념 체계를 일반적으로 지칭한다. 이러한 신앙적/신학적 태도는 대체로 신과 인간 사이의 친화성을 강조하려는 경향을 갖는다.

[6] 이 점에서 스피노자적 신 이해를 도입함으로써, 이와 같은 주류적 그리스도교의 타자론적 신론에 대한 가장 실랄하고 근본적인 비판을 가한 Schubert M. Ogden, *Christ without Myth* (New York : Harper & Row, 1961)을 참조하라.

이것이 가장 두드러지게 나타나는 지점은 '교회'와 관련된다. 왜냐하면 교회는 '세상'과 분리된 존재론적 실재라고 가정되기 때문이다. 이 주장은 교회는 존재론적으로 '세속적 세계'보다 우월한 위치에 서 있다는 함의를 갖는다. 교회가 윤리적으로 어떠한 처신을 해왔든 간에 말이다. 이러한 논변은 교회 외부의 인간 세계에 대한 논의를 동반해야 할 필연성으로부터 신학을 격리시킨다. 즉 신학은 '세계와 인간'을 향한 윤리를 구성해야 하는 의무감을 떨쳐 버리게 되는 것이다. 그럼에도 혹 세계와 인간에 대한 윤리가 있다면, 그것은 교회를 경유한, 즉 교회의 통제/관리 아래 있는 세계와 인간에 한정된다. 이른바 '교회 중심주의'인 것이다.[7] 이것은 역사적으로 두 가지 상반된 사회 윤리적 태도로서 구체화된다. 교회가 세계의 관리자적 위상을 확보하고 있을 경우엔 역사에 대한 개입주의를 강하게 표방해 왔던 반면, 교회가 세속 권력을 통제할 능력을 갖고 있지 못한 경우엔 탈역사주의를 지향했던 것이다.

마지막으로, 주류적 그리스도교의 언술 속에는 인간의 비인간적 실체에 대한 타자성 주장이 함축되어 있다. 가령 우주의 모든 것 속에 깃든 생명력을 강조하는 정령 신앙(animism)에 적대하는 언술로서 유일신 신앙이 도용되는 경우가 바로 이런 예에 속한다.[8] 이것은 비인간적 혹은 준인간적 존재

---

7) 서구 그리스도교가 좀처럼 헤어나오지 못하는 교회 중심주의에 대한 가장 신랄한 비평을 가한 사람 중의 하나는 한스 큉이다. H. Küng, 『교회란 무엇인가』, 이홍근 옮김 (왜관: 분도출판사, 1978) 참조.
8) 구약 성서에서 유일신 신앙은 식민지 시대 초기인 제2 이사야에 이르러서 처음 나타난다.(「이사」 40: 18~20, 41: 6~7, 44: 9~20, 45: 20~21, 46: 1~7) 이것은 바빌로니아 제국 말기 메소포타미아 중원 지역의 디아스포라 공동체를 배경으로 한 반체제적인 급진파 예언자의 창조 신학에서 그 최초의 형태를 갖게 된다. M.C. Lind, "Monotheism, Power, and Justice: A Study in Isaiah 40~55," *The Catholitic Biblical Quarterly* 46(1984), pp. 432~446 참조. 제2 이사야는 이 창조 신학을, 이스라엘 신앙의 토대이자 구원 신학의 요체인 출애굽 신학과 결합함으로써 완결시킨다.(51: 10) 즉 그의 유일신론적 창조 신학은 처음부터 해방적 에토스를 담지하고 있는 것이다. 요컨대 제2 이사야의 유일신론적인 창조-구원 신학은 정체성의 동요를 일으키고 있는 이스라엘 대중을 대상으로 하여, 바빌로니아의 지배 이데올로기와 맞서는 제2 이사야의 대항 이데올로기로 등장한다. 따라서 유일신 신학의 출발점은 반권력 지향의 체제 비판 담론이었지 종교적 패권주의의 수단이 결코 아니었다.

라고 여겼던 신분(노예)적 · 인종적 · 성적 타자들에 대한 배타주의를 정당화했고, 동식물을 포함한 생태 환경 자체에 대한 정복주의 담론과 접맥되기도 했다.[9] 교회가, 교회의 담론이 인류 문명사의 생태 환경에 대한 착취와는 무관한 듯 빈 허공을 바라보는 '척' 하고 있을 때조차도.

주류적 신학 속에 함축된 이와 같은 존재론적 타자론은, 정교 분리가 확립된 근대 이후에는 세속적 역사에 대한 신앙적 · 신학적 언술의 반개입주의적 경향으로 나타난다. 그렇다. 오늘날 그리스도교 신조를 내면화하고 있는 사람들, 이른바 '그리스도교인'이라고 불리는 사람들은 자신도 모르게, 역사와 사회에 대한 책임을 마치 신앙의 본분과는 분리된, 부가적인 문제인 양 생각하곤 한다. 바로 그렇기 때문에 사람들은 나의 해체론에서 '탈신앙'의 위험을 느꼈던 것이다.

여기에는 그리스도교식의 기억의 재현술이 관여되어 있다. 제의 · 신상 · (종교) 건조물 등이 그러한 역할에서 혁혁한 공로를 거둔 노하우들이다. 그리고 소위 신학이라는 전문가적 담론들이 이러한 노하우들의 경험을 이론적으로 변증하고 일반화 · 보편화하는 소임을 다해 왔다. 그리하여 이러한 기억의 재현술들은 그리스도교적 사유의 '규칙성'을 부여했으며, 이런 사유를 다양한 사회적 이해 관계와 연계시킴으로써 이해 집단간의 '사회적 연결망'을 형성한다. 결국 그리스도교 체제는 종교 문화, 교회, 신학 등이 복합적으로 엮인 제도적 실재(institutionalized reality)로서 존속하는 것이다. 따라서 그리스도교의 제도화에 대한 비판으로서의 '신학하기'(doing theology)는 종교 문화, 교회, 신학 일체에 대한 근본적인 비판이어야 한다.

그러니 결국 나의 해체론은 그리스도교 자체를 문제시하는 셈이다. 그러

---

9) Dorothee Sölle, 『사랑과 노동』(한국신학연구소, 1987) 참조.

나 지금까지 길게 이야기한 데서 드러나듯이, 그 비판의 핵심은 종교의 해체에 있는 것이 아니라, 사회의 다른 범주들과의 필연적인 연계성을 회복하는 '신앙적/신학적 체계로서의 종교의 재정립'에 있다. 그리해야만 그리스도적 신앙/신학은 비로소 인간의 문명 안으로 들어올 수 있으며, 그 안에서 문명에 대한 비판을 수행할 수 있게 되는 것이다. 마치 신이 인간 문명에 대해 비평하고 구원의 길을 제시하기 위해, 다른 방식이 아닌 '육화의 길'을 택한 것처럼. 그러므로 이를 위해서는 이제까지의 그리스도교적 제도화의 경로 자체를 문제시해야 하며, 그 귀결로서 형성된 제도적 실재인 종교 문화, 교회, 신학 자체를 돌파해야 하는 것이다. 요컨대 '반신학/탈신학으로서의 신학하기'의 급진적 실천이 요청된다.[10] 바로 이러한 신학하기의 한국적인 한 유형으로 민중 신학이 탄생하였다.

3

민중 신학은 역사의 전개를 '위기'의 관점에서 본다. 이때 위기는 배제-박탈의 메커니즘의 독특성에서 시공간적인 구체성을 띤다. 그런데 주류 신학들[11]은 이러한 위기를 적절하게 비판하는 논리를 제시하는 데 실패했다. 왜냐하면 주류적 신학들은 주객 이원론의 시각에서 한치도 벗어나지 못했

---

10) 죌레는 현대 신학의 패러다임을 정통주의, 자유주의, 급진주의, 이 셋으로 대별하면서, 급진주의 패러다임의 정당성을 서구-남성 중심주의적 종교 제도를 근본적으로 폐절하지 못한 다른 유형의 신학의 어정쩡한 비평 자세와 관련시킨다. Dorothee Sölle, 『현대 신학의 패러다임』, 서광선 옮김 (천안: 한국신학연구소, 1993) 참조.

11) 도대체 민중 신학이 입버릇처럼 얘기하는 '주류적 신학'이라는 것의 정체가 뭐냐고 의문을 갖는 사람이 있을 수 있다. 사실 금세기 중반기를 풍미했던 신정통주의 이후, 주류적 신학 사조라고 내세울 만한 위치에 있는 신학은 존재하지 않는다. 더욱이 최근 신학의 경향은 교회의 교리보다는 학문 시장의 일반적 관행에 더욱 깊이 연루되어 있다. 그럼에도 민중 신학은 오늘날 학문 시장에서 주류적 위상을 장악하고 있는 여러 신학적 논의들의 대체적인 추세 역시 서구 패권주의적인 배제주의에 경도되어 있다고 보는 것이다.

기 때문이다. 가령 예수의 말과 행태를 물을 때, 주류적 신학들은 예수에만 스포트라이트를 비추었다. 언제나 예수는 '주'였고, 주변의 대중은 '객', 즉 엑스트라에 불과했다. 있어도 그만이고 없어도 그만인 존재인 것이다. 예수가 '절대 불변의 진리'라면, 그 주변의 대중은 이 절대적 진리성의 내용에 개입할 어떠한 가능성도 갖지 못한 존재였다. 이러한 인식은 그리스도교적 사고에서 텍스트-컨텍스트의 이분법으로 이어진다. 즉 이미 형성된 '진리성'은 텍스트이며, 다른 시간 다른 공간에서 만나는 모든 상황은 컨텍스트다. 여기서 진리는 매우 권위적으로 상황을 정복한다. 이것은 세계 속에서 지배 세력의 식민주의 전략과 병행한다. 즉 신학적/신앙적 지식은 권력과 연계되어 세계 곳곳에서 배제-박탈을 야기하고 있는 것이다. 민중 신학은 바로 이러한 의미에서 반신학/탈신학의 신학하기를 추구했다.

그러므로 민중 신학이 말하는 위기는 사람들이 주일에 교회로 몰려들지 않고 여가를 즐기게 되었다든가, 그리스도교 인구가 상대적으로 줄어들고 있다든가 하는 데 있는 것이 아니다. 그것은 배제-박탈의 메커니즘이 작동되는 세계를 보는 예언자의 애상(哀喪)스런 시선, 그 눈동자 속에 투영된 세계, 세계 인식을 시사한다. 이런 현실을 보며 민중 신학은 참 수 없어 세계의 변혁에 뛰어든다. 즉 '지금 여기'의 우리의 위기에 대한 신학 이론적 개입이 바로 민중 신학인 것이다.[12]

민중 신학은 박탈당하고 배제당한 사람들의 고난의 현실을 본다. 그리고 그것을 고발한다. 하지만 이러한 배제-박탈의 메커니즘은 종종 은폐되어 있다. 그런 점에서 민중 신학의 자리는 이러한 은폐된 고난의 구조에 대해 신학적인 비판을 수행하는 공간이다. 이러한 과제를 민중 신학은 '증언'이

---

12) 김진호, 「1990년대 이후의 변모하는 위기성과 민중신학의 새로운 지평」, '한국신학연구소 25주년 기념 심포지엄: 21세기 밀레니엄. 민중신학 대토론회'(1998년 7월 13일~15일) 발표 원고(미간행).

라고 불렀다. 그리고 이러한 증언의 공간을 '민중 현장'이라 부른다. 여기에는 배제-박탈의 구조가 배태한 고난이, 고난의 체험이 들어 있으며, 그러한 고난으로부터 발원한 '아벨의 곡소리'가 울려 퍼진다. 하지만 거기에는 동시에 고난의 구조를 넘어서려는 대중의 염원과 이 염원의 구체화, 즉 자유를 향한 해방의 실천이 담겨 있다.[13] 이러한 민중 현장에 참여하는 민중 신학자의 담론적 실천을 우리는 '증언의 수사학'이라 말한다.

증언의 수사학은 예수의 민중 현장을 이렇게 이야기한다. "예수와 그 주변의 대중이 함께 사건을 일으킨다." 여기서 사건은 신의 구원 사건이다. 그런데 이때 구원의 행위 주체는 예수만이 아니다. 즉 신의 독백적 행동에 의해 구원 사건이 일어나는 것이 아니라는 말이다. 구원 사건은 예수와 그 주변의 대중이 더불어 일으킨 사건이다. 민중 신학은 사건 속에서 결합한 예수와 대중을 '민중'이라 부른다. 즉 고난의 구조와 해방의 실천이 합류할 때, 그 행위자들을 가리켜 민중 신학은 '민중'이라고 규정하는 것이다. 다시 말하면 민중은 '고난의 담지자'이자 '역사의 주체'인 것이다. 여기서 주의해야 할 것이 있다. 이 말이 '고난의 담지자=역사의 주체'라는 등식으로 표현될 수는 없다는 것이다. 다시 말하면 '고난의 담지자는 곧 역사의 주체'라는 구조 결정론적 주장과는 분명히 구별되어야 한다는 것이다. 구조 결정론적 민중론은 "민중이 누구인가?"라고 끊임없이 묻는다. 그의 직업

---

13) 민중 신학은 한국 근대화 과정에서 대두한 신학적 비판 담론이다. 그러므로 민중 신학이 특별히 문제시했던 민중 현장의 문제는 한국 근대화 과정에 대한 비판 담론들의 일반적 인식과 맞물려 있다. 한국의 근대화를 시기 구분하자면, 1960~1970년대, 1980년대, 1990년대로 분획되는 것이 일반적이다. 마찬가지로 민중 신학의 전개도 이러한 시기 구분에 따라 살펴볼 수 있다. 이러한 방식으로 민중 신학의 역사를 살펴보는 이른바 세대론적 시각은 차이와 연속성의 문제를 동시에 포착해야 한다. 이때 '차이'는 시대의 위기성에 대한 인식에 따라 노정된다. 반면 '연속성'의 문제는, 세대별 담론간의 평면적 비교보다는, 이러한 차이 속에서 '저항의 계보학'을 코드화함으로써 밝혀질 수 있다. (김진호, 「민중신학의 계보학적 이해. 문화정치학적 민중신학을 전망하며」, 『시대와 민중신학』 4, 1997, 6~29쪽 참조). 이 글에서는 이러한 연속성을 전제하면서 핵심 개념을 중심으로 민중 신학에 관해 소개하고 있다.

은? 교육 수준은? 자산 상태는? 소득 수준은? 신분 상승 가능성은? 등등 숨가쁘게 계속되는 질문들을 통해서. 그런데 과연 어디가 민중과 비민중을 가르는 보편타당한 경계선인가? 나아가 민중을 판별하는 이러한 여러 구성 요소들이 어떻게 연관되어 있으며 어떠한 요소가 '항구적인' 규정적 위치를 차지하는지 결정해야 한다. 그런데 이러한 결정 과정은 변화무쌍한 상황에서 야기되는 사유의 지리한 연쇄를 유보시키는 지점, 즉 다른 모든 요소들이 그것의 파생에 불과하다는 공리적인 개념을 안주시키는 피안의 공간을 전제한다. '완전한' 개념화가 이루어지지 않는 한, 이것은 공리적 개념의 폭력으로 나타나게 마련이다. 결국 이런 류의 민중론은 이론적으로는 아무것도 대답할 수 없거나, 권력이라는 유전자를 담지한 개념화/이론화의 전제 군주적 옹립을 통해서만 답변이 가능하다.

여러 분야의 민중론과 마찬가지로 민중 신학도 이런 류의 민중론에 의존하곤 했다. 여기서 마주하지 않을 수 없는 민중 개념에 관한 이론의 한계는 민중 신학을 이론화하는 데 지속적으로 발목을 붙잡고 있었다. 즉 민중 신학은 이론화의 문제에 부딪칠 때마다 다분히 수세적으로 이런 시도에 대한 일반적인 거부감을 표현하곤 했던 것이다.[14] 급기야는 어떤 논객(들)에 의해서 민중 신학의 위기론이 거론될 때, 이론적 발전의 가능성을 내포한 중요한 민중 신학적 수사들, 가령 해석학적 언명으로서의 '민중의 눈' 개념이나, 실천 주체의 문제를 구원론적 언명으로 신학화한 '민중 메시아론' 등이 위기의 원흉으로 비판되기까지 했다. 그러나 이런 위기론은 기실 실천의 관점에서 이론화하는 것에 대한 몰이해의 소산일 뿐이다.[15]

---

14) 그리하여 민중 신학에서 '민중'이 활력을 가졌던 담론적 위상은 그것이 '시어 (詩語)'로서 작동하고 있을 때였다.
15) 왜냐하면 이론화는 실천의 저해 요소가 되고 만다는 '이상한' 믿음이 이들 '위기론자'를 사로잡고 있었기 때문이다. 이에 대한 보다 상세한 논의는, 김진호, 「최근의 '민중신학 위기론'은 실천이론의 빈곤을 반영한다」, 『이론』 8 (1994년 봄), 123~147쪽 참조.

반면 '고난의 구조' 대 '행위자로서의 역사의 주체'의 문제를 상호 관계 속에서 파악하는 민중에 관한 새로운 관점이 제기되는데, 이것은 "민중은 어떻게 형성되는가?"라는 물음과 관련된다. 다시 말하면 배제-박탈의 구조 속에서 고난의 담지자가 역사의 주체로 전화되는 '과정'에 관한 발생론적 접근으로서의 민중론이 대두한 것이다.[16] 이것은 고난의 구조가 자동적으로 역사의 주체를 형성하지는 않는다는 문제 의식에서 비롯된다. 그렇다면 '어떻게' 역사 주체로서의 민중(연합)이 형성되는가? 결국 이 '어떻게'의 물음에 접근하기 위해서 민중 형성 과정에 '유의미한' 제도화의 문제가 주목된다. 즉 기존의 제도들이 배제주의적 암호들을 내포하고 있다면 그것들을 해독하여, 그 민중 형성의 장애적 요소들을 폭로/비판하며, 나아가 민중 형성에 유의미한 대안적인 제도들을 모색하는 과정이 곧 민중론의 내용이 되는 것이다. 여기서 제도(institutions)는 구조와 행위자의 상호 관계를 매개하는 유형·무형의 사회적 장치들을 말한다.[17] 그것은 규칙성/반복성을 통해 행위자의 선택의 폭을 제약하는 동시에, 규칙성/반복성의 변형[18]을 통해 행위자에 의한 구조의 변형/재구성을 실현한다. 이때 민중 현장은 민중 형성에 유의미한 제도화를 이룩하려 투쟁하는 실천의 공간을 의미한다. 이렇게 민중론을 구성함으로써 민중 신학은 실천 이론으로서의 위상을 확보할 수 있게 된다.

---

16) 김진호, 「역사 주체로서의 민중: 민중신학 민중론의 재검토」, 『신학사상』 80 (1993년 봄), 21~47쪽 참조.

17) 제도 연구의 가장 고전적인 대상은 '정치 제도'였다. 그러나 오늘날은 그뿐 아니라 일상 생활의 행위들에 규칙성을 부여하는 다양한 유형·무형의 제도들까지도 연구의 영역으로 포괄한다. 가령 제도 연구는 '학연'이라는 규칙적인 일상적 행위 패턴이 어떠한 사회적인 물리적 제도들(유형의 제도들)과 담론적인 제도들(무형의 제도들)을 통해서 행위자들의 선택을 규제하고 구조의 형성에 개입하는가를 묻는다.

18) 가령, 혁명 이후 혁명 주체 세력에 의해 부과된 새로운 가치는 반복적 체험을 통해 구조의 변혁을 완수한다.

여기서 민중 신학이 민중론 일반과 구별되는 지점은 어디인가? 굳이 구별해야 한다면, 위기 구조에 대한 민중 신학의 개입이 '신학적'이라는 점이다. 그렇다면 도대체 '신학적'이라는 것은 어떤 특성을 갖는가? 나는 '신학적'인 것과 '비신학적인 것'을 구분하는 명료한 경계를 개념화할 자신이 없다. 그럼에도 우리의 체험 속에 그 경계는 실존한다. 요컨대 민중 개념과 마찬가지로, 신학도 초역사적 범주화보다는 '역사적' 개념화를 필요로 한다는 것이다. '역사적'이라는 것은 시공간적인 차이에 의해 제도들간의 차이가 노정될 수 있다는 것을 함축한다. 또한 '역사적'이라는 말 속에는 상이한 제도들간의 차이가 시공간적 연계[19]를 매개로 해서 서로 연계될 수 있다는 가능성을 담고 있다. 그러므로 그리스도교의 전통, 즉 선행하는 그리스도교의 제도들이 민중 신학적 신학하기의 '텍스트'라고 할 수 있는 것이다. 이것은 신학적 성찰의 과정이 선행 제도들의 재해석 과정을 경유하게 마련이라는 사실을 의미한다. 설사 선행했던 제도들을 근본적으로 비판하는 '탈신학/반신학'의 기치를 내걸 때조차도 민중 신학의 텍스트는 선행했던 그리스도교 제도들인 것이다. 이때 유념해야 할 것은 탈신학/반신학의 프로그램은 '텍스트'에 함의된 절대불변적 진리성 주장을 해체한다는 사실이다.[20]

    탈신학/반신학적 프로그램의 세례를 받으며 재해석된 관점에 따르면, 텍

---

19) 시공간은 '연속적'이다. 가령 1987년 한국의 시공간은 그에 선행하는 한국의 시공간을 전제로 하며, 그에 후속되는 시공간의 전제가 된다. 물론 이러한 연계성은 단선적인 필연성을 의미하는 것은 아니다.
20) 신학 분과 가운데 가장 진보적이라는 선교신학에서 텍스트-컨텍스트의 문제는 가장 첨예한 논쟁거리였다. 이 분야에서 세계적인 명성을 얻고 있는 폴 히버트는 선교 신학의 역사를 비상황화(non-contextual-ization), '상황화'(contextualization), 그리고 '비판적 상황화'(critical-contextualization)의 변증법적 자기 지양의 과정으로 그리고 있다. (P. Hiebert, *Anthropological Insights for Missionaries*, Grand Rapids: Baker Book House, 1985 참조). 이것은 텍스트의 불변적 진리관이 컨텍스트에 용해되는 것을 막아 보려는 텍스트주의적 이원론이 어떻게 여전히 진보주의의 발목을 잡고 있는지를 보여준다.

스트는 '컨텍스트'를 임의로 선별하지 않는다. 오히려 컨텍스트는 예측할 수 없이 다가온다.[21] 또 텍스트는 이렇게 다가온 컨텍스트의 의미를 마음대로 규정하지 못한다. 오히려 텍스트는 컨텍스트들이 유영(遊泳)하는 의미 가능성의 바다 속에 내던져져 그 속에서 자유롭게/우연적으로 상호 관계를 형성함으로써, 의미 형성에 영향사적 개입을 성공적으로 수행한다. 이때 컨텍스트는 '지금 여기'에서의 그리스도교 내부의 유형·무형의 제도들일 수도 있고 그 외부의 것일 수도 있다. 즉 신학적 개입이라는 말은, 정교 분리론자들이 주장하는 것처럼, "세속의 문제는 저들의 고민거리일 뿐"이라는 주장과는 아무런 관계가 없는 것이다. 요컨대 민중 신학은 교회 제도들의 비민중성을 비판하는 언어일 수도 있지만, (종교적 영역 외부의) 국가 혹은 지구적 차원, 심지어 일상의 권력을 문제시하는 비판 담론일 수도 있는 것이다. 다만 민중 신학적 사유는 그리스도교 전통을 비판의 준거로 삼고 있다는 점에서 '신학적'이다.

이와 같이 신학적 사유는 시공간적인 연계성을 통해 상호 관련되는 유형·무형의 그리스도교 제도들간의 네트워크를 기반으로 한다. 그러므로 여기에는 행위자의 선택의 폭을 제약하는 구조와, 구조의 변혁을 창조적으로 실현하는 행위자간의 상호 관계가 함축되어 있다. 그런데 이러한 네트워크를 설명하는 민중 신학의 개념적 장치가 바로 '사건'이다. 여기서 반민중적 제도화를 극복하고 민중적 제도화를 구현하려는 시공간적인 계보를 '민

---

21) 여기서 텍스트가 그리스도인의 전통이라면, 컨텍스트는 그가 삶 속에서 부딪치는 세계와 관련된다. 그는 새롭게 조우한 이 새로운 세계를, 텍스트를 경유하면서, 끊임없이 의미화한다. 이때 그가 만나는 세계는 그의 컨텍스트가 된다. 그런데 주의할 것은, 텍스트-컨텍스트의 문제는 관찰 시점에 따라 상호 교환될 수 있다는 점이다. 요컨대 인간 존재의 의미의 생성에 있어 이 모든 것은 텍스트로서, 상호적 관계를 통해 의미를 발현한다. 이 점에서 민중 신학은 텍스트-컨텍스트의 이원론적 도식보다는 '상호 텍스트'라는 관점을 선호한다. 양권석, 「한국적 성서 읽기의 한 방법으로서 상호 텍스트적 성서 해석의 가능성」, 『신학사상』 101 (1998년 여름) 참조.

중 사건'이라고 명명한다. 즉 민중 사건은 민중 현장에서 벌어지는 민중 형성 과정의 시공간적인 네트워크와 관련된다. 이 점에서 민중 신학의 원형적 사건은 '예수 사건'이라고 할 수 있다. 왜냐하면 민중 사건과 비민중적 사건을 분류하는 근원적 준거를 민중 신학은 예수 사건에서 찾기 때문이다. 또한 민중 사건론은 예수 사건이 교회적 사건으로 전화·발전되는 과정을 비평하는 과제를 수행한다. 나아가 민중 사건론은 오늘날 예수 사건이 무엇으로 재현되는지를 해석한다. 가령 "전태일이 예수다"라는 민중 신학의 입론적 주장은, 예수 사건이 (날로 신도 수를 배가시키고 있던 교회의 이른바 '부흥 사건'에서가 아니라) '전태일'로 상징되는 1970년대 한국의 민중 사건에서 결정적으로 재현되고 있음을 선언하는 셈이다.

이와 같이 민중 신학은 예수 사건을 '오늘 여기'에서 재현함으로써 시대의 위기를 넘어서려는 고난과 해방의 수사학이다. 즉 억압적 구조가 은폐하고 있는 배제-박탈의 메커니즘을 폭로함으로써 그것의 균열을 야기하려 하는 신학 담론적 실천이라 할 수 있다.

4

UR 협약과 WTO의 설립을 전후로 하여, 민중 신학 안팎에서는 '글로벌 자본'의 운동이 민감하게 다루어지기 시작했다. 우리 시대의 '위기성'을 이해하는 데 있어 이러한 변화가 미칠 파급은 대체로 비관적 기조 아래서 논의되었다.[22] 아니나 다를까, 1997년 몰아친, 우리 나라를 포함한 아시아 각국의 경제적 위기는, 그리고 무시할 수 없는 가능성으로 다가오고 있는 전

---

22) 아마도 여기에는 1990년대 비판 담론 진영에 불어닥친 포스티즘적 사유에 동화된 측면도 없지 않을 것이다.

세계적 공황의 위험성은 불안한 우리의 심사를 사정없이 뒤흔들어 놓았다. 더욱이 그 속도와 정도는 예상한 것보다 훨씬 극렬하게 체감되었다. "민중의 시대는 갔고 바야흐로 시민의 시대가 도래했다"고, 국적 없는 속류 '시민 사회론'을 떠벌리던 논객들의 말문이 한 순간에 막혀 버렸다. 사회적 안전망이 전무한 상황에서 200만 명에 육박할 것으로 예상되는 직장 잃은 사람들, 자본주의의 냉혹함에 의해 아무렇게나 내동댕이쳐진 무수한 사람들의 '한'의 이야기가 한반도 남쪽에서 소용돌이치고 있다. 물론 이것은 전지구적 수준으로 일어나는 현상의 국지적 모습일 뿐이다.

이런 상황에서 신자유주의 이데올로기는 대난한 희망의 전소라도 선사해 줄 양, 호들갑스럽게 우리에게 다가오고 있다. 실상 그것은 이 험악한 위기로부터의 생존 비법을 담고 있는 것처럼 보인다. 문제는 그것이 호혜적이고 평등주의적이라기보다는 (적자생존식의) 개체주의적이고 가학적인 대안을 제기하고 있다는 데 있다. 즉 신자유주의 이데올로기는 국가나 공동체에 의해 제약당하지 않는 인간의 자유를 주장하고 있는데, 이것은 실상 무한 경쟁의 경제적 논리 속에 국가/공동체에 매개되지 않는 개별화된 인간을 노출시키는 자유를 의미한다.[23] 이것은 국가 제도 속에 어느 정도는 가미된 호혜적이고 평등주의적인 정신을 제거해 버리려는 추세와 맞물려 있다. 결국 경쟁력 있는 자에게는 천국을, 경쟁력 없는 자에게는 지옥을 선사하는 진리론이 우리 주위를 맴돌며 항복을 강요하고 있는 것이다.

이러한 위기의 상황에서 비판 담론들은 몹시 어려운 싸움을 벌이고 있다. 그것은 무엇보다도 신자유주의적 대안 이외에, 글로벌 자본의 공세를 빗겨갈 이렇다 할 다른 대안이 보이지 않기 때문이다. 더구나 정보 통신 기술의

---

23) 신자유주의적 자유론을 비판하고 있는 홍윤기, 「1990년대에 대한 역사철학적 성찰」, 『현대사상』 5 (1998년 여름), 56~89쪽 참조.

고도화로 인해서 신자유주의의 이념적 공세는 브라운관 등을 통해서 화상 기호의 모습으로 우리들 개개인의 일상적인 삶, 아니 삶 내면의 무의식의 영역에까지 자유자재로 가해지고 있다. 요컨대 오늘날의 자본은 전지전능하며 무소부재하다. 이러한 신적 존재와 싸움을 벌이기란 참으로 버겁다.

바로 그렇기에 이 싸움에 '사제다운 자들'의 개입이 진정 필요하다. 가나안을 지배하던 계급주의적 종교인 바알 신앙에 대항하여, 떠돌이 민중의 신 야훼가 도전장을 던진 것처럼, 오늘 우리는 자본이라는 전능자에게 도전장을 내민 해방자의 종교를 어느 때보다도 더욱 절실히 필요로 하는 것이다. 바로 여기에 민중 신학의 과제가 있으며, 민중 신학다운 비판의 내용이 전망되는 것이다.

'죄론'과 교회의 시선의 권력

1

미셸 푸코(Michel Foucault)는 『감시와 처벌』에서 근대의 권력이 억압의 장치라기보다는 '생산의 장치'임을 강조했다. 그것은 검열하고 배제하고 은폐하기보다는 현실의 지식과 현실의 지식에 규율된 인간 주체를 생산하기 때문이다. 안토니 기든스(Anthony Giddens)는 푸코에 대해 논평하면서, 한 걸음 더 나아가, 권력(에 매여 있음)은 '쾌락(pleasure)을 생산하는 도구'라고까지 한다. 근대적인 '사회적 통합'(social integration)의 에너지는—이러한 권력에 매여 있음에도 불구하고—바로 그러한 매여 있음으로 인해 생성되는 쾌락의 생산에 기초하고 있다는 것이다.

푸코는 위의 책에서 이러한 근대적 권력의 기술을 '규율'(discipline)로서 설명한다. 그리고 그것은 '순종하는 신체'를 생산하는 담론적 장치라는 것이다. 요컨대 생산적 권력의 메커니즘은 규율을 통해 자발적으로 순종하며 심지어 거기에서 쾌락을 체감하는 주체를 형성함으로써 사회의 지배 관계를 재생산한다고 할 수 있다.

푸코에 의하면 규율 권력은 '감시', '규범화', '시험'이라는 수단을 통해 시행된다. 흥미롭게도 우리는 여기서 이러한 규율 권력이 '시선'(gaze)의 효과와 관련이 있음을 보게 된다. 제레미 벤담(Jeremy Bentham)의 공리주의적 원형 감옥 구상인 '판옵티콘'을 근대적 권력의 대표적 담론으로 읽었던 푸코는 그것의 핵심이 '시선'과 그 효과로서의 '내면화'(interiorization)에 있음을 미셸 페로와의 대담에서 명시하고 있다. 여기서 주목할 것은 판옵티콘의 시선은 '보이지 않음'으로써 감시의 효과를 발휘한다는 점이다. 이때 보이지 않는 시선을 '타자'라고 한다면, 타자에 의해 응시당하고 있다는 믿음에서 주체가 구성되며, 타자에 의한 감시당함을 의식함으로써 주체의 타자에 대한 자발적 순종 행위가 생산된다.

이 글은 지배(domination)—교회의 지배 체제든 사회적 의미의 체제든 간에—에 대한 순종을 야기시키는 그리스도교/교회의 권력을 다루려는 데 초점이 있다. 특히 강압을 통해 순종을 만들어 내는 '강제'(sanction)의 차원보다는 자발적 순응의 차원에서 그리스도교의 생산적 권력을 파악하려는 것이다. 그리하여 교회의 생산적 권력 메커니즘이 어떻게 '그리스도인'이라는 주체 구성에 개입하고 있는지를 보고자 한다.

여기서 나의 주된 관심은 교회의 담론에서 '시선이 갖는 효과'에 있다. 이 점에서 우리의 가설적 입론이 제기될 수 있는데, 그것은 푸코가 근대적 권력의 특성이라고 보았던 시선과 그로 인한 내면화의 문제가 그리스도교 담론에선 이미 오래 전부터 교회 권력 작동의 결정적인 요소를 이루어 왔다는 것이다. 이런 관점에서 나는 그리스도교 신학의 '죄론'에 주목하게 된다. 그것은 죄 담론이 그리스도교 신학의 처음이자 끝이라고 해도 과언이 아닌 '구원의 어법'과 불가분 연결되어 있을 뿐 아니라, 일종의 시선을 통한 규율 권력 담론이라고 볼 수 있기 때문이다. 요컨대 우리는 그리스도교의 정체성의 장치로서 죄론을 읽을 수 있다는 점을 이야기하려는 것이다.

2

이제까지 그리스도교 신학에서 '죄'에 관한 모든 물음은 '악의 해석'의 문제에 초점이 맞추어져 왔다고 해도 과언이 아니다. 그것은 기본적으로 "존재의 위기가 어디로부터 오는가"에 관한 물음으로, 이러한 존재론적 비구원의 상태를 '신으로부터의 거리' 혹은 '인간간의 거리'의 문제로 본다. 그러므로 위기의 초극 또한 '거리 해소'의 관점으로 이해한다. 한편 거리 해소를 가능하게 하는 것, 즉 구원론적 계기를 읽는 방식은 대략 세 가지 유형으로 구분될 수 있다. 위로부터의 초극, 수평적 초극, 그리고 아래로부터의 초극이 그것이다. 첫 번째의 것이 '정통주의적 전략'이고 두 번째의 것이 '자유주의적 전략'이라면, 마지막의 것은 '해방론적 전략'이라고 할 수 있다.

이 세 전략은 공히 '신성(하느님의 형상)으로부터의 이탈'(또는 신성의 결핍)에서 죄의 근거를 본다는 점에서 일치한다. 그런데 정통주의는 신성이 소거된 인간이 죄의 존재성에서 스스로는 결코 자유로울 수 없다는 관점을 취한다. 오직 신으로부터의 선물(은혜)만이 그것을 가능하게 할 수 있다는 것이다. 반면 자유주의적 전략은 신성의 결핍을 인간성의 결핍으로 해석하는 경향이 있다. 이때 인간성은 보편적 가치에 준거해서 해석된다. 그러므로 보편적 인간성의 회복을 통해서 인간은 상실한 신성을 회복할 수 있다는 관점을 취한다. 이러한 보편적 인간성의 상실에서 죄 문제를 사고하는 관점은 모든 인간의 상실 상태를 강조한다. 그런데 현실의 위기 구조의 핵을 상실 상태의 균등성보다는 불균등성과 관련하여 이해하는 입장이 있을 수 있

	죄의 근원	구원의 계기	담론의 공간적 구조	담론의 시간적 구조	인간주의에 대한 담론의 기초
정통주의 전략	신성으로부터의 이탈/신성의 결핍	신의 선물	수직 구조 (위로부터)	미래 중심적	반인간주의
자유주의 전략		보편적 인간성	수평 구조	현재 중심적	인간주의 (개인 강조)
해방론적 전략		고난당하는 이	수직 구조 (아래로부터)		인간주의 (구조 강조)

표 죄-구원 담론의 내용 분석

다. 바로 해방론적 전략이 강조하는 바가 이것인데, 위기 구조로 인해 과부하한 고통에 둘러싸인 이들의 얼굴에서 위기를 가슴 아파하는 신의 형상을 볼 수 있다는 관점을 취한다.

따라서 죄론에 관한 세 패러다임은 담론의 형태에 있어 몇 가지 유사성과 차이를 지닌다. 우선 이 셋은 공히 죄의 현실을 인간 삶의 '굴레'로서 보고 있다. 따라서 이러한 굴레로부터의 해방에 관한 논의가 구원론의 골격을 이루게 된다. 여기서 정통주의 전략은 인간 자체로부터의 내재적 구원 가능성을 부정(타율적 구원)함으로써 반인간주의적 태도를 취하는 반면, 다른 두 담론은 구원의 인간 내재적 특성을 인정하고 있다는 점에서 유사한 담론 기조를 갖는다. 단 자유주의 전략에서는 개별자로서의 인간이 위기의 존재이며, 동시에 구원의 행위 주체로 다루어지는 데 반해, 해방론적 전략은 죄의 현상이 부여되는 구조를 문제시하며 동시에 구원의 행위를 구조의 변동의 관점으로 보려는 경향이 있다.

또한 죄 담론에 관한 자유주의 전략이 보편적 인간성을 강조하는 한, 구원론적 담론의 시공간적 구조는 수평적 성격과 현재 지향성을 지니는 데, 해방론적 전략은 시간적으로 현재 중심적이라는 점에서는 유사한 담론 구조를 갖지만 공간적으로 사회 구조적 고난에 기반한 '아래로부터의 구원'을 강조한다는 점에서 전자와는 다른 양상을 띤다. 한편 정통주의 전략은 시간적으로 미래 중심적이라는 점에서 다른 논의와는 구별되지만, 공간적으로 죄-구원의 문제를 수직적 시각에서 보고 있다는 점에서 해방론적 전략과 유사한 담론 구조를 취한다. 다만 전자가 위로부터의 구원을 말하고 있다는 점에서 이 두 담론 전략의 중요한 차이점이 노정된다.

이상과 같이 세 패러다임으로 나누어 정리해 본 기존의 담론은 모두 죄론의 '내용'을 무엇으로 구성할 것인가에 관한 것이라고 할 수 있다. 즉 경험되는 위기 상황을 인간의 존재론적 굴레인 '죄'와 연관지어 해석함으로써 위기의 존재론적 성격이 규정되고, 그것을 초극하기 위한 신앙적 전략으로 인간, 세계, 우주 그리고 신 등과의 관계 재구성이라는 관점으로 죄론의 내용을 구성하고자 한 것이라는 얘기다. 물론 이러한 담론 구조의 차이는 인식론적 차이를 내포하고 있으며, 이러한 차이는 현실 사회의 위기에 개입하는 상이한 방식과 연결되어 있다. 요컨대 이러한 내용 분석에는 그리스도교 분파간의 상이한 사회적 실천 양상이 함축되어 있다.

그런데 이런 식의 내용 분석의 결정적인 한계는 그러한 논의가 죄-구원 담론의 수용자, 곧 그리스도인의 정체성 형성에 어떻게 관여되는지, 그 작동 메커니즘이 어떠한지에 관한 물음에로 자동적으로 연결되지 않는다는 것이다. 이 점에서 우리는, 죄론이 죄를 굴레로서 이야기하지만, 그것의 담론적 효과는 단순히 굴레 의식만은 아니었다는 점을 유념할 필요가 있다. 아래에서 더 논하겠지만, 그것은 수용자 공동체에게 하나의 쾌락으로서 체감되기도 했다는 점이다. 죄 의식이 쾌락의 근거일 수 있는 것은 죄 담론이 타인의 시선을 통해 주체의 구성을 조직해 내는 효과를 갖고 있기 때문이다. 그러므로 아래에서는 죄 담론이 시선의 권력과 어떻게 연계되었는지를 조명해 볼 것이다. 특히 그리스도교 죄론의 중심 텍스트인 바울 서신들에서 이 문제를 살필 것이다.

3

"세례를 받아서 그리스도 안으로 들어간 여러분은 모두 그리스도를 옷 입듯이 입었습니다."

—「갈라디아서」 3장 27절

이 구절에서 바울은 세례를 받는다는 것, 즉 '그리스도인됨'이라는 것을 '옷 입음'으로 말하고 있다. 또 「로마서」에서는 구원의 때가 가까이 다가왔으니 "어둠의 행실을 벗어 버리"라고 하면서(13: 12) "예수 그리스도를 입으시오"(13: 14)라고 강변한다. 「갈라디아서」는 죽음으로 귀결되는 죄의 권력에 매인 "이 썩을 몸"이(그리스도라는) "불멸의 옷을 입"고 있다고 표현한다. 한편 바울의 영향을 받았음이 분명한 「골로사이서」와 「에페소서」에서도 비슷한 표현들을 볼 수 있다. "여러분은 모든…… 부끄러운 말을 벗어 버리시오.…… 묵은 사람을 그 행실과 함께 벗어 버리시오. 새 사람을 입으시오."(「골로」 3: 8~10) "낡은 인간성을 벗어 버리고…… 하느님의 형상대로 창조된 새 사람으로 갈아입어야 합니다."(「에페」 4: 22~24) 여기서 바울과 「골로사이서」·「에페소서」 사이에 차이가 있다면, 바울은 종말이 임박했다는 의식 속에서 그리스도인의 정체성에 대해 말하고 있는 데 반해, 대략 반세기나 후대의 문서인 「골로사이서」나 「에페소서」는 종말이 한정 없이 지연되는 상황에서 그리스도인이라면 이렇게 살아야 한다고 말하고 있다는 것이다. 그래서 바울이 예수 당파로 전향하기 이전의 생활 태도에서 벗어나는 것을 '옷 입다' 라는 말로 표현하고 있는 것과는 달리,「골로사이서」와「에페소서」는 예수 당파만의 규범이 아닌, 일반적 규범에 따른 생활을 공동체에게 강변하기 위해 '옷 입음'의 소재를 활용하고 있다.

한데 여기서 강조하고 싶은 것은 이 두 부류의 텍스트에서 공유되고 있는 것처럼, 적어도 초기 그리스도교의 상당수 지도자들은 그리스도인의 정체성을 '옷 입다'($ενδυω$) 혹은 '낡은 옷을 벗고($απεκδυομαι$) 새 옷을 입다'로 묘사하고 있었다는 점과 관련된다. 여기서 '옷 입음/벗음' 이라는 표현이 '보는 이(타자)의 시선'을 가정하고 있다는 사실을 주지하자.

여성주의 영화 이론가 로라 멀비(Laura Mulvey)가 남성의 시선에 의한 여성의 성 전환적 동일시(transsexual identification)를 설명하기 위해 정신분석학의 '복장 도착증'(transvestim) 개념을 활용하고 있다는 점은 우리에게 많은 시사를 준다. 복장 도착이라는 것은 이성의 옷을 입고 있거나 그렇게 상상할 때 성적 쾌락을 보다 쉽게 느끼는 도착 증상을 말한다. 이것은 그렇게 입지 않았을 땐 성적인 흥분에 결코 도달할 수 없다는 뜻이 아니다. 마치 남자가 여자의 야한 이브닝 드레스를 보고 성적인 흥분을 느끼는 것과 유사한 증상일 뿐이다. ('절시증', scopophilia) 한데 절시증과 복장 도착증이 다른 것은 전자는 '타인을 봄'으로써 쾌락을 느끼는 행위인 반면, 복장 도착자는 '타인의 시선을 상상하면서' 쾌락을 맛본다는 사실에 있다. 요컨대 복장 도착이라는 개념에서 우리는 보여지는 것, 감시당하는 것이 쾌락의 감정과 연결될 수 있다는 점을 시사받을 수 있다.

여기서 흥미로운 또 하나의 사실은 타인이라는 관찰자가 실재 인물이 아니라는 점에 있다. 그 타인은 복장 도착자 '외부의 누구'가 아니라, 그가 상상하는 타인, 즉 그의 '내면에 들어와 있는 타인'인 것이다. 바울이 묘사하는 바 그리스도교 신앙도 바로 그렇다. 그리스도라는 옷은 사람들의 시선에는 보이지 않는다. 그것은 '보이지 않는 이의 시선'에 의해서만 포착될 뿐이다. 물론 말할 것도 없이 그 시선의 주인공은 하느님이다. 하지만 여기에서 하느님은 이미 그 외부에 있는 존재가 아니라 그의 내부에 있는 존재, 그리스도인 안으로 내면화된 존재인 것이다. 그의 시선에 의해, 아무에게도 보이지 않지만 단지 그의 시선에 의해서만 응시되고 있다는 믿음, 거기에서 그리스도인은 아무리 힘겨운 현실에 닥쳐 있다 하더라도 세상을 살아갈 힘을 얻는다. 바로 이것이 '옷 입음'의 신앙인 것이다.

그런데 이러한 옷 입음으로 인해 새롭게 구성되는 그리스도인으로서의 정체성 문제는 그의 '죄 이해'와 깊이 연루되어 있음을 주목해야 한다. 바울에게서 '죄'는 그의 의지 이전의 존재의 구성 요소다. 그가 「창세기」의 아담 표상을 사용하는 것(「로마」 5: 12~19)은 죄/악성의 근원이 누구에게서 비롯되었느냐를 말하기 위함이 아니라 죄가 자신의 의지를 넘는 존재의 구성 요소라는 것을 말하기 위함이다.

> "그러므로 나는 좋은 일을 행하기를 원하는 내게서 한 가지 법칙을 발견합니다. 바로 악이 내게 붙어 있다는 것입니다. 사실 나는 '내적 인간'($όεσω$ $ανθρωπος$)으로서는 하느님의 법에 기꺼이 동의하지만, 나는 내 지체 안에서 또 다른 법을 알아봅니다. 그것은 내 이성의 법을 거슬러 싸우며 내 지체 안에 있는 죄의 법 안에 나를 사로잡고 있습니다."
> ―「로마서」 7장 21절~24절

여기서 그는 분열된 주체다. 그의 존재 안에는, 바울이 '내적 자아'라고 표현하는, 하느님의 법을 추구하는 자아와 더불어 죄의 법 안에 자신을 사로잡고 있는 또 다른 자아가 도사리고 있다. 내적 자아는 '이성의 법'($νομος$

του νοος)을 지향하는 주체다. 이성(νους, του νοος)이 의식적 행위를 함축하는 개념이므로, 내적 자아의 반대편에는 의식 이면에서 그를 충동질하는 다른 자아가 상정되고 있는 셈이다. 요컨대 그는 여기서 죄의 원인에 관한 지식을 펼치고 있는 게 아니라, 자신의 의지로선 어찌할 수 없는 실존적 번뇌를 표현하려는 것이다. 또한 분열된 주체간의, 예수의 법을 추구하는 의지로서의 의식과 태어나면서부터 언어를 통해 자신의 존재를 규정해왔던 '유대인다움의 법' 안에서 형성된 무의식적 욕망간의 내면의 전쟁을 고백하고 있는 것이다.

그는 유대인으로서, 유대주의 신앙의 담론 체계를 내면화하고 있는 사람으로서, 자신이 죄인이라는 사실에서 결코 자유로울 수 없었다. 그는 「갈라디아서」에서처럼 율법 담론이 담고 있는 유대주의의 권력 메커니즘을 비판하면서도(의인론을 통해), 그 체제의 죄인-의인 논법에 자신도 모르게 순종하고 있다. 그는 의식의 영역 내에서는 그리스도(의 노선으)로 전향한 사람이지만, 동시에 자신이 죄인이라는 유대주의적 자의식에 무의식적으로 동화되어 있는 것이다. 그래서 그는 구원을 그리스도로 '옷 입음'으로 말할 수밖에 없었다. 구원은 존재 자체의 변형은 '아직 아니'였던 것이다.("내가 벌써 그것을 얻은 것도 아니고 이미 완성된 것도 아닙니다"—「필립」 3: 12)

당장은 '옷 입음'에 불과하다. 다만 하느님에 의해 '그렇게 보여지는 것'일 뿐이다. 물론 그것에는 종말의 때에 대한 비전이 전제된다. 그리고 그렇게 보여지는 자아는 종말의 때에 온전함을 얻게 될 것이다.("그분은 우리의 비천한 몸을 당신의 영광스러운 몸과 같은 모습으로 변화시키실 것이니……"—「필립」 3: 21) 하지만 지금은 아직 아닌 현재의 상태에서도 그는 존재의 변형을 체험한다. 그것은 정체성의 전환을 통해 가능하게 된다.("하느님의 영이 여러분 안에 계시다면, 여러분은 육 안에 있지 않고 영 안에 있습니다."—「로마」 8: 9)

자신의 몸은 아직 분열되어 있지만, 자신이 영 안에 있는 존재라는 것을 그는 '믿음'으로 알고 있다. 즉 그것은 확신이요 신앙이다. 동시에 그 믿음은 자신이 율법의 시선, 곧 사람의 법의 시선이 아니라 하느님의 (법의) 시선으로 스스로를 보기 때문에 가능해진다. 요컨대 그의 정체성 전환은 그의 시선을 자신이 '옷 입음'을 응시하는 이(타자)의 시선으로 동일화함으로써 실현된다.

이와 같이 바울은 유대주의의 율법관과 대결하면서 죄-의인 논법의 해체의 언술로서 옷 입음의 수사를 사용하고 있다. 그것이 자신의 선교 활동의 주요 무대의 하나였던 디아스포라 유대 회당 체제의 권력에 대한 대항 담론으로 구성된 것이라는 사실은 이른바 바울 신학의 '투쟁 교설론자들'의 정식화에 속한다. 이러한 견해에 의하면 바울은 회당 체제의 지배를 재생산하는 권력 장치의 핵심에 '율법주의'가 있음을 간파하고 있었음이 분명하다. 그리하여 율법을 통한 죄-의인 논법에서 그는 순종의 메커니즘이 작동하고 있다는 것을 문제시하였고, 이에 반율법주의적 신앙을 제기함으로써 그러한 순종의 기재를 해체하고자 했던 것이다. 그것에 의해서만 그는 자신의 무의식까지 지배하고 있는 유대주의와 결별할 수 있었고, 그러한 담론을 제시할 수 있었다는 것이다.

이러한 주장을 보다 잘 이해하려면 유대주의의 율법관에 대한 보다 충분한 설명이 필요하다. 그러므로 아래에서는 시선에 의한 권력의 장치를 중심으로 유대주의적 율법 종교에 대하여 살펴보기로 하자.

4

이스라엘 역사에서 식민지 시대 이전까지는 '하느님의 법'은 적어도 사회 통합(social integration)의 원리가 아니었다. 법제적으로 볼 때 지파 동맹 시대는 주로 관습법이나 '힘에 의한 협상'의 원칙(분쟁→지원 세력 규합→힘에 의한 협상) 아래 대중의 일상 생활이 조직되던 시기였다. 요컨대 대중은 '하느님의 법'과는 아무런 상관없이 삶을 영위하였고, 그것은 단지 지파 동맹이라는 느슨한 사회적 결속체의 추상적인 체제 통합(system integration)의 원리로서 제한적으로만 매우 '낮은 정도'의 효력을 나타냈을 뿐이었다.

군주제하에서도 사정은 마찬가지다. 중앙과 지방의 요새 도시에 왕의 법정이 세워졌고, 대중의 삶은 여전히 씨족적 질서에 따라 운위되었으며, 따라서 관습법과 힘에 의한 협상의 원칙은 여전히 유효했다. 하느님의 법은 주로 왕의 통치를 위한 교훈 혹은 왕실 사제단의 (생활) 규율로서만 통용되었던 것 같다. 당시의 대중이 왕의 지배가 하느님의 권위 아래 있다는 것을 체감하는 것은 '하느님의 법'을 통해서가 아니라, 사제들에 의해 시각·청각·후각 등을 통해 실연(實演)되는 제의 의식을 통해서였다. 따라서 이 시기까지 이스라엘이 하느님의 백성이 되기 위해 필요한 규율은 하느님에 의해 포착되고 있다는 믿음 아래서 이루어지는 일상 생활에서의 규율이라기보다는, 제의 행위의 일상성 속에서 구체화되었다. 즉 제의 행위를 생활에 깊이 연루시킴으로써 이스라엘은 하느님의 백성이 될 수 있었다.

식민지 시대에 와서 비로소 야훼 신앙이 '율법 종교'로서 태어남으로써, 비로소 '하느님의 법'이 유대인의 사회적 통합의 주요 기재로서 등장한다. 그것은 무엇보다도 식민지 시대라는 변화된 상황과 밀접히 관련되어 있다.

우선 이 시기에 씨족적 결속력이 급속히 와해되었다는 점을 주목해야 한다. 군주제 시대 말기와 식민지 종주국들인 앗시리아, 바벨론, 페르시아 시대를 거치면서, 오랜 전쟁으로 인해 인구의 이동이 격심해져, 본토민보다

흩어진 유대인의 수가 훨씬 많은 지경에 이르게 되었다. 비교적 안정기인 헬레니즘 제국 시대에 이르면 국제적 활황기를 맞아 용병으로 국제 무역상으로 고향을 떠나는 사람들 또한 적지 않았다. 한편 전쟁이나 급속한 경제적 활황이라는 조건 속에서 계급 분화가 심화됨으로써 인구의 사회적 구성 상태도 크게 변화되었다. 이러한 상황에서 전통적인 사회적 조직이 크게 훼손되었던 것이다.

이와 더불어 이 시기에 우리가 주목할 상황은 '회당'의 등장과 소자산가적 지식인층의 대두이다. 전통적으로 씨족의 질서가 사회적 결속을 이끌어 왔다면, 이 시기엔 회당이 그것을 대신해 점차로 지역 공동체로서 유대인을 결속시키는 중심 기구의 역할을 하였다. 그리고 회당의 중심부엔 새로 대두한 소자산가 계급의 지식 엘리트가 점차 씨족과 문중의 '어른' 자리를 대체하게 되었다. 문자의 전문가인 서기관(scribes)이 군주제 시기의 성서 텍스트에선 거의 전적으로 왕실이나 성전에서 일하는 귀족의 일원으로만 언급되다가(「열하」 22장; 「예레」 36: 10, 36: 32; 「에즈」 7: 6; 「느헤」 12: 12~13), 요세푸스의 책들이나 마카베오서, 그 밖의 묵시 문서들 등, 식민지 시대의 텍스트에선, 이른바 '고귀한 계층'이 아닌, 보다 평민에 가까운 계층 출신의 사람들도 적지 아니 등장하고 있다는 사실은 주목할 만한 일이다. 하시딤(hasidim), 마스킬림(maskilim, 「다니」 11: 33), 바리사이, 에쎄네 등 율법에 충실한 소자산가적 지식인이 이 시기 급작스럽게 대두하게 되었다는 사실이나, 이들이 대중의 정치적 동원의 중심부에 있었다는 점은 이들 소자산가적 지식인이 대중의 압도적인 존경과 지지를 받고 있었음을 시사한다.

이러한 맥락에서 야훼 신앙의 한 유형인 '유대주의'가 탄생하였고, 이 종교 운동의 주된 특징의 하나가 율법 종교라는 것이 이 글의 중요한 논점의 하나다. 식민지화라는 것은 베델이나 예루살렘 같은 국가 성소가 파괴되고 국가 제의 시스템이 몰락함으로써, 체제적 통합의 기재가 붕괴되는 현상을 동반한다. 이제 유대인을 통합하는 하나의 제의는 존재하지 않는다. 또한 사회적 결속의 기초 단위였던 씨족의 질서가 와해됨으로써 유대인은 존재론적 안전(ontological security)의 위기에 직면하였다. 우리는 이것을 유대인의 '정체성의 위기'라고 부를 수 있다.

이러한 정체성의 위기를 극복하려는 다양한 모색이 있었다. 묵시주의 운동은 그러한 위기에 종종 등장하는 사회적 현상과 결부되어 있다. 한데 율법주의는 아마도 주로 디아스포라(팔레스틴 외부 지역으로 흩어진) 유대인 사회, 특히 비교적 사회 경제적으로 안정된 계층에서 발전한 것 같다. 신학계에서 흔히 신정론(神正論)이라고 부르는 이 현상은 자신들에게 닥친 위기의 상황이 '하느님의 패배'를 입증하는 것이 아니라 '하느님의 심판'을 보여주는 증거라고 해석한다.

이때 율법이 중요한 역할을 한다. 즉 유대인들이 하느님의 율법을 잘 지키지 못했다는 것이다. 이들은 구약 성서에 나오는 율법을 613가지로 계산했고, 그것에 관한 (주로 구전 형태인) 주석을 무수히 만들어 냈다. 훗날(주후 1~2세기 경) 이런 누적 전통이 발전하면서 방대한 율법 해석 총서가 묶여 문헌으로 간행되는데, 주제별 엮음집인 『미슈나』(Mishnah)와 『성서』 본문별 해석 총서인 『미드라쉬』(Midrashim) 등이 대표적이다. 또 『미슈나』에서 제외된 해석 총서로 『토세푸타』(Tosefta), 그리고 『미슈나』와 『미슈나』의 주석인 『게마라』(Gemara)를 묶어 놓은 『탈무드』(Talmud) 등이 추가적으로 유대주의 율법 총서로 엮어졌다. 여기에는 다양한 해석 전통이 집성되었을 뿐 아니라, 다른 해석 전통에 따른 이본(異本)이 형성되기도 했다. 비록 얌니아 회의(다양한 유대주의 운동의 통일을 시도한 가시적인 첫 번째 회합)가 열린 주후 1세기 말 이전의 초기 유대주의에 관해서는 『미슈나』 이후의 텍스트를 통해 역사 비평학적으로 추론할 수밖에 없지만, 여기에서 율법을 통해 사람들의 삶의 전 영역을 포괄하고자 했던 유대주의 전통의 경향성이 어느만큼은 확실하게 엿보인다. 이런 방대한 양의 율법으로 온통 둘러싸인 유대인은 결코 하느님의 법의 충실한 준수자일 수 없었다. 그는 열성을 다해 하느님의 법에 따라 살지만, 결국 죄인일 수밖에 없는 것이다. 왜냐하면 하느님은 모든 것을 알고 모든 것을 보는 존재이기 때문이다. 외양으로는 아무리 열심히 죄로 얼룩진 자신의 얼굴을 가려도, 전능자 하느님은 이미 속까지 다 꿰뚫어보고 있으니 말이다. 유대인은 하느님의 시선의 권력 앞에 노출되어 있고, 그 속에서 유대인은 죄인으로 드러날 수밖에 없다는 것이다. 그러니 하느님의 심판은 당연한 것이며, 비록 율법 앞에서 완전해질 수는 없더라도 그럴수록 모든 것을 굽어보고 있는 하느님 앞에 더욱 최선을 다해 율법 준수에 매진해야 한다는 것이다.

그런데 바로 여기에서 유대인의 선민 의식이 자리잡는다. 율법을 모르는 이방인, 그러니 결국 자신이 하느님 앞에 죄인임을 알지 못하는 자들과는 달리 유대인은 야훼 앞에 죄인이기에 또한 야훼 앞에서 선택받은 백성이 되는 것이다. 즉 죄인인 동시에 선민이 되는 메커니즘이 바로 여기에 있다.

한편 주후 3세기의 교육 전통에 따르면, 모든 유대인은 5살부터 시작해서 결혼하는 모범적 연령인 18세 이전까지 『성서』와 『미슈나』와 『탈무드』를 학습하도록 권장되었다. 요컨대 유대인이 언어를 습득하는 과정은 곧 율법을 삶 속에 내면화하는 과정이었다고 할 수 있다. 이로써 하느님의 법은 삶의 모든 부문에 개입하게 되었다. 또한 이로써 하느님의 법은 자신의 존재 외부의 지식이 아니라 이미 의식 이면으로 들어와 유대인의 존재 내부에서 자의식을 형성했다. 그리하여 존재의 내면에 들어와 모든 것을 보고 있는 하느님 앞에서 유대인은 율법에 따라 죄인으로서 존재한다. 또한 그러한 하느님 앞에 노출되어 있음을 알고 율법에 따르는 삶의 신념을 갖게 된 그들은 하느님이 선택한 존재가 되는 것이다. 바로 유대인의 죄인-선민 정체성은 그들의 의식 이면에 형성된 견고한 자의식이었던 것이다.

5

다시 바울에게로 돌아가 보자. 그는 이러한 율법 종교와 싸움을 벌였다. 그것은 유대주의의 죄인-선민 메커니즘이 단순히 모든 사람들이 하느님 앞에서 죄인임을 고백하게 하는 신앙 체제라기보다는, 더욱 징결한 사람과 더욱 부정한 사람을 가르는 장치로서 기능하고 있다는 예수 운동의 문제 의식을 그가 공유하고 있기 때문이다. 즉 사회적 주변인이 하느님 앞에서도 주변인이 되게 하는 종교적 장치로서 유대주의를 해석하고 있는 것이다. 바울이 디아스포라 유대주의 회당 내에서 벌어지는 주변인(이방인, 노예, 여자에 대한.「갈라」3: 28)에 대한 차별을 특별히 문제시한 것은 바로 이런 맥락에서다. 그리하여 앞의 4절에서 보았던 것과 같은 논조로 그는 유대주의 율법관을 해체하기 위해 투쟁했다. 다시 말하면 율법 종교는 사회적으로나 종교적으로나 주변화된 사람들로 하여금 자신에게 부과된 저주스런 운명에 순응하게끔 하는 장치에 불과했다는 것이다.

유대주의적 죄인-선민 메커니즘에 대한 바울의 해체적 문제 제기는 두 가지 방향을 갖는다. 하나는 죄인 메커니즘의 해체의 관점이며, 다른 하나는 유대주의적 선민 메커니즘에 대한 해체의 관점이다. 이것은 주변화된 존재를 이방인으로 취급하는 디아스포라 유대주의 회당의 논법을 전제한 것이며, 바울은 그 대신에 유대인-이방인, 자유인-노예, 남자-여자를 아우르는 죄인-의인 메커니즘을 제시한다. '옷 입다'라는 그리스도인의 존재론에 관한 그의 표현에는 모든 차이에도 불구하고, 그것이 차등한 존재가 아니라 하느님 앞에서 동질적 존재로 드러나야 한다는 신념이 함축되어 있는 것이다.

하지만 여기서 우리는, 바울의 이러한 투쟁에도 불구하고, 그가 순종의 장치를 예수 신앙사 속에 재현하는 결정적인 계기의 역할을 했다는 점을 지적하지 않을 수 없다. '옷 입다' 라는 그리스도인의 정체성에 관한 그의 묘사는, 앞서 말했듯이, 자신의 무의식까지 지배하고 있는 유대주의 율법관을 넘어서기 위한 고육지책이었지만, 여전히 시선의 권력 아래 있는 신앙인의 정체성을 논하고 있다는 점에서 그러하다.

실제로 앞서 이야기한 것처럼 「골로사이서」나 「에페소서」는 기성의 가부장제적 사회 질서 속에 순응하는 주체로서 그리스도인을 이야기하면서, 바울의 '옷 입음'의 신학을 수용하고 있다. 즉 유대주의 순응의 메커니즘을 바울 버전으로 재기술하고 있는 것이다. 이것은 바울의 대 유대주의 전선을 반대의 방향으로 역전시켜, 바울이 문제시한 유대주의적 얼굴로 교회와 그리스도인의 정체성을 채색한 결과이지만, 그러한 역전이 다름 아닌 바울의 논리를 통해 가능했다는 것이다. 어떻게 그것이 가능했는가?

바울 식의 '옷 입음'론은 '보는 이'와 '보여지는 이'라는 이분법을 가정해야만 하는 논리에 기초하고 있다. 그래야만 시선의 권력의 담론적 효과가 극대화된다. 그래야만 그리스도인은 자신을 보는 이의 관점에서 규율하려는 욕망의 존재로서, 무의식까지 지배하고 있는 유대주의적 율법관에 대항할 신앙의 동력을 가질 수 있다.

그런데 자신이 보여지는 이라면, 보는 이는 자신의 내면에 있을지언정 결코 자신과 대면할 수 없는 존재다. 그이는 실제로는 무한정의 거리에 있다. 그이는 실제로는 우리와는 결단코 유사해질 수 없는 전지전능의 존재다. 적어도 바울의 관점에서는 그러했다. 물론 그 점에선 바울이 문제시한 유대주의도 마찬가지다. 그리하여 그런 이가 우리 안에 있다는 것은 단지 그이의 은총($\chi\alpha\rho\iota\varsigma$)에 의해서만 가능하다는 것이다. 루돌프 불트만(Rudolf Bultmann)이 바울에게서 신앙이란 무엇보다도 순종($\dot{\upsilon}\pi\alpha\kappa o\eta$)을 의미했다는 지적은 의미심장하다. 바울 자신은 결코 그렇지 않았지만, 바울의 신학은 전능한 '보는 이' 앞에서의 삶의 수동성을 내포한다.

이런 이분법이 특히 위험스런 것은 신성화된 권력이 단지 추상적으로 실재하는 게 아니라 끊임없이 역사 속에 구체화되어야 한다는 데 있다. 유대주의의 율법이 그랬던 것처럼 하느님의 법은 반드시 해석을 필요로 하고, 그것은 해석자의 시선에 의해 '보는 이'의 시선이 조율되는 과정을 수반한다. 요컨대 해석자의 시선 아래서, 현실의 권력이 신앙의 '보는 이'의 시선과 동일해질 때 그 위험성이 단적으로 드러난다. 파시즘은 바로 이런 신성화된 권력의 순종 메커니즘을 가리키는 사회학적 개념이다. 한데 더욱 놀라운 것은, 역사적으로 그리스도교 체제가 이런 점에서 바로 파시즘과 동일한 모습을 하고 있다는 것이다. 그것은 그리스도교 권력이 자신을 보는 자와 동일시한 모습으로 그리스도인의 신앙관을 만들어 왔다는 말이다. 또한 종종 그리스도교는 지배 권력과 이런 점에서 제휴를 거듭해 왔다. 바로 여기서 역사의 폭력성에, 그 테러리즘에 그리스도교가 결코 무관할 수 없다는 문제가 제기되는 것이다. 그리고 그 배후에는 바울의 옷 입음의 해석이 있다. 물론 바울 자신이 그것을 의도한 것이 아님에도 말이다.

6

바울은 예수를 승계한 유력한 예수 운동가의 한 사람이었다. 그럼에도, 위에서 이야기한 것처럼, 다른 시각에선 오늘날의 교회가 예수를 오독하게 하는 하나의 빌미가 되었다. 물론 바울이 지향하고자 했던 실천의 진의가 생략된 채 교회가 바울을 승계한 결과임은 말할 것도 없다. 그러므로 이 대목에서 예수의 실천을 시선의 권력에 대한 저항이라는 관점에서 논하는 것으로 글을 마무리하는 것이 적절할 듯싶다.

당시의 다른 민중 운동가와 비교할 때 예수의 도드라진 점은, 이미 많은 연구자들에게서 지적된 바, 그에게선 혁명이 정치적 지배의 전복을 넘어서 사회적·문화적 지배에 대한 전복을 의미한다는 사실에 있다. 특히 일상을 지배하는 권력과의 쟁투를 보여주는 단적인 사례를 우리는 그의 '기적 사건'들에서 발견하게 된다.

역사적으로 추론 가능한 예수의 기적 사건은 주로 질병에 걸리거나 악령에 들린 이들을 치유하는 이야기에서 볼 수 있다.(자연 기적이나 소생 기적은 실제로 일어났던 기적 사건에 초점이 있기보다는 주로 예수의 위대성을 후술하는 맥락에 강세가 있는 것으로 보인다.) 한데 여기서 주목할 것은 그의 치유(treat/healing)가 현대 의학에서처럼 기능적 치료(cure)로 국한시킬 수 없다는 점이다. 어느 사회나 질병(이나 악령 들림) 현상은 동시대의 건강 관리 체계(health care system)를 전제한다. 예수 시대 팔레스틴에서 건강 관리 체계는 유대주의의 정결-부정의 체계와 깊이 연계되어 있다는 사실을 주지하라. 그것은 유대주의적 의미의 지배적 계열화가 만들어 내는 비정상의 영역에서 질병 걸린 자나 악령 들린 자가 주로 생산된다는 점을 의미한다. 요컨대 유대 사회에서도 건강 관리 체계는 사회 구성원의 보건 예방 체계이자 질병 관리 체계인 동시에 배제-박탈의 체계라는 것이다.

이런 점에서 질병에 걸렸다는 이유로 혹은 악령에 들렸다는 이유로 유대 사회에서 격리되거나 주변화된 존재를 그 존재의 감옥에서 해방시킨 예수의 기적은 치료인 동시에 이러한 지배적 의미의 계열화를 낳는 코드를 교란시키는 사건이기도 했다.

예수의 기적을 다루는 많은 연구들의 가장 치명적인 한계는, 그가 질병에 걸리거나 악령에 들린 이를 고쳐 주었다는 것이 왜 당시의 문화적 담론을 주도하던 바리사이에게서 미움을 사는 이유가 되는지에 관해 적절한 설명을 하지 못하고 있다는 점에 있다. 예수의 기적이 동시대의 의미의 지배적 코드를 교란시킨 행위이기도 했다는 사실을 주지할 때만 그러한 의문은 해명될 수 있다. 즉 예수는 당시의 건강 관리 체계의 인식론적 기반을 근원에서부터 뒤흔들어 놓음으로써, 율법 종교의 정당성 자체를 와해시킬 위험을 가져왔던 존재였다. 더구나 기적 행위는 무의식까지 지배하고 있는 일상화된 유대주의적 규율 체계에 대해 사람들이 의문을 품도록 하는 데 더 없이 효과적인 수단이었다는 점을 유의하자.

이상에서 본 것처럼 예수의 기적 사건에서 우리는 예수 운동의 중요한 특징을 발견할 수 있다. 그것은 일상적 권력, 지배를 정당화하고 그것에 이의를 제기하지 못하게 하는 권력, 심지어는 그러한 코드화가 허용하는 욕망의 선을 따라 쾌락을 느끼고 결국 그 권력에 순응하게끔 하는 권력을 발본적으로 의심하게 하는 것이었다. 예수는 전능자 하느님이 타자로서 온갖 것을 감시한다는 유대주의적 율법관을 문제시하였다. 나아가 최초의 예수 운동가들은 오히려 그가 인간이 된 하느님이었다고 고백하였다. 이른바 '육화/성육신'이라는 그리스도교의 핵심 담론은 전능자가 자신의 존재를 부정하고 유한자가 되었다는 것을 강변한다. 그는 세상의 사건 속에 참여하고, 그 속에서 지배 권력의 폭력 앞에 죽임당한 존재였다. 이 모든 것은 지배 권력에 의해 배제당하고 박탈당한 자 위에 군림하기보다는 더불어 이야기를 나누는 존재로서, 감시자가 아니라 친구이자 대화 파트너로서 신의 정체성 재구성을 선언하는 것이다. 그러므로 '예수를 따름'의 신앙은 (신에 대한, 아니 권력에 대한 순종의 삶에로 부르는 게 아니라) 순종 메커니즘의 권력에 대한 저항의 삶에로 우리를 초대한다.

'한국의 근대'와 민중 신학, 회고와 전망[1]

도입

민중 신학은 한국적 신학의 하나로, 한국 근대화 과정에서 야기된 위기에 비판적으로 개입하여 왔다. 1960~1970년대에 본격화되기 시작한 한국 근대화는 한국의 대중에게 전례 없는 비약적 발전이라는 실과를 선사해 주었다. 그러나 그것은 자본주의라는 맹독성 체제에 '자발적으로' 순응함으로써만 가능한 것이었다. 그리스도 교회나 신학은 이러한 한국의 심화된 위기 구조를 자양분삼아 비약적인 선교적 성공을 이룩했다. 하지만 근대화로 인한 고통을 외면하거나 타계적 지향으로 대체함으로써 위기에 개입할 지점을 상실했다. 민중 신학은 바로 이러한 문제 의식 위에서 출발한 한국적 신학의 하나인 것이다. 즉 민중 신학이 제기하는 신학 담론은 한국의 지정학적 상황 속에 노정된 근대성의 위기 구조에 비판적으로 개입하고자 하는 것이었으며, 그런 맥락에서 서구 신학에 대해 새로운 한국적 '신학하기'의

---

[1] 이 글은 '아시아기독교여성문화연구원'의 이숙진 선생과 함께 집필한 것으로, 그녀의 허락을 받아 이 책에 게재하였음을 밝힌다.

전범이 되고자 한 것이다.

'어떤 신학 담론을 제기한다는 것'은 일반적으로 신학의 학술사적 맥락 속에 그 주장이 들어갈 위치를 찾는 일이라고 할 수 있다. 한국 또는 아시아에서 '신학을 하는 것'이 갖는 가장 치명적인 난점은 신학 학술사 속에 '맥락화' 하는 일이 곧 자신의 지정학적 상황으로부터 '탈맥락화' 되는 것이라는 점에 있다.

일찍이 민중 신학의 제1세대를 대표하는 서남동은 한국에서 신학하는 것의 과제를 '반신학'(counter theology)으로 명명한 바 있다.[2] 요컨대 반신학의 기획으로 민중 신학을 한다는 것은 (서구) 신학사로부터 신학을 탈맥락화하는 것이며, 동시에 우리의 사회 역사적 실재 속으로 '재맥락화' 하는 것을 의미한다.

이 점에서 민중 신학을 회고/전망하는 작업은 (위기 구조로서의) 한국의 사회 역사적 맥락, 나아가 (위기 담론으로서의) 그것에 대한 담론과 민중 신학이 어떻게 '연관' 되어 왔는지/될 것인지'를 추적하는 일이라고 할 수 있다. 우리는 한국의 사회 역사적 맥락을 '한국의 근대'라는 용어로 개념화할 것이다. 아시아에서 '근대'는 '탈전통'과 '탈서구'라는 이중의 가치를 실현하는 과정이었다.[3] 여기서 후자의 요소가 아시아에서 근대 담론의 순조로운 진행의 장애 요소이기도 했다는 점이 우리의 주목을 끈다. 왜냐면 근대는 서양의 역사 사회적·문화적 산물인데, 그것을 추구하는 아시아는 동시에 '탈서구'를 근대 담론 속에 내포시켜야 했기 때문이다. 한편 한국은 이 점에서 훨씬 단순한 근대의 담론화가 가능했다. 한국인에게서 서구는 경원의 대상이라기보다는 선망의 대상이자 모방의 대상이기 때문이다. 이때 대

---

2) 朴聖焌, 『民衆神學の形成と展開』(新教出版社, 1997), 270~280쪽 참조.
3) Naoki Sakai, 「서문」, 『흔적』 1 (2001) 참조.

다수 아시아 사회들에서 '서구'가 함축하고 있는 근대성 담론의 난점이 한국에서는 '일본'에로 전이된다. 즉 한국인에게서 일본은 기본적으로 경원의 대상이기 때문이다. 단 여기서 주의할 것은 한국의 근대화가 일본을 모방함으로써 서구 모방을 실현해 왔다는 점이다. 즉 한국의 근대 담론에서 일본은 경원의 대상일 뿐 아니라 선망의 대상이었다는 것이다. 이때 후자의 의미로서의 일본은 조선을 식민화한 제국주의 세력이 아니라 '의사 서구'(quasi-West)로서 재현된다.

이렇게 서구가 경원의 대상이 아니라 모방의 대상이라는 사실은 한국에서 그리스도교 담론의 확대가 근대 담론의 확대와 밀접히 연관되는 내적 토양이 되었다. 우리는 민중 신학을, '한국 근대화'의 위기에 비판적으로 개입하는 탈신학적(atheological/de-theological) 모색이라고 정의하고자 한다.[4] 이것은 한국 근대의 (실패가 아니라) 성공에서 민중 신학은 동시대의 구조화된 '위기'를 읽었다는 것을 의미한다. 즉 민중 신학의 관점에서 한국 근대는 '고통 구조의 확대 재생산 체제'이자 '고통의 불균등한 배분 체제'에 다름 아니라는 것이다.

한국 그리스도교/교회가 이러한 한국 근대화 과정에서 비약적인 양적 팽창에 성공했다는 점은 한국 그리스도교 담론과 근대화 담론의 공조 관계를 시사한다. 따라서 민중 신학이 한국 근대에 비판적으로 개입하는 일은 이러한 공조가 담고 있는 '고통 구조의 재생산 장치'를 폭로하는 데 있다. 그런 점에서 민중 신학은 한국 근대의 지평에서의 '고통의 수사학'이자 '해방의

---

[4] 서남동의 반신학(counter theology) 개념은 '서양'에 의해 주변화된 한국 민중의 눈으로 신학을 '다시 한다'는 데 초점이 있다. 이것은 두 가지 상이한 해석이 가능한데, 하나는 '서양'에 의해 배제된 주변부 한국 민중의 시각을 사유의 새로운 중심으로 이해하는 것이고, 다른 하나는 '서양 대 동양/한국'이라는 이분법의 해체, 즉 탈중심화 테제로 이해하는 것이다. 우리가 이 글에서 다룰 민중 신학의 세대론은 이러한 해석의 상이한 요소에 따른 전개의 두 차원을 보여준다. 이른바 '제2세대 민중 신학'이 전자를 강조한 승계의 방식이라면, 제3세대 민중 신학은 후자를 강조하는 경향이 있다.

수사학'인 것이다. 이 글에선 이러한 민중 신학의 고통과 해방의 수사학이 한국 근대의 전개 과정에 맞물려 어떻게 전개되었는지를 두 단계로 나누어 회고할 것이며, 향후 전개 양상에서 어떻게 형성되어야 할 것인지를 전망하고자 한다.

회고

우리는 민중 신학을 회고/전망 하기 위한 방법론으로 '세대론'(generatology)을 사용하겠다. 여기서 우리가 사용하는 '세대론'은 각 세대의 민중 신학이 당대(contemporary)의 위기를 읽는 시각의 차이와 관련된다. 그런데 '당대 상황'이라는 것은 자명한 실체가 아니다. 그것 또한 읽혀진 것이며, 당대 위기 담론의 시대 읽기의 소산이다. 그런 점에서 민중 신학의 각 세대는 동시대 비판 담론의 당대 읽기와 대화하면서 신학하기를 수행했다고 할 수 있다. 따라서 민중 신학의 세대론은 신학자들간의 세대별 분류가 아니라 신학하는 경향성에 의한 분류인 것이다.

한국의 위기 담론은 일반적으로 한국 근대성을 세 시대로 나눈다.[5]

세세한 분류의 기점은 다소 다르지만, 대략 '1960~1970년대', '1980년대', 그리고 '1990년대 이후'의 세 시대로 한국 근대화가 변별적으로 전개되었으며, 이와 맥을 같이하여 사회 문화적이고 정신사적인 양상의 차별화가 노정되었다고 보는 것은 대체로 합의된 바다. 그러므로 우리는 한국 근대성의 이러한 세 시대적 전개와 상응하는 민중 신학의 세 세대를 논하고자

---

[5] 최근 한국 학계에서 진지하게 논의되는 바, 일본 식민지 시대가 한국의 근대성의 결정적인 기원이라는 이른바 '식민지 근대화론'에 따라 20세기 초 약 40년간의 시기로부터 한국 근대성 논의를 시작해야 한다는 견해에 동의한다. 하지만 이 글에서는 민중 신학의 배경이 되는 1960년대 이후로 논의를 제한할 것이다.

한다. 여기서 마지막 세 번째 민중 신학의 경향은 아직 진행중이며, 또한 문제 인식을 다듬어 가는 중에 있으므로 뒤에서 얘기할 '전망'의 틀에 맞추어 논할 것이다.[6]

1960, 1970년대와 제1세대 민중 신학

1961년 반혁명적 군부 세력이 정권(이하 '제1기 군부 정권')을 장악하였다. '제1기 군부 정권'은 강력한 국가주의적 기획을 통해 근대화를 추진한다. 여기서 주목할 것은 이러한 근대화 프로그램이 기본적으로 ('의사 서구'로서의[as a 'quasi-West']) 일본을 모방한 것이었다는 점이다.[7] 이러한 근대화는 '국가주의적 발전 동원 체제'(the statist developmental mobilization regime)를 구축함으로써 가능했다.[8]

이러한 체제가 남한에서 가능했던 것은, 무엇보다도 일제 식민지의 '협력의 제도적 장치'가 독립 이후까지 온존했던 탓이다. 식민지 시대 일본은 한반도에 광역에서 협역에 이르는 '잘 짜여진' 지방 행정망을 구축하였다. 이것은 단지 행정적 주민 통제의 장치만이 아니다. 도시와 시골의 말단 구역까지 전 주민이 식민지 정책에 '협력'(collaboration)하게끔 하는 제도적 장치이기도 했다.[9] 일제로부터의 독립 이후 3년간 한반도 남부를 분할 통치

---

[6] '민중' 개념에 관한 민중 신학계의 해석은 세대별로 다음과 같이 변화되었다. 제1세대에서 민중은 대체로 '박탈 대중'의 의미를 지녔다면, 제2세대에서는 '계급 연합'의 성격을 지녔다. 한데 이 두 개념화는 인식론적으로 실체론적 성격을 띤다. 반면 제3세대에서는 주체화 과정의 맥락에서 민중을 본다.(명목론적/관계론적) 따라서 앞의 두 세대에서 민중론이 "누가 민중이냐?"에 관한 물음에 대한 해명으로 전개되었다면, 제3세대에선 "민중은 어떻게 역사적 주체(들)로서 형성되는가?"를 중요하게 여긴다. 이에 대한 보다 상세한 논의를 보려면, 김진호, 「역사 주체로서의 민중: 민중신학 민중론의 재검토」, 『신학사상』 80 (1993년 봄)을 보라.

[7] Ch. Johnson, "Political Institutions and Economic Performance: The Government-Business Relationship in Japan, South Korea, and Taiwan," Frederic Deyo, ed., *The Political Economy of the New Asian Industrialism* (Cornell University Press, 1987).

[8] 조희연, 『한국의 국가, 민주주의, 정치 변동』 (당대, 1998), 62쪽.

했던 미군정 당국은, 식민지 시대의 주민 동원 기구를 온존시켰을 뿐 아니라 일제의 '협력자들'을 그대로 중용하였다.[10] 이때 협력자들과 군정 당국 사이에서 '그리스도교 지도자들'이 중계자 노릇을 하였다는 점은 주지의 사실이다.

이러한 조건은 후에 한국에서 근대화를 위한 '국가주의적 발전 동원 체제'를 가능하게 했으며, 이것은 적어도 1980년대까지는 한국의 근대성 형성의 핵심 동력이었다고 해도 과언이 아니다.[11] 1960년대 집권한 제1기 군부 정권은 바로 이러한 협력의 체계를 바탕으로 해서 국가주의적 발전 연합을 구축한 장본인이었다.

이러한 '발전주의적 지배 연합'을 더욱 공고히 하기 위해 군부 정권이 구사한 주요 이데올로기 전략은 '탈빈곤', '반공주의' 그리고 '민족주의' 등이다. 첫째로 탈빈곤의 담론은 '탈전통화'를 동반하였다. 즉 이것은 대중적 종교 전통뿐 아니라 촌락의 정서적이고 영적인 기반을 잠식하였고, 한국 근대화의 도시화 정책에로 촌락민을 손쉽게 흡수할 수 있었다. 둘째, 반공주의는 한국전쟁(1950~1953 또는 1945~1953)의 기억을 극도의 '분노의 정치'로 재현함으로써 국민 총동원 체제를 더욱 견고하게 구축하였다. 마지

---

9) 최근 수행되고 있는 일련의 탈식민주의적 연구들에 따르면 '협력자' 없이 식민 종주국에 의한 지속적인 제국주의적 지배는 불가능했다는 점에 주목한다. 따라서 물리적 통제에 의존하는 경찰주의적 지배를 넘어서 다양한 협력의 사회적 장치를 창출해 내는 제도화를 탐색하지 않으면 제국주의를 제대로 포착할 수 없다는 점을 강조한다. '협력 이론' (the theory of the collaboration)에 대하여는 Jügen Osterhammel, *Colonialism* (Markus Wiener, 1997)을 보라. 한편 한국 식민지 시대를 협력 이론으로 조명한 연구로 김동명, 「1920년대 식민지 조선에서의 정치운동 연구: 일제의 지배에 대한 저항과 협력의 변증법」, 『한국정치학회보』 32 (1998년 가을) 참조.
10) 이 시기 미군정 당국은 국가 창설을 위한 인적 자원의 75퍼센트 가량을 일제 식민지 시절의 관료 출신자들로 수혈하였다.
11) Bruce Cumings, "The Origins and Development of the South East Asian Political Economy: Industrial Sectors, Product Cycles, and Political Consequencys," Frederic Deyo, ed., 앞의 책 참조.

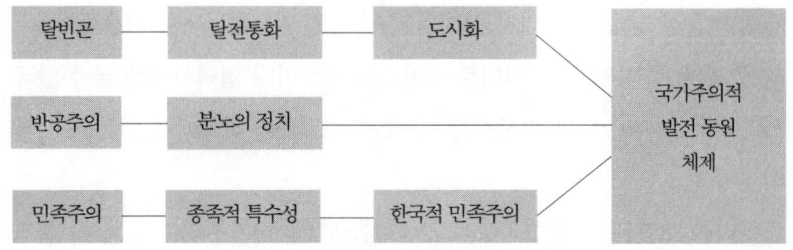

표 1 한국 군부 정권의 국가주의 이데올로기 전략

막으로 민족주의는 종족적 특수성에 대한 국민적 인식을 강화시키는 데 효과적인 이데올로기적 장치였다. 이것은 서구의 전통에 따른 일반 민주주의로의 길 대신 이른바 '한국적 민주주의'라는 사회 이상을 정당화하는 데 유용했다.

한편 국제정치경제학의 시각에서 이 시기 근대화 정책은 한국을 세계 자본주의 변동에 따른 국제 분업의 재편 과정에 적극적으로 편입되게 하는 결정적 계기였다.[12] 물론 그것은 중심에 대한 '주변부'(periphery)로의 편입을 의미한다. 그리고 이것은 중심에 대한 '주변 의식'(peripheral consciousness)과 상응하면서 새로운 식민주의적 담론 구조를 낳으며, '무의식의 식민화'([un]consciousness colonialization)를 야기하는 결정적 계기가 되었음에 틀림없다.[13] 아무튼 이러한 한국의 발전 프로젝트는 대만과 더불어 단기간 내에 '압축적인' 성공을 거두었으며, 그 결과 1980년대에 이르면 국제 분업 질서에서 반주변부적(semiperipheral) 지위(NIEs)로 격상하게 된다.

이러한 국제정치학적 조건과 국내적 이데올로기의 작동에 힘입어 근대화를 위한 전국민의 총동원 체제가 가능했고, 유례를 찾아보기 어려운 '돌

---

12) A. Lipietz, *Mirage and Miracles: the Crises of Grobal Fordism* (Verso, 1987).
13) 미국에 대한 우리의 '무의식의 식민화'에 대하여는 최정무, 「미국, 무의식의 식민화, 그리고 자기분열」, 『당대비평』 14 (2001년 봄) 참조.

진적 성장'(rush-to growth)을 이룩했다.[14] 근대화의 성공은 대중을 근대적 주체로 전화시키게 마련이다. 특히 그것은 국가로부터 자율적인 시민 사회의 성장을 수반하게 된다. 그런데 한국의 근대는 대중을 근대화의 과정에서 정치적으로 탈주체화(de-subjectivation)해야만 한다. 그래야만 대중이 국가의 기획에 따라 동원되기가 쉬운 것이다. 결국 이것은 '한국적 민주주의'라는 '파행적인 민주화'(limping democratization, 독재 체제)를 야기시켰고, 사람들의 행복 추구의 권리 자체를 발전주의적 동원 아래 귀속시키는 '파행적인 근대성'(limping modernity)의 구조를 초래하였다.(성공의 위기)[15]

이 기간 동안 한국의 교회 또한 유례 없는 성장을 이룩하였다. 그것은 이농자들이 대대적으로 교회로 회수된 결과다. 이는 탈빈곤의 담론 속에 은닉된 서양에 대한 선망이 그리스도교 신앙으로 투사된 것이다. 전통으로부터 근절된 광범위한 이농자들에게 새로운 귀속의 공간으로 상징화되는 데 교회는 다른 종교들에 비해 훨씬 유리한 입지를 지녔던 탓이다.

한데 우리가 유념할 것은 교회의 성장 전략이 이 시기 한국의 성장 전략과 잘 조응하고 있다는 점이다. 그것은 다음 두 가지로 요약할 수 있는데, '승리주의'(triumphalism)와 '탈속주의'가 그것이다. 얼핏 모순적인 듯 보이는 이 두 명제가, 실은 군부 독재 정권에 의해 구사된 한국의 성장 전략과

---

14) 돌진적 성장, 돌진적 산업화(rush-to industrialization) 또는 돌진적 근대화(rush-to modernization)라는 용어는 한국 사회의 발전 전략을 분석하기 위해 제출된 개념으로, 국가가 오직 성장만을 위해 모든 가용 자원을 일사분란하게 조직·통제하는 발전 동원 체제를 말한다. Han Sang-jin, "Rush-to Industrialization and Its Pathological Consequences: The Theme of 'Risk Society' in the Asian Context," Paper prepared for presentation at the 6th International Conference at Asian sociology (Beijing. 2~5 November, 1995).

15) Kim Dae-hwan, "Korean Economic Development: Miracle or Mirage?" Paper presented at the Special Workshop on 'The Economies of Rapid Growth: Implications for Social Development,' '95 NGO Forum, World Summit for Social Development (Copenhagen, 7 March, 1995).

연계시켜 생각할 때 자연스럽게 조화를 이룬다. 즉 교회는 한국의 돌진적 성장의 대가를 나누어 가질 경우에는 승리주의 전략을, 그리고 비용을 지불해야 할 경우에는 탈속주의 전략을 취했다는 것이다. 그리고 이것은 한국 민주주의의 신장과 한국 근대성의 성찰적 재구성에 교회가 거의 아무런 역할도 하지 못해 왔음을 보여준다.

이런 상황에서 1970년 11월 13일 전태일이라는 노동자의 분신은, 한국 사회에서 비판 담론이 부활하게 된 신호탄이 되었다. 민중 신학을 필두로, 다양한 지식 영역에서 이른바 '민중론'이 대두하였다.[16] 이들 민중론을 제기한 학자들은, 한국 근대성의 확장이 이토록 파괴적인 양상을 띠고 있음에도 "왜 이제까지 한국의 지식인들은 그것을 말하지 못해 왔는가?"라는 사실을 공통적으로 문제시하였다. 그리고 그들이 공히 발견한 것은, 이제까지 주류의 지식 체계들이 바로 이 점에 대해서 철저히 무능했다는 점이었다.

따라서 민중 신학은 대체로 지성적 전통에 대해서 부정적 태도를 취한다. 그리하여 이제까지 자신들의 지적 토양이던 서양 근대의 신학 자체에 관해 발본적으로(radically) 문제를 제기한다. 그것은 서구의 신학이 한국 근대성을 비판적으로 볼 시선을 제공해 주지 않았다는 데 기인한다. 오히려 '한국의 신학'은 서양의 신학 담론의 맥락 속에서 우리를 머물게 할 뿐이었다는 것이다.

그런 점에서 민중 신학은 신앙을 우리의 상황으로부터 탈맥락화하게 하는 서양의 신학을 해체하고, 구체적인 한국의 사회 문화적 상황과 접속되게 하는 재맥락화의 시선을 제시한다. 서남동이 제기한 이른바 '두 전통(한국의 민중 전통과 성서의 민중 전통)의 합류' 개념은 그 점을 보여준다.[17] 이러한

---

16) 전태일 사건과 민중론의 대두에 관하여는, 박성준, 앞의 책, 제1장을 보라.
17) 서남동, 「두 이야기의 합류」, 『민중신학의 탐구』(한길사, 1983).

합류에서 안병무의 성서 해석학적(나아가 인식론적인) 준거 개념인 '민중의 눈'이 도출된다.[18]

이때 '민중의 시선'은 한국의 발전주의에 의해서 주변화된 장소의 고통을 돌아보게 한다. 그곳은 특히 빈곤의 장소(place)이며, 성장주의적 지배 담론에 의해 구성된 주체의 공간(space)이다. 그것은 민족 국가가 선진국으로 발돋움할 '훗날'에 보상될 것이라는 유토피아적 담론을 통해 구성된 왜곡된 주체다. 그러나 '민중의 시선'은 고통을 국가나 민족의 시선이 아니라 자신의 시선으로 직시하게 된 인간의 등장을 말한다. 그리고 그들이 자신의 몸에 체현되고 있는 고통을 통해 타인의 고통을 깨달으며, 그것을 서로 분담하게 되는 이야기를 증언한다. 나아가 그러한 고통의 구조를 극복하기 위한 해방의 프락시스가 벌어지는 민중의 장소를 보게 한다. 이러한 고통과 해방의 미학이 살아 있는 공간을 민중 신학은 '민중 현장'(Minjung locale)이라고 부른다.[19]

이런 관점에서 민중 신학은 승리주의와 탈속주의의 공간인 교회를 해체한다. 그것은 한국 근대성의 공모자로서의 교회를 민중 사건(Minjung event)이 일어나는 장소, 즉 민중 현장으로서의 교회로 재설정하려는, 급진적 문제 설정으로 이어진다.[20]

한데 민중 신학을 포함한 이 시기 민중론들은 서양의 지식 전통 자체에 대해 대체로 소홀하였다. 그것은, 앞서 말했듯이, 자신들이 습득해 온 서양의 지식 체계가 한국 근대성의 위기 요소를 제대로 볼 수 없게 하였다는 문

---

[18] 안병무, 「한국적 그리스도인상의 모색」, 『신학사상』 52 (1986).
[19] 박성준의 다음 말은 민중 신학의 현장 개념에 대한 명쾌한 요약이다. "나는…… 민중 신학이 1970년대 한국 사회의 인권과 민주주의를 위한 투쟁 현장에서 창출된 신학이라는 것을 민중 신학의 기본 성격으로 정식화하였다." (앞의 책, 85쪽)
[20] 안병무, 『민중신학 이야기』 (한국신학연구소, 1987), 173~178쪽.

제 인식에서 기인한 태도로 보인다. 그리하여 그들이 구사한 비판적 담론은 대체로 반지성적 경향을 갖는다. 그럼에도 그들은 거의 예외 없이 합리주의적 지식 전통에 자신의 인식론적 뿌리를 두고 있었다.

이것은 이 시기 한국의 비판 담론의 특수성이자 한계에 속한다. 그것은 한국적 민주주의의 파행성을 비판할 때조차도 합리주의적 사유의 모체인 서양 근대성의 시선이 사유의 준거가 되는 것에서 단적으로 드러난다. 그리하여 한국적 민주주의의 위기는 '서양적 민주주의의 결핍'에서 생긴다고 보았다. 그 결과 민중 신학/론의 비판 담론은 서양 근대성 자체의 위기를 비판적으로 보는 관점에 도달하지 못하게 되었다. 바로 이러한 인식론적 한계에 대한 반성이 이후 비판 담론 형성의 주된 요소가 된다.

1980년대와 제2세대 민중 신학

제1기 군부 정권은 1979년 10월 26일 독재자의 피살과 더불어 갑자기 종식되었다. 지배 권력 공백의 상태에서 가장 기민하게 움직인 것은 바로 (제1기 군부 정권의 복제판인) '신군부' 세력이었다. 이들은 빠르게 정국의 주도권을 장악했고, 민중 연합은 이들의 지배 권력 장악 기도를 분쇄시키는 데 실패하였다. 1980년 5월 광주에서 일어난 민중 봉기는 이러한 실패를 단적으로 보여주는 사건이다.

'광주 민중 봉기'는 '시위→신군부의 과잉 진압→대중의 폭력적 시위→신군부에 의한 대량 학살'로 이어지는, 일종의 '집합적 폭동'(collective riot)에 해당하는 중대한 사건이었다. 그런데 이러한 사태의 전개에도 불구하고 군부의 과잉 행동에 대한 저항이 다른 도시로 확산되지는 못하였다. 그 이유는 첫째, 저항의 전국적 연결망이 형성되지 않았기 때문이며, 둘째, 저항 담론을 큰 틀에서 결속시켜 주는 이념적 프레임(ideological frame)이 결여되어 있었던 탓이라고 할 수 있다.[21] 그리하여 '제2기 군부 정권'이 등장하게 된다.

이 새로운 군부 정권은 국가주의적 발전 동원 체제를 지속시키고자 하였다. 외형적으로 이러한 체제는 적어도 1987년까지는 어느 정도 가능한 듯했다. 그러나 그것은 구조 조정의 일시적인 효과[22]와 이른바 '3저 현상'(낮은 석유가, 낮은 달러 환율, 국제 금융 시장의 낮은 이자율)과 같은 국제적 여건에 따른 경제 호황에 힘입은 것이었다. 실제로는 1980년대 전반기의 경제적 성공에 가려진 탓에 잘 드러나지는 않았지만, 점차로 1960, 1970년대식 체제 통합 방식은 한계를 맞게 되었다. 이 한계는 탈빈곤과 반공주의가 그 호소력을 잃게 되면서 더욱 분명해졌다. 먼저, 체제 재생산의 주요 동력이던 '탈빈곤'의 이데올로기는 자원의 불평등한 배분 때문에 더 이상 효과적으로 작동하지 않게 되었다. 발전 지상주의가 소수의 사람들에게만 커다란 혜택을 주고 있다는 불만이 대중 사이에서 팽배해졌던 것이다.

또한 반공주의의 약화는 반미 감정과 더불어 생기게 되었다. 당시 한국인은 미국이 광주에서의 유혈 진압 사태를 방조 내지 지지했다는 의혹을 품게 되었다. 이는 '절대 우방국 미국'의 신화가 깨어지고 동시에 마르크스(-레닌)주의적 세계관이 대안 이념적 프레임으로 폭넓게 확산되는 계기가 되었다. 점차 사람들은 반공주의가 국가에 의한 대 국민 통제 전략의 일환이었음을 인식하게 되었다.

한편 이 시기에 중화학 공업으로의 산업 재구조화로 인해, 대규모의 조직된 노동자 집단이 대두하게 되었다.[23] 이러한 대규모로 조직된 노동자 집단이 1980년대 후반기에 이르면 빠른 속도로 마르크스주의적인 노동자 '계

---

21) 정철희, 「광주민주화운동에 대한 사회운동론적 접근과 비교연구」, 『사회연구』 1 (2000), 153쪽.
22) 한편 제2기 군사 정권은 집권 초기에 1970년대의 중공업에 대한 과잉 중복 투자를 전면적으로 재조정하는 경제 정책을 편다. 이것은 노동 생산성을 향상시키는 결과를 가져왔다.

급'으로 주체화되어 가게 된다.[24] 요컨대 군부 정권의 정당성을 강화하는 데 최고의 이데올로기적 수단이던 반공주의가 '1980년 광주'를 경유하면서 그 효력을 상당 부분 상실하게 되었다.

그리하여 1980년대는 '노동의 주체화의 시대'였다고 할 수 있다. 하지만 이러한 사실과 아울러 다음 두 가지를 간과해서는 안 된다. 첫째로 국가-자본간의 관계 변화를 주목해야 한다. 이제까지 국가주의적 발전 체제의 가장 큰 수혜자인 자본이 정부의 단순 하위 파트너에서 어느 정도의 자율적 지위를 확보하게 되었던 것이다.(경제 사회/시장의 등장) 둘째로, 발전주의적 국가 체제가 추동한 근대화는 불가피하게 국가로부터 자유로운 시민의 영역을 확대시켰고, 이는 각종 사회 집단의 자기 이해를 성숙시키는 계기가 되었다.(시민 사회의 대두) 그리하여 이러한 이유로 1980년대의 제2기 군부 정권이 발전 동원 체제에 의한 성장주의 정책을 고수하는 한 체제의 위기는 불가피했다.

따라서 제2기 군부 정권은 여러 사회 집단간 이해 조정의 새로운 기재를 도입할 필요에 직면하게 되었다.[25] 이러한 상황에서 정부-자본간의 발전주의적 지배 연합의 성격이 수직적 위계 관계에서 사선적 관계로 재조정되었다는 점은 의미심장하다. 이것은 자원(권위적 자원[authoritative resource]과 물질적 자원[material resource])에 대한 정부의 독점적 통제 전략이 수정되었음을 의미한다.(국가-자본간의 과점적 지배 관계) 하지만 이러한 지배 연

---

23) 중화학 공업화율은 1975년에 41퍼센트 정도였으나, 1980년에는 51.7퍼센트, 1985년에는 56.6퍼센트로 높아졌다. 또한 중화학 공업 노동자의 비율은 1980년대 전반기에 이미 전체 노동 인구의 절반을 넘어서게 된다. 임영일, 「한국자본주의와 노동계급의 성장」, 『신학사상』 64 (1989년 봄)을 보라.
24) Cho Hee-yeon, "The Democratic Transtition and the Change of Social Movements in South Korea," Prepared for the Panel, 'The Aftermath of Democratization in South Korea,' at the Annual Meeting of the Association for Asian Studies (Honolulu, 1996. 4. 11~14).
25) 송호근, 『열린 시장, 닫힌 정치: 한국의 민주화와 노동체제』 (나남, 1994), 83~84쪽.

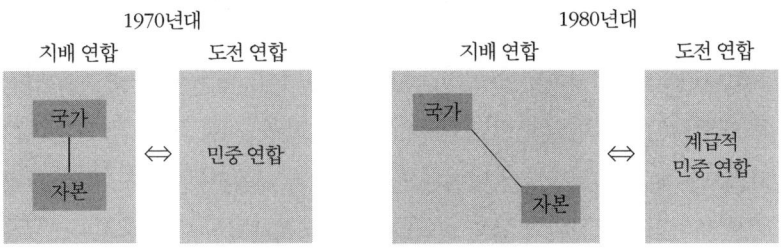

표 2 한국의 지배 연합과 도전 연합

합은 노동 사회를 포함한 시민 사회에 대하여는 여전히 강력한 억압적 성격을 유지하고자 했다. 따라서 자원 배분 구조의 왜곡 현상은 결코 완화되지 않았으며, 파행적 민주화와 파행적 근대성의 구조는 온존하였다.

한편 한국의 교회, 특히 대형화에 성공한 몇몇 교회는 지배 연합의 보다 적극적인 행위자(agent)로 스스로를 자리 매김하고 있었다. 1980년대에 이르러 서울의 공간 분할이 계층화와 맞물리는 현상이 한층 심화되면서, 이른바 서울의 중산층 지역을 거점으로 하는 '중산층 대형 교회'(middle-class mega-church)가 대두하였다.[26] 이것은 이농자 집단에게 박탈당한 사회적 비전 대신에 반사회적이고 종교적인 신화적 비전을 제공해 줌으로써 지배 연합의 일원이 될 수 있었던 지난 시기의 교회와는 그 성격을 달리한다. 이 새로운 교회 유형은 보다 더 친자본적이고 권위주의적인 문화의 수호자이자 포교자로서 자신의 사회적 위치를 공고하게 하는 전략을 취하였다. 그리고 이러한 교회의 성공은 그리스도교 전체의 선교 양상과 신앙적 정체성 구성에 영향을 미쳤다. 그리하여 한국 근대성의 비성찰적 성격을 보다 심화시키는 데 한국 교회는 일익을 담당하게 되었다.

이와 같이 탈빈곤이나 반공주의 같은 사회적 통합(social integration)의 장치가 약화되자, '발전주의적 지배 연합'의 권위주의적 성격은 더 이상 효

---

26) 서우석, 「중산층 대형교회에 관한 사회학적 연구」, 『한국사회학』 28 (1994년 여름).

과적으로 은폐될 수 없게 되었다. 이러한 상황에서 1980년대 민중 운동은 특성화되었다. 이제까지 한국의 근대화 과정에서 '서구'는 부정적 이미지로 재현되지 않았다. 하지만 1980년의 광주 이후 '미국 신화'가 깨지고 그리스도교에 대한 호감도가 낮아지게 되는 것과 아울러 '서구 근대성'은 더 이상 대안으로 인식되지 않게 되었다. 한국의 파행적인 민주화나 근대성을 서양 민주주의 혹은 근대성의 결핍 때문이라고 보았던 1970년대적 비판 담론이 반지배 집단 사이에서 반성적으로 비판되었다. 또한 1945년 독립 이후 줄곧 지배 연합에 의해 일관되게 조직적으로 억압되었던 마르크스주의가 맹렬한 기세로 확산되어 민중 연합 형성의 핵심적인 이념적 프레임으로 자리잡게 되었다.

요컨대 이 시기 한국 근대성에 대한 반성은 서구 근대성 자체에 대한 문제 제기로 이어졌고, 그 대안으로 '동유럽 근대성'의 논리가 대두하였다. 따라서 1980년대 민중 연합 진영에서는, '서구 모방의 철저화'를 부르짖었던 1970년대의 비판적 지식인들과는 달리, '동유럽 (코뮤니즘) 모방의 철저화'를 주장하게 되었다.

이러한 1980년대적 '당대 읽기' 양상은 민중 신학에서도 마찬가지였다. 사회 운동에 참여하고 있는 그리스도교 학생·청년들과의 대화를 통해서 민중 신학자들은 과감하게 교회의 신학이나 선교 논리로부터 벗어나, 유물론적 신앙으로 마르크스주의적(동유럽의 관점에서 본) 근대성을 신앙과 접맥시키려는 이론적 모험을 시도하였다. 이들 중 다수는 그리스도인인 동시에 마르크스(-레닌)주의자였다. 그러므로 이들의 주된 관심은 그리스도인이면서 마르크스주의자가 되는 것의 가능성의 탐색으로 모아졌다. 그리고 이러한 탐색은 가장 근원적인 상충점인 인식론의 갈등, 즉 유신론과 유물론의 갈등을 어떻게 넘어서느냐의 문제로 이어졌다. 당시 마르크스주의적 운동

진영과 더불어 사회 운동의 두 축을 형성하던 그리스도교 운동 진영으로선 이러한 물음은 절박한 것이었다.[27]

제2세대 민중 신학의 포문을 열었던 박성준은 '전통적 교회'가 아닌 '새로운 (정체성의) 교회'를 대안으로 제시한다.[28] 이때 새로운 정체성이란 '유물론적 신앙'을 의미하였다. 서남동은 "역사적 계시의 하부 구조"를 강조함으로써 유물론과 신학의 합류에 대한 단초를 제시했고,[29] 안병무는 "물과 계급에 대한 인식의 혁명"이라고 함으로써 유물론적 신앙을 제안하였다.[30] 나아가 강원돈은 '물의 신학'을 제창하기에 이른다.[31]

이러한 인식론적 기반 위에서 민중은 계급 연합으로 규정되었고, 민중 연합의 정치경제학적 지향 목표는 민중 주권의 세계를 만드는 것이 되었다. 안병무는 「창세기」의 타락 설화를 알레고리적으로 읽으면서 '공(적인 것)의 사유화'[32]에서 '죄'의 원형을 읽는다. 이런 신학적 해석 위에서 민중 신학의 정치 경제 윤리가 모색된다. 이것은 생산자 계급에 의해 주도되는 생산 관계 변혁의 실천 규범에 관한 탐색이다.[33]

한편, 이 시기 민중 신학 운동에서 간과해서는 안 되는 것이 이른바 '공동학습 교재' 운동이다. 그것은 대중이라는 순진한(naive) 존재를 '역사 주체로서의 민중'이라는 비판적 존재로 전화시키는, 이른바 '의식화'의 중요성

---

27) 최형묵, 『사회변혁운동과 기독교 신학』 (나단, 1992), 제3장을 보라.
28) 박성준, 「한국 기독교의 변혁과 기독교 운동의 과제」, 『전환』 (사계절, 1987).
29) 서남동, 「문화신학·정치신학·민중신학」, 『민중신학의 탐구』.
30) 안병무, 「한국적 그리스도인상의 모색」을 보라.
31) 강원돈, 「물의 신학. 물질적 세계관과 신앙의 한 종합」, 『신학사상』 62 (1988년 가을).
32) 안병무, 「하늘도 땅도 공이다」, 『신학사상』 53 (1986년 여름). 여기서 안병무가 주장한 바, 아담의 죄를 '공적인 것을 사유화하려는 욕구(need)'라고 본다면, 공(公)은 경쟁의 대상이 되어서는 안 되고 (비경쟁성(noncompetitiveness)), 누구에게나 개방되어야(비배제성(nonexclusiveness)) 하는 것이다. 그런 점에서 안병무의 '공'은 사회학의 '공공성'(the publicity)과 연관성이 있다. 이에 대하여는 김진호, 「단(斷)과 공(公)의 변증법」, 『현대사상』 7 (1999. 1) 참조.
33) 최형묵, 「'계시의 하부구조'와 민중신학적 정치경제 윤리의 모색」, 『민중신학과 정치경제』 (다산글방, 1999).

이 민중 신학의 과제로서 부각된 결과다. 여기에서 볼 수 있듯이 이 시기 민중 신학은 조직적이며 지속적인 학습이라는 방식을 '효율적'으로 운용함으로써 새로운 세계관, 새로운 신학으로 무장한 새로운 주체의 형성에 관여하고자 했다.

민중 신학자들 사이에서 이러한 1980년대 민중 신학의 경향을 통칭하기 위한 수사어로 '변혁의 신학'이라는 용어가 사용되었다. 이것은 1970년대 민중 신학을 '증언의 신학'이라고 부른 것과 대응한다. 증언이라는 용어가 개체적 존재로서의 민중 신학자의 '신학하는 일'(doing theology)에 초점을 두고 있다면, 변혁이라는 용어는 전체 운동에서 부분 운동으로 복무하는 민중 신학자의 신학하는 일을 강조하는 것이다.[34]

한편 우리는 이 시기 민중 신학의 신학하는 일의 특징을 '정체성의 정치'로서 규정할 수 있다고 본다. 앞서 약술한 것처럼, 1980년대 민중 신학의 과제가 '유물론적 신앙'의 구축에 있었다는 사실이 그것을 보여준다. 정체성의 문제는 이미 1970년대 말부터, 그리고 1980년대 내내 그리스도교 사회 운동 기관들 사이에서 치열하게 논쟁을 벌였던 주제였다. 그것은 크게 상호 연관된 두 가지 논점에 관한 것이었다. 하나는 마르크스주의에 대한 태도의 문제였고, 다른 하나는 교회에 관한 태도의 문제였다. 이 두 논점이 서로 연결되었던 까닭은, 그리스도교 사회 운동이 연대해야 할 우선적 대상이 교회인가 마르크스주의적 사회 운동체인가에 관한 전략적 행위 선택과 관련되었기 때문이다. 1980년대 민중 신학은 후자의 입장에서 신학하는 일을 탐색했다고 할 수 있다.

민중 신학 안팎으로부터 이러한 민중 신학의 경향은 '마르크스주의로의 투항'이라는 비판을 받기도 했다. 전체와 부분(전체로서의 변혁적 사회 운동

---

34) 최형묵, 『사회변혁운동과 기독교 신학』, 78~99쪽.

대 부분으로서의 그리스도교 사회 운동)의 시각에서 민중 신학을 논했다는 점은, 이 시기 민중 신학이 이런 비판에서 결코 자유로울 수 없다는 것을 보여준다. 하지만 우리가 간과해서는 안 되는 것은, 민중 신학은 전통적 교회에 대한 '차이'의 문제 의식만큼이나 마르크스주의적 사회 운동에 대한 '차이'[35]를 논함으로써 유물론적 신앙의 정체성을 구성하는 일에 개입하고자 했다는 사실이다.

전망

1987년을 기점으로 한국의 사회 운동은 도약의 계기를 맞게 되었다. 노동 운동뿐 아니라 '새로운 사회 운동들'이 불 일듯이 일어나게 된 것이다.[36] 전자가 1980년대 민중 연합의 기조를 승계하는 측면이 강했다면, 후자는 그러한 기조의 지양을 통해서 주체화될 수 있었다. 하지만 이 두 사회 운동 유형은 인적으로나 지향 목표에 있어서나 서로 긴밀히 얽혀 있었으며, 실제로 많은 경우에 서로 연대하였다. 그런 점에서 서양의 신구 사회 운동과는 다른 양상을 띠고 있다.[37] 그럼에도 이 시기에 일어난 '민중 운동이냐 시민 운동이냐'를 둘러싼 일련의 논쟁은, 민중 연합을 계급 연합으로 규정했던 1980년대 비판 담론의 특수 상황과 연관되어 있다.[38] 이러한 상황 전개 및 논쟁 과정을 통해 우리가 얻게 된 새로운 인식은, 우리의 세계는 하나의 선명한 바리케이드로 나뉘어 있는 게 아니라 수많은 경계들로 둘러싸여 있다

---

35) 1980년대 민중 신학은 이러한 문제 의식을 '보편성'에 대해 '특수성'이라는 용어로 개념화하고자 했다.
36) 김호기, 「민주주의, 시민사회, 시민운동」, 최장집·임현진 엮음, 『한국사회와 민주주의』 (나남, 1997)을 보라.
37) 임현진, 『21세기 한국사회의 안과 밖』 (서울대 출판부, 2001), 286쪽.
38) 김진호, 「민중신학 위기론은 실천이론의 빈곤을 반영한다!」, 『이론』 8 (1994년 봄) 참조.

는 점이다. 또한 하나의 바리케이드를 따라 나뉜 두 개의 주체만이 존재하는 게 아니라 다양한 소수자적 주체(성, 세대, 지역, 직능 등)가 형성될 수 있다는 것이다.

한편 1980년대 말은 한국에서 소비 자본주의가 급속하게 전개된 시기이기도 하다.[39] 멀티미디어의 급속한 확산, 교통과 통신 설비의 급속한 발전과 보급 등으로 사람들의 '일상 지리'(daily empirical geography)는 커다란 변화를 겪게 된 것이다. 사람들의 '공통 감각'(common sense)[40]의 무대는 이제 더 이상 민족 국가라는 단일한 단위에 따라 조직되지 않는다. 때에 따라서는 지구적으로(globally), 또 때에 따라서는 국부적으로(locally), 나아가 '신체'(body)로 미분화되어 나타나기도 한다. 요컨대 1990년대 이후 한국 사회의 다중적 경계화에 대한 사람들의 공통 감각과 동시대의 기술사회학적인 일상 지리의 맥락은 서로 조응한다.

그런데 기술사회학적 맥락은 결코 중립적이지 않다. 그것은 정치경제학적 메커니즘과 접속되어 당파성을 띠고 있는 것이다. 오늘날 지구·지방화(glocalization)라는 현상의 가장 주요한 행위자는 초국적인 지구적 자본이라고 할 수 있다. 1997년 말 한국과 아시아 여러 나라를 무차별 폭격한 금융 자본의 공습은 지구적인 자본의 운동이 얼마나 심각하게 고통 구조를 확대 재생산하고 있으며, 또 얼마나 불균등한 고통의 배분 체계를 낳고 있는지를 보여준다. 요컨대 지구·지방화 현상에 내포된 무한한 차이의 공간은 또한 자본에 의해 추동된 다중적인 차등화의 공간으로 재영역화되고 있는 것이다.

---

39) 최홍준, 「1980년대 후반 이후 문화 과정의 정치경제적 조건과 도시적 경험에 관한 연구」 서울대학교 환경대학원 환경계획학과 석사학위 논문(1993. 8) 참조.
40) '공통 감각'에 대하여는 Deluze, 『칸트의 비판 철학. 이성 능력들에 관한 이론』(민음사, 1995), 44~50쪽 참조.

민중 신학 제3세대의 과제는 바로 이러한 시대의 위기와 관련되어 있다. 배제와 박탈의 사회적 장치에 대해 민중 신학이 비판적으로 개입해야 하는 지점은 더 이상 국가 권력(과 그 하위의 권력)에 한정되는 것이 아니라 '삶의 체험 영역 전체'로 확장되었다.

민중 신학은 이러한 담론 전략을 '문화정치학'으로 개념화하였다.[41] 여기에서 강조되고 있는 하나의 중요한 요소는 '일상성(daily life, quotodianity)과 권력'의 문제이다.[42] 이것은 체제의 심미성(aestheticism of system)이 민중 신학의 비판 담론의 주요 텍스트임을 의미한다. 그리하여 권력은 일상 속에서―억압으로써가 아니라―심미적 차원으로 작동함으로써, 대중의 자발적인 순종을 낳는다는 점이 주목되었다.[43] 민중 신학은 이러한 문제 의식으로 사회적 통합의 장치로서의 사회 제도를 비판적으로 다루게 되었고, 신앙 장치로서의 그리스도교 제도를 규율 권력의 관점에서 문제 제기하게 되었다는 것이다. 따라서 향후 민중 신학의 주된 과제의 하나는 사회 및 교회 제도의 규율 권력(disciplinary power)을 해부하고 그것의 해체를 위한 담론을 보다 적절히 구성해 내는 데 있다. 이것은 차이들의 위계화에 저항하는, 탈중심적 주체화 과정으로서의 민중 형성의 정치를 수반한다.(차이의 정치; 정체성의 정치)[44]

---

41) 김진호,「민중신학의 계보학적 이해: 문화정치학적 민중신학을 전망하며」,『시대와 민중신학』4 (1997) 참조.
42) 1980년대까지 한국 사회운동에서 중요한 역할을 차지했던 그리스도교 사회 운동, 특히 기독교 청년 운동은 1990년대 이후 급속히 쇠퇴하게 되었다. 그러므로 이제 민중 신학은 '사회 운동 없는 비판 담론'으로서의 신학(doing Theology)을 모색하게 되었고, 그 과정에서 권력의 일상성과 심미성이 새로운 주제로 부상하였다.
43) 최형묵,「욕망과 배제의 구조로서의 기독교적 가치」,『당대비평』14 (2001년 봄); 김진호,「승리주의를 넘어서, 예수의 복원을 향해」,『당대비평』9 (1993년 가을); 김진호,「'죄론'과 교회의 시선의 권력」(이 책에 수록).
44) 황용연,「'정체성의 정치'와 민중신학」,『시대와 민중신학』5 (1998) 참조.
45) '성찰성'에 대하여는, U. Beck, A. Giddens & S. Lash,『성찰적 근대화』(한울, 1998) 참조.

한데 이러한 과제는 성찰적으로(reflexively) 수행되어야 한다.[45] 즉 권력의 영향망 안에 우리 자신도 규율되어 있다는 것이다. 이것은 민중 신학 담론 자체도 민중 신학의 비판적 개입의 대상이 된다는 것을 뜻한다. 바로 여기에 우리의 두 번째 과제가 놓여 있다.[46]

하지만 문화정치학으로서의 민중 신학을 구상하는 데서 간과해서는 안 되는 점은, 민중 신학의 비판적 개입의 지점을 무한히 확장하는 것만이 능사가 아니라는 점이다. 즉 민족 국가라는 전통적인 경계화가 해체되고 무수히 많은 미분화된 경계들로 삶의 경험 공간이 재영역화되었다고 해서, 저항의 지점을 단순히 무수하게 분산시킬 수만은 없다는 것이다. 왜냐하면 이러한 미분적 경계화(differential boundarization)의 역학은 지구적 자본의 운동과 깊이 연계되어 있기 때문이다. 그러므로 자본에 대한 저항이라는 맥락에서 다양한 실천들간의 '연대의 정치'를 구상하지 않으면 안 된다는 것이다.[47] 그것은 물론 수직적 형태의 민중 연합이 되어서는 안 된다. 민중 연합은 '대화적 근대성'(dialogic modernity)[48]을 제도화하기 위해 투쟁해야 할 뿐 아니라, 대화적 품성(dialogic character)으로 연합이 구성되도록 하기 위해 투쟁해야 하는 것이다. 따라서 민중 신학의 제3세대가 짊어져야 하는 세 번째 과제는 ('차이의 정치' 뿐 아니라) '대화적인 연대의 품성'을 제도화하는 새로운 신앙적 정체성 형성을 탐색하는 데 있다.

---

46) 김진호, 「'낯섦을 향한 욕망'으로서의 신앙」(이 책에 수록) 참조. 한편, 벡 등의 성찰적 근대성의 관점에서 임현진·정일준은 「한국의 발전경험과 '성찰적 근대화': 근대화의 방식과 성격」, 『경제와 사회』 41 (1999년 봄)에서 한국 근대화 과정을 비판적으로 조명하였다.
47) 김진호, 심포지엄 '일상적 파시즘 논의의 진일보를 위하여'의 패널 토론 원고(2000. 12. 23), 『당대비평』 14 (2000년 봄).
48) A. Giddens, 『좌파와 우파를 넘어서』 (한울, 1997), 28~32쪽.

제4부
성적 테러리즘을 넘어서

다말 강간 사건의 정치학
인물로 보는 성서—다말

「사무엘기」하편에 나오는 '압살롬의 누이 다말' 이야기. 여기에는 도살당하는 양의 '부르짖음'과 도살당한 양의 '강요된 침묵'을 이야기하는 한 영화의 스토리를 연상시키는, 폭력을 당한 여인의 부르짖음과 침묵이 교차되고 있다.

다말이라는 이름의 여인은 구약 성서에 세 명이 있다. 하나는 「창세기」 38장의 유다의 며느리이고, 다른 하나는 다윗의 아들 압살롬의 딸(「삼하」 14:27), 그리고 마지막으로 여기서 우리가 다룰 압살롬의 누이이다.(「삼하」 13장) 이 중 압살롬의 누이와 딸은 뭔가 혼돈이 있는 것처럼 보인다. 둘은 모두 다윗과, 그술 왕 달매의 딸 마아가 사이에서 난 식구이다. 불과 한 세대 사이에 같은 집안에서 동일한 이름을 가진 두 사람이 존재했을 것 같지는 않다. 더구나 고모격 되는 다말(압살롬의 누이)의 운명이 기구하다는 사실은 조카의 이름이 다말이었을 가능성이 거의 없다는 점을 암시한다. 아마도 두 여인이 모두 아름다웠다는 점, 그리고 모두 압살롬 집안 출신이라는 점에서 전승상의 혼돈이 있었을 것으로 추정된다. 실제로 「칠십인역본 성서」(LXX)[1]는 바로 이 점을 인식해서인지, 조카 다말을 훗날 솔로몬(압살롬

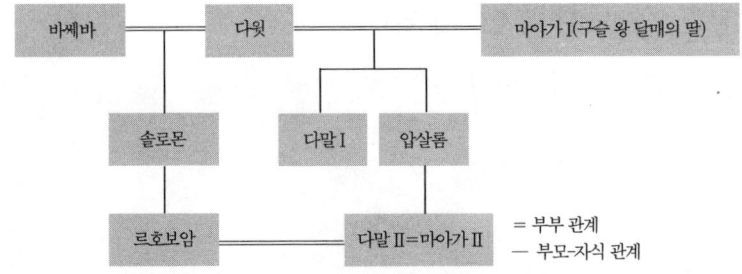

표 1 압살롬 주변의 여인들

의 이복 동생)의 아들 르호보암의 아내가 된 마아가와 동일시한다. 이렇게 되면 마아가는 다시 할머니(압살롬의 모친)와 동일한 이름을 가진 셈이 된다. 이것은 압살롬을 둘러싼 여인들로 다말이나 마아가 등이 잘 알려져 있다는 것을 시사할 것이다. 하지만 압살롬과 이들의 관계를 정확하게 재구성하는 것은 현재 우리가 알고 있는 지식으로는 불가능하다. 그러므로 여기서는 실존 인물 다말에 관한 더 이상의 물음은 괄호 치고, 압살롬의 누이 다말에 관한 「사무엘기상」 13장의 묘사에 의존해서 그녀에 관한 성서 이면의 이야기를 상상해 보기로 하겠다.

압살롬의 누이 다말의 이야기인 「사무엘기하」 13장에서 주연급 인물들을 꼽으라면, 단연 암논과 다말 그리고 압살롬이다. 이들은 모두 다윗의 자녀들이다. 「사무엘기하」 3장에 보면 헤브론 시절[2] 낳은 다윗의 아들 명단이 나오는데, 그것을 표로 정리하면 아래와 같다.

이 표에서 볼 수 있듯이 한 어머니에게서 한 명의 아들만 언급되고 있다.

---

1) 주전 2세기 경 에집트에서 번역된 히브리 성서의 헬라어 역본으로, 신약 성서에 인용된 구약 성서 텍스트의 원본으로 사용되었다.
2) 헤브론은 예루살렘에서 남쪽으로 35킬로미터 떨어진, 해발 1,000미터 가까운 고지대 성읍으로, 아브라함 전승과 밀접한 관련이 있는 지역이다. 사울이 블레셋 족속과 벌인 길보아 전투에서 전사한 이후, 다윗은 헤브론에 거점을 정하고 본격적인 독자적 정치 세력으로서 자리잡기 시작한다. 하지만 국가로서의 다윗 왕국 대두의 결정적 계기는 헤브론에서 예루살렘으로 거점을 옮기면서부터다.

헤브론 에서 낳은 아들들	첫째	암논	이즈르엘 여자 아히노암의 아들
	둘째	길납	나발의 아내였던 아비가일의 아들
	셋째	압살롬	그술 왕 달매의 딸 마아가의 아들
	넷째	아도니야	하낏의 아들
	다섯째	스바티야	아비달의 아들
	여섯째	이드르암	애글라의 아들
예루살렘에서 낳은 솔로몬			바쎄바의 아들

표2 다윗의 아들들

그것은 이 텍스트가 모계 가문의 한 상속자만을 언급하고 있음을 시사한다. 이 중 둘째인 길납은 이 명단 이외에 어디에서도 등장하지 않는다. 어쩌면 그는 어려서 죽었을지도 모르고, 살았더라도 그리 유력한 왕위 승계 후보자는 아니었을 것이다. 한편 다윗의 여러 아들 중 압살롬만이 모계 혈통이 왕족 출신으로 언급된다. 결혼이 가문간의 결합으로, 가문간 권력의 공조를 함축하고 있는 것이라는 사실을 유념한다면, 궁궐에서 압살롬의 지위는 특별했을 가능성이 있다. 또한 그의 외모도 누이 못지 않게 준수했다는 점(「삼하」 14: 25)은 분명 그에게 유리한 조건으로 작용하였다. 외모는 이해 당사자가 아닌 이들에게 호감도를 높일 수 있는 중요한 조건의 하나일 수 있기 때문이다. 그렇다면 여기서 우리는 장자인 암논뿐 아니라 압살롬이 다윗의 가장 유력한 승계자로 부각되어 있었으리라는 추정을 할 수 있다.

이런 상황에서 암논은 압살롬의 누이 다말을 사랑하게 되었다. 하지만 당시 상황에서 장자라 하더라도 이복 누이를 공공연히 끌어들이는 것은 금지된 일이었다. 이때 다윗의 형 시므아의 아들 요나답이 개입하여, 음모를 꾸미도록 충동질한다. 여기서 이 요나답이라는 인물은 많은 의혹을 남긴다.

그는 암논에게 계략을 주고 있지만, 압살롬의 대응 계략도 훤히 알고 있으며, 그럼에도 이 두 유력한 아들의 사람이 아닌 것만은 분명하다. 그는 오히려 다윗에게 더욱 충성스런 신하인 것처럼 묘사되고 있다. 탁월한 계략을 펴는 능력과 정보력을 모두 갖춘 인물인 그가 다윗의 측근이었다면, 그는 도대체 무엇을 위해 활동하는 인물일까?

이러한 궁금증을 뒤로하고, 다시 암논에게로 돌아가 보자. 그는 요나답의 충고에 따라, 꾀병을 앓으면서 다윗에게 다말의 시중을 부탁한다. 그리하여 그녀를 자기 방으로 끌어들이는 데 성공한다. 이 과정에서 흥미로운 것은 암몬이 요나답의 충고대로 하자, 다윗이 마치 대본을 따라 하듯 그대로 행동하고 있다는 것이다.

다윗은 다말이 해주는 음식을 먹고 싶다는 암논의 청을 들어 준다. 다윗같이 영리하고 판단이 예리한 사람이 암논의 청이 무엇을 의미하는지를 과연 몰랐을까? 아들이 다말을 짝사랑하고 있다는 걸 그가 모르지 않았을 가능성은 얼마든지 있다. 한데 다윗이 그 사실을 알고 있었다 해도, 상황은 예상보다 복잡한 데로 전개된다. 다말이 음식을 차려 들어오자 요나답의 충고에는 없는 돌발 상황이 펼쳐진 것이다. 암논이 그녀를 겁탈한 것이다. 모친이 다르기 때문에 암논이 다말을 아내로 맞아들이는 것은 관습상 금지된 것이 아니다. 강간당할 위기에 처한 다말도 오빠를 향해 그렇게 하라고 애원한다. 그런데 그는 부왕에게 청원하는 대신 여동생을 강간해 버린다. 도대체 왜 그런 무리수가 필요했을까? 본문을 통해서는 저간의 사정을 충분히 짐작할 수 없다. 그런데 강간 직후 암논의 태도로 추정컨대 그는 다말을 아내로 맞아들일 생각은 없었던 것 같다. 그는 그녀에 대한 욕정을 채운 뒤, 그녀를 실컷 모욕한 다음 내쫓아 버린 것이다.

암논의 이러한 돌발 행동을 요나답은 예측하고 있었을까? 또 다윗은? 이런 의문은 다윗이 암논에게 다말을 보낸 이유에 대한 답과 깊이 연관될 것이다. 단순화해 보면 다윗은 두 가지 가능성을 유념했을 수 있다. 하나는 암논과 압살롬이 가까워지기를 바랐을 수 있다. 왕위를 두고 경합하는 두 아들을 화합하게 하는 데 결혼은 매우 유용한 수단이기 때문이다. 하지만 이 경우 압살롬이 왕위를 양보한다는 가정을 전제해야 한다. 그러므로 압살롬 입장에서는 동생도 주고 왕위도 내주어야 하는 상황이니, 대등한 관계라면 거래할 만한 것이 못 된다. 한편 다른 가능성으로, 다윗은 암논과 압살롬 집안이 사돈 관계가 될 가능성보다는, 그 결혼이 잘 되지 않으리라는 것을 미리 알고 있었으리라는 전제에서 출발한다. 그렇다면 이 에피소드에서 다윗은 뭔가 돌발 상황이 일어나리라는 가정을 했을 수 있고, 그 가정 가운데는 강간 사건도 배제하고 있지 않았을 수 있다. 그렇다면 여기서 다윗이 기대하는 것은 무엇이었을까? 누군가를 함정에 빠뜨리려는 음모일 수 있다. 텍스트의 상황 전개는 후자와 부합한다. 그러나 이 경우에도 문제는 다윗이 딸의 강간을 유도했을 수 있다는 점에서, 아버지의 선택으로서 그리 적합한지 의문이다.

아무튼 다윗의 의중이 모호한 가운데서 사태는 벌어졌고, 다말은 그 사태의 최고의 희생자였다. 암논은 다말을 강간하고 쫓아 버림으로써, 다윗의 의중이 어떻든 간에 압살롬과는 화해할 수 없는 사이가 되어 버렸다. 이것이 계획적인 것이든 즉흥적인 것이든, 그는 라이벌 압살롬과 손잡을 의사가 없음이 분명함을 알 수 있다. 한 권력자가 정변을 일으켜 권력을 장악한 뒤 행하는 통상적인 행위 중의 하나가 선왕의 아내들을 공개적으로 강간하는 것이라고 할 때, 암논의 행동은 자신의 우위를 선언하는 행동으로 비칠 가능성이 충분하다. 강간 사건을 접한 뒤에도 다윗이 암논을 두둔하고 있다는 점은 암논이 이런 행동을 한 것이 그에게 불리하게 작용하지 않았음을 시사한다. 궁중의 많은 사람들은 이런 사태 전개를 보면서 암논의 편이 유리한 상황임을 직감할 수 있었을 것이다. 즉 의도했든 아니든, 암논은 이 일로 인해 정치적 승리를 얻은 셈이다.

따라서 압살롬은 이 사태의 두 번째 피해자다. 하지만 동생의 절규에도 불구하고 압살롬은 즉각 어떠한 태도를 취하지 않는다. 설사 부왕이 암논 편을 든다 하더라도 아버지에게 달려가서 하소연해 볼 만도 한데, 그는 그렇게 하는 대신 오히려 동생을 달래며 태연한 척한다. 본문은 무려 2년간이나 그의 자제심이 계속되었다고 한다. 그에 관한 성서의 기억들을 보면 그는 대단히 영리하며 냉철한 판단력을 가진 사람임에 분명하다. 다윗도, 암논도 이 일을 거의 유념하지 않게 될 만한 기간으로 2년이면 결코 부족한 시간이 아니다.

그렇게 세월이 흐른 어느 날 압살롬은 양털 깎는 축제 때에 왕을 초대한다. 왕이 사양하자, 다른 왕자들이라도 초청할 수 있게 해달라고 그는 청한다. 아마도 압살롬은 이런 상황 전개를 예측했던 것 같다. 그의 목표는 다윗이 아니라 암논이었기 때문이다. 그리하여 축제 때 기습적으로 암논을 살해했다. 그러나 다른 왕자들을 죽이지는 않았던 것이다. 2년간 자제했던 분노를 그는 결정적인 순간에 실행에 옮길 만큼 무서운 자제력의 소유자였던 것 같다. 아무튼 이렇게 해서 그의 라이벌이 제거됐다. 그래서 결국 암논은 이 사태의 원인이자 마지막 희생자가 되었다.

반역 사건이라고 해도 과언이 아닐 유혈 사태는 다윗에게 즉각 보고됐다. 그만큼 다윗의 정보력은 신속했다. 그러나 다윗의 정보원 가운데 요나답이 가장 정확했다. 그는 마치 모든 상황을 알고 있다는 듯 다윗에게 보고한다. 그리고 이런 상황에서 압살롬은 다윗을 피해 도주한다. 이로써 압살롬의 세력은 일단 거세된다.

이상에서 우리는 다말의 강간 사건이 단지 암논이 한 여성을 겁탈하는 것으로 출발해서 끝나는 것이 아님을 이야기하고자 했다. 그것은 당시 왕실 내에서 벌어지는 복잡한 권력 쟁투의 양상과 맞물려 있는 것이다. 그러한 상황 전개 속에서 강간당할 위기에 처한 여인의 하소연은 이복오빠에 의해 무시당했다. 또 강간당한 뒤 오빠를 향해 버리지 말아 달라는 그녀의 애원 또한 무시당했다. 내쫓긴 그녀는 공주의 옷을 찢으며 절규한다. 이것은 제삼자의 도움을 청하는 최후의 수단이다. 그러나 아버지인 다윗도 그녀를 걱정하기보다는 암논을 걱정할 뿐이다. 심지어 오빠인 압살롬까지도 그녀의 부르짖음을 듣기보다는 조용히 있을 것을 종용한다. 본문은 "그 뒤로 다말은 오라비 압살롬의 집에서 쓸쓸한 나날을 보내게 되었다"고 기술한다. 이스라엘 전통 속에서 강간당한 여인은 창녀와 동급의 처지로 전락한다. 「레위기」 21장 7절에 의하면, 창녀나 소박맞은 여인과 더불어 강간당한 여자는 사제의 아내가 될 자격을 상실한다. 이것은 지체 높은 왕녀에겐 치명적인 것이다. 가문의 명예를 위해서 그녀는 결혼할 수 없다. 그것은 여자로서의 지위가 죽을 때까지 회복될 수 없음을 의미한다. 결국 그녀는 아름다운 외모 때문에 '강요당한 침묵' 속에서 여생을 보내야만 했다.

절규의 부르짖음, 그것은 생존을 위한 몸부림이다. 즉 죽음의 위협을 맞이한 이의 처절한 외침이다. 누구도 그녀의 부르짖음을 듣지 않았다. 이복 오빠도, 아버지도, 그리고 친오빠도. 그리고 그녀는 침묵을 강요당했다. 그것은 살아 있음의 마지막 표지인 부르짖음조차도 허락되지 않음의 상태다. 그러므로 침묵은 가상의 죽음을 의미한다.

이제 우리는 이런 사건을 기술하는 텍스트 자체를 보자. 텍스트는 과연 그녀를 어떻게 묘사하고 있는가? 우리가 발견할 수 있는 한, 이 본문의 서술자는 이 여인의 운명에 관하여 아무런 관심이 없다. 텍스트에서 그녀는 단지 소품일 뿐이다. 궁중에서 벌어지는 권력 투쟁의 한 소재거리에 불과하다. 그래서 강간의 위기를 맞아 오빠에게 호소하는 그녀의 지혜로운 언변에도 불구하고, 이 지혜롭고 아름다운 여인의 운명에 대해 성서 저자는 별다른 관심을 보이지 않는다. 그녀는 단지 맡은 배역만 다한 뒤, 조용히 무대에서 사라지기만 하면 그것으로 충분한 존재다. 그녀의 절규하는 부르짖음을 얘기하면서도, 서술자의 시선은 그녀에게 있는 것이 아니라 압살롬이 암논을 죽이는 교묘한 술책을 서술하는 데 극적인 효과를 주기 위한 배경음으로만 그것을 사용할 뿐이다. 서술자는 강간당하는 장면을 제외하고는 그녀가 이야기할 기회를 박탈하고 있다. 그녀는 여기서도 침묵을 강요당하고 있다. 서술자의 유일한 관심은 훗날 아버지 다윗을 모반한 패덕한 아들인 압살롬의 전과(前過)를 기술하는 데 맞추어져 있다.

마지막으로 다시 다윗과 요나답에게로 돌아가 보자. 요나답이 다윗에게 절대 충성을 다하는 한 사람의 관료라고 한다면, 그의 술책과 정보력은—비록 세세하게는 독자적 판단이 개입되었을지라도, 포괄적으로는—다윗의 이해와 맞닿아 있다. 그렇다면 이런 상황이 유도된 것이든 돌발적인 것이든 간에, 다윗에게 유리한 것은 무엇이었을까? 즉 다윗이 합리적으로만 판단했다면 어떻게 하는 것이 그에게 유리했을까 하는 것이다.

이미 말했듯이 다윗의 아들 가운데 압살롬만이 유일하게 모계가 왕족인 존재다. 게다가 그는 자제력이 대단하고 용모가 준수하며 대단히 영리한 사람이다. 만약 그가 왕위를 승계한다면, 주변 여건은 그가 강력한 통치력을 발휘하기에 충분한 개연성을 부여해 주고 있다. 어쩌면 다윗에게 이것은 위기로 여겨졌을 수 있다. 왜냐하면 페니키아 지역의 유력한 국가의 하나인 그슬 왕국의 입김에 의해 왕실이 좌지우지될 수 있기 때문이다. 그의 입장에선 유능한 아들이 통치자가 되는 것은 좋은 일이겠지만, 왕자의 외가가 강력한 것은 그리 좋은 징조는 아니라고 판단했을 수 있다. 또 시므아 가문 같은 왕실의 입장에서도 강력한 외척 세력에 의해 정국이 주도되는 것이 매우 우려스러운 일일 수 있다. 당시 다윗 측근에게 압살롬은 분명, 당장은 아니라 하더라도, 향후에 매우 위협스런 화약고 같은 존재였다. 왕위 경쟁에서 그를 탈각시키는 일은 그런 점에서 매우 중요한 요소였다고 할 수 있다. 그러므로 다말 강간 사건 배후에는 압살롬이 표적이 되는 복잡한 음모가 도사리고 있었을지도 모른다. 실제로 훗날 이러한 숱한 견제에도 불구하고 그는 정변을 일으켜 다윗 왕권을 거의 차지할 뻔하였다.

조르주 바따이유의 표현대로 "아름다움은 신의 형상"이다. 물론 아름다움의 기준은 다양할 수 있지만, 분명 아름다운 외모는 인간의 자기 초월의 한 징후임이 분명하다. 그런데 다시 바따이유의 말대로 바로 그 아름다움 때문에 불경스런 충동이 싹튼다. 암논은 다말에게 불경스러운 욕망을 느꼈다. 그녀의 아름다운 외모 탓이다.

물론 강간이라는 것은 자신의 욕망을 강압적으로 표현한 것이므로, 다말의 미모가 그녀의 불행의 씨앗이라고 하는 것은 어폐가 있다. 암논의 빗나간 성애적 표현은 결코 용서될 수 없다. 그는 여인의 성기를 정복하는 것으로 자신의 욕망을 추구했던 것이다. 그런데 문제는 이것으로 그치지 않는다. 이야기는 강간당한 여인을 피해자로 만들 뿐, 그녀의 항변을 도무지 귀담아 듣지 않는다. 사회의 거대 서사적 담론이 이미 개입해 있기 때문이다. 강간당한 여인은 그녀가 처녀성을 상실했다는 결과 하나만으로도 그녀를 결혼 제도에서 최악의 희생자로 처리할 이유가 충분해졌다. 사회의 서사 구조가 예정해 놓은 그녀의 운명은 더 이야기할 것도 없다.

그런데 그녀의 부르짖음을 들어 줄 이 또한 하나도 없었다. 그녀를 기구한 운명에서 구원해 줄 이가 없을 수는 있다. 담론적 거대 서사 구조가 너무 엄청난 힘을 가지고 있기에 말이다. 그 전능자적 권력을 감히 당해 낼 자가 누구인가? 하지만 그녀의 강요당한 침묵을 돌아보고, 그녀의 죽음 같은 삶을 위해 무모한 만용을 부릴 이조차도 없다. 가족들 사이에서도 말이다. 역사의 서술자도 말이다. 그리스도교 신앙사의 그 무수한 담론적 승계자들도 말이다. 그러한 한 양들의 침묵의 시위는 여전히 우리를 향해 신호를 보내고 있다. 해방자를 갈구하는……

주체 형성의 장치로서 가부장제적 민족주의
인물로 보는 성서—에스델

1

　성서학 전문가들에게서 「에스델서」는 구약 성서 가운데 가장 주목을 덜 받는 책의 하나일 것이다. 또 목사들의 설교 본문 선택에서 아마도 가장 적게 사용되는 텍스트의 하나가 바로 이 책이리라. 뿐만 아니라 교회의 수요 성경 공부 모임이나 대학생들의 '경건의 시간' 강독 본문으로도, 나아가 가족 예배 본문으로도 이 책은 거의 사용되지 않는다. 그럼에도 오래된 그리스도교인들 가운데 아마 이 책의 줄거리를 모르는 사람은 없을 거다. 적어도 에스델이라는 이름은 신구약을 통틀어 가장 많이 알려진, 성서에 나오는 여성 인물의 하나임이 분명하다. 교회에서 여신도회의 이름으로 가장 많이 애용되는 것도 단연 에스델이다.
　이러한 현상을 도대체 어떻게 설명해야 할까? 오늘 우리가 사용하는 구약 성서 가운데 「룻기」와 더불어 여자의 이름이 책 제목으로 된 또 한 권이 바로 「에스델서」라는 사실이 그 한 이유가 될 수도 있다. 하지만 무엇보다도 줄거리가 간명하면서도 구성이 치밀하고 흥미진진하게 전개되어, 대충

읽더라도 대번에 내용에 빠져 버리게 할 만큼 통속적 재미를 주고 있다는 점이 이 책의 인기의 가장 결정적인 비결일 것이다.

이러한 사정은 오래 전, 정경(正經)이 형성되던 시절에도 마찬가지였던 것 같다. 유대교의 경우만 보더라도 그렇다. 가장 오래된 유대교 전통을 생생하게 보전하고 있는 쿰란의 문서들(주전 150년경~주후 68년 사이)에는 「에스델서」가 정경에 포함되어 있지 않다. 또한 이 책이 널리 낭송되던 부림절 축제 또한 유대력에서 배제되어 있다. 또 주후 90년경의 얌니아 회의에서도 필시 이 책을 정경에 포함시키지 않았던 것으로 보인다. 가장 개연성 있는 견해를 펼치는 학자들의 견해에 따르면, 이 책이 정경에 포함된 시기는 주후 2세기 중반 혹은 3세기, 심지어는 4세기까지 늦춰진다.

그리스도교의 경우 사정은 더하다. 정경에 포함되는 문제에 대해 합의된 바가 없다고 하는 편이 나을 듯하다. 다만 서방 그리스도교는 이 책을 정경에 포함하려는 시도가 보다 많았다면, 동방 교회 전통에서는 대체로 거부되는 경향이 강했다. 아마도 서방 교회 전통이 그리스도교의 다수자로 부상하는 과정에서 이 책의 정경성이 확증되었을 것이다.[1] 그러나 이러한 고대 시대의 유대교나 그리스도교 엘리트들의 판정과는 달리, 이 책은 일찍부터(아무리 늦어도 주전 2세기 중반 경) 대중에게는 널리 사랑받는 텍스트였음에 분명하다. 부림절 축제가 전투적 민족주의가 기승을 부리던 마카베오 봉기 시대에 대대적인 민족 절기로 활용되었다는 점을 감안한다면, 필시 이 책의

---

1) 한편 주전 2~1세기 경에 이 책이 헬라어로 번역되는데, 이 헬라어 번역본(「70인역본 성서」)에는 히브리어 본문에는 없는 많은 첨가 본문들이 포함되어 있다.(히브리어 「에스델서」의 속편으로서가 아니라, 「에스델서」의 여기저기의 첨가 부분으로). 주후 4세기 제롬이 라틴어로 성서를 번역(「불가타역본」)하는 과정에서 히브리 본문에 없는 라틴어 첨가구를 따로 모아, 「에스델서」 후미에 첨가 부분으로 붙여 놓았으며, 이후 종교 개혁가 마르틴 루터는 이를 외경으로 분류했고, 로마 가톨릭 교회는 1546년 트렌트 공의회에서 이것을 '제2정경'으로 공식 분류했다. 이 부분은 한글 공동번역성서 외경 부분에 수록되어 있다.

인기 비결의 하나는 민족주의적으로 고조된 시대 정서와 깊은 관련이 있을 것이다. 하지만 그렇다 하더라도 유독 이 책이 다른 것보다 크게 인기 있었던 것은, 역시 흥미진진한 내용과 통속적 구성 탓이리라.

우리는 「에스델서」를 '통속 소설'로 분류하고자 한다. 소설이란, 작가가 작중에 등장하는 타인의 눈을 통해 사건을 관찰할 뿐 아니라, 작중 인물을 통해 사건의 해석을 추구하는 글쓰기의 특징을 갖는다. 이때 해석은 주체를 구성하는 다양한 요소들간의 접속을 통해 구현되는데, 사건을 둘러싼 스토리를 이어가는 텍스트의 구성이나 문체의 호소력을 통해 그 해석의 필연성/보편성이 주장된다. 독자는 감정 이입을 통해서 저자의 이러한 보편성 요구에 흡인될 것을 소설로부터 요청받게 되는데, 이것은 종종 주인공의 시선과 독자 자신의 시선의 동일화를 통해서 실현된다. 저자는 이러한 동일화를 이끌어내려고 스토리 구성의 의미 연관성을 희생시키곤 하며, 바로 여기에서 글이 통속성을 지니게 된다.

여기서 우리가 주목하는 것은 「에스델서」의 구성이 강변하고 있는 해석에 개입된 구성 요소들간의 문제에서 '성'(sexuality)이 어떻게 개입되어 있느냐의 문제다.

2

'아하수에로스'를 헬라인들은 '크세르크세스'라고 번역한다. 제국 시대 페르시아 왕 중에서 이런 이름을 가진 혹은 유사형을 가진 통치자는 모두 다섯 명이나 된다. 이 중에서 본문의 아하수에로스가 어느 크세르크세스인지를 아는 것은 불가능하다. 이 소설에 나오는 어떤 인물도 시대를 추정할 만한 근거를 제공하고 있지 않다. 또한 '모르드개'가 바벨론 시절의 느부갓

바벨론	느부갓네살	주전 605~562
페르시아	크세르크세스 1세	주전 486~465
	아르타크세르크세스 1세	주전 465~424
	크세르크세스 2세	주전 424
	아르타크세르크세스 2세	주전 405/4~359/8
	아르타크세르크세스 3세	주전 359/8~338/7

표 '(아르타)크세르크세스'들의 연대기

네살 왕 때 포로로 끌려온 유대인 중 하나라는 본문의 언급(2:6)에 따른다면, 크세르크세스 1세 시대(주전 486~465년)가 본문의 시대적 맥락이라고 가정한다 해도, 모르드개의 나이는 최소한 120살이나 된다. 이것은 소설의 작가가 세계사 속에 소설의 스토리를 맥락화시키고 있음에도 불구하고 역사성 자체를 중요하게 여기고 있지 않다는 뜻이 된다.

반면 위에서 본 것처럼, 이 소설은 '성'을 중요한 소재로 끌어들이고 있다. 그것은 '와스디' 왕후가 폐비당한 경위에서 단적으로 드러난다. 거국적인 축제가 벌어지고, 수많은 관료들과 봉건 제후들이 속속 궁중으로 모여든다. 연일 계속되는 축제의 마지막 날, 거나하게 술이 취한 왕은 왕후를 호출한다. 그녀의 미모를 신하들에게 자랑하려는 것이다. 그러나 왕후는 이를 거절했고, 이것이 발단이 돼서 그녀는 폐비를 당한 것이다. 고대 로마의 사가 '헤로도투스'가 전하는 한 이야기에 따르면, '리더' 국의 왕인 '칸타울레스'는 신하에게 왕후를 자랑하려고 그녀를 벌거벗게 했다고 한다. 후대에 유대교의 한 랍비는 와스디가 호출된 상황은 왕이 그녀에게 관만 쓰고 벌거벗은 채 나오라고 명한 것이라고 해석했다. 하지만 본문 자체에선 그러한 해석의 근거가 전혀 없다. 헤로도투스가 비난조의 태도로 묘사하고 있는 칸타울레스의 경우에 비해, 이 소설의 작가는 잘못이 와스디에게 있다는 점을 암시한다. 요컨대 왕의 무리한 요구가 이 사태의 원인이 아니라, 왕의 당연한 요구를 왕후가 부당하게도 거절했다는 점이 문제였다는 것이다. 즉 여기서부터 이미 본문은 '여성다움'에 관한 강력한 메시지를 전달하고 있는 것이다.

크게 노한 왕은 대신들을 불러 왕후에 대하여 의논한다. 여기서 그들은 궁중에서 일어난 한 에피소드를 제국 전체 여성들의 문제로 확대 해석하고 있다. 회의는 여성들이 지아비의 명을 거스르는 것을 금지시키는 법령을 반포하는 것으로 결론을 낸다. 여성이 지아비에 순종하는 방식만이 정당한 성적 정체성을 형성하는 길이라는 주장이 깔려 있는 것이다.

와스디의 폐비 후 왕후 간택을 위한 캠페인이 벌어지고, 제국 각처에서 선택된 여인들이 궁중으로 들여 보내진다. 1년이라는 짧지 않은 기간 동안 여인들은 이곳에서 수련을 받는데, 아마도 여인다운 예절과 품성을 닦게 하는 것이 수련의 주목적이었을 것이다. 이 '여성 만들기 프로그램'에서 본문이 특히 강조하고 있는 것은 '몸치장'이다. 양부인 모르드개의 언질에 따라 에스델이 자신의 혈족과 인척 관계를 숨길 수 있었다는 건, 독자들에게 왕후 간택의 절차에서 혈연적 유대가 아무런 영향도 미치지 못한다는 인상을 준다. 사실이든 아니든 당시 대부분의 사람들의 정체성 형성에 가장 결정적인 중요성을 지녔을 법한 가문의 문제가 여기서는, 의도적이든 아니든 무시되고 있는 것이다. 여성에게는 외모 이외에는 아무것도 필요없다는 뜻일까? 한편 어쩌면 이러한 이야기 속에는 신데렐라 동화 같은, 가난한 여인네의 소박한 꿈을 짓누르지 않으려는 저자의 통속 작가다운 배려(?)가 있는지도 모른다. 아무튼 이 소설에서 여인의 성은 지아비인 남성을 위해 존재하는 것이고, 그것은 다른 어떤 것보다 중요하다는 사실이 강조되고 있다.

에스델이 왕후가 되는 과정은 바로 이러한 왕후 간택 절차에서 그녀가 가장 눈에 띄는 여인이었다는 사실과 직결된다. 이미 그녀는 '여성 만들기 프로그램' 책임자의 눈에 들었다. 그는 그녀의 몸치장을 위해 시녀를 일곱이나 붙여 줬으며, 필시 이들 시녀들은 그런 치장의 최고급 전문가들이었을 것이다.

후보자들이 하나씩 왕 앞에 선을 뵐 때는 모든 몸치장의 문제는 그녀 자신에게 맡겨진다. 하지만 그녀가 누릴 수 있는 자율이란 기껏해야 자신의 몸을 왕에게 어떻게 잘 보이느냐에 국한된다. 왕과 하루라도 동침하게 되면 소위 '팔자 활짝 피는' 세월이 오는 반면, 그렇지 않으면 평생을 나인으로서 남 치장하는 일 혹은 궁중의 허드렛일로 보내야 한다. 물론 결혼은 생각할 수도 없는 일이다. 에스델은 왕 앞에 나아갈 때에 지나친 치장을 삼간 채, 전문가의 조언에만 따랐다고 한다.(2: 15) 여기서도 에스델의 출중함보다는 여자 만들기 전문가의 능력이 중요하게 부각될 뿐이다. 요컨대 에스델이 왕후가 된 결정적 비결은 궁중에서 수련된 그녀의 성적 정체성과 연관된다.

이제 이야기는 본론으로 본격적으로 돌입한다. 여기서 이야기의 갈등 구조는 여성과 남성간의 성적 정체성에 관한 것에서 민족적인 문제로 옮겨간다. 한편엔 모르드개가 있고, 다른 한편에는 하만이 있다. 전자는 유대인으로서 아마도 궁궐 문지기였던 것 같고, 후자는 페르시아인으로 왕국의 제2인자인 지엄한 관료였다. 처음부터 양자는 게임의 상대가 되지 못한다. 그러나 하만은 계속해서 모르드개를 의식하고 그를 견제하려고 제국 전체에 대한 인종 차별 정책을 구상한다. 허구적이기 이를 데 없다. 그러나 유대인이 독자라면 이 얘기는 바로 그 허구성 때문에 더욱 흥미로워진다.

이야기의 전반부는 하만의 주도에 의해 전개된다. 와스디 폐위 사건이나 에스델을 왕후로 간택하는 데서 보듯 왕은 허수아비처럼 행동하고, 멍청하게 정해진 방식의 시비/유혹의 선에 따라 일차원적으로 반응하는 존재일

달 이름	1월	2월	3월	4월	5월	6월
유대 월	니산	이야르	시완	탐무스	아브	엘룰
현대의 태양력	3~4월	4~5월	5~6월	6~7월	7~8월	8~9월

달 이름	7월	8월	9월	10월	11월	12월
유대 월	티쉬리	헤스완	기슬로	테벳	스밧	아달
현대의 태양력	9~10월	10~11월	11~12월	12~1월	1~2월	3~4월

표 2 유대의 달력

뿐이다. 요컨대 왕은 지엄한 직위에 있으나 수동적인 행위의 주체로만 등장할 뿐이다. 그가 선정을 펴든 악정을 펴든 관건은 왕 자신의 지혜로움과는 무관하다. 전반부의 악정의 주도권은 하만의 조정에 의해 이루어진다.

제위 12년 니산 월에 하만은 제비뽑기(불, $pûr$)를 통해서 유대인을 처형하는 때로 아달 월을 택했다. 거사일을 1년이나 뒤로 미룬다는 것 또한 허구적이다. 한 해의 처음에 시작된 음모를 그해 마지막에 실행한다는 것은 아마도 독자를 위한 배려이리라. 하지만 이미 독자들이 기대하고 있듯이 모르드개에게는 양녀 에스델이 있다. 그가 왕후를 만난다면 어쩌면 이 위기가 해소될 수 있을지 모른다는 바람 속에서 독자는 소설의 전개에 주목하게 된다.

이런 궁금증을 해결해 주기 위해 저자는 대번에 둘을 만나게 하지 않는다. 뜸을 들이는 여러 장치를 마련한다. 모르드개는 혼자 끙끙 앓으며 단식을 하면서 통곡하고 있고, 궁녀들은 내왕하면서 에스델에게 이러한 상황을 일러 준다. 둘 사이의 교신은 직접적 대면을 통해서가 아니라, 감질나게도 '하닥'이라는 내시를 통해 이루어진다. 둘 사이의 대사에서도 문제가 단순하게 풀리지 않는다. 에스델이 왕 앞에 나아가서 간청할 처지가 아니었던 것이다. 그렇다면 도입부에서 폐비당한 외스디와 다를 바 없게 되는 셈이다.

결국 기대했던 에스델의 입장은 실제로 매우 난처한 상황이라는 게 독자들에게 인지된다. 하지만 4장 16절에서 에스델의 그 유명한 "죽게 되면 죽으렵니다"라는 말에서 독자들은 무언가 해결책이 있음을 암시받는다. 저자는 긴장을 극한으로 끌고 가면서도 해결책을 향한 암시를 잊지 않고 있다.

에스델은 왕의 시야에 들어오는 곳에 서 있음으로써 일단 왕과의 대면에 성공한다. 하지만 그녀는 모든 상황을 고하는 게 아니라, 왕과 하만을 자신의 잔치에 초청한다. 독자는 뭔가 이야기가 풀리고 있으나 그 방식에 궁금해 하게 된다. 그러나 그 잔치에서 벌어진 건 여흥이 고조됐다는 것뿐이다. 다음날 잔치에 다시 초대하겠다는 에스델의 청에 이야기는 하루 더 지연된다. 그날 밤 하만은 퇴궐하면서 모르드개의 방자함에 분이 터지고, 왕은 우연히 과거의 역사 기록을 보다 왕 암살 음모를 고발한 공적을 올린 모르드개를 기억한다. 모르드개를 죽일 생각에 50자 짜리 기둥을 세운 하만을 향해 왕은 공신에게 어떤 보답을 할 것인가를 묻는다. 하만은 그 공신이 바로 자신이라는 생각에서 왕복과 말을 내려서 시내 광장을 돌게 하는 것이 좋겠다고 청한다. 그것은 왕의 다음 지위임을 만천하에 공포한다는 뜻이 숨겨 있다. 그러나 뜻밖에도 모르드개가 그 장본인임을 알고 그는 당황해 어찌할 줄 몰라 한다.

다시 잔치 자리. 왕과 하만의 대화에서 상황이 역전되고 있음을 짐작하고 있는 독자에게, 도대체 어떤 방식의 결말이 있을까를 기대하는 독자에게, 이날 잔치는 정말로 기대를 저버리지 않았다. 시청률을 높이려고 이야기를 질질 끄는 여느 드라마와는 달리, 결말 순간을 놓치지 않는다. 에스델은 왕후 살해 음모를 왕에게 고발하고, 하만은 졸지에 왕후를 죽이려는 음모꾼이 된다. 그녀가 유대인 출신임을 꿈에도 눈치채지 못한 하만은 왕후에게 다가가 하소연하는데, 왕은 이것이 왕후를 겁탈하려는 것으로 착각하고는 하만을 죽이기로 결정 내린다. 하만의 최후는 공교롭게도 그가 모르드개를 죽이려고 세웠던 장대에 매달리는 것이었다.

여기서 에스델은 끝까지 자신의 여성적 매력을 통해서 문제를 해결하고 있고, 하만의 처형 결정이 내려진 것도 에스델의 성적 매력을 탐닉하려 한다고 착각한 왕의 분노에 근거한다. 요컨대 본문에 의하면 에스델의 문제 해결 방식은 그녀가 자신의 성을 '지혜롭게' 잘 사용했다는 걸 강조하는 것처럼 보인다.

저자는 노련하게도 이제 스토리 진행 속도를 매우 빠르게 전환시킨다. 모르드개는 하만의 벼슬과 재산을 접수하게 됐고, 유대인 살해 정책을 폐기했을 뿐 아니라, 도리어 유대인을 죽이려는 음모에 동참한 자를 무차별 살상하라는 칙령이 내려진다. 그리하여 거사 날, 곧 아달 월 13일에 유대인들을 죽이려 했던 사람들이 유대인들에 의해 닥치는 대로 살해된다. 전국에 걸쳐 무려 7만 5천 명이 죽고, 하만의 아들 열 명도 죽임을 당한다. 그리고 축제는 다음날인 14일까지 계속되는데, 이 날을 유대인들은 부림절로 기리게 되었다는 것이다. 그리고 저자는 마지막에 반드시 포함되어야 하는 결말을 잊지 않는다. 모르드개는 왕의 위대한 대신이 되어 유대인들의 기억에 길이 남게 되었다고.

이상에서 우리는 이 책의 본론부터 집중적으로 강조되고 있는 것이 다름 아닌 민족주의임을 보게 된다. 이방 여인으로 인해 야훼의 구원의 손길이 한 몰락한 가문 위에 내리게 되었다는 「룻기」와는 사뭇 대조적이다. 더욱이 그 민족주의의 내용이 엄청난 폭력도 마다치 않는 전투적 성격을 지닌다는 점을 보게 된다.

3

우리는 「에스델서」에서 표현하고 있는 주체 형성의 요소가 두 가지로 압축되고 있음을 본다. 하나는 성, 특히 '여성다움'의 문제이고, 다른 하나는 유대 민족주의, 즉 '유대인다움'의 문제이다. 소설을 읽는 독자라면 여기서 가장 중시되고 있는 것은 민족주의임을 알 수 있다. 그 내용인즉슨, 앞서 말했듯이, 적에 대한 가혹성을 결코 아끼지 않는 과도한 배타적 민족주의가 강변되고 있다. 물론, 필시 식민지 경험을 통해서 습득되었을, 국제적 관계의 긴밀함에 대한 인식이나, 우호적 이방국에 대한 이해심까지 배제하고 있지는 않다. 하지만 적성국에 대해서는 가차없는 공격성을 드러내는 민족주의가 본문에서 미화되고 있다. 학자들은 부림 절기가 널리 준수되던 때가 반제국주의적인 마카베오 혁명전이 한창 벌어지고 있던 때라는 사실(「마카베오하」 15 : 36)과 연관시키면서, 「에스델서」 저자의 배경을 이 당시로 보는 경향이 있다. 당시 마카베오 혁명군은 반제국주의 전쟁을 치르면서도 외교 관계를 적절하게 활용했다. 아무튼 「에스델서」의 민족주의는, 시대의 절실한 요청에 부응한 것이든 그런 절실함이 식어 버린 시대를 아쉬워하며 그것의 새로운 부활을 꿈꾸는 것이든, 분명 민족주의라는 대강령 속에 모든 것이 희생될 수 있다는 점을 강조하고 있다.

여기서 성에 대한 두 가지의 규제 방식이 드러난다. 하나는 남성 중심적 가부장제 사회에 의해 조율되어야 한다는 것이고, 다른 하나는 민족을 위해서 봉사하는 성만이 의미가 있다는 규율이다. 소설은 교묘하게 둘이 모순되지 않고 합류하고 있음을 이야기한다. 실제에선 둘이 종종 모순될 수 있음에도 그것을 논쟁할 생각은 저자에겐 전혀 없는 것 같다. 즉 여자는 모름지기 여자다움을 통해서 민족을 위해 헌신하라는 주장 정도가 이 책의 주된 논조가 아닐까? 물론 여기에는 또 하나의 세계관이 숨겨져 있을 것이다. 남성은 남성다운 용맹과 지혜로써 민족을 위해 생명을 바치라고. 요컨대 '가부장주의적 민족주의!'

지배적인 이데올로기는 각 사람들이 자신들의 현실적 여건이 어떠하든 간에 현존하는 지배적 담론이 추구하는 프로그램이 정당하며 자신들의 행복을 위한 최선/차선의 선택이라는 일종의 '판단 마비 효과'를 발생시킨다. 바로 이러한 이데올로기적 호명 과정 속에서 주체들이 형성된다. 그래서 각각의 성적 주체들은 자신들이 가부장제의 대리인이라고 오인하게 되며, 또 민족 구성원들은 민족의 대리인으로 스스로를 오인하게 된다. 그래서 가부장제를 지키기 위한 투사라는 자신의 정체성을 마다하지 않고, 또 기꺼이 광신적 민족주의자가 되는 것이다. 이러한 허구적 주체를 만들어 내는 장치 가운데, 이스라엘에서는 「에스델서」가 한 역할을 했음직하다.

페베의 꿈

한동안 연일 뉴스의 첫머리를 장식했던 세 여인이 있다. 세간에 '옷 로비 사건'으로 알려진 뉴스 담론 속에는 고위층 여인네들의 지나친 소비 행각이 정치인들의 정적에 대한 공세전과 결합되어 있다. 정치인들에게 있어서 정적을 향한 흠집 내기는 분명 상대방에 대한 가장 효과적인 공세 방식의 하나임에 틀림없고, 따라서 그것은 그에게 상당한 정치적 이익을 보장해 주는 가치 있는 상품이다. 또 언론에게 있어서 정치인들간의 정쟁은 다른 어떤 정치 보도보다 가치가 큰 기사거리임에 틀림없다. 격렬한 언사와 직설적이면서도 통렬한, 하지만 화려하기 그지없는 수사가 난무하는 정치꾼들의 말잔치는 우회적인 수사로 가득한 외교전과는 비견할 수 없는 꽤 괜찮은 상품이다. 게다가 고위층 여인네들이 그 말잔치에 흥미로운 스토리까지 제공해 주니 이 사건이야말로 대중의 구미를 맞추기에 안성맞춤의 소재가 아닐 수 없었던 게다. 가정에 들어앉아 잠잠히 내조하는 '정상적' 여성상에 비해 이네들의 '일탈'은 생활고로 분투하느라 일상에 지친 사람들에게 신선한 분풀이 화젯거리를 제공해 주기엔 더없이 적합한 상품이었다.

여기서 정치인과 언론은 상품의 생산자들로 행위의 주체다. 반면 이 고위층 여인들은 정치계와 언론계 장사꾼들의 상품으로 소비되고 있다. 이들이 고가의 옷을 소비하는 행위의 주체로 등장할 때도 사실상 마찬가지다. 이때 이 옷의 상품 가치는 수천만 원대를 호가하는 엄청난 가격에 있다. 비싸기 때문에 소비되는 것이다. 이들은 자신의 노동을 통해서가 아니라, 남편의 지위라는 상징적 자본을 소유한 탓에 그러한 소비가 가능했다. 요컨대 이들은 남편의 '높은 직위'를 상징하는 옷을 구입하는 것이다.

고위층 여인들이 행위 주체로 부상할 수 있는 거의 유일한 무대는 아마도 그녀들이 소비자일 때뿐일 것이다. 그 외의 삶에서는 남편의 능력을 위해 봉사해야 하고, 같은 이유로 자녀들의 교육·결혼·직업 선택 등에 관여해야 한다. 모두가 남편으로 상징되는 가문의 위격을 지키기 위한 것이다. 반면 고액의 상품을 구입할 수 있는 능력은 그 액수만큼의 품격을 그녀들 자신에게 선사해 준다. 그것은 짓눌린 가정사의 일상에서 벗어나는 일탈적 행동임에 틀림없다. 하지만 이런 일탈조차도 그녀들은 스스로의 능력으론 할 수 없다. 여전히 남편의 후광 속에서만 가능하다. 이렇게 가부장제하의 규방 속 여인네들은 생산자인 남편의 부속물에 불과한 존재다. 결코 행위의 주체가 아니라 주체의 생산적 행위 효과를 배가시키기 위한 보조적 존재일 뿐이다. 만약 그네들이 상품으로 소비되는 경우엔 거의 언제나 구설수의 대상이 되고 만다.

한편 요즈음 화려한 스포트라이트를 받으며 대중의 눈길을 한몸에 받는 여인들이 있다. 미인 대회 출전자들이다. 얼른 보기에도 수려하기 그지없는 그녀들의 늘씬한 자태는 TV의 화상적 연출을 경유하면서 요염함으로 읽혀진다. 특히 수영복 심사 장면은 평범한 남자들에게 은폐된 행위였던 관음증을 떳떳하게 실행할 기회를 제공해 준다. 그 순간 남자들은 은폐하지 못함으로써 수치스러워야 할 자의식으로부터 해방을 체험한다. 대중 매체는 이 여인들의 몸을, 아니 몸뚱이/육체 이외에는 아무것도 아닌 것이 되어 버린 여인들을 남자들에게 판매하며, 그것을 소비하는 남자들은 관음증적인 도착적 성 의식에서 해방을 만끽한다. 그들의 '지켜보기'는 '몰래' 하는 것이 아니라 '정당한 경로'로 이루어지는 '정당한 행위'가 되는 것이다. 이때 이 여인들은 생산의 자발적 주체다. 스스로를 상품으로 내놓음으로써 그녀 자신이 상품인 동시에 생산자이자 판매자다. 하지만 그녀들의 교태스런 표정과 몸짓은 그녀들 자신이 아니라 남성의 시선으로 고정된 여체로서의 존재일 뿐이다.

공영 방송이나 심지어 지방 정부까지 나서서 앞다투어 주관하는 미인 대회의 숫자가 전국에서 무려 100개가 넘는다고 한다. 그리고 그 많은 대회의 심사 기준은 천편일률적이라 하니, 성적 육체 가꾸기는 한결 명료한 기준을 갖게 될 것이 분명하다. 그리고 이러한 기준은 미인이 되기를 열망하는 여성에게 생존 방식을 선택하는 데 있어 결정적인 변수가 될 것이다. 어쩌면 미인 대회와는 아무 관계도 없는 기업 혹은 관공서의 취업 서류에 수영복 차림의 사진이 필요하게 될지도 모르고 신체 사이즈를 명기하는 난이 생길지도 모른다.

규방 안 여인들은 현숙함이라는 이름의 수동적인 존재로 살아가도록 요청받는다. 그런데 규방 밖으로 잠시 뛰쳐나온 여인네들에겐 종종 부정한 일탈적 행위라는 따가운 시선의 꼬리표가 붙곤 한다. 그럼에도 규방 밖으로 뛰쳐나오는 데 성공한 여인들이 존재한다. 그런 행위가 일탈이 되지 않으려면 어떠해야 할까? 오늘날 규방 탈출의 가장 효과적인 수단의 하나는 (은밀한 공간이 아니라) 공개적 무대 위로 남성의 시선 앞에 육체를 상품으로 내놓는 것이다.

아무튼 고위층의 세 여인들과 미인 대회에 출전한 여인들의 꿈은, 공히 가정이라는 공간이 성을 관리하는 규칙 안에서 이루어진다.

바울 계보의 문헌인 「디모테오 전서」에는 여성의 임무는 정상적인 가정에서 아이를 낳는 데 있다는 주장이 나온다.

> "오직 착한 행실로서 단장해야 합니다. 그래야 하느님을 공경한다는 여자에게 어울립니다. 여자는 조용히 복종하는 가운데 **배워야** 합니다.…… 그러나 여자가 자녀를 낳아 기르면서 믿음과 사랑과 순결로써 단정한 생활을 계속하면 구원을 받을 것입니다."
>
> —「디모테오 전서」 2장 10절~15절

이 구절이 실제 겨냥하고 있는 것은 교회 안에서 남자를 가르치는 여성 지도력이다. 즉 "여자가 남을 가르치거나 남자를 지배하는 것을 허락하지 않"는다는 것이다.(2:12) 그래서 아예 감독직의 자격을 묘사하면서 "흠 없는 자로서 한 여인의 '남편'"이어야 한다고 말한다.(3:2) 이런 전통은 교회의 성직 임명에서 여성을 배제하는 근거로 활용되어 왔다. 하지만 더욱 중요한 것은 그것을 '가족의 질서'라는 개념으로 논증하고 있다는 데 있다. 이것은 사실 기나긴 가부장제적 가족사에서 여성을 관리하는 변함없는 담론이었다. 즉 모성이라는 헌신성을 상징하는 '숭고한' 가치를 격려함으로써 여자를 가정 안에 머물게 하는 자발적 존재로 만들어 왔던 것이다. 더 훌륭한 어머니가 되기 위해서 가족 안에서 희생하는 존재로서의 삶에 전력해야 한다는 것이다. 이렇게 가족과 모성 개념을 결합함으로써 가부장제하의 여성은 스스로를 수동적 존재로 만들어, 사회적 역할에서 자신을 자발적으로 제외시켰던 것이다. 여성은 세계의 정의 문제와 씨름하기보다는 평온한 가정과 자녀 양육을 위해 전력하는 것이 훨씬 중요하다는 것이다. 시대의 이단자 예수를 기리는 공동체였던 교회가 이제 시대의 인습적 질서 속에 편입하는 하나의 징후로, 사회의 성에 대한 이러한 관리법을 따르고 있는 것이다.

한데 (그보다 대략 반세기 전에) 바울은 로마 교회에 페베라는 여인을 추천하면서 이렇게 말한다.

> "겐크레아에 있는 교회의 일꾼(디아코논, $\delta\iota\alpha\kappa\sigma\nu\sigma\nu$)이요 우리의 자매인 페베를 여러분에게 추천합니다.…… 그녀는 많은 사람의 보호자(프로스타티스, $\pi\rho\sigma\sigma\tau\alpha\tau\iota\varsigma$)가 되어 주었고, 나도 그녀에게 신세를 졌습니다."
> —「로마서」16장 1절~2절

바울에게 있어 로마 교회는 퍽 중요했다. 그런데 이 교회가 그의 선교 활동 결과 만들어진 것이 아니었기에, 그래서 그의 영향력이 그다지 크지 않기에, 이 서신에서 바울은 사도로서의 자신의 지위와 능력을 강변해야 했다. 「로마서」가 그의 사상의 진수를 보여주고 있는 것도 바로 이런 이유와 관련이 있다. 16장에서, 끝인사를 하면서, 무려 28명에 이르는 사람들을 거론하는 것도 이러한 그의 목적과 관련이 있다. 그런데 그 명단에서 가장 처음 나온 인물이 바로 '페베'이다. 더구나 다른 사람들은 모두 안부를 전하는 얘기인데, 유일하게 페베만은 바울이 로마 교회에 추천하는 인물로 등장한다. 경력에서나 능력에서, 그리고 로마 교회에서의 이미지에 있어서 바울이 가장 자신 있게 천거할 수 있는 인물이 바로 그녀였다는 것이리라.

바울의 소개에 의하면 그녀는 겐크레아 교회의 지도자다. '디아코논'이라는 말은 「디모테오 전서」에선 감독 밑의 직분인 '집사/부제'를 가리킨다. 하지만 「마르코복음서」가 예수의 제자의 역할을 지칭하기 위해 이 용어를 사용하고 있는 것처럼, 아직 직제화가 없던 바울 당시에는 이 어휘는 교회의 지도자를 나타내는 일반적인 표현이었다. 또 '프로스타티스'라는 말은 사람들의 생계나 삶의 가치 등을 책임지는 가부장과 같은 위치를 시사하는 용어다. 요컨대 그녀는 바울이 가장 신뢰하는 교회 지도자의 하나였음이 분명하다.

훗날의 「디모테오 전서」처럼 아마도 바울 당시에도 교회가 여성의 역할을 가정에 가두어 두어야 한다는 인습적 가치를 주장한 흔적이 여기저기서 엿보인다. 한편 바울 자신은 여성의 역할에 대해서 동요하고 있다. 어느 대목에선 여자의 머리는 남자고(「고전」 11 : 3 · 10), 여자는 침묵의 미덕을 따라야 한다(「고전」 14 : 34)고 주장하면서, 또 어느 대목에선 남성과 똑같이 여성도 하느님 나라의 동등한 역군임을 강조한다.(「고전」 11 : 11~12) 그가 이렇게 동요하고 있는 것은 하느님 나라 운동의 성 해방주의적 가치와 기성 사회의 인습적 가치가 그의 내면에서 갈등하고 있음을 시사한다. 아마도 그가 해방의 가치를 쉽게 포기하지 못하게 된 것은 페베 같은 여자의 역할과 관련이 있을 것이다.

그 당시 페베는 이러한 폐습을 거스르며 세계와 우주의 변혁을 소망하는 예수 운동에 적극적인 참여자였던 것 같다. 그러나 여자라는 이유 때문에 교회 안팎에서 무수한 가부장제적인 가치의 편견과 맞싸워야 했으리라. 물론 남성만이 그녀의 장벽은 아니었다. 가부장제 이데올로기는, 그 뒤틀린 모성의 미학은 여성의 가장 가혹한 적이 여자 자신이 되게 했던 것이다. 어머니와 딸, 여성과 다른 여성의 히스테리적 갈등과 증오. 그래서 예수는 자신을 추종하는 사람에게 가족과의 단절의 칼을 던져 주었던 것이다.

가부장적 체제의 규칙에 순응하면서, 일탈조차도 그 체제의 더욱 견고함을 위해 기여하는 고위층 여인네들의 꿈, 자신의 육체를 상품화함으로써 자본주의 사회의 적극적인 생산자, 곧 주체로 등장한 미인 대회류의 여인네들, 그러나 결국은 가부장제적인 성 억압의 질서 속에 짓눌린 남자들의 관음증 해방을 위해 봉사할 뿐인 섹시한 여성 육체들의 꿈, 그리고 페베, 하느님 나라를 추구하는 그녀의 꿈. 우리는 세 가지 꿈을 꾸는 세 부류의 사람을 본다. 물론 우리가 지향해야 할 선택은 더 말할 것도 없다. 그렇다면 과연 그러한 꿈을 위해 우리 여자들과 남자들은 스스로를 절제하고 처신할 수 있을까? 남은 것은 원칙의 선택이 아니라 구체적인 행위들에 있다.

동성애 문제를 보는 한 시각
민주주의의 문제로서의 동성애 문제

1

최근 동성애 문제가 갑작스레 우리들 사이의 대화에 자주 오르내린다. 그것은 몇몇 대학에서 동성애자 동아리들이 결성되는 것을 기점으로, 많은 잡지들이 이에 관한 보도·인터뷰·논쟁 등을 게재하고, 뒤이어 TV와 라디오에서도 이 문제를 다루는 프로들이 속속 방영됨으로써 일순간에 우리의 주의를 끌게 된 탓이리라. 게다가 자신이 동성애자임을 밝히는 저자의 글들도 심심치 않게 볼 수 있게 되었다. 심지어 동성애 문제를 직간접으로 표현하는 드라마까지 등장하기에 이르렀으니, 이것을 일종의 위기로 보는 사람들의 눈에는 우리 사회가 갑자기 동성애자로 들끓는 사회가 된 듯이 비쳐지기도 했다.

이런 와중에서 내가 속한 교회에서도 이 문제에 대해서 이야기를 해보자는 제안이 있었다. 대략 한 달 정도의 공고를 거치고, 토론을 위한 예비 자료를 미리 나누어 준 뒤, 예배 시간에 '신앙 윤리로서의 동성애'라는 주제로 서로의 생각을 나누는 이야기 나눔 시간을 가졌다. 그 한 주 전에 토론을 유도하기 위한 예비 질문을 다음 네 가지로 제시했는데, 그것은 다음과 같다. ① 동성애에 관한 직간접적인 경험/지식을 이야기하기,[1] ② 자신의 가족이나 친구가 동성애자라는 가상의 상황을 설정하여 그들에 대해 취할 자신의 태도를 이야기하기, ③ 자신이 하느님이라면(즉 자신이 전능/자비/사랑의 존재라면) 동성애자를 어떻게 대할지 이야기하기, ④ 그리스도인으로서 동성애자 또는 동성애를 평가하는 신앙적/신학적 논거를 이야기하기 등. 이 질문들을 염두에 두면서 세 조로 나누어서 한 시간 정도 자유 토론 시간을 가졌다.

그런데 이번 공동 설교는 그다지 성공적이지 못했다. 토론 과정에서 부딪힌 가장 근본적인 문제는 이 주제에 대해 우리가 전혀 준비되어 있지 못하다는 사실이었다. 우선 예비 지식이나 사전 경험이 절대적으로 부족했다. 특히 여기서 한 가지 짚고 넘어가야 하는 것은, 평소 동성애 문제를 비교적 많이 생각했거나 또는 주변에서 그런 이를 접해 본 경험이 있는 사람에게서는 상대적으로 적었지만, 그렇지 못한 사람들 대다수는 동성애 현상에 대한 두드러진 이중성을 보이고 있다는 사실이다. 즉 동성애는 부자연스럽다는 생각과, 성애의 또 다른 표현에 불과하다는 생각 사이에서 자신의 견해를 모순적으로 표현하곤 했던 것이다.[2] 그런데 동성애를 부자연스러운 것, 비정상적인 것으로 보는 관점은 이에 대한 혐오 정서와 연관되어 있었다.(이것은 동성애를 일종의 정신적 질환으로 보려는 경향과 관련된다.) 그리하여 많은 사람들에게 이것은 농담거리는 될지언정 신앙이니 민주주의니 해방이니 하는 심각한 토론의 주제는 전혀 아니었다.

---

1) 여기서는 이성애와는 어떤 점에서 유사성이 있고 또 어떤 점에서 차이가 있는지에 관한 생각 나눔에 초점을 두었다.
2) 이것은 아마도 토론 참가자들의 절대 다수가 대학 이상의 학력 소지자이며, 연령상으로 20대라는 사실과 연관이 있으리라.

2

「창세기」 2~3장의 창조-타락 이야기를 읽을 때마다 나는 종종 안도의 한숨을 쉬게 된다. 왜냐하면 아담이 선악과실을 따먹을 때, 이른바 이 원죄적 행위를 저지른 손이 어느 편 손인지에 관한 언급이 성서에는 아무리 눈을 씻고 봐도 없기 때문이다. 만일 그런 말이 나온다면, 두말 할 여지 없이 '왼손'에게 그 혐의가 돌아갈 것이다. 이런 피해 의식은 '왼손잡이'라면 그리 낯설지 않은 생각이다. 단순히 왼손잡이라는 바로 그 사실로 인해, 자신이 의도적으로 선택한 것이 아니라 자연스럽게 형성된 체질적 특성으로 인해, 자라면서 수없이 받아 왔던 크거나 작게 느껴진 배제-편견의 경험 때문이다. 이런 경험들이 대개는 미묘한 것들이어서, 오른손잡이들은 많은 경우 미처 눈치채지 못할 테지만 말이다.

우리의 일상 언어에서 오른손은 '바른', '정당한', '정의로운' 등의 가치와 결합되어 있다. 그에 반해 왼손은 이런 가치에서 이탈한 비정상적인 그 무엇을 함축한다. 요컨대 '오른손-왼손 담론'은 단지 서로 다른 편에 있으면서 한 짝을 이루는 신체 부위를 가리키는 데 그치지 않고, 정상과 비정상을 구분하는 사회적 가치와 결합되어, 끊임없이 우리의 삶을 이러한 가치에 근거해서 조율케 하고 타인을 판단케 하는 배제의 담론 체계를 이룬다.

이러한 담론 체계는 우리의 일상 언어 거의 모든 부분에 깊이 뿌리내려 있다. 언어는 단순히 말의 세계가 아니다. 거기에는 개인적인 체험, 가족적인 전통, 나아가 종족적·민족적·사회적 관습과 실천이 응축되어 있다. 담론이라는 말은 이와 같이 개인적이고 사회적인 관행, 실천, 지향 등이 우리의 언어를 통해서 표출된다는 것을 강조하는 표현이다.

우리의 배제-편견의 담론 체계 속에서, (상대적으로 소수인) 어떤 사람들은 정상의 '밖'의 영역으로 배제되고, 그 밖의 사람들은 그 '안'으로 포섭된다. 비정상이라 하여 따가운 눈총 속에서 거부당하는 사람들의 상실감이 있는 바로 그런 세계에서, '내부인'은 자신이 '정상'이라는 '집'에 살고 있다는 사실에 희열과 안위감을 느낀다. 혹 그가 다른 무수한 부분에서 수많은 기회를 박탈당하며 살아야 하는 비특권적 존재라 하더라도 말이다. 우리 대부분의 이른바 '보통 사람들'처럼. 그럼에도 비정상인 정상인 할 것 없이 모두 이런 담론을 공유한다. 가령 비정상인은 이런 담론 체계 속에서 자기 비하의 마조키스트적 언어, 행동에 익숙해진다.[3] 그런 점에서 배제-편견의 담론 체계는 우리의 일상적 삶 속에서 기성의 가치 체계를 정당화시켜 주는 사회적 안보의 기제로서 역할을 한다.

그런데 우리의 일상의 삶 속에서 배제-편견의 관점에서 가장 효과적인 담론이 있다. 그것은 바로 '성(에 관한) 담론'이다.

「창세기」 2~3장의 이야기는, 선악과실을 따먹은 '손'을 언급하는 대신, '여성'이라는 유혹(당하는/하는)자를 등장시킨다. 이 본문의 본래적인 의미가 무엇이든, 사람들은 이 이야기에서 남성-여성에 관련된 자신들의 편견을 보증하는 성서적 근거를 발견하게 된다. 여성은 악마적 유혹 앞에 취약하게 노출된 '유혹당하는 자'이며, 동시에 인간을 타락하게 할 수 있는 '유혹자'라는 것이다. 이것은 한편에서는 여성이라는 성을 타인에게는 감추게 하고, 다른 한편에서는 그녀의 가부장(아버지 또는 남편) 앞에서는 예속되어 전적으로 드러나게(폭로되게) 하는 가치와 결합되게 한다. 전자는 노출된 존재와는 정반대의 존재가 되도록 규제하는, '가림-숨김의 미덕'이라는 가치와 연결되며, 후자는 오로지 그 여인이 가부장인 한 남성에게만 속하여 그의 유혹(그녀의 유혹이 아니라) 앞에 전적으로 노출되어야 한다는 '순종-

---

3) 예컨대 최근 유행하는 키 작은 사람들의 '숏다리' 운운하는 자기 비하의 언어가 그렇다.

의탁의 미덕'이라는 가치와 연결된다. 이렇게 여성과 남성이라는 단순한 성적인 차이는 사회적인 배제와 편견의 논리로 확장되어 해석된다.

이러한 기조의 성 담론은 우리의 일상 언어 가운데 가장 자극적이며 그만큼 파급력이 막강하다. 최근 우리 사회의 광고 저널리즘의 성화(sexualization) 경향은 이러한 파급력을 시사한다.

'성 담론'은, 여성-남성의 소재 외에, 미성년자-성년자라는 소재, 그리고 '성 도착의 소재' 등을 포함한다.[4] 여기서 말하고자 하는 것은 미성년자의 나이답지 않은 '행위' 또는 성적 일탈자들의 '도착 행위'를 둘러싼 우리의 담론은 단순히 그네들의 그러한 행위가 바르냐 그르냐의 판단 문제에만 연관된 것이 아니라는 점이다. 그것은 한편에선, 이런 담론 체제에서 배제된 이들에 대한 사회의 가학성을 정당화해 주는 기능을 하며, 다른 한편에선, 담론 체제 내부로 포섭된 이들에게는 상대적으로 너무 관대한 규범을 허용하는 동시에,[5] 이러한 관대함에 도취된 이들이 자신들이 당하고 있는 배제의 경험, 충족되지 못한 욕망의 경험에 대해 망각하게 하는 환각제 같은 기능을 한다는 것이다.

3

많은 사람들의 경우, 동성애는 스스로의 판단에 의해 선택된 '성적 행위 특성'이 아니다. 대개 자신도 모르게 그런 성향이 자리잡는다고 한다. 그것은 모태에서의 특수한 체험 때문일 수도 있고, 유아기 때의 어떤 경험과 관련된 것일 수도 있다. 그렇지만 아직까지 어떠한 경험이 동성애를 유발하는

---

4) 성 도착, 즉 성적 일탈의 문제란 주로 동성애자 문제 같은, 이른바 비정상적인 성의 문제를 말한다.
5) 가령 성 규범은 미성년자에게는 지나치게 엄격한 반면 성년자에게는 지나치게 관대하다.

지에 관한 정설은 없다. 요컨대 동성애의 원인을 제거할 수 있는 의학적인 대책은 최소한 이론적 수준에서도 없다. 그러니 이런 경우 동성애를 도덕적으로 문제시한다는 것은 "너는 왜 여자로 태어났니?", "너는 왜 왼손잡이니?"라는 물음과 마찬가지다.

때로 어떤 사람들은 동성애를 자신의 판단에 따라 선택했다고 증언하기도 한다. 이것이 가능한지의 여부는 차치하고, (그 현상 배후의 어떤 심층 심리적 배경에 대한 사회 심리학적 질문을 유보한 채) 그의 증언을 곧이곧대로 받아들인다 하더라도, 이 선택 자체로 윤리적 판단을 내리는 것은 신중을 요한다.

교회에서 토론할 때 동성애에 대해 비판적 태도를 취했던 사람들은 대체로 그 이유로 "부자연스럽다", "창조 질서에 어긋난다"고 대답했다. 여기서 이것이 부자연스러운 근거로 그들은, 신체 구조상 결혼은 이성간의 관계에서라야 자연스럽도록 되어 있다고 주장했다. 이것은 1970년대 유럽의 그리스도교계에서 한창 동성애에 관한 논쟁이 일어날 때, 신교 구교 할 것 없이 교회들의 공식적 입장이 대체로 "생식을 전제로 하지 않는 성 관계는 부자연스럽다"는 결론으로 모아지는 것과 유사한 입장이다.[6] 여하튼 이러한 입장은 결혼이라는 것을 '성행위'에만 집중하여 판단하고 있다. 하지만 이런 대답을 한 사람들도 결혼 생활을 단순히 성행위로 환원시켜서 이해하지는 않았다. 복합적인 인간적 특성이 교차되는 관계의 한 측면으로 보고 있다. 특히나 폐경기에 도달한 부부간에는 후자의 측면이 더욱 극적으로 강화된다는 것을 인정한다. 요컨대 동성애에 대한 윤리적 비판의 태도에는 모순적인 이중성이 존재한다.

---

6) 이것은 생리 주기에 의한 피임법을 허용한 피임에 관한 교회의 입장과 모순된다는 점에서 임의적인 교회의 대응으로 보인다.

한편 토론중에 어떤 사람이 이성간의 결혼 생활에서도 얼마나 많은 문제가 있는지를 반문했다. 특히 남성의 공격적이고 권위적인 성적 역할론 때문에 생기는 문제들이, 성 도착이라는 편견이 존재함으로 말미암아 면죄부를 받는 것은 아니냐고 주장했다. 즉 동성애를 비정상이라고 보는 배제-편견의 담론 체계는 '권력'의 문제를 은폐하고 있다는 것이다.

이와 같이 성 담론이라는 배제-편견의 체계를 권력의 문제로서 본다면, 부자연스러움으로 특징 지어지는 '비정상'과 자연스러움으로 특징 지어지는 '정상' 사이에 악과 선이라는 가치 판단을 대응시키는 것은 많은 문제를 안고 있다. 이것은 권력에 의해 자행되는 배제, 억압, 폭력을 은폐시키기 때문이다. 그러므로 '선'에 대한 윤리적 물음의 핵심은, 정상-비정상 담론 이면의, 권력의 문제에 초점이 놓여져야 한다는 것이다.

이와 관련해서 영화 「폭로」는 재미있는 하나의 시사점을 던져 준다. 이 영화의 표면상의 줄거리를 이끌어 가고 있는 것은 '성폭력'의 문제인데, 여기서는 특이하게도 가해자가 직장 상사인 '여성'이었다. 영화가 말하고자 하는 바는 성폭력의 문제를 단순한 성차(gender)의 문제로 보기보다는 그 이면의 '권력'의 문제로 보아야 한다는 것이다. 즉 영화는 실업이라는 자본주의 특유의 배제의 위협 아래서 정상인으로 남으려는 보통 사람들의 안간힘에 의해 구성된 권력적 사회 구조 속에 근대적 성폭력이 자리잡고 있음을 말하고 있다. 요컨대 현대 자본주의 사회에서 성폭력을 보는 시좌로서 영화는 자본의 권력을 제시한다. 물론 이것은 동성애 문제를 보는 시좌로서 확대 해석해도 무방할 것이다.

4

자본주의 이전 사회의 권력은 주로 정치적·군사적 시위와 폭력을 통해 이루어졌다. 예수를 처형한 십자가형은 이런 자본주의 이전 사회의 권력을 전형적으로 나타낸다: 죄수는 십자가에 매달리기 전에 이미 채찍에 의해 무수히 살점이 떨어져 나가고 일부 부위는 탈골된 상태에 있다. 못 박힌 부위에서 계속 피가 흐르고, 채찍으로 찢어진 부위는 팔레스틴의 폭염 속에서 썩어 간다. 새들이 날아와 살점과 눈알을 파먹는다. 그런 상태로 혼수 상태에 떨어졌다 제정신이 들기를 반복하면서 죄수는 극도의 고통을 체험한다. 게다가 울어 주는 이 하나 없는 상황에서[7] 대다수의 사람들의 조롱과 비웃음을 받으며 그는 서서히 죽어 가는 것이다.

이렇게 자본주의 이전 사회는 '잔혹'이라는 기억 방법을 통해 사람들에게 권력의 효력을 각인시킨다. 그러나 자본주의적 근대는 '잔혹'이라는 방법을 지속적으로 제거한다. 예컨대 한정된 사람들에게만 공개되는 전기 충격을 통한 사형 방법은 '잔혹'이라는 방법이 더 이상 권력의 효과적인 수단이 아님을 시사한다.

자본주의적 근대의 권력은 주로 민주주의라는 토양 위에서 전개된다. 흔히 민주주의는 하나의 (정치) 제도로서 이해된다. 그렇지만 그것만으론 충분히 설명되지 않는다. 민주주의는 근대라는 역사적 배경과 맞물려 있다. 교통과 통신 기술의 발달, 인쇄술이나 공교육의 발달 등은 보편적인 가치 체계가 형성되는 범위를 확대시켰을 뿐 아니라 그것이 미치는 영역을 정교화시켰다. 특히 후자에 있어서 개인의 신체는 보편적인 가치 체계를 내면화하는 대표적인 공간이 되었다. 여기서 권력은 자신의 효력을 발휘하려 한

---

7) 처형 장면을 보고 우는 이는 즉석에서 죄수와 함께 십자가형에 처해지곤 한다.

다. 가령 망막이나 고막에 비해 특화된 가치를 부여받은 '처녀막'은 성 담론이라는 보편적인 가치 체계에 의해 인간을 외부로부터 규제되게 할 뿐 아니라 스스로를 규제하게 한다. 여기서 권력은 외부에서 가해지는 것만이 아니라 자신 내부로부터 가해지는 것이기도 하다. 즉 권력의 주체는 타자만이 아니라 자기 자신이기도 한 것이다. 권력의 가해자와 피해자가 모호해졌다. 모두가 권력의 가해자인 동시에 피해자가 되었다. 즉 권력은 위에서 아래를 향하는 것이 아니라 하나의 그물망처럼 우리 위에 드리워져 있다.

그러므로 권력은 정치적 제도로서 우리에게 그 모습을 나타낼 뿐 아니라 담론으로서도 나타난다. 특히 담론으로 표출되는 권력은 그물망처럼 정교하게 우리 삶 구석구석까지 미친다. 이러한 권력은 민주주의의 해방적 지향을 교묘하게 곡해시킨다. 민주주의는 해방을 지향하는 듯하면서도, 배제와 편견의 가치 체계로 정교하게 채색되어 있다.

예수는 유대교의 배제-편견의 장치에 대항하면서 포용과 사랑을 부르짖었다. 그러므로 예수를 따르는/모방하는 그리스도인에게 있어 민주주의의 진정한 가치를 추구하는 문제는 신앙의 문제이기도 하다. 민주주의를 오염시키는 배제와 편견의 권력의 부침물을 제거하기 위해 투쟁하는 것은 신앙인의 끊임없는 과제인 것이다.

동성애는 권장할 사항도 아니고 또 억제할 사항도 아니다. 그리 하려 해도 쉽사리 그렇게 되지도 않는다. 그렇지만 동성애는 여전히 존재한다. 그런데 우리는 동성애의 문제가, 즉 동성애를 둘러싼 담론이 단지 성적 선호라는 특성으로 환원될 수 없음을 본다. 거기에는 배제와 편견이라는 권력의 뚜렷한 자취가 서려 있다. 이것은 동성애자를 편견과 배제의 대상으로 소외시킬 뿐 아니라, 이른바 정상인들의 삶을 권력의 그물망 속에서 왜곡된 욕망의 추구자로 만든다.

그러므로 이 세상의 모든 것을 그리고 자기 안의 모든 것을 정상과 비정상, 선한 것과 악한 것으로 대응시키려 하면서 그러한 법 안에서 세계와 자신을 규제하는 존재를, 배제와 편견의 법의 노예로서 왜곡된 욕망의 추구자가 되어 버린 존재를, 해방의 영 안에서 끊임없이 도살하는 훈련을 하는 것(「로마」 7~8장)은 바로 일상 생활 속에서 민주주의를 추구하는 신앙적 실천인 것이다.

찾아보기

ㄱ

가다머(H.G. Gadamer) 213
가부장제 312, 317
갓월드(N.K. Gottwald) 145, 146, 150, 170
경계/경계화 46
고통의 수사학 23
근대화/산업화 39
근본주의 202
기든스, 안토니(Anthony Giddens) 61, 250
기어츠(C. Geertz) 208
김지하 26, 205
꽁도르세(Marquis de Condorcet) 200

ㄷ

단(斷)과 공(公) 128
단턴(R. Darnton) 208
데카르트 215, 228

돌진적 성장(rush-to growth) 42
두 이야기의 합류 205
드러커(P.F. Druker) 19

ㄹ

라카프라(D. LaCapra) 214
르낭(E. Renan) 214

ㅁ

마르크스, 칼(K. Marx) 25
멀비, 로라(Laura Mulvey) 256
멜빌, 허먼(Herman Melville) 82
모성 317
무어, 베링톤(Barrington Moore, Jr.) 24
민담의 신학 205
민족주의 312
민중 17, 170, 242
 민중 메시아(론) 32, 243
 민중 예수 32
 민중론 23

민중의 눈 243
민중 현장 242

ㅂ

바따이유, 조르주 301
박성준 167
반신학 96, 205
배제(와 박탈)/배제주의 44
베버, 막스(Max Weber) 20, 137, 138, 139, 141
벡, 울리히(Ulich Beck) 42, 45
벤담, 제레미(Jeremy Bentham) 251
벤야민, 발터(Walter Benjamin) 114, 163, 166, 167
보르헤스, 호르헤 루이스 61, 94
부활 86
불트만, 루돌프(Rudolf Bultmann) 213, 216, 217, 219, 220, 229, 266
　불트만의 실존주의 218
뷔르거, 페터(Peter Bürger) 27

ㅅ

사건 219
서남동 26, 31, 169, 205
성(sexuality) 305
성육신 ☞ 육화
성직자 중심주의 125
성찰적 가치(reflexive value) 43
세속화 신학 219
순례자 31
슈트라우스(D.F. Strauss) 214
스타, 폴(Paul Starr) 18

스타인벡, 존(John Steinbeck) 39, 50
식민성/식민주의 45
신과 혁명의 통일 26
신앙적 원사건 119
신의 자기 (중심주의의) 해체 55
신자유주의 47, 114

ㅇ

아도르노(Th.W. Adorno) 164, 166, 167
안병무 31, 81, 166, 167, 168, 181, 205
압축적 성장(condensed growth) 42
에벨링(Gerhard Ebeling) 213
에코, 움베르트 58
영의 정치/몸의 정치 128
예수 르네상스 221
예수 사건 247
예수의 역사성/역사의 예수 211
예전(禮典) 121
요시아 개혁 169
우리 중심주의/자기 중심주의 53
월러스틴, 임마누엘(Immanuel Wallerstein) 222
유랑/정주 122
육화/성육신 30
이스라엘 지파 동맹 147

ㅈ

전거 169
전태일 31, 32, 205, 225
정교 분리 201
정전(Canon) 195
　정전성(Canonicity) 197

332 반신학의 미소

정전화(Canonize) 121, 195
종말론 122
증언 23, 241
  증언의 수사학 242
지구화/세계화(Globalization) 47, 99
지동식 198
직제화 121

ㅊ

차이 41, 126
  차이의 정치 127
축자영감설 201

ㅋ

카, 에드워드(Edward H. Carr) 225
캘러, 마틴(Martin Käller) 213

ㅌ

타자/타인 40
탈교회 215
탈정전적 성서 읽기 203
트림버거, 엘렌 K.(Ellen Kay Trimberger) 170

ㅍ

파시즘 89
펑크, 로버트(Robert Funk) 204, 211, 222
페로, 미셸 251
푸코, 미셸(Michel Foucault) 90, 94, 250, 251
플라톤 215, 228, 230
피셔, 스탠리(Stanley Fischer) 136

ㅎ

하느님 나라 131
하이데거 216
한(恨)과 단(斷)의 변증법 26
해방의 수사학 25
헤겔 215, 217, 228, 230
헹엘(Martin Hengel) 219
히버트, 폴(P. Hiebert) 245
회당 체제 259